现代物流管理

主　编　　宾　厚　　王欢芳　　邹　筱
副主编　　赵　凤　　唐　荣
参　编　　马全成　　庾　雪　　李　娇
　　　　　　　李　密　　唐　荣　　张　斌
　　　　　　　张　幸　　周平凡　　曾国豪
　　　　　　　代　丹　　彭依萍　　贺　薇
　　　　　　　刘莉莉　　张伟康

北京理工大学出版社
BEIJING INSTITUTE OF TECHNOLOGY PRESS

内 容 简 介

《现代物流管理》全书共有十四章，分为上下两篇。其中上篇为现代物流管理理论篇，共九章。第一章为现代物流管理概论，主要介绍现代物流的概念和发展，现代物流管理的定义与活动组成及现代物流的发展领域与趋势。从第二章到第八章介绍了物流的基本功能，包括运输管理、仓储与库存管理、包装、装卸搬运管理、流通加工、配送与配送中心、物流信息管理。第九章为供应链管理，介绍了供应链的概念和结构模型、供应链管理的特点和内容。下篇是物流管理战略篇，共五章。其中，第十章为企业物流管理，主要分析采购供应物流、生产物流、销售物流和逆向物流。第十一章为国际物流管理，重点介绍了国际物流的主要业务和国际物流系统。第十二章与第十三章分别讲述物流服务管理和物流质量管理，介绍了物流服务的主要内容及物流服务水平的评价，物流质量管理概述和物流全面质量管理的内容。第十四章讲述物流管理创新发展，重点介绍了第四方物流、绿色物流、电子商务物流和"互联网+物流"四种物流创新模式。

本书既可作为普通高等院校物流管理、工商管理等管理类专业本科生的教材，也可供高职高专、成人高等教育学生使用。

版权专有　侵权必究

图书在版编目（CIP）数据

现代物流管理/宾厚，王欢芳，邹筱主编. —北京：北京理工大学出版社，2019.9（2023.7 重印）

ISBN 978-7-5682-7652-8

Ⅰ. ①现… Ⅱ. ①宾… ②王… ③邹… Ⅲ. ①物流管理—高等学校—教材 Ⅳ. ①F252.1

中国版本图书馆 CIP 数据核字（2019）第 221414 号

出版发行 / 北京理工大学出版社有限责任公司
社　　址 / 北京市海淀区中关村南大街 5 号
邮　　编 / 100081
电　　话 /（010）68914775（总编室）
　　　　　（010）82562903（教材售后服务热线）
　　　　　（010）68944723（其他图书服务热线）
网　　址 / http://www.bitpress.com.cn
经　　销 / 全国各地新华书店
印　　刷 / 涿州市新华印刷有限公司
开　　本 / 787 毫米×1092 毫米　1/16
印　　张 / 21
字　　数 / 493 千字
版　　次 / 2019 年 9 月第 1 版　2023 年 7 月第 3 次印刷
定　　价 / 56.00 元

责任编辑 / 江　立
文案编辑 / 赵　轩
责任校对 / 周瑞红
责任印制 / 李志强

图书出现印装质量问题，请拨打售后服务热线，本社负责调换

前 言

自十三五规划以来,我国现代物流蓬勃发展,呈现一派欣欣向荣的崭新景象。政府和越来越多的企业从战略高度重视和加强物流管理。在当前供给侧结构性改革的背景下,我国物流业保持了较快增长,服务能力得到了显著提升,基础设施条件和政策环境也得到了明显改善,现代物流体系初步形成。本书面向应用型人才培养,以能力培养为核心,突出以"问题导向、案例分析"为主的主动性教学方式、方法,旨在培养优秀的物流管理专业人才。本书在各章前列明了教学目标,方便教师和读者确定教学、学习方向;各章尾设两个案例,并在每个案例后设"案例讨论",以提高教材可读性和拓宽学生的知识面。

本书体现以下特点。

1. 逻辑结构合理,符合认识规律。全书编写由浅入深、由表及里,从介绍物流的基本概念、基本理论入手,结合当前物流业的最新实践,对现代物流的基本理论进行了较为细致的系统梳理。既有物流基础认知与把握,也有物流行业细化和拓展,把物流理论与应用相结合,满足不同层次需求,便于学生接受理解,亦能激发学生的学习兴趣。

2. 内容选取上具有应用性和针对性。本书借鉴和吸收了国内外物流管理基本理论和最新研究成果,理论性、实践性和适用性较强。书中选用大量的案例,通过把物流理论与案例结合起来,着力培养学生分析问题和解决问题的能力,拓宽视野、增长技能。

全书分为上下篇,共十四章。上篇为现代物流管理理论篇,主要讲述物流基础理论、物流的基本功能要素、供应链管理等内容。其中,第一章为现代物流管理概论。从第二章到第九章为物流管理理论篇的内容,第二章为运输管理,第三章为仓储与库存管理,第四章介绍了包装,第五章为装卸搬运管理,第六章为流通加工,第七章为配送与配送中心,第八章为物流信息管理,第九章为供应链管理。从第十章到第十四章是物流管理战略篇,其中,第十章为企业物流管理,第十一章为国际物流管理,第十二章为物流服务管理,第十三章为物流质量管理,第十四章介绍了物流管理创新发展。

本书作为"高等院校经济管理专业十三五规划教材",是全体参编人员共同努力的结果。宾厚完成了第一章、第二章、第十二章、第十三章;王欢芳、李密完成了第三章、第四章;邹筱完成了第五章;赵凤完成了第六章、第七章;唐荣完成了第八章、第九章;王欢芳完成了第十章、第十一章、第十四章;宾厚、王欢芳、邹筱负责框架构建和总纂定稿,唐荣、张伟康、张幸、周平凡、曾国豪、代丹、彭依萍、贺薇、刘莉莉参与编写,赵凤、张斌、马全成、庚雪、李娇对全书参与修改和完善。

  本书在编写过程中,参阅了大量同行专家学者的相关著作、教材和案例,参考了相关报刊、网站的资料,谨在此向本书所参考文献的作者、编者表示由衷的感谢。由于编写成员的水平和经验有限,书中存在错误和不足之处在所难免,恳请广大读者批评指正。

编　者

2019 年 8 月

目 录

上篇　现代物流管理理论篇

第一章　现代物流管理概论 (3)
第一节　现代物流概述 (3)
一、现代物流的产生及发展 (3)
二、现代物流的观点和学说 (5)
三、现代物流的地位和作用 (8)
第二节　现代物流管理概述 (9)
一、现代物流管理定义 (9)
二、现代物流管理活动的组成 (9)
三、现代物流管理目的与层次 (11)
第三节　现代物流发展领域与趋势 (12)
一、现代物流发展领域 (12)
二、现代物流发展趋势 (13)
三、我国现代物流发展方向 (14)
【案例1】海尔物流之路 (17)
【案例2】中远物流战略——传统物流向现代物流转变的典范 (18)

第二章　运输管理 (21)
第一节　运输概述 (21)
一、运输的概念和原理 (21)
二、运输的功能与影响 (22)
第二节　运输方式 (23)
一、基本运输方式 (23)
二、复合运输方式 (27)
第三节　运输的决策与优化 (28)
一、运输方式的决策 (29)

二、运输路线的确定 …………………………………………………………… (32)
　　三、运输服务商的选择 …………………………………………………………… (33)
第四节　运输合理化 …………………………………………………………………… (34)
　　一、运输合理化的含义及要素 …………………………………………………… (34)
　　二、不合理运输的表现形式 ……………………………………………………… (35)
　　三、运输合理化的表现形式 ……………………………………………………… (36)
【案例1】百胜物流降低连锁餐饮企业运输成本之道 ……………………………… (38)
【案例2】日本大和运输公司运输管理案例 ………………………………………… (39)

第三章　仓储与库存管理 …………………………………………………………… (43)
第一节　仓储管理概述 ………………………………………………………………… (43)
　　一、仓储管理的概念及作用 ……………………………………………………… (43)
　　二、仓储管理的功能 ……………………………………………………………… (44)
　　三、仓储系统的构成 ……………………………………………………………… (45)
第二节　仓储作业管理 ………………………………………………………………… (46)
　　一、仓储作业管理目标 …………………………………………………………… (46)
　　二、商品储存场所划分 …………………………………………………………… (48)
　　三、货物堆码方式和仓库空间确定 ……………………………………………… (48)
　　四、货位编码和货位分配 ………………………………………………………… (50)
　　五、储存管理注意事项 …………………………………………………………… (51)
第三节　仓储管理决策 ………………………………………………………………… (52)
　　一、仓储类型的选择 ……………………………………………………………… (52)
　　二、仓库规模和数量决策 ………………………………………………………… (54)
　　三、仓库定位与选址 ……………………………………………………………… (56)
　　四、仓库布置与设计 ……………………………………………………………… (57)
　　五、物料搬运系统的选择 ………………………………………………………… (59)
第四节　库存管理 ……………………………………………………………………… (60)
　　一、库存管理概述 ………………………………………………………………… (60)
　　二、库存结构的控制 ……………………………………………………………… (61)
　　三、库存控制模型 ………………………………………………………………… (63)
　　四、供应链环境下的库存管理 …………………………………………………… (69)
【案例1】亚洲最大物流中心——亚洲一号 ………………………………………… (74)
【案例2】走进亚马逊纽约仓库，探秘1小时送货 ………………………………… (75)

第四章　包　装 ……………………………………………………………………… (77)
第一节　包装概述 ……………………………………………………………………… (77)
　　一、包装概念 ……………………………………………………………………… (77)
　　二、包装分类 ……………………………………………………………………… (77)
　　三、包装的作用 …………………………………………………………………… (78)

四、包装技术 …………………………………………………………… (79)
　第二节　包装标准化与包装标识 …………………………………………… (80)
　　一、包装标准化 ………………………………………………………… (80)
　　二、包装标识 …………………………………………………………… (82)
　第三节　包装合理化 ………………………………………………………… (84)
　　一、包装合理化的含义 ………………………………………………… (84)
　　二、包装不合理的表现 ………………………………………………… (85)
　　三、包装合理化的途径 ………………………………………………… (85)
　【案例1】可口可乐的包装策略 ……………………………………………… (86)
　【案例2】Fruit Tree 公司的包装 …………………………………………… (88)

第五章　装卸搬运管理 …………………………………………………… (90)

　第一节　装卸搬运概述 ……………………………………………………… (90)
　　一、装卸搬运的含义 …………………………………………………… (90)
　　二、装卸搬运的分类 …………………………………………………… (90)
　　三、装卸搬运的作用 …………………………………………………… (92)
　第二节　装卸搬运作业组织 ………………………………………………… (92)
　　一、装卸搬运作业的基本要求 ………………………………………… (92)
　　二、装卸搬运机械的选择 ……………………………………………… (92)
　　三、装卸搬运机械数量的确定 ………………………………………… (93)
　　四、装卸搬运合理化途径 ……………………………………………… (93)
　第三节　装卸搬运技术 ……………………………………………………… (96)
　　一、起重技术 …………………………………………………………… (96)
　　二、连续输送技术 ……………………………………………………… (98)
　　三、装卸搬运车辆 ……………………………………………………… (99)
　　四、散装装卸技术 ……………………………………………………… (100)
　【案例1】SH 医药公司的装卸搬运环节 …………………………………… (100)
　【案例2】青岛港全自动集装箱装卸码头 ………………………………… (101)

第六章　流通加工 ………………………………………………………… (103)

　第一节　流通加工概述 ……………………………………………………… (103)
　　一、流通加工的内涵 …………………………………………………… (103)
　　二、流通加工的功能 …………………………………………………… (104)
　第二节　流通加工方法与技术 ……………………………………………… (105)
　　一、流通加工的种类 …………………………………………………… (105)
　　二、流通加工的方法 …………………………………………………… (106)
　第三节　流通加工合理化 …………………………………………………… (107)
　　一、不合理流通加工的几种形式 ……………………………………… (108)
　　二、合理流通加工的途径 ……………………………………………… (108)

第四节　流通加工管理 ……………………………………………………… (109)
　　一、流通加工的投资管理 …………………………………………………… (109)
　　二、流通加工的生产管理 …………………………………………………… (110)
　　三、流通加工的质量管理 …………………………………………………… (110)
　　【案例 1】阿迪达斯公司流通加工的意义 ………………………………… (111)
　　【案例 2】"宜家"靠什么取胜 …………………………………………… (111)

第七章　配送与配送中心 ……………………………………………………… (115)

第一节　配送概述 …………………………………………………………… (115)
　　一、配送的概念 ……………………………………………………………… (115)
　　二、配送的作用和特点 ……………………………………………………… (116)
第二节　配送的分类和模式 ………………………………………………… (117)
　　一、配送的分类 ……………………………………………………………… (117)
　　二、配送模式 ………………………………………………………………… (119)
第三节　配送作业管理 ……………………………………………………… (120)
　　一、配送作业管理的内容 …………………………………………………… (120)
　　二、配送工作计划的制订 …………………………………………………… (122)
　　三、配送路线的确定 ………………………………………………………… (123)
第四节　配送合理化 ………………………………………………………… (126)
　　一、不合理配送的表现形式 ………………………………………………… (126)
　　二、配送合理化的措施 ……………………………………………………… (127)
第五节　配送中心概述 ……………………………………………………… (128)
　　一、配送中心的概念 ………………………………………………………… (128)
　　二、配送中心的功能 ………………………………………………………… (128)
　　三、配送中心的分类 ………………………………………………………… (129)
第六节　配送中心作业管理 ………………………………………………… (131)
　　一、配送中心的作业流程 …………………………………………………… (131)
　　二、配送中心作业管理的内容 ……………………………………………… (132)
第七节　配送中心规划建设 ………………………………………………… (139)
　　一、配送中心规划基础 ……………………………………………………… (139)
　　二、配送中心的布局规划 …………………………………………………… (140)
　　三、配送中心发展策略 ……………………………………………………… (143)
　　【案例 1】沃尔玛的物流配送体系 ………………………………………… (143)
　　【案例 2】7-11 的物流配送 ………………………………………………… (147)

第八章　物流信息管理 ………………………………………………………… (149)

第一节　物流信息概述 ……………………………………………………… (149)
　　一、物流信息的内涵和特点 ………………………………………………… (149)
　　二、物流信息的功能 ………………………………………………………… (151)

第二节　物流信息技术 ······ (151)
　　　　一、自动识别技术 ······ (152)
　　　　二、电子数据交换技术 ······ (154)
　　　　三、空间信息技术 ······ (157)
　　　　四、大数据技术 ······ (159)
　　　　五、云计算技术 ······ (161)
　　　　六、区块链技术 ······ (162)
　　第三节　物流信息系统 ······ (164)
　　　　一、物流信息系统的内涵和作用 ······ (164)
　　　　二、物流信息系统的基本构成 ······ (166)
　　　　三、物流信息系统的结构层次 ······ (166)
　　　　四、物流信息系统的应用 ······ (167)
　　第四节　物流信息合理化 ······ (171)
　　　　一、物流信息不合理的表现 ······ (171)
　　　　二、物流信息合理化的措施 ······ (172)
　　【案例1】中海：完善的物流信息体系 ······ (172)
　　【案例2】区块链技术在农业物流中的应用 ······ (174)

第九章　供应链管理 ······ (178)
　　第一节　供应链概述 ······ (178)
　　　　一、供应链的概念 ······ (178)
　　　　二、供应链的结构模型 ······ (179)
　　　　三、供应链的设计策略 ······ (181)
　　第二节　供应链管理概述 ······ (185)
　　　　一、供应链管理概念和内涵 ······ (185)
　　　　二、供应链管理的特点 ······ (186)
　　　　三、供应链管理的内容 ······ (187)
　　第三节　供应链管理方法及实施步骤 ······ (188)
　　　　一、快速反应 ······ (188)
　　　　二、高效客户反应 ······ (192)
　　【案例1】海尔集团构造"一流三网" ······ (194)
　　【案例2】Truserv公司的供应链管理 ······ (196)

下篇　物流管理战略篇

第十章　企业物流管理 ······ (201)
　　第一节　企业物流概述 ······ (201)
　　　　一、企业物流的概念和特点 ······ (201)

二、企业物流的分类 ·· (203)
　第二节　采购供应物流 ·· (206)
　　一、采购供应物流的概念 ·· (206)
　　二、采购流程管理 ·· (206)
　　三、供应物流管理 ·· (211)
　第三节　生产物流 ·· (213)
　　一、生产物流的概念 ·· (213)
　　二、生产物流的组织形式 ·· (216)
　　三、生产物流的控制和计划 ·· (220)
　第四节　销售物流 ·· (222)
　　一、销售物流概述 ·· (222)
　　二、销售物流的管理模式 ·· (223)
　　三、销售物流的管理内容 ·· (224)
　第五节　逆向物流 ·· (225)
　　一、逆向物流概述 ·· (225)
　　二、逆向物流的管理策略 ·· (228)
　　三、逆向物流技术 ·· (229)
　　四、逆向物流运作模式 ·· (230)
　【案例1】联想集团的采购预测及快速调整机制 ······························ (232)
　【案例2】空仪公司物流流程存在的问题 ···································· (233)

第十一章　国际物流管理 ·· (236)
　第一节　国际物流概述 ·· (236)
　　一、国际物流的概念 ·· (236)
　　二、国际物流的特点 ·· (237)
　　三、国际物流的作用 ·· (237)
　　四、国际物流的发展趋势 ·· (238)
　第二节　国际物流的主要业务 ·· (240)
　　一、进出口业务 ·· (240)
　　二、国际运输 ·· (241)
　　三、国际仓储管理 ·· (242)
　　四、包装与物料搬运 ·· (243)
　　五、信息作业 ·· (243)
　第三节　国际物流系统 ·· (244)
　　一、国际物流系统概念 ·· (244)
　　二、国际物流系统的组成 ·· (244)
　　三、经济全球化下国际物流系统的运作 ·································· (245)
　　四、国际物流系统网络 ·· (246)
　第四节　保税物流 ·· (246)

一、保税物流的发展 …………………………………………………………… (246)
　　二、保税区和保税仓库 ………………………………………………………… (247)
　　三、区港联动 …………………………………………………………………… (247)
　　四、保税物流中心 ……………………………………………………………… (248)
【案例1】出口易：海外自建仓储进行物流配送 ………………………………… (249)
【案例2】跨境电商的海外仓模式 ………………………………………………… (252)

第十二章　物流服务管理 …………………………………………………………… (254)
第一节　物流服务概述 …………………………………………………………… (254)
　　一、物流服务的概念 …………………………………………………………… (254)
　　二、物流对象分析 ……………………………………………………………… (255)
　　三、物流服务的特征和意义 …………………………………………………… (257)
第二节　物流服务内容 …………………………………………………………… (258)
　　一、物流服务的基本内容 ……………………………………………………… (258)
　　二、超值物流服务 ……………………………………………………………… (260)
　　三、系统化物流服务 …………………………………………………………… (262)
　　四、网络化物流服务 …………………………………………………………… (262)
第三节　物流服务水平评价 ……………………………………………………… (263)
　　一、物流服务关键绩效指标的确定 …………………………………………… (263)
　　二、物流服务水平的分析与管理 ……………………………………………… (265)
【案例1】UPS 推行特色化物流服务 ……………………………………………… (267)
【案例2】TNT 惠普物流服务案例 ………………………………………………… (271)

第十三章　物流质量管理 …………………………………………………………… (272)
第一节　物流质量管理概述 ……………………………………………………… (272)
　　一、物流质量管理的概念 ……………………………………………………… (272)
　　二、物流质量管理的内容 ……………………………………………………… (273)
　　三、物流质量管理的方法 ……………………………………………………… (273)
　　四、物流质量管理的基础工作 ………………………………………………… (276)
第二节　物流全面质量管理 ……………………………………………………… (279)
　　一、全面质量管理概述 ………………………………………………………… (279)
　　二、物流全面质量管理的内容 ………………………………………………… (280)
【案例1】爱默公司的质量跟踪报告 ……………………………………………… (282)
【案例2】一汽大众从"零"开始构建供应链质量保证体系 …………………… (284)

第十四章　物流管理创新发展 ……………………………………………………… (287)
第一节　第四方物流 ……………………………………………………………… (287)
　　一、第四方物流概念 …………………………………………………………… (287)
　　二、第四方物流的基本功能 …………………………………………………… (288)
　　三、第四方物流和第三方物流的区别 ………………………………………… (289)

四、第四方物流的运作模式 …………………………………………………… (289)
　第二节　绿色物流 …………………………………………………………………… (290)
　　一、绿色物流概述 ……………………………………………………………… (290)
　　二、绿色物流的理论基础 ……………………………………………………… (294)
　　三、绿色物流系统 ……………………………………………………………… (297)
　第三节　电子商务物流 ……………………………………………………………… (300)
　　一、电子商务物流概述 ………………………………………………………… (300)
　　二、电子商务物流的作用与特点 ……………………………………………… (303)
　　三、电子商务物流的组建方式 ………………………………………………… (305)
　　四、电子商务下我国物流业发展的现状及解决方法 ………………………… (307)
　第四节　"互联网+物流" ………………………………………………………… (309)
　　一、"互联网+物流"概述 …………………………………………………… (309)
　　二、"互联网+物流"的内涵 ………………………………………………… (310)
　　三、"互联网+物流"的模式 ………………………………………………… (311)
　【案例1】比亚迪叉车赋能京东绿色物流新未来 ………………………………… (312)
　【案例2】大规模自建物流的痛点：解析京东物流 ……………………………… (313)

参考文献 ……………………………………………………………………………… (316)

现代物流管理理论篇

上篇

现代物流管理概论

第一章

现代物流管理概论

> **本章教学目标**
> 1. 理解现代物流的概念与发展。
> 2. 全面认识物流的地位和作用。
> 3. 了解"物流冰山""利润中心说"等各种物流学说。
> 4. 掌握有关现代物流管理的概念、目的和层次。
> 5. 了解现代物流的发展趋势。

物流是伴随着人类社会商品的产生而出现的一种社会经济活动的形态。随着人类社会实践、经济发展、社会需求的变化，现代物流经济活动已从早期的运输、储存逐渐延伸到原料采购、生产安排、订单处理、存货管理、运输仓储、销售、售后服务的全过程。现代物流管理旨在协调物流的各环节，使其效率和效益得到双重提高。物流管理水平已成为企业参与市场竞争的重要影响因素，对企业的生存和长远发展起着至关重要的作用。

第一节 现代物流概述

一、现代物流的产生及发展

（一）现代物流的概念

在人类社会早期，物流就以仓储、运输等基本作业活动的形式存在，但由实践上升到一门学科的历史并不长。"物流"概念最早是由美国市场营销学者阿奇·萧从市场分销的角度提出的，他被认为是最早提出物流概念的人。1915年，他在《市场流通中的若干问题》一书中提出，市场分销中存在两类活动：一类为创造需求，另一类为物质实体分配（Physical Distribution of Goods）。他认为这两类活动是不同的，但在市场分销中，它们是相互平衡与相互依赖的关系；当这两类活动协调性不足时，市场分销活动中可能会出现重大失误。1935年美国销售协会对物流定义为：物流（Physical Distribution）是包含于销售之中的物质资料和服务，是从生产地到消费地的流动过程中所伴随的各种经济活动。20世纪初，美国少校琼·西贝克在《军队和军需品运输》中，于军事后勤角度提出军事后勤学派的Logistics概念，用于表示军事物资的流动，后来形成了沿用至今的现代物流概念。需要强调的是，现今的Logistics概念覆盖了相关企业生产经营活动所有领域的物流问题。与传统的Logistics概念相比，二者涉及的深度、宽度、广度存在着很大区别，即Logistics应作为一个可以在新阶段下有效应对各领域的物流集成信息化的现代物流概念。

我国国家标准《物流术语》（GB/T 18354—2006）中指出，物流是指物品从供应地向接收地的实体流动过程。根据实际需要，将运输、储存、装卸、搬运、包装、流通加工、配送、信息处理等基本功能实施有机结合。

现代物流不仅仅包括了从制造商到最终消费者之间的产品运输，还包括了从供应商到制造商的原材料运输，以及从原材料到制成成品的过程中的运输、仓储、加工等内容。总而言之，现代物流是以满足消费者个性化需求为前提，包含运输、仓储、装卸搬运、流通加工、包装、信息等基本功能，从供应端向消费端流动的经济活动。

（二）现代物流的发展阶段

物流发展大致经历了以下三个阶段。

第一个阶段为分销物流阶段，即以物流（Physical Distribution）为主的阶段。该阶段有以下几个特征：首先，分销物流概念最开始在美国发展；其次，全世界范围内的物流概念逐渐统一，物流管理学得到产生和发展；而且，随着对物流概念的认识深化，物流概念开始与其他领域的物流活动联系起来，物流在非分销领域（供应物流、生产物流）逐渐流行起来。

出版于1956年的《航空货运在物流中的作用》首次提出物流总成本概念，并指出物流运行总成本是有效评估运输方式的重要手段。

1961年，全球首本物流管理课本《物流管理》问世。20世纪60年代初期，密歇根州立大学及俄亥俄州立大学成为世界上最早实现物流管理教育的学校，两所大学分别在其大学部和研究生院开设了物流课程。

1962年，美国著名经营学家彼得·德鲁克发表《经济的黑暗大陆》一文，指出成本降低的最后路径是物流，强调必须突出物流管理。他让人们渐渐意识到物流是"第三利润源泉"，对学术界和实业界产生了极大的推动作用。

1963年，美国成立物流管理组织，即美国实体配送管理协会（NCPDM），指出"PD物流管理是为了计划、执行和控制原材料、在制品库存及制成品库存从起源地到消费地的有效率的流动而进行的两种或多种活动的集成"。

20世纪70年代后期，美国颁布一系列法律条文，极大地推动了物流的发展。如《航空规制缓和法》使航空市场竞争更加激烈，从而影响运输业发展；随后海运法案的通过使全面自由化的运输市场形成。

在这一阶段，物流从美国传遍世界。20世纪50年代中期，日本派考察团前往美国进行考察，第一次接触到"物流"这一概念。考察团对"物流"进行仔细了解，于1958年提出Physical Distribution（PD），译为"物的流通"。该概念渐渐在西欧、北美等许多国家流行。

20世纪70年代末，我国适逢改革开放，组织代表团到日本考察并引入了物流概念。至此，物流概念与物流管理学基本为全球各国所接受。学术界一般认为，物流最早出现在美国，在日本得到进一步发展，最终在欧洲成熟，在中国得到拓展。

总之，在这一时期，物流领域得到更深层次的研究与发展，经典理论层出不穷。基于众多物流研究成果，物流对企业日常经营活动的影响日益显著，物流部门快速成长，帮助企业获得更多利润。另一方面，为实现货运市场安全、有序发展，美国颁布了一系列针对运输领域的法律、法规，它们都极大地推动了物流的成长与进步。

第二阶段是现代物流概念阶段（20世纪80年代中期至90年代末），即Logistics阶段。该阶段的基本特点是：由于物流产业的快速发展，物流不再局限于分销领域，同时覆盖企业生产管理活动所有领域，如生产、原料购买、废弃物再利用等。之前使用的PD概念由于过于狭隘，在这种形势下不再适用，需要延伸分销物流概念的含义，因此最终决定使用军事后勤学派的Logistics概念。

美国实体管理配送协会于1985年下半年进行更名，改为美国物流管理协会（Council of Logistics Management，CLM），CLM的成立与物流定义的诞生被认为是传统物流与现代物流的分界线。

第三阶段是供应链管理阶段（21世纪以后）。这一阶段的特点是随着全球一体化进程的加快、互联网技术应用的普及，电子商务在发达国家得到广泛的应用和发展，很多跨国公司在世界各地都设有自己的生产部门，在整个世界范围内配置资源和组织生产。随着生产格局的变化，物流活动也由单一国家的国内活动演变为整个世界范围的复杂活动，物流运作及其管理难度巨大，供应链管理思想应运而生。

美国物流管理协会（CLM）于2005年初更名为美国供应链管理专业协会（Council of Supply Chain Management Professional，CSCMA），明确了"物流是供应链过程的一部分，是以满足顾客需求为目的，以高效和经济的手段来组织产品、服务及相关信息，从供应到消费的正向、反向运动和存储的计划、执行和控制的过程"。全球供应链论坛认为物流供应链管理是为消费者带来有价值的产品、服务及信息，从源头供应商到最终消费者的集成业务流程。建立快速、高效、低成本的供应链物流管理系统，促进物流管理的联合化、共同化、集约化、协调化和虚拟化，已经成为企业生存竞争的利器。

二、现代物流的观点和学说

关于物流的作用，学者们从不同的角度提出了不同的看法，主要有以下几个方面。

（一）商物分离学说

流通包括物流与商流两个部分，为了使产品按照供需方向实现有效转移，需要让二者组合。物流通常在对产品或服务进行交易后出现，产品需要按照顾客需求移动，从而发生相关的物流活动。商流出现的物质基础是物流，而商流又是物流发生的前提，两者相互依赖、相互配合。虽然商流与物流二者联系紧密，但它们本身存在的内容和发展规律是有很大差异的。商流的业务活动需要通过相关交易环节进行，但物流不会受该环节的制约，物流能基于产品的类别和数量，以及对产品运输过程和最终进行交易时的要求等，让产品获得最满意的物流线路,通过最大限度地使其从初始点到终点历经最少过程,同时为客户及时提供优质产品和服务,从而实现物流过程的耗费节约,增加企业生产效益。

通常当产品交易活动与产品流通路线相同时,物品的流通路线会产生诸多不合理现象,如迂回、倒流等,导致运力及资源的过度耗用。物流就是在商、物分离的基础上被人们认识的,物流科学也正是在商、物分离的基础上,才得以创立和发展的。在进行物流管理活动时,将商流与物流进行分离有利于增加全社会经济效益,同时对于企业发展具有促进作用。商流和物流分离前后如图1.1所示。

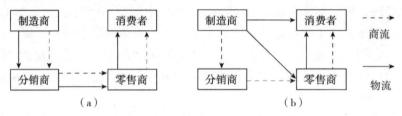

图1.1 商流和物流分离前后

(a) 分离前;(b) 分离后

(二)"物流冰山"说和"黑暗大陆"说

日本早稻田大学教授西泽修指出,仅使用现有的会计制度和相关计算方法了解的物流费用情况存在极大的失真性,故西泽修教授把该情况称作"物流冰山"。"物流冰山"如图1.2所示。

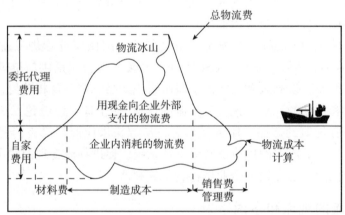

图1.2 "物流冰山"

"物流冰山"说认为,人们并没有把握整体物流费用的构成,人们计算的物流成本只是漂浮在海面上的小部分,并没有计算存在于海面之下的大部分冰山,即组成物流成本的绝大部分。通常,企业会计部门计算的物流费用仅包括物流外包成本,这在全部物流费用中只是冰山一角。因为物流基础设施建设、企业利用自己的车辆运输、利用自己的库房保管货物、利用自己的工人进行包装装卸等费用都没列入物流费用项目内。一般来说,企业外部物流费用只是很小的一部分,绝大部分是内部活动形成的物流费用。

美国学者彼得·德鲁克于20世纪60年代提出,经济领域中存在着一块"黑暗大陆",泛指流通。因为流通过程中物流划分范围较模糊,人们更加难以辨认,最终"黑暗大陆"

这一说法被用来泛指物流。德鲁克提出，降低成本的最后"处女地"就是物流，由于企业间竞争非常激烈，生产领域降低成本的空间非常有限，把握物流管理，对物流进行有效成本控制是企业降低总成本的新契机。

(三) "第三利润源说"和利润中心说

(1) "第三利润源说"源自日本。根据人类历史发展轨迹，存在两个能够大规模产生效益的领域：一个是资源领域，通过掠夺低价燃料和原材料，然后借助技术发展，通过人工合成及对资源进行回收，循环使用，降低耗费以得到利润；另外一个是人力领域，是借助技术发展使人力资源消耗最大限度地降低，劳动生产率得到极大提高，通过使用机械化生产技术与柔性智能生产技术，避免不必要的人力资源耗费，最终增加盈利。在以上两个领域利润率逐渐降低、发展潜力逐渐丧失的背景下，人们发现物流领域的发展潜力，并根据时间顺序将之称为"第三利润源"。

(2) 利润中心说。物流是创造企业经济效益的主要领域，物流活动能为企业带来许多利润，可以是间接利润也可以是直接利润。同时，物流对整个国民经济也存在着重要作用，它也是整个国民经济中创造与增加盈利的主要活动。

(四) 物流成本中心说和物流效益背反说

物流成本中心说认为，物流成本是企业成本的重要组成部分，所以不只是为了使企业形成合理化、现代化经营与促进其他活动发展而去处理物流方面的问题，最终目的是通过采取相关物流管理活动来节约费用，实现成本降低。物流成本中心说不仅指出主要成本的生产点，也表明了节约费用的关注点，产生了物流是降低成本的宝库等观点。

物流效益背反说是指物流的若干功能要素间存在各种矛盾，当某一个功能要素优化或利益发生时必然会存在另一个或另几个功能要素的利益损益。效益背反示意如图 1.3 所示。

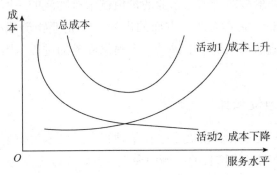

图 1.3 效益背反示意

在物流领域，效益背反这一现象尤为突出。例如在产品包装环节，一件产品包装得越简单，节约的包装费用就越多，单件产品效益也就越高。但是，当进入流通环节后，包装过于节省会导致对产品的保护力度降低，从而对装卸搬运等环节产生极大影响，最终影响企业效益。仓库里货物的高层堆码能够提高仓储设施利用率，但是会导致货物拣选效率的降低。一般而言，物流服务水平的提高会使物流成本相应提高。企业寻求的是物流的总体最优化，而非物流的单个功能要素的提高与优化。

（五）服务中心说

一些欧美国家学者基于对物流的深入认识提出服务中心说，认为物流活动最大的作用并不在于为企业节约消耗、降低成本和增加利润，而在于提高企业对客户的服务水平，进而提高企业的竞争能力。所以人们在使用"后勤"这一词汇描述物流活动时，特别突出服务与支持保障这一功能，企业根据自身的整体能力充分利用这一功能，追求成本的降低与利润的增加。

（六）物流战略说

物流成本中心说并没有把物流置于关键地位，尤其没有将其放在企业经营战略的主体地位。物流活动若仅仅追求费用的降低，最终会导致物流自身的发展受到阻碍，物流战略说由此出现。事实上目前已经有非常多的人慢慢认识到，物流可作为一种企业经营的战略，而并不只是一项具体需要执行的任务，从很大程度上来看，物流更具有战略性，物流战略说认为物流具有极其重要的作用。企业战略能指导企业长期的生存与发展，而物流正是会对企业整体的生存和发展产生较大影响的因素。作为物流战略，它并非是只追求某一个环节的优化，而是需要立足于企业整体发展并具有长远性，因此，如何促进物流战略有效发展成了一个新的关注点。目前推动物流实现现代化发展的因素主要是基于战略性布局上的评估、选择、投资开发与支持活动。制订相关物流战略及进行有效物流管理都必须有战略思想进行指导。物流战略思想在这里可归纳为以下几个方面。

（1）物流战略论。从战略意义上看，物流能够为企业创造经济效益。

（2）物流优势论。物流是提高企业核心竞争力与在激烈竞争环境中得到差异化优势的重要保障，通过对物流进行有效管理有利于控制产品成本、提高客户满意度与忠诚度。

（3）物流价值论。物流为客户创造与提供他们所需的价值，即客户价值，它具有增值性，从而能最终实现企业的战略价值，企业的价值链中有物流的一席之地。

（4）物流营销协同论。它具有两个方面的内涵：①企业物流战略和营销战略需要相辅相成，互相配合；②物流活动从根本上讲是一个提供服务的过程，因此，必要的营销手段不能缺少。

三、现代物流的地位和作用

物流业是生产性服务行业，其发展水平在某种程度上已成为衡量一个国家经济发展水平的"标尺"，以及成为拉动经济增长的"新引擎"。物流业作为服务行业唯一被国务院列为十大调整与振兴规划产业之一的产业，在国民经济发展中居于重要的战略地位。

作为国民经济的一个重要组成部分，物流业涵盖了许多行业，如运输业、仓储业、货代业及信息业等，它不仅仅是一个单一型服务产业，还是一个复合型服务产业。它覆盖领域极广，从业人员众多，有利于推动社会生产、带动内需，有利于社会产业结构的有效调整、经济发展方式顺利转变及最终实现提升国民经济竞争力的目的。

从微观角度分析，它主要与企业经营密切相关。物流有四项职能。

（1）价值创造职能。从前文可知物流活动是创造价值的活动。

（2）成本节约职能。这主要是通过组织合理化的物流作业实现，比如有效地使用社会流通设施设备，避免流通设备和设施的闲置造成资源浪费，节约社会财富；生产布局、厂址的选择都要考虑物流费用，有利于社会资源的优化配置，从而节约成本；减少流通环节，缩短生产周期，加速资金周转，降低经营成本，提高经营效率等。

（3）销售促进职能。合理高效的物流能促进销售的增长，大大地降低经营成本，增加利润。

（4）竞争战略职能。实践证明，物流是"第三利润源"，是企业脚下的"金矿"，是一块未开发的"处女地"。由此，物流的地位已经从企业职能部门上升为企业经营战略部门，成为企业经营的"利器"。

从宏观角度分析，物流业主要是和国民经济的发展紧密联系，主要体现在：一方面，物流水平及效率等，直接影响甚至决定国民经济发展的规模、速度、效率与质量；同时，物流连接生产和消费，调节供需市场，保证社会再生产顺利进行；物流还方便人们的生活，满足人们消费需求，提高人们生活水平。但另一方面，物流业的发展，带来因为物流活动而形成的堵车、尾气等环境破坏问题，不利于国民经济发展。

此外，物流与国际经济密切相关，二者之间存在互相依赖、相辅相成的关系。国际物流产生与存在的重要前提是国际贸易，国际物流确保国际贸易顺利发展。经济全球化引起物流全球化，即物流全球化的基础是经济全球化；而物流全球化作为实现经济全球化的重要支柱，缺少物流全球化，根本谈不上经济全球化。

第二节　现代物流管理概述

一、现代物流管理定义

现代物流管理的目的是满足用户需求，实现产品、服务及相关信息从生产者到消费者这一过程效率与效益的顺逆向移动和存储所进行的计划、执行和控制的过程。从定义看，物流活动范围广，涉及从制造商、配送商、零售商到最终消费者的半成品再到成品整个过程的有效移动。物流涉及商品和物料的生产到消费，甚至最终（回收、再利用）处理点的流动管理。物流不单单涉及制造业，还与零售商、批发商、银行等服务组织及政府、学校、医院等有关系。

我国国家标准《物流术语》（GB/T 18354—2006）对物流管理的定义是"物流管理是为了达到既定的目标，对物流的全过程进行计划、组织、协调与控制"。物流管理则是从管理角度对物流运作过程的管理活动。

二、现代物流管理活动的组成

由于企业组织结构各异，其经营的活动范围各不相同，对物流的要求也不同。图1.4是一个典型生产企业的物流管理结构，当物料在一条供应链中活动时，物流承担物料的运输、仓储等职能，从这个角度看，现代物流管理主要包括以下9个相互依赖的活动。

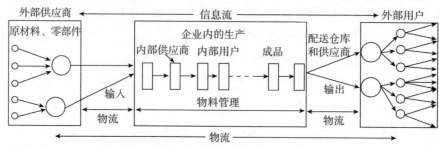

图1.4　生产企业物流

（1）**购买或采购**。一个企业的物料流动一般从供应商发出订单开始。这代表采购部门已经完成所有使物料顺利送到企业内的活动，如与适合的供应商进行有效谈判、约定满足双方需求的订单支付方式、保险服务及运输安排等。在过去，这些活动被视为办公室内处理的订货程序，而现在则被视为联系上游企业的重要桥梁并受到越来越多的关注。

（2）**运输管理**。物流的一个主要活动是实现物料或商品从起始地到消费地甚至是处理点的输送。为实现有效运输，必须确定恰当的运输模式，如陆路运输、水路运输、空运等，同时应选择最佳运输公司、选择承运人、设计运输路线、调度车辆、选择设备、审核运价及确保货物安全和处理运送过程中的相关法律事宜，确保交货期和低成本等。

（3）**仓储管理**。仓储管理就是将入库的货物定位，保管好这些货物直到按指令发出。仓储活动包括货物出入库与存储。一方面要保证满足具体交货要求，及时保质保量完成物资运送，进行相关票据签发、卸货、盘查物资以确定货损率，同时对物资采取进库处理。另一方面，对物资进行有效保管与存储，明确物资具体存储位置，对其采取一系列保护措施，等待发货通知。根据物资各自性质与特点，进行差别化管理。对仓储物资进行合适地包装，基于货物周转频率合理安排货物存放区域，确保快速灵敏地满足订单需求。仓储管理涉及物资所有权、物资存储范围确定、仓库整体规划及其后续运营等问题。

（4）**库存管理**。通过考虑库存量与库存成本二者之间的关系，提供高质量的库存管理。基于仓库将要面对的种种影响因素，如资金流转情况、存货水平、订购量等，提出相关管理规范。

（5）**物料搬运**。物料搬运即装卸，它范围较广，是在同一场所内进行的发生在输送、保管、包装前后的商品取放活动。物料搬运作业产生作业成本，因此，要最大限度降低移动搬运次数。物料搬运涵盖搬运设备选择、设备更新政策、搬运距离规划、装卸流程制订、存放和分拣工序、错误搬运减损等方面。

（6）**包装**。一定程度的包装能够极大地保护与支持商品，实现有效运输。特别是在长距离多式联运与国际运输上，包装发挥重要作用。选择合适包装以满足仓库整体规划要求，适应作业设备，便于运输与存储。选择包装设计类型、确定包装尺寸、标志等时，需要考虑商品特性、搬运、存储、防止损失或损坏等因素。

（7）**流通加工**。流通加工的目的是使产品在流通过程中得到保存或改变某一物品的已有形态，主要有切割、组装等细微作业。另外还包括为使流通过程顺利进行的步骤，如单位化、价格贴付、备货、商品检验等。目前，流通加工越来越为人们所重视，其不仅能提高产品附加值，还是提高产品差异化特性和企业差异化竞争优势的重要方式之一。

（8）**配送**。配送是指在整个物流过程中的一种既包含集货、储存、拣货、配货、装货等狭义的物流活动，也包括输送、送达、验货等以送货上门为目的的商业活动。配送直接面对消费者，最直观地反映了供应链的服务水平。配送作为供应链的末端环节和市场营销的辅助手段，日益受到重视。

（9）**信息管理**。信息流伴随着物资的流动贯穿供应链的所有环节，传递有关产品、顾客需求、所需移动的物品、时间、存货水平、可能性、成本、服务水平等相关信息。物流经理人员经常将自己描述成信息的传递者而不是物资的搬运者。克里斯托弗指出，"供应链竞争力是建立在信息价值交换基础之上的"。美国供应链管理专业协会明确指出，物流应当与信息流相互交融，确保顾客需要得到充分满足，便于有针对性地对存储过程采取计划、组织与控制活动。

信息由物流信息和商流信息组成。随着计算机和信息通信技术的发展，物流信息得到高速专业化发展，已实现相关作业流一体化。信息管理需要应用一系列技术手段，包括信息搜集、数据分析、程序控制，根据搜集与积累的大量物流信息，确保物流高效有序地发展。

由于外部条件存在差异，物流管理有时还需处理其他业务，如某具体企业的物流活动涵盖生产规划、市场预测、客户服务、退货处理等业务。

三、现代物流管理目的与层次

（一）现代物流管理目的

广义上的目的有：**第一是帮助企业实现物资的高效流通；第二是提高供应链的整体运作效率**。人们最开始专注于达到第一个目的，重视他们可以直接把握的物流活动。但是目前人们希望企业可以通过有效物流管理，提高物资的流通效率，进一步达到第二个目的。对于第二个目的的实现，需要企业与货主之间采用更有效的方式实现相互合作。

管理人员追求物流的高效运转。对于"高效"的内涵，存在很多理解，如快速运输、少费用、及时应对、避免浪费、提高产品服务质量、少库存、无差异、提高员工素质等。虽然这些都是很有价值的现实目标，但不是真正的目的。为了找到物流活动的真正目的，必须将它与企业目标联系起来。

客户满意度是企业成功的重要保证，若企业无法实现客户需要，根本谈不上获得长远发展及较高利润。因此，企业必须提供能够满足顾客需求的产品。但是，顾客是通过一系列因素来判断是否购买产品的。例如，当购买一台空调时，会考虑它的功能、外观、购买的容易程度、等待的时间长短、价格昂贵程度、配送的空调规格是否正确、是否有破损，销售员的态度是否有礼貌等。这些因素中的某些因素主要取决于物流活动，如空调的可得性依赖于存货配送的准确性，破损程度依赖于良好的物料处理程序，价格也受物流成本的影响。所以，可以依据顾客服务的水平来划分不同阶段的物流目标，以最佳的方式来组织物料的流动，让顾客得到的服务与其支付的费用相平衡，从而实现较高的顾客满意度，实现物流活动的真正目的。

(二) 现代物流管理的三个层次

根据决策的着眼点，可将现代物流管理所进行的计划、执行和控制的活动分为三个不同的层次：**战略层次**（Strategic）、**策略层次**（Tactical）、**操作层次**（Operational）。现代物流管理的三个层次如表1.1所示。

表1.1 现代物流管理的三个层次

决策类型	决策层次		
	战略层次	策略层次	操作层次
选址	设施的数量、规模和位置	库存定位	线路选择、发运、调度
运输	运输方式选择	阶段性服务的内容	确定补货数量、时间
订单处理	选择、设计订单录入系统	处理客户订单的优先准则	分配订单
客户服务	设定标准		
仓储	布局、位置选择	阶段性空间选择	供应订货
采购	制订政策	洽谈合同，选择供应商	发出订单

战略层次的现代物流管理具有全局性与长远性，即企业需要投入较多的人力、物力资源，涉及企业管理决策层，对企业产生深远影响。策略层次的主要由部门领导者按照企业整体发展战略制订，在部门内实施，涉及面与影响都没有前者大，时间多为几个月。操作层次由作业人员按照其所在部门策略制订，仅对目前或一定批次的商品产生影响。

第三节 现代物流发展领域与趋势

一、现代物流发展领域

（一）绿色物流

绿色物流是指以降低对环境的污染、减少资源消耗为目标，利用先进物流技术规划和实施物资的运输、储存、包装、装卸、流通加工等的物流活动。它连接了绿色供给主体和绿色需求主体，是一种有效的、快速的绿色商品和服务流动的绿色经济管理活动过程，也可称之为环保物流。为了可持续发展，我们在进行物流相关的生产活动时，应该做到尽量不破坏生态环境，只有这样才能在促进经济增长的同时保障人类长远发展。目前，越来越多的国家认识到保护环境、发展绿色物流的重要性。在建立物流方面的法律、法规条文时，都对环保运输、物资循环利用等进行了相关的规定，并对企业开展绿色物流做了一定的要求。

（二）低碳物流

随着二氧化碳排放日益增多，臭氧层破坏，气候问题越来越严重，全球开始兴起"低碳革命"，人们逐渐进入低排放、低污染、低能耗的低碳生活方式。低碳物流成为物流发展的新热潮。物流必须走低碳化道路，着眼于发展绿色物流服务、低碳物流和低碳智能信息化，只有这样才能促进物流行业向高端服务业发展。然而，如何让企业真正认识到低碳物流的作用、了解低碳物流的发展前景、根据企业实际情况制定合理的低碳物流行业标准，是决定低碳物流能否贯彻落实的重要问题。

(三) 电子商务物流

电子商务物流是随着 Web 3.0 发展与信息技术的支持，由互联网平台带动发展起来的物流新商业模式，故又称网上物流。物流企业可以通过相关的物流平台公布自身信息与物流业务，使其能被全国甚至全球范围的客户认识了解。同样，有运输需求的货主可以通过互联网平台选择合适的物流公司。互联网平台致力于为有物流需求的货主与能够提供物流服务的物流公司提供一个可信赖、方便、快捷、自由的线上沟通交易场所。目前，越来越多的物流企业通过网上交易平台找到了客户，扩充了业务，扩大了市场范围。互联网时代的到来给物流企业与货主带来了新的发展，提供了更多的机会。

(四) 物流金融

物流金融（Logistics Finance）是指在面向物流业的运营过程中，通过应用和开发各种金融产品，有效地组织和调剂物流领域中货币资金的运动。这些资金运动包括在企业进行物流活动中的各种存款、贷款、投资、信托、租赁、抵押、贴现、保险、有价证券发行与交易，以及金融机构所办理的各类涉及物流企业的中间业务等。

(五) "互联网+" 物流

"互联网+" 是一种充分发挥互联网在优化生产要素配置等方面的优势，将互联网的创新成果运用到各个经济领域的新经济状态。"互联网+物流" 是互联网与物流企业协调发展的新物流模式，它能够重构物流价值链，促进供应链上下游企业信息共享、资源共同配置、流程协同优化。它能够帮助企业充分认识顾客需求，为顾客提供及时的物流服务，达到提高物流效率和顾客满意度的目的。

(六) 众包物流

众包物流是一种全新的、社会化的物流服务模式，指公司或者发包方利用网络平台将物件或物品派送任务外包给不固定的、具有闲置时间和劳动能力的社会大众群体。它是共享经济环境下依托互联网出现的新兴物流模式，能够降低物流配送成本、提高物流配送效率。与传统物流模式相比，众包物流具有获取外部知识迅速、配送过程灵活的优势。迄今，我国涌现出一批具有一定规模的众包物流服务公司。根据官网数据公布显示，截至 2018 年 9 月，人人快递在全国注册用户已逾 700 万人，日交易订单达到 20 万单；达达众包平台众包配送员超过 400 万，覆盖全国 370 多个城市，服务超过 80 多万商家用户和超过 3 000 万个人用户。

二、现代物流发展趋势

(一) 物流管理由对货物的管理转变为对货物的价值方案设计、解决和管理

现代物流可以为货主提供差异化、个性化、全球定制化的服务，顾客关系管理变得越来越重要。

(二) 由对立转向联合

在传统的物流模式中，企业以自我为中心，片面地追求自身利益，容易造成各个企业相

互对立的现象。然而在全球化的竞争压力驱使下，越来越多的企业开始进行商业流通机能整合，通过协调规划与共同作业形成高度联合的供应链联盟关系，使联盟内部所有企业的整体绩效和竞争优势得到提升。

（三）由预测转向共享

在传统物流模式中，物流企业经常通过预测供应链下游企业的资源来制订各项物流作业活动计划，然而受不确定因素影响，预测不准确的风险极大，造成了许多资源浪费。在现代物流发展背景下，企业强调供应链成员的联合机制，各个成员企业间共享企业信息，尤其是内部需求及生产资料，物流企业根据得到的具体信息与实际需求进行物流活动。

（四）由绝对价值转向相对价值

传统成本评价只看一些绝对性的数值，新的价值评估方法将着重关注相对价值的创造，即花更多的精力在对顾客产生的增值价值上。

（五）由功能协调向程序协调发展

在竞争日益激烈的市场环境中，企业必须加快响应上下游顾客的需要，因此，必须有效地整合各个运营部门，并以程序式的操作系统来运作，物流活动一般具有跨企业的特性，故程序式整合是物流管理成功的重点。

（六）由纵向整合转向虚拟整合

在传统商业模式中，一些大企业将所有的运营活动都进行垂直整合，以获取更大的控制权，然而这样容易分散企业的资源，降低企业用于核心业务的能力。如今，企业逐渐更加专注于核心业务的发展，而将非核心的物流业务通过外包的形式委托给专业管理公司，形成虚拟企业整合形式，使企业有更多的资源为客户提供更加优质的服务。

（七）由信息封锁转向信息分享

在供应链管理结构下，供应链内的企业必须将供应链整合所需的相关信息与其他企业共享，否则，无法形成有效的供应链体系。

（八）由管理会计转向价值管理

未来许多企业将会使用更多的资源建立基本会计系统，着重提供企业增值创造与跨企业的管理信息，以期能确认可以创造价值的作业，而不仅仅关注收益增加与成本增减。

三、我国现代物流发展方向

（一）需求扩张与结构调整

需求扩张不仅仅只抓住"量"这一个点，更多的是体现在对"质"的追求上。经济发展方式需要尽快转变，由只依靠第一产业带动变为第一、第二、第三产业协同带动，国际上发达国家向发展中国家转移，国内由东部沿海向中西部转移。这些变化会极大地促进物流产业结构调整。

（二）企业物流逐渐社会化与专业化

由于物流需求与物流成本相继增加，许多企业逐渐认识到物流的战略属性，选择将物流业务外包的行业开始不断向上游企业扩展。企业更加注重物流系统化运作，物流外包趋势不断加强。企业与相关物流企业的合作进一步深化，形成战略联盟，物流社会化趋势进一步加强。

物流专业化趋势日益显现，许多企业试图通过一系列努力来不断完善企业自身的供应链系统，力求形成一个具有快速反应能力、符合企业经营要求的专业化物流系统。一些大型企业在追求一个与经营业务合理配套的物流系统时，开始设立地区品牌连锁店，如格力、海尔等。目前，第三方物流依旧面临着许多挑战，高质量物流服务的需求增加，对于不同的企业需求，第三方物流企业需要做出不同的回应，针对不同企业的差异化需求给出合适的解决方案。

（三）物流企业细分化与个性化的趋势

满足企业的差异化需求需要不同的物流服务模式。**根据服务模式对物流企业进行分类，主要有通用服务型、专业配套型与基础平台型三类。**

物流企业通过改革重组，其服务需求明显得到集中。大多数时候，基础物流服务的需求不多，但是随着物流企业间的重组联合，物流系统化、一体化程度不断提高，越来越多的企业开始提出其个性化物流需求。

随着服务的专业化整合与创新，物流企业的发展越来越具有个性化特征。传统的简单低层次服务的获利空间不断被挤压，与此对立的是，高端增值型服务及针对客户的不同需求而提供的差别化服务拥有更好的发展前景。许多企业开始追求供应链的专业化运作，促进与上下游关联企业的协同发展。物流企业树立良好企业形象，转变其经营的集中点，以满足顾客需求为基本原则，有针对性地为客户提供合适的高端增值业务。

（四）日益激烈的物流市场竞争与运营风险加剧

我国物流需求方受"大而全""小而全"模式制约，大量自营物流难以社会化，同时物流供应方"散、小、差、弱"，物流市场分割，市场上的不确定因素明显增加，因此，我国物流市场竞争愈发激烈，运营风险也越来越大。激烈的市场竞争，突出在运输业与仓储业等传统型服务业中，企业间的竞争频繁，大量使用"价格战"。而且，企业面临各类困境：基础消耗能源价格不断提高，经营成本持续上升；企业资金流转困难，缺乏所需的资本；员工频繁跳槽，人力成本日益增加，优秀的管理人才严重不足；土地成本昂贵，仓储服务能力不足，新服务设施建设困难。在这样的情况下，物流行业平均利润不断降低。由于经营服务成本不断增加，业务盈利能力难以提高，行业间、企业间的主体地位变动加快，企业的运营风险随之增加。

（五）区域物流集聚与扩散的趋势

区域物流集聚的新发展为：①依靠港口形成的"物流区"，除广州、大连等地外，厦门港、连云港、北部湾地区的南宁、防城港等地都有新的发展；②依托城市群形成的"物流带"，如武汉"两型社会"试点、湖南的长株潭一体化等；③基于产业链发展的"物流圈"，如青岛的家电物流圈、长春的汽车物流圈等。

区域物流扩散集中体现在：①根据国家经济发展规划，在东部沿海城市正常发展的基础上，推动物流业向中西部地区扩散，推动中西部物流发展；②基于城市与农村之间的物资流动交换，物流开始由城市向乡村延伸；③内地资源消耗型企业为改变其产业结构，缩减物流费用，向沿海城市迁移；④区域间物流合作的加强，如长三角、珠三角和海峡两岸等地，将有力推动其物流合作的发展。

（六）物流基础设施整合与建设的趋势

我国物流基础设施建设效果明显。"十二五"期间铁路运营里程达到12.1万km，其中高速铁路超过1.9万km，占世界60%以上；高速公路通车里程超过11.2万km；南水北调东、中线工程通水；建成全球最大的第四代移动通信网络；制订了物流园区建设的规划，已有一批投入运营。基于大批新建基础设施，物流格局发生了显著变化。国家不断增加用于基础设施建设的资金额，进一步加快了综合运输体系的形成。客运专线的建成投用，铁路运能进一步释放，有利于实现客货分线。高速公路网逐渐出现，公路运输格局产生新的变化。公路使铁路和水运集疏运功能进一步展现，多式联运、转运枢纽需要再次规划。

（七）国际物流的"双向发展"趋势

作为世界贸易大国，我国物流业的发展会对国际贸易及其供应链的发展有较大影响。许多跨国企业非常关注我国物流业的发展趋势，以便及时有效投资。随着国内企业被并购，跨国企业在我国的物流网络架构得到进一步完善。与此同时，由于我国人力成本优势逐渐减弱及资源在全球内的进一步流动，许多国外企业将投资重点转向其他更加有利可图的发展中国家。面对日益激烈的国际竞争，我国在大力实施"走出去"发展战略的基础上，不断深化国内物流企业的改革，推动企业间战略重组，面向市场适时地组建企业合作联盟，我国物流服务的发展将更加具有国际性。

（八）物流信息集成化与移动化的趋势

公共信息平台日趋完善，主要体现在四个方面。①电子商务物流平台。目前，我国电子商务发展规模位居全球首位，交易额日益增加，占社会消费品零售总额的比重超过10%。②物流园区信息平台。③电子口岸平台。可以为客户提供个性化、系统化、专业化通关口岸服务。④政府监管物流平台。

（九）物流发展的政策环境更加宽松的趋势

随着物流业的快速发展，物流开始深入生活的方方面面，推动着国民经济的发展。我国物流发展的政策环境进一步得到优化，变得更加宽松。

2011年8月份，在《邮政业发展"十二五"规划》《快递业务操作指导规范》相继出台后，物流业再次迎来了被誉为物流"国九条"的《关于促进物流业健康发展政策措施的意见》。

2016年，物流业发展相关规划陆续出台。7月，国家发改委决定推进"互联网+"行动、物流信息化进一步发展。11月，多部门共同制定《国内贸易流通"十三五"发展规划》，覆盖了物流业的方方面面，基于该期间国内物流面临的风险与机会，对物流的发展前景进行了更深层次的预测，确立了流通升级战略、三大行动、9项主要任务和17个重点项目。

2017年1月，交通运输部等18个部门提出《关于进一步鼓励开展多式联运工作的通知》，以推动信息共享，加快装备技术进步，创新运输服务模式；8月，国务院提出《关于进一步推进物流降本增效促进实体经济发展的意见》，从物流的各个环节下手，减少成本，提高效率；11月，国家邮政局等10部门制定《关于协同推进快递业绿色包装工作的指导意见》，在产品过渡包装导致严重资源浪费的情况下，政府鼓励快递包装的"增绿"和"减污"。

案例1

海尔物流之路

  1998年，海尔在美国设厂遇到的第一个问题就是必须和美国市场联网，由此产生的信息化和物流的瓶颈使海尔意识到，从海尔的国际化到国际化的海尔，首先要做的事情是建立全球供应链网络，而支撑这个网络体系的正是现代物流。于是，海尔下定决心建立现代物流体系，这对当时的我国企业来说无疑是一项创举。国际化大企业都在搞现代物流，如果海尔不搞现代物流将无法与之对话，最后也只有停顿下来，别无他路。在海尔心目中，物流是什么呢？

  第一，物流就是企业的管理革命。企业要搞现代物流，一定要进行业务流程再造，将原先直线式的金字塔组织结构扁平化，使每个人都面对市场。

  第二，物流就是速度。在信息化时代，对企业来说制胜的武器就是速度。建立现代物流对海尔来说就意味着速度，这个速度就是最快地满足用户个性化需求。因为物流流动的不仅仅是物的本身，还有资金，所以，物流必须实现"不落地，不停留"。21世纪企业与企业之间的竞争不再是质量、成本之间的竞争，而是供应链与供应链之间的竞争。谁的供应链速度快，谁就能在竞争中立于不败之地。作为供应链最重要的一环，物流速度直接影响供应链速度。

  怎么来实现这个速度呢？观念决定行动。海尔在现代物流理念的指导下进行了持续不断的管理革命，海尔的物流革命经历了物流资源重组、供应链管理、物流产业化三个发展阶段。每个阶段都有侧重点，环环相扣、螺旋上升。物流重组阶段的任务是，建立组织机构，整合集团内部物流资源，降低物流成本。供应链管理阶段的任务是，实施供应链一体化管理，提高核心竞争力。物流产业化阶段的任务是，推进本部在做好内部物流、增强企业核心能力的基础上，向物流企业转化，致力于社会化业务的拓展，使之成为新经济增长点。因此，海尔大力推进包括物流、商流和资金流三个流程的市场业务再造。2003年，海尔物流在发展企业物流的同时成功地向物流企业进行了转变，以客户为中心，为客户提供增值服务。海尔物流搭建起全球供应链资源网络，拥有庞大的国际化供应商信息库、先进的供应链管理经验，构建起能够快速满足质量、成本、交货期的全方位供应关系，以帮助客户优化采购渠道，实现全新的电子化采购，使客户由策略采购转向采购决策电子化。海尔物流第三方采购叫"买"又叫"卖"的模式成为同行业及众多媒体追捧的焦点。目前海尔已为40多家跨国公司提供物流服务。

  另一方面，在不断拓展第三方物流业务的同时开始尝试第四方服务咨询业。海尔物流通过自身物流业务流程再造与发展，在开放的系统中拥有了巨大的资源，在各类物流管理、供应链管理、流程再造方面积累了宝贵的经验，可以为客户提供社会化产业拉动资源，以帮助客户规划、实施和执行供应链的程序,并先后为制造业等领域的企业提供了物流增值服务。物流业务已成为海尔新的经济增长点。

海尔认为,21世纪的竞争将不是单个企业之间的竞争,而是供应链与供应链之间的竞争。谁所在的供应链总成本低、对市场响应速度快,谁就能赢得市场。一只手抓住用户的需求,一只手抓住可以满足用户需求的全球供应链,这就是海尔物流创造的核心竞争力。

资料来源:褚方鸿,江宏. 海尔物流:不断增强核心竞争力.《物流技术与应用》,2005.07.20.

案例讨论:
1. 海尔在激烈的市场竞争中取胜的关键是什么?
2. 海尔竞争优势的背后是什么在起支持作用?
3. 试讨论海尔物流管理与企业传统物流管理的主要区别。

案例2

中远物流战略——传统物流向现代物流转变的典范

2002年1月8日,中国远洋物流公司(以下简称中远物流)在京宣告成立。组建中远物流是中远集团为迎接世界贸易组织(WTO)的挑战,推进其"由全球承运人向全球物流经营转变"的重大举措。

一、中远集团发展物流的战略调整

(1)调整战略,实现"两个转变"。为了贯彻中远集团"由拥有船向控制船转变,由全球航运承运人向全球物流经营人转变"的发展战略,集团及时对主业结构进行调整,同时制订了集团物流发展规划。中远船队规模的扩大不但巩固了中远航运主业的国际地位,同时由于航运规模经营优势带来的客户群又成为发展的稳定资源,船队和物流企业形成了积极良性的互动关系,促进了中远物流的持续发展。

(2)建立健全机构,加强中远物流管理。为了充分利用集团全球资源,发展集团整体优势,打出品牌,集团总公司成立了物流职能机构,下设国内外各区域物流公司。区域物流公司依据经营管理需要设置若干国家公司(或口岸公司),负责中远全球的物流业务。在总公司的统一管理下,各区域公司重点负责中远全球物流项目开发及区域内、外物流项目的运作管理等。

(3)大力扩展现代物流服务。以强大的航运实力为依托,充分利用中远全球物流资源,以中国市场和跨国公司物流需求为基础,对客户服务由运输扩展到仓储、加工、配送,直至深入到产品生产、流通、分配、消费的大部分环节,通过开展增值服务,提高盈利能力和市场竞争力。长期以来,中远物流以客户满意为中心,以上海通用汽车、海尔电器、保伦鞋业三个典型项目为突破口,开发了各类物流项目73个,同时还走访东风汽车、长虹、福特汽车、科龙、沃尔玛等大型客户了解需求,共同协商开发物流配送方案。为了尽快与国际接轨,中远物流积极与世界著名的美智咨询公司合作,引进国外先进技术和管理经验,并通过

示范项目的实施与推广，进一步加快中远物流发展进程。

二、中远物流的企业战略

（1）优化资源结构，发挥整体优势。为了更好地适应国际物流市场需求，进一步增强市场竞争力，中远物流于1995年开始对所属陆上货运公司进行重大改组和调整。这次整合是对集团的中汽运总公司、外轮代理总公司及各远洋运输公司下属货运公司的陆上货运资产进行重组，成立了中货公司，组建了国内七个口岸地区公司，从根本上解决了中远物流陆上货源资源布局不合理、利用不充分、重复投资、内部竞争、发展缓慢等弊病。

（2）品牌战略。中远物流为上海别克、一汽捷达、神龙富康、上海桑塔纳等提供进口汽车散件服务，并且为沈阳金杯提供物流服务，与众多汽车厂商建立了良好、广泛的合作。中远物流与海尔、科龙、小天鹅、海信、澳柯玛以及长虹建立了紧密的合作关系。中远物流、科龙和小天鹅合资成立安泰达物流有限公司，这是我国首家由生产厂家与物流服务商组建的家电物流企业。

（3）科技创新战略。现代物流实际上是依靠现代技术支撑的产业，没有科技支撑，物流业务将寸步难行。在这方面中远物流完成了两个方面的工作。第一个方面的工作是在建立完整的网上货运的基础上，建立中远物流船代数据中心，强化中远物流的客户服务水平，拓展中远物流的服务范围；第二个方面的工作是完善现代物流应用系统，完善"5156"公共信息平台，为客户提供全面的物流服务。中远物流公司已经拥有一套比较成熟的信息技术系统。他们将"网上仓储管理信息系统""网上汽运调度信息系统""网上结算系统"等功能模块进行集成，形成了物流网站，能够为客户提供便捷的网上物流交易电子商务平台，为物流项目的开发和运作提供了强有力的技术支持。同时，建立以北京物流总部为中心且覆盖8个区域公司的中远物流专网，逐步将"5156"物流平台建设成为中远物流业务操作、项目管理、客户服务及应用服务的公共信息平台。开发个性化物流信息系统，为重大客户提供物流服务。

（4）管理创新战略。中远物流的目标是"做中国最强的物流服务商、最好的船务代理人。中远物流全球系统要以培育核心竞争力为目标，有效整合物流资源，以传统运输代理业务为基础，做大做强综合性的运输服务体系，为国内外广大船东和货主提供更优质的服务"。中远物流将加大力度，构建物流业务体系，树立中远物流品牌，增强物流项目设计和管理，重点拓展汽车、家电、项目和展品物流市场，积极开发冷藏品、危险品等专项物流领域。

为了推动中远物流系统的管理创新，激发企业的活力，增强竞争力，公司始终坚持"以人为本"的宗旨，以建立新的绩效评价体系为核心，加快培养物流骨干人才，有效促进了传统业务的稳定增长和新业务的快速增长。主要做法是有四种。①建立新的绩效评价系统。将进一步完善TCSS系统（即客户满意体系）模型，形成物流公司的TCSS业务模型组，为企业创造持久的经济效益。②建立中远物流顾问团。③启动中远物流企业管理奖。④加快人才培养。主要方式是"请进来，送出去"：一是从国外招聘富有实践经验的物流经营管理专家，并抽调系统内年轻业务骨干到京，在国外专家的指导下参与物流项目的经营管理，提升其物流管理水平；二是选拔一批优秀年轻干部到国外物流、航运公司或高等学府学习锻炼；三是加强各个层次员工的培训工作，创建学习型组织。

资料来源：潘永俊. 国内大型船公司开展物流服务的发展战略及组织结构研究. 中远集团物流战略规划，2017.5.

案例讨论：

1. 中远物流的战略是什么？
2. 为什么要进行物流战略转移？
3. 怎样进行物流战略转移？

分析思路

第二章

运输管理

本章教学目标

1. 理解运输的概念、原理，了解运输的发展。
2. 全面认识运输管理在物流活动中的地位和作用。
3. 了解基本的运输方式及相关的运输技术。
4. 促使运输合理化，对各种运输方式进行优劣比较。
5. 确定合适的运输线路，制订合理的运输管理方案。

规模经济和距离经济是指导运输管理和营运的两个基本原理。规模经济是指随装载规模的增长，每单位重量的运输成本下降；距离经济是指由于运输距离的不断增加，分摊到各单位距离的费用逐渐减少。运输承担了物品在空间各个环节的位置转移，作为形成物流"空间效应"的重要职能因素，它能利用速度来寻求空间，是促进各类物流经济发展的重要保障。

第一节 运输概述

一、运输的概念和原理

（一）运输概念

运输是物流的基本功能，是指利用相关的交通工具实现物资空间转移的活动，即把物资从某一处转移到另一处。根据我国相关标准，**运输的定义为：用各种专用运输设备和工具，将物品从某一地点向另一地点运送的物流活动。** 其中包括集货、分配、搬运、中转、装入、卸下、分散等一系列操作。

运输具有以下三个特点：①运输是在流通环节完成的，它将物资从产地移动到最终消费地；②运输只改变劳动对象的空间位置；③运输是边生产边消费，其创造的产品不具有实物形态，既不能储存，也不能调拨。所以，在用户的基本需求得到满足后，过量的运输活动会造成资源的浪费。

（二）运输原理

运输原理实质是每次运输中降低成本、提高经济效益的途径和方法，是指导运输管理和营运的最基本原理。

（1）规模原理。规模原理是指随着一次装运量的增大，每单位重量的运输成本下降。

（2）距离原理。距离原理是指随着一次运输距离的增加，运输费用的增加会变得越来越缓慢，或者说单位运输距离的费用越少。

（3）速度原理。速度原理是指完成特定的运输所需的时间越短，其效用价值越高。

配送中也存在运输，运输包含着配送，二者是整体与局部的关系。运输与配送的区别在于，运输可以泛指一切物资的转移，而配送则是专指运输距离较短、运输批量较小的运输。

二、运输的功能与影响

（一）运输的功能

运输是用设备和工具，将物品从一地点向另一地点运送的物流活动。在物流中，运输功能体现在下列几个方面。

1. 实现时间效用

运输使物品产生位移，不管物资的存在形式与所处阶段是什么，运输都会对其产生作用。另外，运输会在一定时间内对货物进行保管，虽然时间较短，但也形成了"时间效用"。物资的这种短时间存储，主要是依靠运输设备实现的，在处于不断变化的环境下，人们越来越重视该功能。此外，运输还可以实现规模经济和距离经济。

2. 实现空间效用

空间效用是指物品的最终效益会受到用户对其实际所感知的使用价值的影响，而物品使用价值实现大小则会被物品具体所处的场地所影响。为实现某一物品的最大使用价值，需要改变空间场所，提高物品的产出投入比，这就是"空间效用"。运输能实现物品的移动，利用运输把物品转移到空间效用最大的场所，最终实现物品价值最大化。

3. 实现规模经济

通过增加运输量，单位产品运输费用减少，产生规模经济。例如，铁路与水路运输方式的运载量大，单位产品运输成本却低于公路和空运类。这主要是因为一次运输的货物越多，就越能分摊与此有关的固定费用（接受运输订单的管理费用、开票、设备使用费用等）。

4. 实现距离经济

距离经济是指单位距离的运输成本随距离的增加而减少。例如，1 000 km 的一次装运成本要低于 500 km 二次装运。运输的距离经济也指递减原理，因为费率或费用随距离的增加而减少。总成本是固定的，随着距离不断增加，单位距离能够分摊的费用就不断减少。

（二）运输的重要性

运输能实现物品的移动，有效缓解供需双方所处地理位置的局限性，实现空间效用。运输作为推动企业、社会、国家经济发展的助推器，具有重大意义。

1. 运输是物流功能要素之一，是物流活动开展的中心环节

运输可以改变物品的地理位置，实现物品的有效转移。虽然我国未将物流业和运输业安排在一起，但不能否认的是，如果缺乏运输部门的大量运力，物流业将难以从满足客户需求中获得较高收益。

2. 运输成本是物流成本的重要组成部分

运输成本在物流成本的构成要素中所占百分比最大。日本曾对将商品从生产地转移到最终消费地，也就是最终客户手中产生的物流成本进行相关调查，其中包装、仓储、装卸搬运成本分别为 26%、16% 和 8%，其他费用占 6%，而运输成本居然占了 44%。根据调查结果，我们可以明显看出运输的重要性。运输对物流效率和物流成本都有着重大影响，企业可以通过选择合理的运输方式，对运输线路进行合理规划，安排合适的运量等措施，实现物流效率与效益的双重提高。

第二节　运输方式

运输方式多种多样，它是在运输过程中基于已有的基础设施形成的。运输方式类型如表 2.1 所示。

表 2.1　运输方式类型

基本运输方式	水上运输	内河运输
		海洋运输：沿海、海上
	陆路运输	铁路运输
		公路运输
	航空运输	
	管道运输	
复合运输方式	成组运输	
	多式联运	

每种运输方式都有不同的特点，在特定环境下，运输方式要根据运送物品的种类、场所、距离、价值等来决定。例如，要把货物从广州运到南京，那就应该选择铁路运输、航空运输或者公路运输；如果要把服装从我国运到纽约，应选用海洋运输；如果想把煤气从新疆运往上海，应选择管道运输；如果需要横跨大洋的包裹快递服务，应采用航空运输。对于大批量需要越洋运输的货物，还可以选择成组运输的方式。

一、基本运输方式

（一）公路运输

公路运输虽在 20 世纪初才兴起，但发展极为迅速，并成为使用最为广泛的运输方式。公路运输的主要优点为：首先，它具有很强的机动性，能到达任何地方并提供门对门的服务,减少了与其他方式的转换时间。其次,使用者不必自己修建和维护运输路线,能利用现有的公路网络,车辆也不必遵守严格的时间表,可以随时上路。因此,公路运输可以较为精确地控制运输时间,这种得天独厚的优势,使其成为实施准确制生产战略企业的首选运输方式。与铁路运输承运商在某些线路的垄断相比,公路运输在同区域内有着大量的承运人经营,竞争激烈,使得价格更具有弹性。

公路车辆有许多不同的类型,其中很多是为特定用途设计的,在不同的国家有不同的法规。由于重量和尺寸的限制,公路运输通常运输的是小批量货物,这样就使运输费用变得相对昂贵。因此,公路一般用于短途运输,其运输的经济半径一般为300 km。公路运输用于制成品的运输要比用于原材料的频率高。另一个问题是汽车容易造成道路交通拥挤、交货延误。与其他运输方式相比,还存在货物偷盗率较高和环境污染等问题。

随着运输技术的进步、高速公路的完善、大型重卡的发展及集装箱运输的兴起,中长途的大批量运输也开始频繁使用公路运输。2017年全国公路累计完成货运量367.95亿吨,同比增长10.1%。

(二) 铁路运输

铁路运输的主要优点为:首先是运载量大,一旦基础设施在适当的位置建好,它的通货能力就比较高,单位运价也相对较低。因此,一些量大、笨重、体积庞大的货物的长距离运送通常会使用铁路,如煤炭、木材等。由于这个原因,铁路在供应链的上游部分得到了更广泛的应用。其次,火车可维持一个稳定的速度,并能与其他模式联合运送集装箱和散装货物,铁路对长距离运输更为有效。其与公路运输中汽运公司通过租用车辆和使用公共道路就可以运营的模式相比,铁路运营商必须在运营前修建铁路和终端设施,由于对铁路、机车和终端设施的投资巨大,大多数国家的铁路是由政府投资兴建并运营的。因此,铁路运输承运人数量很少,几乎都是公共承运人(向所有其他组织提供服务)。通常一条在两地间修建的铁路就已经有足够的能力满足所有的需求,所以竞争者再运营同样的设施就变得不可行,这也是阻碍竞争者进入的一个因素。

铁路的主要缺点是提供的服务必须提前安排好时间,使其能应用于同一条线路,对紧急运输不适用。还有一个更明显的问题就是,火车仅仅能在两个固定端点间沿着特定的路线行驶,不能在中途装卸货物;大多数顾客住处距离这些站点还有一定的距离,必须利用公路衔接运送货物,这样就延长了运送时间。消除影响的最佳办法就是让物流节点坐落于火车站(或港口、机场、集装箱码头或适当的终端)附近,如果需求足够大就应修建专门的设施。例如,对于一座发电厂,修建一条通往煤矿的专用铁路会比使用卡车更为方便。

(三) 水上运输

1. 水上运输类型

水上运输主要有河流及运河运输(通常称为内河运输)和海洋运输,海洋运输又分为沿海运输(将物料从一个港口沿近海运往另一个港口)和海上运输(横跨主要海洋)两种类型。

许多国家都有发展运河运输,如连接加拿大和美国的圣劳伦斯河,欧洲的莱茵河,我国的长江、京杭运河。目前，世界许多国家的内河航运在散货运输中仍起着重要作用。人们常常将河流运输与小批量、狭窄的小船和驳船联系在一起。事实上，有的海上船只也可以在河流环境中行驶相当长的距离，如万吨海轮可以直驶南京港、芜湖港。

2. 水上运输特点

90%的世界贸易使用海上运输，海运对一个国家的国际贸易发展非常重要。一些国家和地区运用海岸线进行国际运输，如鹿特丹、纽约和香港等城市均已发展为大型港口，世界前20大港口处理了20%以上的世界贸易。

水上运输的主要优点是有利于大宗货物长距离运输且运价较低、资源耗费低、环保。水上运输的主要缺点为：①被限制在固定港口，从供应商到客户的运输中不可避免地要转换运输方式，即使靠近港口也是如此，搬运费用偏高；②在港口加固及搬运货物需要时间；③易受天气影响，运输时间难以保证；④港口建设费用相对较高；尽管水上运输的速度有时过慢，但因为其单位成本较低，一直是最受欢迎的国际运输模式。

3. 水上运输船只类型

长途运输不可避免地要用到船只，不同种类的船只会产生不同的规模经济效应。因此，许多组织致力于用较低的单位成本运送大批量的货物。

（1）杂货船。应用标准设计的杂货船可以装载所有类型的大宗货物。船设有侧门，车辆可以出入，但是货物装卸常常要用到起重机，而世界上的许多港口设有起重设施。因此，应用标准设计的杂货船是世界上最为广泛使用的船只。

（2）散货船。散货船专门装运廉价的散装大宗货物，如粮食或矿石。油轮可以装运任何流体，但到目前为止，主要运送石油。为了获得等大的规模经济，这些船只的容量需要尽可能加大。

（3）集装箱船。集装箱船又称"货柜船"。广义是指可用于装载国际标准集装箱的船舶；狭义是指全部舱室及甲板专用于装载集装箱的全集装箱船舶。

（4）渡船。渡船通常称为滚上滚下（RO-RO）船只，用于海上短距离运输，如烟台与大连间的近海运输。在欧洲和美国也有长途的渡船路线。

（5）驳船。驳船挂在远洋航行的拖船后面，本身无自航能力，用于海面状况较稳定的短途运输，如在美国和波多黎各之间。其优点是比一般船只廉价。

（6）两用船。除了专用船之外，也有许多适应国际贸易发展的其他设计。例如，利用两用船运输，可以先把汽车运到美国，然后把散装谷物运到日本的滚上滚下/集装箱船；从中东装运石油，回程运送矿石的油类散货两用船。一个更为普遍的组合是乘客/集装箱船，并且保证乘客在港口的优先待遇。

4. 水上运输的主要程序

（1）揽货。制订船期表，分送客户，并在有关的航运期刊上刊载。

（2）订仓。托运人或其代理承运人申请货物运输，承运人对这种申请予以承诺。

（3）装船。托运人应将托运的货物送至码头承运船舶的旁边，并进行交接，然后将货物装到船上。

（4）卸货。将船舶所承运的货物在卸货港从船上卸下，并在船边交给收货人或代理收货人，然后办理货物的交接手续。

（5）交付货物。在实际业务中，船公司凭提货单将货物交付给收货人。

（6）保函。保函即保证书，它的作用包括凭保函交付货物、凭保函签发货物提单、凭保函签发预借提单等。

5. 港口

港口具有多种战略性功能，在物流活动中扮演着十分重要的角色。现代港口能够对运输资源进行集中高效控制，港口的功能战略定位于国际海陆间，是物流通道的重要枢纽和节点（即各种运输方式的交换点），又是综合物流的集散中心，并以此为依托成为区域的运输、金融、信息、工业和商业中心。在货源组织上，现代港口是运输组织与用户的主要交易场所。

（四）航空运输

假设阿根廷一座工厂的重要机器出现了故障，如果等从日本来的货轮运送零配件的话，要4周后才能送达。在这种情况下，可以选择航空运输。

航空运输主要有三种类型：①定期服务，主要航线利用客机上的剩余空间运送包裹。②货物服务，即运营商定期运营货机，运营商都是公共承运人，为所有客户运送物品。③包机服务，飞机受雇于特定的运输。

航空运输能同时运送一定数量的货物，这些物品的运输速度比费用更重要。实际上，它是把空运货物限制在一个较低的数量上，即贵重货物的运输。最普通的运送物品就是文件和包裹，如联邦快递和联合速递公司。

与水上运输相同，航空运输有取送物料的问题。在主要机场有各种设施用于从货源向机场运送物料，然后再从机场运到顾客那里。但是这些转运会占用时间，降低了航空运输的优势。

航空运输的另一个问题是成本，既有高的固定成本（飞机购买费用），又有高的可变成本（燃料、着陆费、员工等），并且暂时还没有降低这些成本的可行方法。

（五）管道运输

管道运输既能单独输送石油、天然气及自来水和污水等，也能同时运输其他几种类型的产品，如石油中的煤粉和黏土泥浆。

管道具有距离长、运送量大的优点。而它的缺点是速度慢（一般每小时的流动速度少于10 km）、刚性（仅仅在固定点间运输），并且仅能运送大量某种类型的流体。此外，修建管道需要大量的初始投资。如今，管道仍是最廉价的长距离运送流体的方式，尤其是石油和天然气的运输。

（六）不同运输方式的特点和组合

从以上内容可以看出，几种基本的运输方式都有各自的特点，一般来说，选择成本花费越低的运输方式，越面临弹性难以调节的情况。表2.2从五个不同的项目出发对各个运输方式进行比较与排序，其中，1代表最好效果，5表示最差效果。

表2.2 不同运输方式的比较

比较项目	运输方式				
	铁路运输	公路运输	水上运输	航空运输	管道运输
费用	3	4	1	5	2
速度	3	2	4	1	5
弹性	2	1	4	3	5
体积/重量限制	3	4	1	5	2
可存取性	2	1	4	3	5

有时选择运输方式很容易，如果想在上海和东京之间运送大宗货物，就会选择水上运输；对于陆路运输，许多企业偏向于利用卡车运输货物，不会考虑其他方式。实际上，影响企业选取运输方式的因素有很多，如货物的性质、体积与运输距离等，还有其他的因素，具体包括以下因素。

（1）货物价值。对于价格高昂的物品，需要选择快速可靠的运输方式。

（2）重要性。对于影响企业正常生产经营的价格低廉物品，同样也应该选择运输速度较快且安全可靠的运输方式。

（3）运输时间。时间即金钱，供应商需要对市场需求做出灵敏反应，选择快速的运输模式。

（4）可靠性。在追求速度之前，更应该突出安全可靠的特性。

（5）其他因素。如约定的交易进行方式及最终费用，承运人的信誉和稳定性、安全性，货物的丢失和损坏，运输的时间和频率，特殊设备的使用等。

二、复合运输方式

综上所述，各种运输方式都有其特点，运输过程中不会一直采用单一运输方式，可采用复式运输方式，综合利用某一区间中不同运输方式的优势进行不同运输方式的协作。

复合运输的主要问题是每次运输方式间的转换都会导致时间延迟和增加额外的处理费用。因此，**复合运输的核心就是运输方式间的物料转换系统如何实现无缝运输。成组运输是采用一定的办法，把分散的单件货物组合在一起，成为一个规格化、标准化的大运输单位进行运输**。成组运输模式又包括托盘运输与集装箱运输。

（一）托盘技术

托盘（Pallet）是便于货物装卸、运输、保管和配送等而使用的，由可以承载若干数量物品的负荷面和叉车插口构成的装卸用垫板。使用托盘有利于对零散单件货物集中管理，将其重新组合成统一规格的运输单元，之后再通过叉车进行装卸搬运至其他交通运输工具或利用单元格货架进行存储。托盘技术应用广泛，可有效节约运输资源，实现物流效率与效益的双重提高。

有效完成托盘作业系统化的重要依据是物流基础设施的标准化，而托盘标准化又是物流基础设施标准化的前提。托盘尺寸规格的标准制定及其应用推广关系到物流机械化、自动化程度，关系到物流系统现代化水平。

（二）集装箱技术

集装箱是运输包装货物或无包装货物的成组运输工具（容器）的总称。国际标准化组织（International Standards Organization，ISO）对其下的定义是：一种运输设备，应满足以下要求：①具有足够强度，能长期反复使用；②中途转运无须移动箱内货物，可直接换装；③可快速进行装卸，并可以从一种运输工具方便地换装到另一种运输工具；④便于货物的装满或卸空；⑤内容积达到 1 m^3 或 1 m^3 以上。集装箱于 1956 年在纽约和休斯敦间使用时，运输思想已经发生了改变。尤其是运输方式间的物料转移，已经从劳动密集型转向资本密集型。大型集装箱港口和货运站在世界范围内的修建，有效地改善了集装箱的运输，减少了整体运输的时间。

利用集装箱进行的货物运输具有以下优势：①操作简单快捷，可提高货运速度，加快运输工具及货物资金的周转；②减少装卸费用，改善劳动条件，降低运输成本；③简化货物包装，节约货物包装费用，减少运输费用；④降低由于损坏、丢失和盗窃造成的较低的保险费率；⑤减少货损、货差，提高货运质量，实现定点、定期运输及装卸作业等。自从采用货柜（集装箱）运输，船只海运港口停靠时间大大减少，能在几小时内返航。原来需要 3 周回转的船只，现在使用回转集装箱船只用一天。超过 70% 的货物运输使用了集装箱船。

集装箱运输流程中对货物或对货物的载体（集装箱）所进行的各种操作，主要有与货物、集装箱连接和分离有关的装箱、拆箱、拼箱；与使用集装箱发生位移的运输活动有关的活动，主要包括海上运输与内陆集疏运；对集装箱体进行操作的活动；集装箱交接活动。由这些基本活动可构成一个完整的集装箱运输流程。

（三）多式联运

多式联运（Multi-modal Transportation），是在集装箱运输的基础上产生发展起来的现代运输方式。**按照多式联运合同，以至少两种不同的运输方式，由多式联运经营人把货物从一地接运至另一指定交付货物的地点。**从某种意义上讲，多式联运就是集装箱多式联运。它通常是以集装箱为运输单元，将不同的运输方式有机地结合在一起，构成连续的、综合性的一体化货物运输，通过一次托运、一次计费、一份单证、一次保险，由各运输区段的承运人共同完成货物的全程运输，即将货物的全程运输作为一个完整的单一运输过程来安排。多式联运降低了传统分段运输的时间损失及破损、失窃风险；减少了分段运输的有关单证和手续的复杂性；降低了全程运输的各种相关费用。货主只需与多式联运经营人（Multi-modal Transportation Operator，MTO）一方联系，多式联运经营人对托运人的货物负全程责任，MTO 提供的全程运费更便于货主就运价与买方达成协议。运输成本的降低有助于产品总物流成本的降低，从而提高产品的市场竞争力。国际运输中常采用多式联运。

第三节 运输的决策与优化

运输方式的决策与优化直接影响企业的经济效益。使用合适的绩效评估系统能够找出企业物流服务中的弊端，有利于改善企业客户关系管理，帮助企业树立良好的客户服务理念，建立科学的客户服务策略。

一、运输方式的决策

(一) 影响决策的几类因素

运输方式决策是运输决策的重要组成部分,是物流合理化的重要内容。影响决策的因素有以下几类。

1. 运输货物自身性质

按照货物本身性质,如货物价值量、大小、重量、容积、安全系数等选择恰当的运输模式。通常,不可能空运量大低价的沙子、庞大笨重的塔吊车;同样,也不可能海运价值昂贵的钻石和芯片;更不可能用管道运输冰箱、洗衣机。这些极端的例子说明了货物的自然属性直接影响对运输方式的选择。

一般来说,原材料等大批量的货物、价值较低或体积较大的物品应该选择铁路运输或水运;空运一般用来输送价格高昂且体积较轻便的货物;在货物需要进行中短距离运输时,通常采用公路运输;包装的消费品则需要从另外一些方面进行考察、具体分析并进行比较,来选择最合适的运输模式。

2. 运输方式的经济性

运输成本是一个无法忽视的基本点,它包括投资建设费用、营运费用、作业费用等。另外,在衡量运费时还应考虑运费里程和运费批量的经济性。考虑运输方式经济性的目的是追求成本最低,不仅仅是最低的运输成本,更应考虑的是在实现目标要求的前提下实现运输总成本最低。

3. 运输速度的适用性

运输速度主要指产品运输时间的长短,即从发货到送达收货人的全部时间,包括车辆运行时间、途中停留时间和始发、终到两端的作业时间。运输速度与运输成本二者之间关系紧密,一方面,企业寻求的运输服务越快捷,其最终支付的运输成本也越高;另一方面,运输速度越快,其企业仓储存货减少的速度会越快,给运输服务供应商留存的运输时间的间隔会缩短。综上所述,妥善处理运输速度与运输成本的关系对于实现最优运输决策至关重要。

4. 运输的安全准确性

安全准确性是评价运输服务水平最基本的标准。用户在选择运输方式时,首先考虑该种运输方式是否能将所需货物在指定的时间安全地送达指定地点。确定某种运输安全准确性的主要依据是运输的一致性,即多次运输所花费的时间差大小或与约定运输时间的一致性,对服务供需方具有的存货义务与风险产生较大影响,能够体现运输是否可靠。当物流企业接到运输订单,首次运输所需时间为3天,但是第二次却增加至8天,运输时间的改变会对整个物流运作系统产生极大的不利影响。当一个企业运输一致性不高时,就要密切关注安全库存量,以便有效应对运输服务故障。

5. 运输的机动便利性

运输的安全性和准确性,费用的低廉性及送达的迅速性对货主来说都是重要的因素,只是不同的产业侧重点不同。如制造业重视运输费用的低廉性,批发业和零售业将安全、准确、迅速作为确定运输方式的最基本因素。

（二）运输方式的选择

目前存在几种基本运输模式，如陆路运输、铁路运输、水上运输、航空运输与管道运输，各自具有的成本结构也存在差异，如表2.3所示。各种运输方式的营运特征分析比较如表2.4所示，该表按各种运输方式的营运特征优劣进行评价，采用打分法（假设单项总分为5分），表中各种运输方式的营运特征的分值越高，表示效果越好。

表2.3 各种运输方式成本结构的比较

运输方式	固定成本	变动成本
公路运输	高（车辆及修路）	适中（燃料、维修）
铁路运输	高（车辆、轨道及站点）	低
水上运输	适中（船舶、设备）	低
航空运输	低（飞机、机场）	高（燃料、维修）
管道运输	最高（铺设管道）	最低

表2.4 各种运输方式营运特征的得分比较

营运特征	公路运输	铁路运输	水上运输	航空运输	管道运输
运价	2	3	5	1	4
速度	2	3	4	5	5
可得性	1	2	4	3	5
可靠性	2	3	4	5	1
能力	3	2	1	4	5
频率	2	4	5	3	1
合计得分	12	17	23	21	21

1. 单一运输方式

单一运输方式，即仅通过一种运输模式来进行货物运输。五种基本运输方式并非十全十美。通常情况下，公路运输更适合中短距离运输，易于操控，方便机动，可以做到"点对点"运输；铁路运输更适合长距离货物运输，受天气等外界环境干扰小；水上运输则具有运量大、成本低的特殊优势；而航空运输的主要优点是可实现货物的快速运输；管道运输的固定成本最高，但变动成本最低。所以，可以根据五种基本运输方式的优劣、特点，结合运输需求进行恰当选择。在决定运输方式时，应以运输工具的服务特征作为判断的基准，应从以下几个角度对运输方式进行衡量比较。

（1）**运输成本**——费用的多少。

（2）**速度**——完成运输任务所需天数多少。

（3）**频率**——能够接受并顺利完成的任务数量。

（4）**承载量**——运量大小。

（5）**运输货物的自身性质**——包装是否完备，会不会破损及造成环境污染。

（6）**时间一致性**——能否按照合同约定按时交货。

（7）**适应度**——对于大宗货物的适用度。

（8）**机动性**——能够针对不同运输需要。

（9）**配合度**——与别的运输手段的配合与合作。

（10）**信息**——及时准确掌握运输对象的地理位置。

选取合适的运输模式，应该做到具体问题具体分析。大多数时候人们最看重运输成本及运输花费的时间，但最终做出选择时，还是要立足于实际运输需求，站在不同的角度进行综合比较分析。追求运输时间的快速，一般需要支付更多的费用，运输成本能影响整体运输的经济性与合理性，但不能仅从这一方面衡量。运输时间的减少使得提供的运输间隔时间缩短，货物周转更快，进而影响企业的安全库存，有利于节约一定仓储费用。综上，最佳运输方式必然要尽可能降低运输成本与仓储保管成本。

2. *复合运输方式*

复合运输即由两种及两种以上的交通方式相互衔接，共同完成的运输过程。驼背运输是一种载货工具在某一段运程中，又承载在另一种交通工具上共同完成的运输过程。

复合运输会事先确认好最佳运输计划，它强调与其他运输方式合作的重要性，集中考虑多种运输工具的特性，争取实现最大运输效率与运输效益的统一。常见的复合运输有公路与水路联合运输，铁路、公路、水路三种方式联合运输等。

（1）**水陆联运**。这是水上运输与陆路运输相衔接的一种运输方式，按距离远近可以分为陆水、水陆两段联运及水陆水、陆水水三段或水陆水陆四段联运。如将货物通过公路或火车输送到港口，经过海港代理机构与船运企业的沟通协商，最后通过水路完成输送任务。

（2）**水上联运**。这是指同一水系不同路线，或同一水运路线不同类型船舶之间的联合运输方式。水上联运具体形式有江海联运、河海联运。

（3）**陆陆联运**。这是铁路与公路相互衔接的运输方式，是复合运输方式中最常见的形式。它有效地利用了铁路运输的快捷廉价，又结合了公路运输的便利。

（4）**空陆联运**。这是公路与航空相互衔接的运输方式，是高速与"门到门"服务的良好结合。货物运输包括汽车—飞机—汽车三个流程。

（5）**大陆桥运输**。大陆桥运输是指使用铁路和公路系统作为桥梁，把道路两端的海洋运输连接起来的多式联运方式。目前，为了更好地发展对外贸易，我国大力建设了新亚欧大陆桥运输。

3. *实现复合运输的意义*

（1）**有利于实现运输的合理化**。复合运输把各个阶段的不同运输过程连接成一个单一的整体运输过程，因此，减少了物流过程的停滞，保证了货物流通过程的畅通，减少了货损，是物流合理化的有效方式。

（2）**有利于实现货运的统一性、简单化**。复合运输的程序简单，方便了托运人或货运人，对客户极为有利。

（3）**实现运输效率与运输效益的双重提高**。复合运输能够有效利用多种运输方式的特性与优点，使运输过程变得更加简单，减少了不必要的成本，提高了运速与运输质量。在提高运输效率的同时，大大降低了运输成本。因此，发展组合运输可以充分发挥我国运输方式的优势，使之相互协调、配合，建立起合理运输体系。

大多数运输会涉及一种以上的运输方式，运输经营者面临的挑战就在于多种运输模式的均衡必须在整体物流体系的框架下完成。目前，企业希望通过选择合理的运输方式以提高运输效率和减少成本，获得更大效益。然而，加快运输速度和减少运输费用间存在着"效益背反"的关系。因此，在做出运输决策时，一定要有效地协调两者的关系，优化匹配运输方式，合理组织物品的运输。

二、运输路线的确定

进行运输决策时要重点考虑运输路线的选择，一条好的运输路线能够对运输工具及运输人员产生重大影响，最终影响运输总成本。

（一）明确问题

将影响运输路线选择的因素进行分类，有以下几种。

1. 单个初始点与单个终点不同的问题

最短路线法适用于只具有一个初始点及一个终点（初始点与终点并不重合）的路线选择问题。最短路线法使用节点与线这两个基本要素，节点具有未知性（不包括初始点），线连接不同的节点，表示两个节点之间的运输成本。

2. 多个初始点与多个终点问题

在具有多个初始点与多个终点的情况下，经常采用复合运输方法解决该类问题。不仅要明确多个市场的初始供应商所在地，更要找出从生产地至市场的最佳运输路线。该类问题通常比较复杂。

3. 初始点即终点的问题

当所使用的运输设备属于私人财产时，可能会出现初始点即终点的问题，如货物通过运输工具，实现由仓库至零售点之间的转移；零售点使用运输工具完成送货上门服务后返回；校车的行驶线路等。

（二）车辆运行路线和运行时间

1. 车辆运行和时间安排的约束条件

（1）关于不同提货点提货与送货数量的规定。

（2）运输设备具有不同的承载能力。

（3）运输工具一次行驶允许的最长时间。

（4）关于停留点对提货时间的规定。

（5）可能只允许送货后再提货的时间。

（6）运输人员被安排在某个具体时间进行短暂休整。

2. 安排运行路线和时间应遵循的原则

（1）对临近的零散货物进行集中输送。

（2）将集聚在一起的停留点安排同一天送货。

（3）对距离仓库最远的货物先进行安排配送。

（4）按照泪滴状在各停留点间行驶。

（5）大量采用大型载重运输工具进行运输。

（6）不应该专门留取时间去提货，应该在送货途中顺势而为。

（7）对远离集聚停留点路线的单独停留点可应用另一个送货方案。要尽可能杜绝停留点工作时间太长的情况。

（三）安排车辆运行路线

由于面对诸多限制因素，想要有效地处理车辆运行路线和时间安排问题并不容易。人们通常采用扫描法寻求答案。扫描法操作简单，准确率较高，一般在90%左右，误差主要是由时间较紧迫导致。

（1）扫描法的组成过程。先将停留点的货物分配给运输车辆，然后对停留点在路线上的顺序进行安排。

（2）扫描法的步骤：①在地图或坐标图上准确画出仓库与全部停留点的位置。②将直尺放在仓库点，不用考虑直尺的摆放方向。顺时针（或逆时针）转动直尺，直到直尺与某一个具体停留点相交。③合理安排所有运输线路上的停留点顺序，从而实现运输距离最短。

（四）安排车辆运行时间

上述设计是针对一条运输线路、仅由一辆运输车辆负责的情况。这往往会导致在运输距离较短时，运输车辆的价值无法最大化，产生资源浪费。可若是第二条运输线路能够在第一条线路的运输任务顺利完成后再开始，则完成第一条路线的运货车辆可用于第二条线路的运货，那么就可以尽量避免运力浪费。

三、运输服务商的选择

只要运输业没有垄断存在，运输服务需求方在选择合理的运输方式后，通常要面临运输服务商的选择问题。每一种具体的运输方式都会存在数量众多的服务商。那么如何选择合适的运输服务商呢？大致可以从以下方面进行分析。

（一）服务质量比较法

服务需求方支付相同运输费用后，渴望获得更高品质的服务，服务质量是他们衡量运输服务商的最基本标准。

1. 运输质量

运输不需要对运送的物品做出任何方面的改变，只要尽可能地实现空间效用，将货物从一地送至另一地。在运输过程中，如果保管工作不到位，很有可能会导致物品的质量和品质下降。所以，客户非常重视运输质量，一般考虑以下几个因素。

（1）运输服务商安排的运输车辆是否能正常使用。

（2）运输服务商的装卸能力及其员工的工作能力和服务水平。货物在装卸搬运过程中极易形成损耗，故装卸工人的服务水平对货物的运输质量会产生较大的直接影响。

（3）运输服务企业内工作人员的能力与经验。这是确保货物安全运输的前提。

（4）运输服务企业的货物运输控制流程。系统有效的运输控制流程有利于保证运输质量。

2. 服务理念

在运输服务商不断提高运输质量的基础上，运输服务需求方对其他相关服务理念愈发重视起来。

（1）运输的准时率。准时率越高，越有利于从多个方面加大对货物的控制，实现货物的集中高效管理。

（2）航班、船舶、铁路启动的时间间隔。科学的时间间隔有利于更有效地满足客户对托运时间等的需求。

（3）单证的准确率。考核单据、报表、信息系统操作的准确率。

（4）信息查询的方便程度。如提供货物价格查询及货物跟踪服务等。

（5）货运纠纷的处理。客户希望纠纷能得到妥善处理。

（二）运输价格比较法

面对日益激烈的市场竞争，为了寻求长远的生存与发展，抢占更多的市场份额，运输服务商必须不断追求更高的服务水平。但由于一些产品所能获得的服务水平增长空间已经趋于饱和，运输服务商便将目光盯紧在运价这一关键因素上。客户在多家运输服务商可供选择的情况下，因为这些服务商所能提供的服务水平相差不大，或者因为该客户不追求过高标准的运输服务，运价则成为客户做出决策的又一关键影响因素。

（三）综合选择法

为了做出最合理的服务商选择决策，人们还是趋于使用多重判断标准进行综合分析，同时考虑运输质量、服务质量、运价及运输服务商的综合实力与企业品牌形象等。

第四节　运输合理化

一、运输合理化的含义及要素

（一）运输合理化的含义

运输合理化就是在一定的产销条件下，货物的运量、运距、流向和中转环节合理，能以最适宜的运输工具、最低的运输费用、最少的运输环节、最佳的运输线路、最快的运输速度，将物资从原产地转移到规定地点。

（二）运输合理化的决定因素

要实现运输合理化，获得期望收益，需要从以下五个决定因素入手。

1. 运距

运距是衡量运输科学与否的首要因素，运输速度、运输成本都与运距关系密切。

2. 运输环节

运输环节越简单，越能避免不必要的运输开支，有利于节约成本。

3. 运输工具

每种运输工具都具有不同的特性与优点，选择正确合理的运输工具对于实现运输合理化有非常重要的作用。

4. 运输时间

运输时间占据着大部分物流时间框架，特别是在远距离运输过程中。随着运输时间的不断减少，物流系统总的运行时间也会随之降低。同时，还可以加快运输工具的流通频率，避免运力浪费，实现运输工具价值最大化。

5. 运输成本

运输成本作为物流系统总成本的重要组成部分，不仅影响整体物流系统的市场竞争能力，也是判断运输合理性的一个重要因素。

二、不合理运输的表现形式

不合理运输是指在现在条件下可以达到的运输水平而未达到，从而造成了运力浪费、运输时间增加、运输超支等问题的运输形式。

（一）空驶

不合理运输最严重的表现形式即空驶。在某些运输过程中，需要安排一定的空车，这时并不能称为不合理运输。因调运不当、货源计划不周、不采用运输社会化而形成的空驶，则是不合理运输。

产生空驶的原因有：①可以使用却不使用社会化的运输体系，仅靠自备车送货提货，形成单程车、单程空驶。②运输工作规划不当，造成虚假取货点，导致车辆空去空回，形成双程空驶。③车辆使用缺乏机动性，追求专车专用，不能搭运回程货，只能单程空车，单程回空周转。

（二）对流运输

对流运输又称"相向运输""交错运输"，指同一种货物，或彼此间可以互相代用而又不影响管理、技术及效益的货物，在同一线路上或平行线路上做相对方向的运送，而与对方运程的全部或一部分发生重叠交错的运输。另外还存在一种情况也应称为对流运输，即不按照事先规划的运输线路行驶，与其相对而行。

对流运输不明显，要注意仔细判别。满足对流运输的表现，但是并不是同时或者说在同一个时刻一起行驶，这种情况也属于对流运输。

（三）迂回运输

迂回运输是舍近求远的一种运输，在可以选取短距离运输时，却选择了较长路线进行运输的一种不合理形式。要注意区分迂回运输的性质，不能全部将其归于不合理运输，只有因为运输计划安排不合理，实际运输组织不完善，不熟悉运输线路而发生的迂回运输才能称为不合理运输。当安排的最短运输线路上存在着一定的限制因素，如车流、人流量过大，环境保护要求严格等，此时发生的迂回运输并不能归于不合理运输。

（四）重复运输

重复运输是指本可以直接将货物运到目的地，但是在未达目的地之处，或在目的地之外的其他场所将货卸下，再重复装运送达目的地。或者是指同品种货物在同一地点运进，同时又向外运出。重复运输增加了不合理的中间环节，提高了货物受损率，最终影响整体的物流进度，增加了物流成本。

（五）倒流运输

倒流运输是货物从销地或中转地向产地或起运地回流的一种运输现象。倒流运输导致往返双重运力的浪费，和对流运输相比更不合理。同时倒流运输并不一定非常明显，要注意判别。

（六）过远运输

过远运输是指物资舍近求远，近处有资源不调而从远处调，这就造成可采取近程运输而未采取，拉长了货物运距的浪费现象。过远运输不仅造成运力的浪费，而且会导致货物受损率增加，物流总成本增加。

（七）运输工具选择不合理

运输工具选择不合理通常是指在未比较各种运输工具优势的情况下，而选用不恰当的运输工具造成的不合理现象。主要有下面几种情况：①弃水走陆。在使用水上运输与陆路运输都可实现运输目的时，没有选择运费较低廉的水上运输或水陆联运，反而直接采取陆路运输。②铁路、大型船舶的过近运输。由于火车及大型船舶起运及到达目的地的准备、装卸时间长，且机动灵活性不足，在过近距离中发挥不了运速的优势。③运输工具承载能力选择不当。特别需要尽量避免"大马拉小车"现象。

（八）托运方式选择不当

例如，最合理的运输模式应该是整车装运，但是却使用零担托运；明明可以一次性直达运输，但是在中途换乘等。

对于发生的不合理运输现象，需要仔细判断，分析存在的特征与前提，最大限度降低误判率。例如，面对某一具体产品，属于不同企业，分属不同品牌定位且定价也不一致，此时出现的基于激烈市场竞争及其竞争机制的对流运输就不能归于不合理运输。

为了合理地解决不合理运输问题，需要将其置于整体物流体系中，尽量避免"效益背反"现象的出现，从而使物流系统得到优化升级。

三、运输合理化的表现形式

（一）分区产销合理运输

分区产销合理运输是指对某种货物，使其一定的生产区固定于一定的消费区。根据产销的分布情况和交通运输条件，在产销平衡的基础上，按照近产近销的原则，使货物走最少的里程，组织货物运输。合理控制产销率，仔细考察周边地理环境与运输线路，遵循就近生产、就近销售的宗旨，最大限度地缩短运输距离，节约运力，实现最佳运输。分区产销合理运输主要适用于三类产品，第一类是生产简单集中，但市场需求不集中的产品；第二类是销量较大且需求地统一，但生产不集中的产品；第三类是技术含量不高，以非稀缺资源为主要消耗对象的廉价产品。分区产销合理运输的作用为：实现产销平衡，合理安排物流活动，避免一系列不合理运输现象，发挥资源价值最大化，减少物流总成本等。有效发挥分区产销合理运输作用的基本程序为：①了解货物供需情况、运输线路和运输模式。②具体地点具体规划，产地与销地挂钩。第一产业把市场作为核心，与周边工厂紧密联系，实现产销平衡。而第二产业则与第一产业相反。③在现存的产销关系下，为保证产销平衡与运输距离最短，需要科学规划运输线路图。④科学有效安排运输计划，并确保最终实施。

面对激烈市场竞争，需要及时快速反应，发挥分区产销合理运输的机动性。

（二）直达运输

直达运输就是在组织货物运输过程中，越过商业、物资仓库环节或交通中转环节，把货物从产地或起运地直接运到销售地或用户所在地，以减少中间环节，如在对外贸易中出现较频繁的大宗原材料直达运输。对于商业产品、特定产品实现直达运输所经历的程序可能不尽相同。目前，物流领域大力推行"多渠道、少环节"原则，经营采购自主化进一步提高，直达运输在整体物流运输活动中占据越来越重要的地位，有利于避免不必要的流程。

（三）"四就"直拨运输

"四就"直拨运输指商业、物资批发企业在组织货物调运过程中，对当地生产或外地到达的货物，不运进流通批发仓库，采取直拨的办法，把货物直接分拨给市内基层批发、零售店或用户，从而减少一道中间环节。具体表现有就厂直拨、就车站（码头）直拨、就库直拨、就车（船）过载等。

"四就"直拨与直达运输的关系为："四就"直拨运输一般是非小型城市批发点提供的小批量短距离运输服务。而直达运输提供的服务通常为大批量长距离，且最终目的在省（区）外。二者相互关联，联系紧密，如果采用直达运输途中，还能够实现直拨运输，运输效率与运输效益必然高于之前。

（四）合装整车运输

合装整车运输也称"零担拼整车中转分运"，它指托运单位在铁路货运中，将多品种的零担货物合并装入1个车皮，以整车的方式，从发站直接运送到目的地或1个适当车站，然后再中转分运。合装整车运输有多种表现形式，例如物流企业对某个托运者托运的具有相同目的地与接收者的货物采用铁路运输模式。对于客户的托运物，物流企业可以对货物实行整车装运，通过企业本身拥有的某个运输工具将货物运送到最终约定地点，对于具有同一运输方向、不同目的地的托运物，可以先进行集中运输，待到达某个具体合理的中转站，再进行分散运输。对于铁路运输这一运输模式，存在着零担运输与整车运输两种模式，它们会产生差别较大的运输费用，比起单独采用这二者中的任何一种，使用合装整车运输，能够有效节省一定成本，节约运力，降低劳动资源的浪费率。

（五）提高技术装载量

提高技术装载量有利于实现科学合理运输，有利于实现运输效率与运输效益的双重提高。原因有两点，一是该做法可以尽可能利用车船载重吨位，二是它可以充分地利用车船装载容积。具体做法如下：①采用轻重组合，尽可能利用车船装载容积与装载重量，从而实现效率最大化。②采用分解运输，对那些体积较大且易损耗的物品进行分解，从而实现空间利用最优，同时也能满足对运输效率的需求。③改善堆码方法，做到具体问题具体对待，不能过于死板，仅使用某种堆码方法。要分析把握车辆船舶的吨位容积情况与物品各自具有的性质，使用最佳堆码方式，有效提高技术装载量。

案例1

百胜物流降低连锁餐饮企业运输成本之道

对于连锁餐饮业来说,依靠合理的物流手段节省成本并不容易。然而,作为肯德基、必胜客等业内巨头的指定物流供应商,百胜物流公司抓住运输环节大做文章,通过合理安排运输、降低配送频率、实行歇业时间送货等优化管理方法,有效地实现了物流成本的"缩水",给业内管理者指出了一条细致而周密的降低物流成本之路。

对于连锁餐饮业来说,由于原料价格相差不大,物流成本始终是企业成本竞争的焦点。据有关资料显示,在一家连锁餐饮企业的总体配送成本中,运输成本占到60%左右,而运输成本中的55%~60%又是可以控制的。因此,降低物流成本应当紧紧围绕运输这个核心环节。以下介绍的是百胜物流降低运输成本的途径。

一、合理安排运输排程

运输排程的意义在于,尽量使车辆满载,只要载货量许可,就应该做相应的调整,以减少总行驶里程。

由于连锁餐饮业餐厅的进货时间是事先约定好的,这就需要配送中心就餐厅的需要,制作一个类似列车时刻表的主班表,此表是按照连锁餐饮业餐厅的进货时间和路线详细规划制订的。餐厅的销售存在着季节性波动,因此,主班表至少应有旺季、淡季两套方案。有必要的话,应该在每次营业季节转换时重新审核运输排程表。安排主班表的思路是:首先计算每家餐厅的平均订货量,设计出若干条送货路线,覆盖所有的连锁餐厅,最终达到总行驶里程最短、所需司机人数和车辆数最少的目的。

规划主班表远不止人们想象得那样简单。运输排程的构想最初起源于运筹学中的路线原理,从起点A到终点B有多条路径可供选择,每条路径的长度各不相同,要求找出最短的路线。实际问题要比这个模型复杂得多。首先,需要了解最短路线的点数,从图上的几个点增加至上百甚至上千个,路径的数量也相应增加到成千上万条。其次,每个点都有一定数量的货物需要配送或提取,因此,要寻找的不是一条串联所有点的最短路线,而是每条串联几个点的若干条路线的最优组合。另外,还需要考虑许多限制条件,比如车辆装载能力、车辆数目、每个点在开放窗口的时间等,问题的复杂程度随着约束数目的增加呈几何级数增长。要解决这些问题,需要用到线性规划、整数规划等数学工具,目前市场上有一些软件公司能够以这些数学解题方法作为引擎,结合连锁餐饮业的物流配送需求,做出优化运输路线安排的软件。

在主班表确定以后,就要进行每日运输排程,也就是每天审视各条路线的实际货量,根据实际货量对配送路线进行调整,通过对所有路线逐一进行安排,可以去除几条送货路线,至少也能减少某些路线的行驶里程,最终达到提高车辆利用率、提高司机工作效率和降低总行驶里程的目的。

二、减少不必要的配送

对于产品保鲜要求很高的连锁餐饮业来说,尽量与餐厅沟通,减少不必要的配送频率,可以有效地降低物流配送成本。

如果连锁餐饮餐厅要将其每周配送频率增加1次，会对物流运作的哪些领域产生影响呢？在运输方面，餐厅所在路线的总货量不会发生变化，但配送频率上升，结果会导致运输里程上升，相应的油耗、过路桥费、维护保养费和实际人工时都要上升。在客户服务方面，餐厅下订单的次数增加，相应的单据处理作业也要增加，餐厅来电打扰的次数相应上升，办公用品（纸、笔、电脑耗材等）的消耗也会增加。在仓储方面，所要花费的拣货、装货的人工成本会增加。如果涉及短保质期物料的进货频率增加，那么连仓储收货的人工成本都会增加。在库存管理方面，如果涉及短保质期物料进货频率增加，由于进货批量减少，进货运费很可能会上升，处理的厂商订单及后续的单据作业数量也会上升。

由此可见，配送频率增加会影响配送中心几乎所有的职能，最大的影响在于运输里程上升所造成的运费上升。因此，减少不必要的配送，对于连锁餐饮企业显得尤为关键。

三、提高车辆的利用率

车辆时间利用率也是值得关注的，提高卡车的时间利用率可以从增大卡车尺寸、改变作业班次、二次出车和增加每周运送次数四个方面着手。

如果大型卡车每次可以装载更多的货物，一次出车就可以配送更多的餐厅，由此延长了卡车的在途时间，从而增加其有效作业时间，这样做还能减少运输里程。虽然大型卡车单次的过路桥费、油耗和维修保养费高于小型卡车，但其总体上的使用费用绝对低于小型卡车。

运输成本是最大项的物流成本，其他职能都应该配合运输作业的需求。所谓改变作业班次就是只改变仓库和别的职能的作业时间，适应实际的运输需求，提高运输资产的利用率。否则朝九晚五的作业时间表只会限制发车和收货时间，从而限制卡车的使用。如果配送中心实行24小时作业，卡车就可以利用晚间二次出车配送，大大提高车辆的时间利用率。在实际物流作业中，一般会将收货分成在上午、下午、上半夜或下半夜四种，据此制订仓储作业的配套时间表，从而将卡车利用率最大化。

资料来源：百胜. 百胜降低运输成本之道 [J]. 中国连锁，2013（10）.

案例讨论：

1. 百胜物流如何确定运输线路？
2. 百胜物流降低物流成本的方式是什么？

分析思路

案例2

日本大和运输公司运输管理案例

一、大和运输公司的基本情况

大和运输公司是日本最大的从事商品运输、配送的专业公司，创立于1919年11月29日，公司总部位于日本东京都中央区的银座。现有资本金109.5亿日元，职工89 981人，1999年实现销售额743.9亿日元，经营利润为322亿日元，现有营业所2 311处，此外，还有27家分公司及10家海外分公司。

大和运输公司作为一个专业物流企业，主要从事面向住户和居民的宅急便服务和搬家等物流服务；面向团体用户的宅急便服务；海上商品的国际复合运输及美术品等特殊用品的运输等。大和运输公司在宅急便服务规模方面一直名列前茅，2000年要比1991年增长1倍多。从整个市场占有率来看，大和运输公司在民间市场所占的份额为35.6%，也是日本最大的专业宅急便公司。

从事业领域的经营情况和业绩来看，其国内运输事业、国际运输事业、信息通信事业及其他事业都呈现出不同的增长势头，其中2000年国内运输事业比1999年增长5.1%，国际运输事业增长13.1%，信息通信事业增长8.9%，其他事业增长4.8%。大和运输公司是日本专业物流商中业绩最高的企业。

二、大和运输公司的物流战略

（一）配送服务的差别化战略

大和运输公司早期是从事陆地运输的专业运输公司，开始从事宅急便业务是在1976年，当时他们通过开展新型的配送服务，创造了"宅急便"这样一种物流服务品牌，之后，随着陆地物流服务的不断延伸和扩展，他们将这种陆地配送服务统称为"宅急便"。

宅急便是应对新型社会和经济环境的一种新型专业物流服务，与原来的陆地运输最大的不同在于它构造了新物流服务的核心要素和本质内容。这种要素主要体现在"面向家庭的小单位个别配送""混合装载"和"广范围的网络运输"。所以，宅急便市场的形成也表明大和运输公司是一个真正意义上的专业物流服务提供商。

大合运输公司的宅急便有几个特点：①商品的长宽高总计在1m之内；②包装物可以是箱子，也可以是布袋，不需要特别的包装盒捆绑；③可以在任何家庭、任何地方取货，并向任何地方配送；④配送费用根据所划分的不同地区采用不同的费用；⑤配送时间按地区不同在1~2天。这些特点都是邮包送递和铁路小型商品运输所不能比拟的。

（二）市场竞争的服务战略

大和运输公司开发宅急便配送服务市场后，立刻引起了市场竞争。对此，大和运输公司认识到要想在宅急便市场立足，真正成为日本最大的专业宅急便公司，就必须确立服务战略，在服务内容上下功夫，塑造自身的核心竞争力，以创造出更新、更大的市场需求和发展空间。就是要在原来单纯强调小批量配送方式的基础上，增加各种服务，以扩大宅急便利用的范围，拓展新的需求，包括运输方式、装卸方式、信息技术等方面。

例如，大和运输公司的滑雪板宅急便、高尔夫球宅急便等都是应顾客的需求而产生的，特别是产地直送业务，即直接从产地采购商品配送到顾客指定的地方，这些都是大和运输公司差别化服务的表现，而且得到了顾客的认同与欢迎，成为大和运输公司在竞争中立于不败之地的杀手锏和新利益的增长点。

（三）物流先导者战略

（1）成为宅急便配送服务的先导者。大和运输公司开创了宅急便这种小单位物流配送服务及其品牌。大和运输公司在激烈竞争的市场条件下，仍然位居首位，与其独创性的配送服务是分不开的。具体讲，通常所理解的宅急便主要是针对从家庭到家庭的小件商品配送，但是，大和运输公司有效地拓展了服务领域。现在对企业用户的小型商品配送已占了业务的绝大部分，从而使宅急便成为多样化、小批量时代企业和家庭用户都不可或缺的物流服务。

（2）成为企业用户配送服务的先导者。企业对家庭用户的配送服务形式主要有：①百货店的进货和面对家庭顾客的商品配送;②通信销售业者的配送(即无店铺销售支援系统);③产地生产者的直接配送;④专业店的订货配送;⑤委托配送;⑥书、杂志等的家庭配送等。还有企业对企业的配送,这种配送主要针对小单位高附加价值的商品或零部件配送,主要形式有从仓库到工厂的配送、从批发商到零售商的配送,如从办公室到办公室的文书配送等。

(3) 成为物流管理系统的先导者。大和运输公司积极采用先进的物流支持系统,得到众多企业的支持,从而大大发展了宅急便市场。这种支持多样化配送服务体系的物流信息系统或机制就是 LIMO-COP。所谓 LIMO-COP 就是针对 BtoB、BtoC 而开展的从订发货、查询到出库作业、商品保管、配送、运输等全过程的物流服务体系,各分公司或事业部之间通过构筑局域网,不同企业之间通过标准化的联网实现所有参与者之间的信息共享,从而最大限度地降低物流费用,提高经营业绩。从 LIMO-COP 的主要特点看,业务构成、物流管理系统、信息管理系统和经营服务系统等四个要素构成了大和运输公司有机的经营管理体系。

三、大和运输公司的物流管理系统

(一) 高效的物流管理系统

(1) 从网络布局上看,大和运输公司目前在日本共有 25 个物流中心,物流中心实行统一的出入库管理、流通加工、在库管理和配送管理,同时也对废弃物回收等循环物流实行统一管理。并且通过物流中心之间的网络化、标准化作业,为顾客提供最佳的物流配送服务。

(2) 整个物流管理系统强调的是低成本、快速响应和高质量。低成本物流管理主要是利用 ABM 系统对物流作业进行分析,一是物流成本管理明确化,根据商品出货的特征选择最佳配送方式和线路,以及通过引进先进的设备实行装卸自动化。二是快速响应。快速响应也是大和运输公司物流管理强调的一个重要方面,大和公司的服务要能迅速应对顾客的需求和市场的变化,就必须加强管理信息系统的建设,通过互联网、EDI 和 VAN 缩短从订货到出货的前置时间,此外还借助数码备货和导入条形码管理系统压缩物流作业时间。三是高质量的管理。高质量的管理是大和运输公司构筑先进物流管理系统的另一个重要组成部分。要实现高质量就需要在库存管理和信息管理上下功夫。大和运输公司在这方面主要是通过建立实需型的在库应答,实行最佳的库存管理,同时通过自身的数据库信息对客户企业的销售活动予以支持。

(二) 先进的信息管理系统

(1) 大和运输公司完善的物流管理是靠通过信息管理职能的控制中心来支持的。大和运输公司的控制中心主要是通过与物流中心相连接,建立起包括顾客信息、物流信息等的数据库,向顾客提供有关商品开发、生产、销售等各种信息服务。

(2) 从控制中心的职能看,主要有三种:一是订货职能,即通过互联网、电话、明信片等多种沟通手段应对客户企业的订货服务;二是查询职能,帮助顾客随时查询商品的处理情况和配送情况;三是销售促进职能,即通过对客户数据、商品在库数据、销售店铺数据、市场调查数据等各种数据的处理与分析,对客户企业的经营予以支持。

(3) 从信息支持的具体形式看,主要有针对场地生产商的信息支持、针对通信销售等业务的信息支持和消费者个体的信息支持。

(三) 完善的经营服务系统

大和运输公司为使委托企业能有效地从事经营活动,提高他们的经营管理业绩,还开发有其他各种服务活动，以充分应对客户企业的需求。服务活动中最典型的要数营业员的经营支持、CAD 服务和人力资源服务。

四、大和运输公司的物流管理作业系统

（一）ABM

ABM 的业务分析主要包括：是否存在物流作业时间上的不合理（即过度集中在某一段时间）；物流作业人员是否存在等待时间过长的现象；有没有物流作业与信息系统脱节的情况。如果发现有上述情况出现，则立即对物流作业流程进行改善，合理配置人员，最终实现作业的标准化、高效率，建立良好的作业环境。

（二）空场所管理系统

空场所管理系统就是在很短的时间内将大量的商品进行分拣，在按照配送对象交叉堆垛的物流管理中心内，通过灵活运用条形码对商品的情况和检验的精度进行管理，为出货频度最高的商品自动安排最佳的场所。

大和运输公司在物流中心的保管管理中，空场所管理系统又有了新的发展，就是将原来的空场所管理与 ID 卡和无人搬运机有机结合，进一步提高了物流作业效率。在箱式托盘的上面贴附有可以读取商品在库信息的 ID，同时灵活运用可以识别该数据的无人搬运机（AGV），从而对商品和场所信息实行有效管理。

（三）出货流程管理系统

这种先进的管理系统主要有 B-CAT 和 E-CAT 两种形式。B-CAT 主要是大和运输公司帮助客户强化出货管理，从而简化自身的物流作业，迅速应对客户的配送需要，并提高物流效率的一种出货管理方式。E-CAT 是 B-CAT 的发展，能应对多样化物流的需求，包括以下主要特点。

（1）能充分利用 EDI 等现代信息工具，对商品物流作业实行更为有效的管理。具体来看，这表现在客户企业在做好商品配送计划后，制订配送清单，同时方便地算出配送费用，将配送单据贴附在商品上后，交给大和运输公司代为提供相应的物流服务。大和运输公司提供的物流服务数据通过 WEB 和 VAN 传输给客户企业，随时供客户企业对商品的处理情况进行查询。

（2）E-CAT 还能印制出宅急便的配送单据，以贴附在商品上，交给大和运输公司，为其提供物流服务，从而扩展了服务领域。从 E-CAT 的配置与构成看，主要由计算机、ISDN 用的终端输入输出系统、激光打印机和票据打印机及支持装置构成。

资料来源：郑燚. 我国道路货物运输业发展现代物流研究 [D]. 北京：北京交通大学，2007.

案例讨论：

1. 大和运输公司运用了哪些竞争策略？
2. 物流信息系统对运输起了哪些作用？

分析思路

第三章

仓储与库存管理

> **本章教学目标**
> 1. 了解库存的作用,掌握库存商品的损耗分类。
> 2. 了解各种仓储设施,掌握入库商品接货的四种方式。
> 3. 了解合理化出货的原则,掌握ABC库存分类控制法。

仓储是社会产品出现剩余之后产品流通的产物,从某种程度上讲,物流管理就是对静止或运动库存的管理。

第一节 仓储管理概述

一、仓储管理的概念及作用

(一)仓储的概念

"仓"指存放物品的建筑物或场地,如地下室等。"储"表示收存以备使用,具有收存、保管、交付使用的意思,当适用于有形物品时也称为储存。"仓储"是利用仓库存放、储存未及时使用的物品的行为。

仓储系统是构成物流系统的重要部分,对仓储系统进行有效管理有利于在降低物流总成本的同时为客户提供差异化服务,提高客户满意度与忠诚度。科学合理的仓储活动可以有效提高组织的客户关系管理水平,从而提升组织的综合实力。根据我国国家标准《物流术语》(GB/T 18354—2006),**仓储(Inventory)是指利用仓库及相关设施设备进行物品的入库、存贮、出库的作业**。具体来说,仓储管理的内容包括仓储资源的获得、仓储商务管理、仓库流程管理、仓储作业管理、保管管理、安全管理等多种管理工作及相关的操作。

（二）仓储在企业物流系统中的作用

1. 减少运输费用

采用大批量、整车运输等方式，能够节约运输费用，有利于实现运输经济性。在进货物流阶段，大部分企业选择向供应商大批量采购生产原料，然后进入仓库暂时存储，最后通过合装整车运输进入生产工厂。当处于货物销售阶段，企业利用合装整车等运输方式，把货物从工厂送至消费点仓库，按照消费者需要，提供小批量送货上门服务等。因为整车运输较之零担运输，其运输花费更少，此举有利于减少运输费用，同时缩短运输时间，实现效率最大化。

2. 进行产品整合

为了满足不同客户的个性化需求，大多数企业组织的产品生产线上都存在着数量众多的不相似产品，同时大部分时候，这些产品会因为产销需要被安排在分散的工厂生产加工。企业可以利用仓储，对不同性质的商品进行协调整合，从而满足客户需求。同时，有利于零配件需求巨大的企业减少运输成本。而且，在仓库中完成零配件的整合协调，有利于进一步完成整车运输，最终提高运输效率，节省相关费用。

3. 辅助企业的市场营销活动

在综合分析考察市场需求后，为快速及时地满足客户需求，仓库一般建立在消费地周边不远处，这样有利于体现高效服务理念，有利于提升客户忠诚度，最终抢占更多市场份额，特别是针对放置产成品的仓库。

4. 缓解供需矛盾

仓储可以储存保护一定量的商品以应对未来不确定的需求，有利于妥善处理供需在时间与地域上的矛盾。

5. 有效维持货物进入下一环节前的质量

货物在供应链的流通过程中，将在进入仓库前仔细地检查，以避免质量不合格的产品流入下一环节或进入市场流通。所以，一定要发挥仓储的这一重要功能，利用进库与存储这两个时间段，把握货物的质量，确保货物价值。

尽管仓储在企业物流系统中有很多积极作用，但是也存在着消极作用：一是固定费用和可变费用支出；二是机会成本；三是损失折旧。因此，迫切需要对仓储进行严格的科学管理，以实现物料价值的原质性，避免资金流转困难。

二、仓储管理的功能

仓储管理功能众多，大致可分为以下几个。

（一）存储物资

对物资进行存储在物流活动中属于非常重要的一个步骤，在这个过程中，要做到最大限度地维持物品的品质，不能降低物资价值。按照先进先出或先进后出的原则对物资进行存储，控制好存储的温度、湿度与其他可能影响物资性质的因素，实现科学有效的仓储管理。

（二）装卸搬运

装卸搬运功能有利于有效联结运输与存储活动，实现货物短距离移动。装卸搬运是有效完成仓储管理必不可少的步骤，自动化水平较高的物流中心，可以使用机械来满足一系列装卸搬运需求，但是必要的人力资源是不可或缺的，因为要产生更高层次增值管理的过程并不简单。英国曾经对其国内物流领域进行调查，发现在仓储管理活动中，劳动力资源成本占据了整个仓储成本的大部分，达到60%。所以说，降低仓储费用的核心是减少人工成本，即寻求有效控制人力资源成本的方法。装卸搬运的劳动力水平建立在物流系统标准化的普及程度，以及高效物流设备的有效利用程度基础上，主要从以下方面进行人力成本控制：科学合理安排工人所处岗位，以减少不必要的行走时间；购置相关的机械设备，以完成那些技术含量不高的大量循环工作，从而缩减工人数量，实现整体劳动生产率的提升。

（三）包装加工

包装加工存在两种形式：第一是销售包装，是将生产出来的产品包装成具有统一数量标准和规格的单元，以利于展示和销售，这种包装作业是生产过程的一部分。第二是物流包装，它不仅仅针对市场销售，它还指为便于物流过程中的运输、储存、装卸、堆码、发货、收货、销售等作业，将一定数量以销售包装存在的商品再包装成一定的数量单元，或者对物流包装进行加固、分装、重新包装等操作。为了保证流通过程的顺利进行，有时需要在物流中心对物资进行加工，如喷码、粘标签等，这些步骤有利于实现信息化，体现了满足客户需求的基本原则，提高了客户的满意度。目前，大多数流通加工活动的性质属于劳动密集型，效率不高，但在商品市场营销活动中的地位越来越高。

（四）拣选作业

物流中心是靠组合商品的相同功能、实行分散功能的同一化来实现价值的，所以每张客户订单中都包含多项商品。将这些不同种类数量的商品从存货区域集中在一起，即拣货作业。拣选需要根据顾客订单的具体需求，把货物拣选出来，然后归置于特定区域。拣选作业耗费的资源最多，所需的时间较长，因此，必须对拣选阶段的每一个具体动作进行科学合理设计，有效把握人力资源的投入。消费者越来越倾向于多次、少量、多品种购买，拣选作业越来越重要。分拣系统效率的有效提高，能够影响物流系统的整体运作效率，因此，需要更加关注拣选作业。

（五）商品验收

商品验收需要考虑有关物资数量、质量与包装情况的各种问题，必须做到适时、准确，既要尽量缩短所花时间，也要保证正确率。商品验收标准通常需要按照顾客的具体要求制定，方法有物理性检验、外观检验、包装完整性检验。

三、仓储系统的构成

仓储系统由储存空间、货品、人员及相关设备等基本因素构成。

（一）储存空间

储存空间指仓库内实际保管空间大小。必须先对空间大小、柱子排列、梁下高度、走道、设备回转半径等方面进行了解分析，然后加上对其他相关因素的考察，最后才能进行整体规划。

（二）货品

货品是储存系统的重要组成要素。仓储管理需要妥善处理的问题有：确定分析货品的特征，确认货品在仓库内的具体存放方式，如何有效实现货品管理和货品控制等。

（三）人员

在规模较大的仓库中，人员分工比较细，一般分为仓管人员、搬运人员、拣选人员和补货人员等。其中，仓管人员负责管理及盘点作业，拣选人员负责订单拣选作业，补货人员负责补货作业，搬运人员负责入库、出库搬运作业和翻堆作业（为了实现货品先进先出、通风、避免气味混合等目的）。而对于一般仓库，作业人员可以实行统一调配，不需要细分作业工种。

仓库作业人员在存取搬运货品时，讲求省时、高效。而在照顾员工的前提下，讲求省力。因此，要以省时、高效且省力为目标，科学安排作业活动；掌握货品的具体摆放位置，货品概述简洁明了；将货品归置于方便摆放与拿取的位置；最后，对货位进行简单一致化分类。

（四）设备

除了上述三项基本要素，还有一个关键要素为储存设备、搬运与输送设备。如果货品不是直接堆放在地面上，则必须考虑相关的托盘及货架等设备的使用。除了依靠人力搬运，还需考虑使用叉车、笼车、输送机等输送与搬运设备。

第二节 仓储作业管理

仓储作业管理是根据仓库总平面布置和储存任务，来确定各类商品的储存位置和储存方法，使商品有明确的存放货位。合理的商品储存规划应既能合理利用仓库设施，使商品储位明确，又便于储存商品的收发、分拣、配送作业，有利于商品的保管、保养及仓储作业顺畅。

一、仓储作业管理目标

（一）储存作业的过程

储存作业是指在物品储存过程中所发生的所有作业活动的总称。 储存作业主要包括接收、验收、入库、保管、保养、出库、发运等环节。不同形式的储存，其作业内容有所不同。以利用仓库作为储存设施的作业为例，仓储作业的过程如图 3.1 所示。

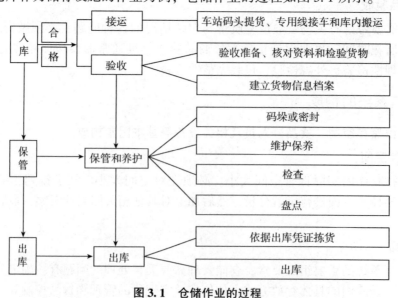

图 3.1 仓储作业的过程

（二）仓储作业内容与要求

（1）接收入库内容与要求。入库流程：订购单—送货单—点收检查—办理入库手续—物品放置到指定位置—物品标识卡标识。

货物入库要求能迅速正确地转化实际获得的到货信息，从而得到入库计划、储位分配、堆码方案等一系列相关信息。

（2）存储内容与要求。为科学合理地使用存储空间，需要分析托盘实际承载货物量，以便有效划分具体存储区域。储位管理系统对于企业仓储管理意义重大，它能够明确货物存放位置和数量。

储位管理系统的作用：①最大限度地利用存储空间，有效降低空仓率；②系统把握储位的具体使用情况，定期与现存盘点表进行比较，尽量减少存储事故的发生；③对仓内变化的货物数量及储位的利用效果等重要信息进行记载，帮助仓管人员进行仓储管理。

（3）出库内容与要求。出库程序：订单处理—拣选—复核—包装—点交—登记入账—出库。

分拣作业过程包括4个环节：行走、拣取、搬运和分类。拣选作业是仓库在接受订货指示、发出拣选单后，拣选（备货）人员按照商品分列的清单在库内寻找、提取所需商品。**储位定位系统是实现高效订单拣选作业的基础**。当面临非单层储位与拣选范围较大时，若能正确知道货物所在储位，将有利于提高储物的利用率，提高作业效率。

（4）发货内容与要求。规划拣选完毕的商品的流向，与位于其他拣选区域的商品进行组合运输。同时将装箱单、提单，顾客订单文件、托运单，货物包装、检验和装载信息通过电子数据交换系统向顾客发出运送通知。

对仓储进行有效管理需要付出很多努力，除了已经提到的，还包括以下几个方面：有效控制人工成本；定期检查仓库账本，减少货物往来疏漏；保存生产数据文件，跟踪订单从接单到发货的状态；记录各项活动的报告，用于管理仓储。仓库管理系统的建立对提高作业效率具有重要作用。

（三）仓储作业管理目标

一个仓库储存系统主要由空间、货品、人员、储存设备、搬运与输送设备构成。从仓储组成角度来看，**仓库作业管理的目标主要有以下几点**。

（1）仓库空间利用的最大化。能有效地利用空间，减少库房闲置。

（2）劳动力及设备的有效使用。物尽其用，追求最小运营成本。

（3）最大限度利用储物的时间价值，确保能及时方便地实现货物出库与入库。充分满足客户需求，对新的市场需求进行快速反应。

（4）有效利用机械设备，并与人工搬运进行搭配，提高作业流程自动化水平，实现仓内货物的安全高效流转。

（5）物品良好的保护。储存的目的在于保证物品数量与质量完好，所以必须保持被储存物品在存储期间免受自然或人为的影响。

（6）良好的管理、整齐的通道、干净的地板、适当且有次序的储存及安全的运行，将使工作变得更有效率。

二、商品储存场所划分

（一）明确商品存储区域的划分

按照仓储作业的功能特点和 ISO 9000 国际质量体系认证的要求，存储区域可划分为待检区、待处理区、合格品储存区和不合格品隔离区等。

（1）待检区，用于暂存处于检验过程中的商品。处于待检状态的商品一般采用黄色标识，以区别于其他状态的商品。

（2）待处理区，用于暂存不具备验收条件或质量暂时不能确认的商品。处于待处理状态的商品一般采用白色标识，以区别于其他状态的商品。

（3）合格品存储区，用于储存合格的商品。处于合格状态的商品一般采用绿色标识，以区别于其他状态的商品。

（4）不合格商品隔离区，用于暂存质量不合格的商品。处于不合格隔离状态的商品一般采用红色标识，以区别于其他状态的商品。

仓库内除设置上述基本区域外，应根据仓储业务的需要，设置卸货作业区、流通加工区、备货区等。为方便有关业务的处理，保证库内货物的安全，待检区、待处理区和不合格商品隔离区应该设置在仓库的入口处。

（二）商品分类分区储存

分类分区储存就是分门别类地将商品相对固定地储存在某一货区内，即在一定的区域内合理储存一定种类的商品，以便集中保管和养护。

分类是依据产品自然属性、互补性、流动性对储存物进行类别划分，而分区则是根据仓库的建筑、设备等条件把仓库划分为若干保管区。

仓库本身性质的差异使具体仓储商品的保护存储方式也有所区别，所以需要对不同种类的商品进行系统合理管理。具体的方法如下所述。

（1）根据商品的类别与特点各自存储。

（2）根据商品的安全性进行储存。

（3）根据商品的始发点进行储存。

（4）根据商品的使用条件进行储存。

（5）根据仓库的条件及商品的性质进行储存。

按商品的种类和性质分区，不同种类、性能相近、易被一起订购的产品，一般应存储在同一区域，如桌和椅；能相互影响各自品质的商品应分开储存，如医药品不能和袋装农业化学品存储在一起，烟不能与茶叶存放在一起。

商品的作业特点是指根据储存货物的需求量和周转率或流通速度安排储存场所。需求量大的商品应该存储在离运送和接收场地近的地方，可缩短物料搬运设备运送的距离。流动快的产品应放在最接近输出卡车停靠的位置。需求少又周转慢的商品应该存储在离仓库出入口较远的区域或别的地方。

三、货物堆码方式和仓库空间确定

在分区分类对储存场所进行规划的基础上，依据商品特性确定商品存放方式和货物占用仓库的空间，是储存计划中的一部分内容。

(一) 货物堆码方式选择

商品堆码的目的是在确保商品存储安全的前提下，充分发挥仓库的使用效能，保持仓库的整齐美观。商品堆码是商品的具体存放形式。

（1）地面堆放。不采用货架等存储设备，将货物在地面上直接码放堆积，适用对象是整批进出的大批量物品。其优点是对储存设备要求低，堆码尺寸可随意调整，通道要求低，且容易调整。缺点是不易先进先出、边缘货物易损，受堆码极限的限制容易造成仓储空间浪费。操作时可以把货物直接置于地面进行堆码，也可以使用托盘将货物与地面隔开。

（2）货架存放。直接在货架上堆码商品，货架存在多种形式，以适应不同商品的存放。货架形式如图 3.2 所示。

衣服吊架　　　　　隔板货架　　　　　驶入式货架

悬臂梁货架　　　　阁楼货架　　　　　流动式货架

图 3.2　货架形式

货架存放的具体优点如下：①能够最大限度地使用存储空间，避免存储空间的浪费，有效增加存储能力；②方便货物的进出往来，实现先进先出，便于准确把握存储货物的相关信息；③能够降低货损率，保证货物实际使用价值不遭到破坏；④便于使用一系列防护措施，确保仓储管理质量；⑤能够提高仓库作业流程自动化程度，提高效率。缺点如下：①商品置于具体货架后，很难再次改变存储位置；②不利于体积较大的重型货物的存放；③增加仓储建设成本；④对作业设备要求较高，设备购置成本高，如升高叉车。

商品堆码作业时，应符合以下要求：①根据商品的性能和包装情况，合理地选择商品的堆码方式，以符合商品保管和养护的要求；②根据有关消防规定，堆码时留有 5 距，即墙距、柱距、顶距、垛距、灯距；③为库内作业提供方便；④在保证商品安全、作业方便的前提下，最大限度提高库容的利用率。

(二) 实用面积计算

仓库的空间分为货物实际占用的实用空间、使出入库作业活动不发生障碍和顺利进行的作业空间、可以利用起来的潜在空间，以及无法利用的无用空间。

实用面积指仓库中货垛或货架占用的面积。实用面积的计算根据堆码方式不同主要有三种方法。

（1）计重物品就地堆码。实用面积按仓容定额计算，计算公式为

$$S_{实} = Q/N_{定}$$

式中：$S_{实}$——实用面积（m²）；

Q——该种物品的最高储备量（吨）；

$N_{定}$——该种物品的仓容定额（吨/m²）。

仓容定额是某仓库中某种物品单位面积上的最高储存量，单位是吨/m²。商品种类不一致，它们的实际仓容定额也有所差异。而当同类商品处于不同存储环境下，仓容定额受它们自身的形态、包装程度、仓库地坪的承载能力与装卸作业手段等因素的影响。

（2）计件物品就地堆码。实用面积按可堆层数计算，计算公式为

$$S_{实} = 单件底面积 \cdot \frac{总件数}{可堆积层数}$$

【例3.1】某种货物 C 为木箱包装，尺寸为 1 000 mm×600 mm×700 mm，箱底部平行方向有两根垫木，可用叉车搬运，堆垛可堆 4 层，货物 C 最大库存量为 600 件，因通道等空间损失率合计为 0.775，请确定其需要的面积。

解：实际占面积：$S_{实} =$（1×0.6×600）/4 = 90（m²）

考虑空间损失该批货物所需存储面积：90/（1−0.775）= 400（m²）

（3）上架存放物品货架占用面积计算公式为

$$S_{实} = \frac{Q}{(l \cdot b \cdot h)} \cdot (l \cdot b) = \frac{Q}{h \cdot k \cdot r}$$

式中：$S_{实}$——货架占用面积（m²）；

Q——上架存放物品的最高储备量（吨）；

k——货架的容积充满系数；

r——上架存放物品的容重（吨/m³）；

l、b、h——货架长、宽、高（m）。

四、货位编码和货位分配

货位是指仓库中货物存放的具体位置，货位设置可以方便货物组织及出入库管理。

（一）货位编码

货位编码是将货位按照一定的方法编上顺序号码，并做出明显的标志。货位编码有利于保管货物，根据货位编码搜寻货物能加快作业速度，减少错误率。

货位编码通常由通道编号、货架编号、列数、层数组成。

在同一仓库中，货位编码必须遵循以下要求：第一，某一具体仓库要采用标准一致的规则进行编码，清晰明了，从而能快速找到货物；第二，必须按照相同的方法编号，货位号码具有相同层次、含义与形式。即按照规定顺序排列各个代号；各个代号实际表示某一特定位置；联结符与代号统一；例如，货位编码"4—3—2—1"，如果是平房（楼房）仓，则是指"库房—货区—段号—组号"；如果是高架储存，则是指"库房—货架—货架层数—货架格数"。

仓储作业中要求在每一货架或货物托盘上放置"储位卡"。储位卡是一张用以反映所在货位存货情况的卡片，卡片通常记录所存货物的名称、存取时间、数量、批号及结数等信息，每次存取货物的时间、数量，保管员均要在"储位卡"上做记录。在手工操作下，"储

位卡"是有效的管理工具。

（二）商品储存货位的分配

对物资存储空间进行合理划分能够有效缩短物资搬运距离，改善作业效率，提高仓储空间利用率。**储存策略主要有以下几种。**

（1）**定位储存**（Dedicated Location）。每一储存商品都有固定储位，不能任意调整与共用。所以，要在准确掌握商品数量的基础上合理安排储位容量。定位储存适用于仓库空间大、货物种类丰富且小批量的情况。

（2）**随机储存**（Random Location）。每一个商品被指派储存的位置都是经随机的过程所产生的，而且可经常改变。随机储存的空间利用率高，据模拟统计，与定位储存相比，可节约35%的移动距离，增加30%的储存空间，此方式适用于储存商品品种少、数量大的情况。

（3）**分类储存**（Class Location）。所有的储存商品按照一定特性加以分类，每一类商品都有固定存放的位置，而同属一类的不同商品又按一定的规则来指派储位。分类储存通常按商品的相关性、流动性，商品的尺寸、重量等特性来分类。其缺点与定位储存类似，但更有弹性，适用于产品尺寸相差大、周转率差别大、产品关联度大的情况。

（4）**分类随机储存**（Random Within Class Location）。每一类商品都有其固定的存放区域，但每个存放区内，每个储位的分配是随机的。它结合了随机储存与分类储存的优势，仓储空间使用效果一般。

（5）**共同储存**（Utility Location）。共同储存是指在确定各类商品进出库存时间的情况下，不同商品共用相同储位的方式。共同储存能大大提高仓库利用率，但管理体制较为复杂，适用条件也较为苛刻。

定位储存、随机储存、分类储存分配方式优缺点如表 3.1 所示。

表 3.1　不同储位分配方式的优缺点

分配方式	优点	缺点
定位储存	拣货人员熟知货物储位；依据货物流通频率确定储位，提高作业效率；储位能按照商品特点做出调整，尽量减少货物之间的特性的影响	必须根据货物的最大在库量确定储位容量；存储空间利用程度不高
随机储存	可以相互共用储位，仓储空间得到充分利用	不利于货物流转与盘查作业；使流通频率高的货物居于不易存放的区域，延长搬运作业距离；货物间特性相互影响，极易降低产品使用价值
分类储存	拥有定位储存的优势，根据货物特点进行存储管理，便于仓储管理	根据货物最大载容确定储位容量；没有充分利用存储空间

五、储存管理注意事项

储存场所分配策略是储区分配的最大原则，具体到储位分配操作时还要注意以下几点。

（1）对储物进行定位管理，其含义与商品配置图标的设计类似，根据种类不同分开储存的规则，存储于货架上。**仓库必须存在的三个场地有：①对货物进行整箱、栈板存储的大量存储区；②适用于零散货物的小量存储区；③对客户的退货进行管理的退货区。**

（2）明确区位后需要绘制配置图，附于仓库物品入口，方便货物拣选。不要随意改变小量储存区的具体区域，而整箱储存区是可以适时改变的。对于面积较小的储存空间或冷冻（藏）库，其存储区域同样可以弹性变化。

（3）仓内货物尽量避免直接置于地面。一方面是保证物资干燥的需要，另一方面也是追求合理有序码放的需要。

（4）密切关注仓库的气温环境，尽量保证空气流通与室内干燥。

（5）储区必须购置防火、防盗等安全设施，确保货物保管万无一失。

（6）货架区域摆放存货卡，重视货物的先进先出。通过色彩管理法，在不同的时间利用各种颜色进行标识来防止进货日期混淆。

（7）仓管人员和订货人员之间要保持密切联系，从而确保新到的货物能得到及时储存。同时要对缺货情况进行预警反馈，避免出现供给不足的现象。

（8）货物进出要遵循一到即存、按需速取的原则，同时也要科学安排作业时间，既要强调效率，更要确保安全。

（9）记录货物往来情况，使权责具体到个人。对于冷冻（藏）等商品，要将卖场与仓库的存货进行整合管理，从而确保时间效益。

（10）设立门禁，闲杂人等一律不准进入库房。

第三节　仓储管理决策

仓储管理是企业生产经营活动中必不可少的一个组成部分，在现实管理中，仓储管理是基于快速变化的市场竞争环境进行的。所以，企业管理者在组织仓储管理过程中必然面临诸多考验，如对仓储类型选择、仓库规模和数量决策、仓库选址、仓库布局及货物搬运系统设计等，需要进行科学决策，以选择最适合的仓储方案。

一、仓储类型的选择

企业一般有三种库存存储空间选择，即自建仓库、租用公共仓库和合同仓储。 这三种方式有各自的优劣之处，要想实现有效仓储管理，就必须基于成本与服务水平做出决策，决定使用何种类型仓储或进行组合仓储。

（一）仓储类型分析

1. 自建仓库

使用自建仓库的优势有以下几点。

（1）拥有尽可能大的调控权。仓库属于企业财产，企业有权控制仓库，调控仓储活动，实现有效控制仓储，能有效协调仓储职能与企业分销体系之间的关系。

（2）机动管理。企业有权根据企业生产经营活动需求来调控仓库。公共仓储很难提供技术含量较高的硬件设施以实现专业化、自动化作业，所以并不适合高度专业化产品。

（3）货物保管的时间较长时，自建仓库比租用公共仓库的成本更低。长时间通过自建仓库来存储大批量商品，有利于减少单件储物的保管费用，从某一方面来说，即形成了规模经济。当某一自建仓库的存储空间未得到充分使用时，表示该仓库形成的规模经济并不能抵消已产生的仓储费用，此时需要及时租用公共仓库。一般认为，有效的管理与控制是减少自建仓库费用的基础，对企业供应链系统运作具有巨大影响。

（4）帮助企业营造优秀形象。企业大量使用自建仓库保管货物，有利于在顾客面前展现出长期持续经营的形象，有利于提高顾客忠诚度，从而提升企业核心竞争力。

2. 租用公共仓库

租用公共仓库的优势有以下几点。

（1）有限的资金投入。租用公共仓库，企业可以不进行资本投资，从而有效降低投资风险。

（2）有效满足超出库存量的一定存储需求。租用公共仓库不存在固定仓容的限制，有利于适应企业在不同时间段的各种变化性存货需求。并且企业管理者能够通过不断改变库存量来有效控制成本。

（3）减少对仓库管理人员的需求。仓库管理人员的培养与管理是一个难题，特别是面临季节性生产需要或具有特殊性搬运需求货物的企业。组建一个高效团结的仓库管理团队是比较困难的，但是租用公共仓库就能有效解决这一问题。

（4）租用公共仓库有利于形成一定的规模经济，减少仓储费用。租用公共仓库形成的规模经济远高于自建仓库。公共仓库的库容利用效果较好，大大减少了单件储物的保管费用；规模经济有利于促使公共仓库应用自动化程度较高的设施，有利于提高仓储服务水平，还有利于规模化运输，减少运输费用。

（5）企业生产管理机动性较强。自建仓库无法满足变化的市场需求，当需求量产生变化时，已有仓库会变为负担。租用公共仓库合同时效较短，企业可以通过调整仓库具体位置来面对市场需求、企业营销或财务方面的改变。同时，企业不需要调整工人数量以适应变化的仓储服务量。最后，企业能够通过分析比较所选仓库的成本、服务水平及对企业实际营销活动的影响，决定是否签约或停止合约。

（6）有利于企业控制仓储成本。企业可通过获得的月仓储花费单，控制保管、搬运费用，最终帮助企业对仓储成本进行预测与调控。

租用公共仓库的弊端有以下几点。

（1）包装费用增加。公共仓库存储了大量不同类别、不同特性的货物，有可能相互影响。企业需要进行大量保护性包装作业，包装费用明显增加。

（2）不利于企业进行仓储管理。公共仓库的所有权不归企业所有，虽然仓储服务商对货主的货物承担责任，但不利于货主进行仓储管理，而且企业相关商业秘密容易被泄露。

3. 合同仓储

合同仓储是指企业将仓储等物流活动转包给外部公司，由外部公司提供综合物流服务，也可以称为第三方仓储。

合同仓储与租用公共仓库有所不同，合同仓储服务商可以使企业获得高质量且经济的系统化存储服务，针对性更强，能有效满足物资的高水平专业化搬运要求。合同仓储的本质是企业与仓储服务企业间形成合作关系。因为具有合作关系，与其他类型仓储服务商相比，合同仓储服务商可以使需求方获得满足特殊规定的物力、人力、空间及其他服务。

合同仓储企业帮助一定数量的企业进行供应链系统管理，包括存货保管、搬运、控制和运输计划、提供相关信息及其他服务。合同仓储帮助货主进行有效仓储管理，同时也提供综合性物流服务。合同仓储的优点有以下几点。

（1）提高企业资源利用率。合同仓储便于解决企业季节性生产经营带来的存货量问题，并且能进行更有效的管理，效率更高，成本更低，从而有利于整体物流系统的高效运作。

（2）便于企业抢占市场份额。合同仓储利用其网络设施使企业在市场竞争中拥有更大的市场份额。合同仓储能够提供战略性选址服务，可以使货主即使处于不同的位置也能获得同质的仓储与系统物流服务。

（3）方便企业寻求发展新机会。合同仓储具有较强机动性，有利于企业进行客户关系管理，提高服务质量。企业能够通过短期合同仓储对市场需求进行预测分析，打开产品销路，促进营销活动顺利进行。如果企业想要进入某一具体细分市场，那么需要较长时间形成新的分销系统，但如果利用合同仓储，那么该市场的已有设施可以直接为企业所用。

（4）减少运输费用。合同仓储能够使用拼箱技术规模化运输多个企业的大量货物，能有效减少运输开支。

（二）影响企业仓储类型选择的因素

自建仓库、租用公共仓库与合同仓储拥有不同的优缺点，而企业需要在综合分析比较物流总成本与服务质量后进行最后决策。租用公共仓库与合同仓储仅涵盖可变成本，存货量越大，租用库容越大，而公共仓库通常根据租用面积计算费用，所以成本会和总周转量成线性正相关关系。自建仓库包含固定成本。公共仓库是为获得收益而存在，其可变成本的增长速率一般要高于自建仓库。货物周转量较小时，租用公共仓库是最科学的选择。当周转量变大，自建仓库的固定成本都可以分摊至存货，此时选择自建仓库是最合理的。**企业做出最后决策之前必须分析以下几个要素：**

（1）**周转总量**。若存在较大的存货周转量，那么应该选择最经济的自建仓库。反之则选择租用公共仓库。

（2）**需求的稳定性**。若存在相对稳定的周转量，此时自建仓库最合适。

（3）**市场密度**。自建仓库适用于市场密度较大或供应商所处位置相对集中的情况。自建仓库能进行拼箱运输，有效减少运输成本。当市场密度较小时，可以选择租用公共仓库。

二、仓库规模和数量决策

仓库设施的规模和数量是相互关联的，两者之间通常具有反向关系。一般情况下，随着仓库数量的增加，仓库的平均规模会下降，配送系统拥有较少，但是规模较大的仓库是现代企业在整合自身物流过程中的趋势。当然，不同的企业有不同的选择，对仓库规模和数量的决策应综合考虑各方面因素。

（一）仓库规模决策

一般根据仓库地面空间或它的立体空间来确定仓库规模。其中立体空间更多地考虑了仓库的可用空间,应该是更为合理的规模测量方法。**影响仓库规模的重要因素如下**。

(1) **客户服务水平**。通常,随着企业服务水平的提高,企业需要更大的仓储空间来维持更高水平的库存。

(2) **所服务市场的规模**。随着企业向更多的市场扩展,它会需要更多的存储空间,除非使用接驳式转运或者提高库存周转率。

(3) **投入市场的产品数目**。当企业拥有多种产品且产品数量大时,企业将需要更大的仓库以便于维持每种产品的最低库存水平。

(4) **需求的水平和方式**。一是需求量对仓库空间的影响,需求量大,所需仓库空间自然大;二是需求不稳定或无法估计,安全库存需要增加,进一步影响存货水平,这将导致对更大空间和更大仓库的需求。

另外,当产品数量更大、吞吐率(存货周转率)低、生产提前期长、使用人工物料搬运系统、仓库含有办公区域、销售状况不稳定和不可预测时,企业也将需要更大的仓库空间。

(二)仓库数量决策

通常,当仓库数量越来越多时,运输与分销费用会随之降低,但仓储与存货成本会随之增加。主要体现在下列几个方面。

(1) 随着仓库数量增加,企业能够规模化运送物资,运输费用显著减少;同时,仓库离市场与顾客更近,缩短了商品的移动距离,这有利于对市场需求做出快速灵敏反应,提高客户满意度,有效减少运输开支与分销成本。

(2) 仓库数量增加,总库容量随之增加,进一步导致仓储费用增加。由于需要合理规划仓库内部布局,如划分维护、办公、放置存储设备与通道的空间等,所以库容较小的仓库,其空间利用率远小于大仓库。

(3) 仓库数量增加,总存货量随之增加,存货成本增加,也表示需要更大空间。

总之,仓库数量增加,运输和分销成本会马上减少,最终会使总成本减少。然而,当仓库增加至一定数量时,库存和仓储费用增长量会大于运输与分销支出降低量,然后总成本增加。一般来说,每个企业都有异于其他企业的总成本曲线。

决定仓库数量的基本因素如下。

(1) **客户服务需要**。商品是否能被轻易取代和追求的客户服务质量间有着非常强的相关性。企业无法对客户需求做出快速及时的反应,会对产品销量产生相当大的影响。所以要及时满足客户需求,避免"马后炮",当客户追求高质量服务时,可以通过配置较多数量的仓库进行服务。

(2) **运输服务水平**。另一个影响因素即是否存在恰当的运输服务,如客户对服务速度要求较高时,则需要为其提供快速运输服务。当现有仓库无法提供有效运输服务时,需要配置更多仓库来满足交货要求。

(3) **客户的小批量购买**。这种小批量购买常使得企业不得不采取分散化仓储,也迫使企业考虑建更多的仓库以保证其整个分销渠道的畅通。

(4) **计算机的应用**。计算机的普及及应用技术与配套软件在现代化仓库中的广泛应用,大大提高了仓库资源的利用率和运作效率,使企业对仓库的控制不再受仓库数量与位置的限制。

(5) 具体仓库规模。从仓库规模看，仓库规模大，仓库数量可减少；规模小，数量应增加。

三、仓库定位与选址

对企业来讲，哪里是建设仓库的最佳地点，在什么地方仓储能服务最多的客户等是仓储管理的重大决策问题。选址决策可以从宏观和微观的角度进行分析。**宏观角度是分析在哪个大的地理区域选址可以加快原材料供应以及改进市场供给，即仓库定位的问题；微观角度则是分析在大的地理范围内如何确定具体的仓库地址。**

(一) 对仓库的战略定位

基于宏观角度，按照下列战略来定位仓库。

1. 市场定位、生产定位和迅速定位战略

市场定位战略即将仓库定位在离最终用户最近的地方。其目的在于使客户服务水平达到最高。仓库选在服务市场地区的影响因素有运输成本、订货周期、订单大小、本地运输可得性以及客户服务水平。生产定位是将仓库选在靠近生产地、原材料集中的地方。这些仓库一般不能提供与市场定位型仓库一样的服务水平，但是，它们可以作为不同工厂制造的产品的集中地。将仓库选在接近生产地点的影响因素主要有原材料的易损性、产品组合中的产品数量、客户订购产品的分类以及合并运输费率。迅速定位选址战略是将地点选在最终用户和生产者之间的区域，迅速定位型仓库的客户服务水平高于生产定位型仓库而低于市场定位型仓库，如果企业必须提供高水平的客户服务和提供来自不同生产地的不同产品，则适宜采取这种选址战略。

2. 产品仓库战略、市场区域仓库战略和通用仓库战略

根据产品仓库战略，企业仅仅通过单一仓库来保存某一具体产品或产品组合，因此，每个仓库拥有许多存货。当企业仅有几种周转率高的产品或者产品组合时，产品仓库战略是一种有效的战略。如果企业有一些重要的客户在仓库所服务的市场地区需要一些特定的产品，或者企业制造具有独特运输分类的产品，也可以考虑产品仓库战略。市场区域仓库战略是在特定的市场设立完整的仓库，企业的各种商品在不同仓库中都存在，顾客能通过任何仓库得到订单中的全部商品。通用仓库战略指在仓库所拥有的产品方面与市场区域仓库战略类似，但其区别在于每个仓库都可以服务于某个地理区域内的所有市场。

(二) 仓库选址的要求与影响因素

仓库选址要考虑三个属性，即战略属性、经济属性与人文属性。基本原则包括适应性、协调性、经济性和战略性。

仓库选址的影响因素众多，主要有以下几点。

(1) 政策环境与经营因素。包括经济与政策环境，如所在地方的经济发展状况、物流需求度、地价、区域与城市规划和物流产业政策、劳动力及其成本、仓库服务类型、设施投资及商品运输过程的成本、服务质量等。

(2) 基础设施因素。如交通条件、公共设施状况等。

(3) 自然环境因素。如气象因素、地质和水文条件、地形条件。

(4) 其他因素。如国土资源利用、环境保护要求与周边状况。仓库是火险等级较高的，最好远离容易传播火种的工业企业与人口密集的住宅区。

(三) 仓库选址的流程

做出选址决策之前，需要完善调研以搜集、积累相关信息，并深入剖析这些信息，初步确定备选位置，最后通过建模求解，寻找最佳建库地址。

仓库选址大致流程如下所示。

(1) 明确选址制约因素。清楚建造仓库的作用与使命，了解现行物流运作系统并对其进行合理规划，了解建造仓库的基础要求，进一步排除不合适位置。

(2) 搜集积累相关信息。在准确掌握业务活动量与生产运作费用的前提下，进行成本计算，建模求解，最终找出最经济的建造地址。

(3) 排除不合理仓库地址。系统地剖析所积累的信息，明确影响因素，估计需求，找出备选地址，然后建模优化求解，确定最佳地址。能否准确找出备选地址会影响到确定最佳建库地址以及运行费用。备选地址数量太多，会增加成本，加大建模求解过程难度；数量太少，可能会导致最终解非最优解，无法确定最佳方案。

(4) 分析定量化。客观对待问题，依据不同问题构建不同模型求解。当需要确定几个仓库的最佳方案时，可以运用奎法·哈姆勃兹模型、鲍摩—瓦尔夫模型等；当仅确定一个仓库时，则通过重心法计算求解。

(5) 系统评估结果。综合其他限制条件，评估最终结果，分析它们的操作可行性。

(6) 再次检查。确定多种影响因素可能产生的影响，单独赋权，通过加权法再次检查最终方案。若审查无误，那么就是最终方案；若发现答案存在不合理之处，重新进入第三步，直到找出最终方案。

(7) 找出最终建库方案。复查无误得到的最后答案或许为最佳解决方案，但也不能排除其仅为满意解。

四、仓库布置与设计

仓储管理中，货品应如何放置在仓库之中也是一项重要决策。一个好的仓库布置可以提高产出，改进产品流，降低成本，改进客户服务以及给员工提供更好的工作条件。这里简单介绍仓库的总平面布置、货位布置、仓库内部空间布局和货物堆码设计。

(一) 仓库总平面布置

仓库总平面布置即在规定范围内对仓库的各个组成部分，如存货区、入库检验区、理货区、配送备货区、通道及辅助作业区进行全面合理的安排。总平面布置的效果将直接影响仓储管理效率与效益、仓储服务水平以及仓储管理能否实现盈利。

1. 仓库总平面布局的基本考虑因素

(1) **仓储专业化水平**。仓储专业化水平受到存货品种的影响。存货品种越多，仓储专业化水平越低，仓库总平面布置越困难；存货品种越少，仓储专业化水平越高，布置越简单。当这些拥有各自不同特性的物资品种较多时，需要有针对性地对产品提供存储管理服务与装卸搬运作业。此时的总平面布置需要适应各种作业要求，布置难度进一步提高。

（2）**仓库规模与功能**。若某个仓库规模较大且仓储功能较丰富，那么该仓库所要求的基础作业设备数量也会较多，设备配套衔接问题会对总平面布局有不小影响。若仓库规模较小，同时功能并不齐全，此时的总平面布局就会比较容易。

2. 仓库总平面布局的条件

（1）配合仓储管理活动，促进其安全高效进行。仓库总平面布置目标主要有：确定单向物流方向；尽可能缩短搬运距离，减少装卸环节；确保仓储空间利用率最高。

（2）减少资金的投入。合理使用现存资源，按照计划与仓储物资的不同特性合理购置机械设备，从而实现效用最大化。

（3）确保安全，维护作业人员的健康。仓储建设要尽可能降低火灾等险情发生率，必须保证工作环境安全干净整洁。

（二）货位布置

货位布置使仓库空间得到充分利用，促进仓储作业高效保质进行，最终减少仓储费用。

（1）有效区分仓储物资性质，减少由于特性不同产生的不利影响。

（2）按照"重大在下，轻薄在上"原则摆放商品，并使较大型货物靠近出口或通道。

（3）把流通频率较高的物资置于最利于搬运移动的区域。

（4）对同一个货主的货物进行集中保管，便于作业。

若某一大批量存货具有较高周转率，但它的搬运作业距离较长，那么存储空间布局是不合理的。

（三）仓库内部空间布局

仓库内部空间布局存在平面布局与空间布局两部分。

（1）仓库内部平面布局是对保管场所内的货垛、通道、垛间（架间）距、收发货区等进行合理的规划，并正确处理它们的相对位置。形式通常有垂直式与倾斜式。

垂直式布局具体包括横列式布局、纵列式布局和纵横式布局。横列式布局方便物资进出和盘查，利于通风和采光。纵列式布局根据物资流通频率与保存时间合理安排物资摆放区域。纵横式布局兼备上述二者的优势。

倾斜式布局分为货垛（架）倾斜式与通道倾斜式。前者有利于叉车作业，加快作业速度。通道倾斜式具有较多货位与搬运作业线路。

（2）仓库内部空间（竖向）布局指库存货物在仓库立体空间上的布局，其目的在于充分有效地利用仓库空间。形式有就地堆码、上货架存放与架上平台空中悬挂。

（四）货物堆码设计

堆码是指根据货物的包装、外形、性质、特点、重量和数量，结合季节和气候情况，以及储存时间的长短，将货物按一定的规律码成各种形状的货垛。

堆码是为了方便管理盘查物资，充分利用仓储空间，其主要原则为：合理、牢固、定量、整齐、节约、方便。

（1）堆码需考虑的因素。堆码需要事先考虑物资仓容定额、地坪承载能力、允许堆积层数等因素，然后采取堆码作业。仓容定额指单位面积下可承受的最大产品储量。各类货物都具有各自的仓容定额，即使是同种物品，由于存储环境的差异，它们的仓容定额也有差异。货物状态、包装形式与装卸作业手段等因素所具有的差异都会造成货物仓容定额的改变。

（2）堆码方式与特征。货物特性、大小、重量等因素会影响货物的具体堆码方式。堆码的基本形式有针对板形或箱型货物的重叠式，针对长形货物的交错式，针对所有箱装、桶装及裸装货物的通风式，以及衬垫式等。

托盘在物流活动中被广泛运用，产生了货物堆码于托盘上的形式。托盘本身存在标准化这一特性，所以能够借鉴典型堆码图谱在托盘上堆码货物。

五、物料搬运系统的选择

物料搬运作业贯穿仓库作业的全过程，从物资入库验收、保管保养、流通加工、备料、配送，一直到货物发出，都存在着物料搬运作业。它出现次数多于其他的作业环节，产生的成本与消耗的时间也远超其他流程。物料搬运作业的质量直接影响库存物资的数量和质量，与仓库安全生产关系密切。有效组织物料搬运作业是仓库快进快出的关键，与仓库的经济效益密切相关。因此，物料搬运系统在仓库管理中占有举足轻重的地位。

物料搬运系统具有集合性、相关性、目的性和环境适应性等特点。它主要由物料、装卸搬运设备、仓储设备、人员及信息等要素联合构成。按照生产与流通要求使物资在空间发生位移，为生产和流通服务是其基本使命。

由于物料搬运系统是由诸多要素组成的集合体，因此，任何要素的性能与活动都会影响整体的性能和活动。当选择不同的搬运设备搬运货物时，整个系统的搬运能力与适应性也会不同，相应地要采用不同方式利用搬运设备，也会直接影响搬运系统的整体效率。物料搬运系统中的任何要素都需要与其他要素配合，从而进一步发挥其作用，如果缺少配合，这些要素是无法发挥作用的。若利用托盘进行搬运作业，则需要与叉车或其他起重设备进行配合。托盘离开了搬运设备，其优势无法展现。实际上，选择的搬运设备同样也会对能否最大限度地发挥托盘作用产生影响。

物料搬运系统的每个要素是密切联系、相互作用的，存在相辅相成、互相制约的特定关系。在搬运系统中，搬运设备和设施就好比硬件系统，而搬运的方法、计划、程序和组织等就是软件系统，它们都是搬运系统中的要素，只有将它们按某种特定关系有机地结合成一体，才能显示出良好的性能，这就是它们之间的相互关系。

物料搬运系统作为物流系统中的一个子系统，与物流系统中的储存系统、分拣系统和销售系统等相互影响，并通过互相配合来影响整体的性能。因此，在设计或改进一个物料搬运系统时，必须考虑本系统和其他系统之间的联系，使之具有较大的灵活性，能适应系统环境的各种变化。系统所选用的设施和设备也应尽量系列化、通用化和标准化，不能静止和孤立地设计或改进某一个物料搬运系统。

物料搬运系统主要有机械化系统、半自动化系统、自动化系统与信息引导系统。机械化系统中的人员与搬运设备是密切联系的,有利于货物的进出库与仓储管理,它是应用最广泛的系统。与机械化系统相比,自动化系统通过加大对自动化设备的资金投入,能够削减员工数量,同时确保作业质量。半自动化系统利用自动化设备进行拣选和搬运作业,利用机械化设备满足剩余搬运需求。信息引导系统通过计算机来对机械化搬运设备进行最大限度的管理与控制。

第四节 库存管理

由于库存成本在总成本中占有相当大的比例,对库存的控制和管理是企业物流部门面临的一个关键问题。传统库存管理主要涉及订货量和订货时间的问题,管理者做决策相对而言较容易。但在今天的环境中,库存管理的任务越来越复杂,管理方法变多,决策难度加大,需要管理者根据企业具体情况选择库存管理方法,使企业库存的总成本最小化。现代物流管理中存在以信息代替存货向零库存方向发展的趋势。

一、库存管理概述

库存管理的基本任务是按照市场需求和企业目标,确定企业的订货量、订货时间、库存结构、库存量。进行库存管理,要有效控制库存量,尽可能避免缺货、库存过剩和额外增加库存成本等现象。

(一)库存的含义

库存(Inventory 或 Stock)**是为了满足未来需要而暂时闲置的资源,多指处于储存状态的货物**。广义的库存还包括处于制造加工状态和运输状态的物品。企业库存量过少,会导致缺货,破坏供应链整体运作系统,使企业市场份额不断被挤压,无法获得更多利润;社会存货不足,会直接导致物资匮乏,使消费者整体需求得不到满足。仓储物资会产生保管成本,货损也会造成库存风险。

(二)库存类型

从生产过程的角度划分,库存可分为原材料库存、零部件及半成品库存、成品库存三类。根据存货状态分为狭隘的静态库存与广义的动态库存。静态库存是长期或暂时处于存储状态的库存。广义的动态库存除了涵盖静态库存,还包含正处于加工或流通状态的库存。基于生产经营活动,对库存进行以下分类。

(1)**周期库存**(Cycle Stock):用于销售或生产过程中的库存补给而产生的库存,这种库存是为了满足确定情况下的需求,即企业可以预测需求和补货周期。例如,某产品每天都是销售 20 单位,随着每日的销售量或产品生产量不断减少,提前期总是为 10 天,则在周期库存之外就不再需要其他的。如果库存低于一定量,包括采购点,此时就需要重新订货,增加库存量,需依据特定原则循环进行。需求和提前期稳定情况下的库存水平如图 3.3 所示。

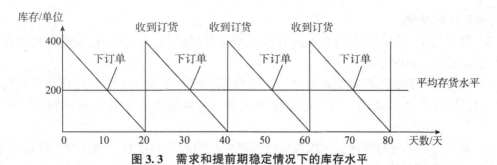

图 3.3 需求和提前期稳定情况下的库存水平

（2）在途库存（Transit Inventory）：指从一个点到另一个点的路途上的货物，也称中转库存。虽然暂时无法使用这部分在途物资，但仍可将其看作库存的一部分。计算库存持有成本时，在途库存应被视为原装运地的库存，因为其不能使用、销售或再装运。

（3）安全库存（Safety or Buffer Stock）：尽可能避免因为不确定因素（如突发性大量订货或供应商延期交货）影响订货需求而形成的，在基本库存之外额外保有的缓冲库存。为有效适应不断改变的市场需求或订货提前期，采购点的平均库存应是安全库存与二分之一订货量之和。

（4）季节性库存（Seasonal Stock）：为了满足特定季节中出现的特定需求而建立的库存，或是对季节性货物在出产的季节大量收储而建立的库存。

（5）投机库存（Speculative Stock）：即增值库存，是除了为满足正常需求之外的原因而备的库存。如预测出商品市场价格将上升，为消除这种因价格上升带来的损失或为从中获取利润而增加产品库存；为批量折扣而购买多于需求的材料；其他原因如罢工、水灾、火灾、地震等突发因素造成的供不应求。

（6）呆滞库存（Dead Stock）：指已有一段时间没有市场需求的滞销货物积压库存、超额仓储的库存、因货物品质变坏或损坏造成的库存。

二、库存结构的控制

（一）ABC 分析法

企业拥有大批量多品种存货，然而各类货物的价值与库存量都有所差异。有些存货种类较少却价值量巨大，还有些存货种类繁杂却价格低廉。企业资源有限，所以无法对全部种类存货分配同样的关心与精力。为最大限度地利用有限企业资源，如时间、资金，必须合理划分存货种类，对货物进行分类管理和控制，将重心放在重要物资上。

使用 ABC 分析法可以使企业了解库存各类商品的结构关系，明确重点管理对象，采取相应技术方法控制库存。

1. ABC 分析法的原理

19 世纪文艺复兴时期维尔弗雷多·帕累托（Vilfredo Pareto）在对米兰财富分布研究中发现，20% 的人掌握 80% 财富。他认为在很多情况下，关键事件、财富、重要性等掌握在小部分人手中，这一现象被称为帕累托定律。这一定律被应用于库存管理中，便产生了 ABC 分析法。

2. ABC 分析法的一般流程

（1）明确计算期。不同时期库存货物的种类与数量都有一定差异，企业在进行 ABC 分类时要确定计算时期。

（2）搜集数据。根据分析对象及内容搜集相关数据信息。进行仓储管理需要搜集存货各自价值量及其平均库存量。

（3）系统分析数据。按规定计算整合以上数据信息，如表3.2中各种商品平均库存占用资金量，计算库存品种累计与全部品种的比例，以及货物占用资金累计与全部资金的比例。

（4）对库存商品进行排序。对库存货物按资金比例和品种项目比例这两个指标来排序，编制用于ABC分析的表，具体如表3.2所示。

（5）根据ABC分析表确定分类，重点分析存货品种与价值分别占库存品种比例与占用库存资金比例这两栏。A类存货的品种数占库存品种比例为5%~15%，占库存资金比例为60%~80%；B类存货品种数占库存品种比例为20%~30%，占库存资金比例为60%~80%；C类存货品种数占库存品种比例为60%~80%，占库存资金比例为5%~15%。如表3.2所示。

表3.2　储存商品为7类的ABC分析表

品种序号	品种数/个	品种数累计/个	占库存品种累计比例/%	占用资金/万元	占用资金累计/万元	占用库存资金的累计比例/%	分类结果
1	260	260	7	5 800	5 800	69	A
2	68	328	9	500	6 300	75	A
3	55	383	11	250	6 550	78	B
4	95	478	14	340	6 890	82	B
5	170	648	19	420	7 310	87	B
6	352	1 000	29	410	7 720	92	B
7	2 421	3 424	100	670	8 390	100	C

（6）确定管理要求。按ABC分析的结果，只是分清了库存商品的结构，明确了重点。但必须找出解决问题的办法才能达到分析的目的。管理者根据ABC分析的结果，结合现有的管理水平与能够产生的经济效果，确定科学管理策略，对三类存货进行有针对性的管理与控制。ABC分类管理和控制表如表3.3所示。

表3.3　ABC分类管理和控制表

项目	A类货物	B类货物	C类货物
控制程度	严格	一般	简单
管理重点	投入较大精力管理	按经营方针调节库存水平	集中大量订货，不投入太大精力
安全库存量	少	较多	多
库存量计算	按模型计算	一般计算	简单或不计算
进出记录	详细	一般	简单
检查次数	多	一般	少

3. 三类货物的管理

（1）A 类库存货物。这类货物属于重要的库存货物。虽然这类货物数量较少，但是占用资金大，属于重点管理对象。需定期检查，完整登记物资进出数量及货损情况，在满足企业内部需要和顾客需要的前提下尽可能维持低的经常库存量和安全库存量，加快库存周转。

（2）B 类存货。这类货物属于主要管理对象，对该类货物进行正常库存管理即可。

（3）C 类存货。这类货物属于普通管理对象，数量巨大，总价值量却不高，通常对这类物资进行常规管理与控制。

（二）CVA 库存管理法

CVA 库存管理法即关键因素分析法，较之 ABC 分析法，它的目的性更强。采用该方法对存货进行管理时，不用过分明确高优先级物品，若高优先级物品数量过大，反而会造成重要物资无法受到关注。通常情况下，将 ABC 分析法与 CVA 管理法进行综合后产生的效果会比单独采用任一种的效果要好得多。CVA 库存管理库存种类及其管理策略如表 3.4 所示。

表 3.4　CVA 库存管理库存种类及其管理策略

库存种类	特点	管理措施
最高优先级	A 类物资或企业生存发展的核心物资	不允许缺货
较高优先级	B 类物资或基础物资	允许偶尔缺货
中等优先级	C 类物资或较为重要的物资	允许合理范围内缺货
较低优先级	企业需要但并非必要的物资，替代性较强	允许缺货

三、库存控制模型

（一）基本概念

库存控制需要注意以下几个关键因素：①库存检查周期货量；②订货量；③订货点。库存控制策略主要是明确在何种状态下采取存货补给手段以及需要补给的数量大小，最终达到库存成本与采买补给费用总和最小的目的。

1. 需求

将需求按其所具有的时间特征划分成连续性需求与间断性需求。连续性需求会因为时间变化而产生变化，库存量持续减少；间断性需求产生时间极短，库存量呈跳跃式地减少。根据数量特征，存在确定性需求与随机性需求，确定性需求的产生时间与数量是确定的，而随机性需求的产生具有非确定性，针对这一特点，需要把握其产生的规律。

2. 补充

需求导致物资的消耗，如果不能迅速足量补充存货或根本没采取补充行动，一旦存货被用光，则只能放弃新产生的市场需求。下面将开始订货到满足需求的过程看作两部分来进行分析。

（1）开始订货到开始补充为止。基于不同的思考方式，可称为滞后时间期或提前期。相同库存问题的滞后时间和提前期是相同的，其滞后时间有时由于极其短暂而被看作零，这个时候能够马上进行补充。如果存在较长滞后时间,可以为确定的,同样可以为随机的。

(2) 开始补充到补充完毕为止。与滞后时间相似,它可以因为过短直接为零,当然存在时间也可以很长。它的存在可以是确定的,也可以是随机的。

3. **费用**

一般通过费用管理进行库存控制,确定最佳库存方案。应该基于可比原则进行费用计算,包括时间可比与计算口径可比,即必须在相同时间范围内,按照相同费用项目计算总费用。

费用项目通常包括在采购、生产、库存、缺货等方面产生的费用。若两个不同方案的两个相同计算项目存在一致费用,则都可以不纳入最终费用计算。

(1) 采购成本。它由订购费用与进货成本构成。订购费用包括手续费、差旅费等,只和订货次数有关。进货成本包括货款、运费等,只与订货数量有关。

(2) 库存持有成本。这是在单位时间内保管一单位物资所需费用或每保管1元货物单位时间所需费用。库存持有成本并不包括和存货量没有关系的固定费用,一般和物资库存数量及时间成比例。

(3) 生产成本。生产成本是指自行生产所需库存物资的费用。其构成有两类:生产组织费用,只与生产组织次数有关;与生产数量有关的费用,包括原材料、零配件成本、直接加工费等。

(4) 缺货成本。短缺成本产生于客户需要但库中又没有的情况,一般指由于中断供应影响生产而造成的损失赔偿费,如生产停工费用、采取应急措施产生的额外支出、无法履行合同的违约金,还包括对企业声誉与经营绩效产生的不利影响和损失、丧失未来的潜在销售等。短缺成本很难得到具体数据。

(5) 单位成本。单位成本是指取得一单位货品的成本或通过近期供应商所提供每一产品的报价。

另外,库存管理中对存货价值的计算,可以采用以下方法。

(1) 先进先出(First in First out,FIFO)法。一般假定存货是按照采买先后顺序进行销售,因此,需要用当前订购成本对剩余存货进行计算。

(2) 后进先出(Last in First out,LIFO)法。假定一开始就使用最后购置的物资,因此,需要按照较早的订购成本仅对剩余存货进行计算。

(3) 平均成本。一定范围和一定时期内成本耗费的平均水平。

4. **库存控制策略**

库存控制策略有如下四种。

(1) 连续性检查的固定订货量、固定订货点(Q,R)策略。它常被用于解决需求较大但不稳定、缺货成本高昂的情况,注重对库存量的随时盘查,一旦发现库存量少于订货量R,会迅速按照R进行订货,数量固定。连续性检查(定量订货)策略如图3.4所示。

(2) 连续性检查的固定订货点、最大库存(R,S)策略。随时盘查库存量,一旦发现库存量少于订货量R,进行订货,确保订货后的库存量保持不变,为固定值S。如果消耗存货量为Q,那么需要的订货量为($S-Q$)。

(3) 周期性检查(t,S)策略。它主要针对不重要且销量不高的货物,没有确定订货点。对库存量进行定期盘查,及时补货,使库存量维持为最高水平 S。如图 3.5 所示,通过固定检查期 t,发出订单,这时库存量为 I_1,订货量为 ($S-I_1$),经过一定时间(LT——订货提前期,可以为随机变量),库存补充为 ($S-I_1$),库存到达 A 点。再经过一个固定的检查期 t,又发出一次订单,订货量为 ($S-I_1$),经过一定的时间 (LT),库存又达到新的高度 B。基于周期性检查,对库存进行持续补充。

（4）综合库存策略（t, R 及 S）。该策略是策略（t, S）和策略（R, S）的综合。这种策略存在固定检查周期 t,最大库存量 S、固定订货点水平 R。经过 t 后,只有当库存少于 R 时才进行订货。

基于上面几种库存策略,又延伸出了很多库存策略。

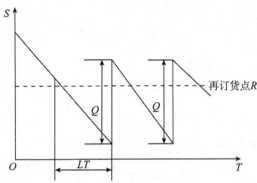

图 3.4　连续性检查（定量订货）（Q, R）策略

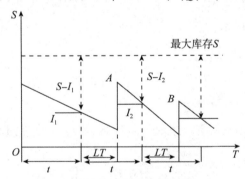

图 3.5　周期性检查（t, S）策略

（二）需求确定库存控制模型

1. 经济订购批量

库存控制模型：按照主要参数,如是否存在明确的需求量与提前期,分为确定型库存模型与不确定型库存模型。确定型库存模型以经济订购批量（Economic Ordering Quantity,EOQ）库存模型为代表。

经济订购批量指通过费用分析求得在库存总费用最小时的每次订购批量,EOQ 模型属于连续性模型,不允许缺货,瞬间补货。存在下列假定条件。

（1）连续均匀的需求,即需求速度（单位时间的需求量）为常数。

（2）能瞬时完成补货,即补充时间（滞后时间和生产时间）近似为零。

其储存参数,T 为储存周期或订货周期,D 为全年需求量,P 为产品单价,C 为每次订货费用（元/次），K 为单位产品年保管费用（元/件·年），Q 为批量或订货量。通过确定 EOQ 和年底总库存，计算出使两项成本之和最小的订货周期和订货量，以一个最佳的订货数量来实现最低总库存成本。

EOQ 模型如图 3.6 所示。

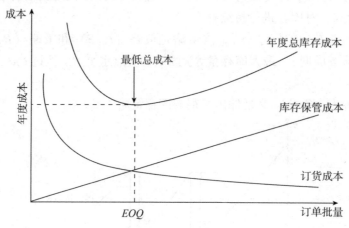

图 3.6　EOQ 模型

年度总库存成本 = 年采购成本 + 年订货成本 + 年保管成本

$$TC = DP + \frac{DC}{Q} + \frac{QK}{2}$$

式中：TC——年总库存成本；

　　　DP——年采购成本；

　　　$\dfrac{DC}{Q}$——年订货成本；

　　　$\dfrac{QK}{2}$——年保管成本。

要使 TC 最小，即要对 Q 求导，并令一阶导数为 0，（推导过程省略）得到经济订购批量，计算公式为

$$EOQ = \sqrt{\frac{2CD}{K}} = \sqrt{\frac{2CD}{PF}}$$

式中：F——单位货物年储存费率；

　　　P——货物单价。

【例 3.2】某制造企业每年需采购 6 000 个单位的某零件，价格为每单位 30 元，每次采购处理订单和送货等要产生 125 元的费用，每个单位产品占用资金产生的利息和存储成本之和为 6 元，求这种产品的经济订购批量、订货间隔、年总成本。

解：依题意已知，全年需求量 D = 每年 6 000 个单位，单位产品成本 = 30 元，每次订货发生的成本费用 C = 每个订单 125 元，单位产品年存储费用 K = 6 元。

将上述已知条件带入公式，得经济订购批量 EOQ，用 Q_0 表示为

$$Q_0 = \sqrt{\frac{2CD}{K}} = \sqrt{\frac{2 \times 125 \times 6\,000}{6}} = 500(\text{个})$$

假如企业年生产时间为50周,每周对零件的需求为120个,订单发出到交货周期为2周,那么企业的最佳订货政策是什么?

经济订购批量给出了每次的订货量。订货时还需要知道何时需要订货(订货点)。发出订单时,现有的存货必须能满足之前的需求。由于前面假设需求和订货到交货周期是恒定的,所以,再订货到交货周期内满足需求的那部分存货也是恒定的,不需要设置安全库存,可直接求出订货点。

再订货水平(订货点)= 单位时间内的需求订货至交货周期

= (全年需求量/360)·订货提前期(天)

订货政策即为企业在存货水平下降到240个产品单位时,就发出一个订货量为500个产品单位的订单。

经济订购批量的年订货次数:$N = \dfrac{D}{Q_0}$,平均订货间隔:$T_0 = \dfrac{360}{N}$

EOQ 模型曾经广泛地应用于国外的存货管理,且产生了良好的经济效果。但其并非没有局限性。EOQ 模型与许多模型一样,在确定 EOQ 时还做了一些其他基本假设。

(1) 连续、稳定、已知的需求。
(2) 稳定、已知的补货或订货前置期。
(3) 每次订货的订货费用相同,与订货批量的大小无关。
(4) 稳定的运输费用,同订货时间和数量没有关系。
(5) 不允许缺货。
(6) 不存在中转库存。
(7) 单一产品或产品间不存在相关性。
(8) 资金不受限。

因此,上述 EOQ 模型是建立在许多假设条件基础上的一种简单模型。

2. 允许缺货的经济批量

事实上很难找到一个需求确定、前置固定、预先知道确定成本的环境。EOQ 模型在实际应用时往往要做进一步的修正和拓展。当处于非稳定生产与非稳定供给环境下,很难不产生缺货现象。缺货成本低于因提高安全库存量产生的费用,就需将 EOQ 模型修改为允许缺货的经济订购批量。允许缺货经济批量是指订购费用、保管费用、缺货损失费用三者之和最小的批量。如单位缺货费用为 C_0,其计算公式为

$$EOQ = \sqrt{\dfrac{2CD}{K}} = \sqrt{\dfrac{K + C_0}{C_0}}$$

3. 考虑数量折扣和运输费的经济批量

供应商为鼓励大量购买,常常对超过一定数量的采购提供优惠价格。针对该种现象,需求方需要通过计算比较来明确是否要加大订货量以得到折扣。比较准则如下:若使用折扣后形成的全年总费用低于经济批量则接受折扣,否则仍按经济批量 EOQ 购买。

运输费用如由买方支付,买方需要考虑运输费用对年度总费用的影响。此时,年度总费用需在年度总库存成本的基础上再加上运输费用,其计算公式为

$$TC = DP + \dfrac{DC_0}{Q} + \dfrac{QK}{2} + Y$$

式中：Y——运输费用。

与折扣批量计算一样，仍是将有、无运输费用折扣的两种情况下的年度总费用进行比较，选择年度费用小的方案。

（三）不确定型库存控制模型

上述库存控制模型中的参数都是固定的，但在实际的库存管理中，由于顾客的多样性等原因，需求往往是随机变化的。另外，不同货物的到货过程也是随机的，它受到上游生产商的生产状况、运输状况的影响，很难精确确定。对这种需求及供应的随机性，主要通过设立安全库存来应对。在需求和订货提前期都不确定的情况下，订货点计算公式为

$$\text{订货点} = \text{订货提前期的平均需求量} + \text{安全库存}$$
$$= (\text{单位时间的平均需求量} \times \text{最大订货提前期}) + \text{安全库存}$$

若一定时期内存在固定的需求，需求量不会上下波动，那么此时是不需要设置安全库存的。然而，市场需求与生产现场的消费很多时候是会产生变化的，补充库存也很可能具有提前交货期或延后交货期。另一方面，制造过程产生的破损、物料计算偏差与记账错误等都会使库存和需求间形成误差。为减少缺货或存货剩余现象的出现，设定安全库存从而进一步实现有效库存管理是不能缺少的。

安全库存越高，越难产生缺货现象，但过高也会造成存货剩余。安全库存是库存的重要组成部分，它和库存量间存在密切联系。所以，必须按照物资的性质与顾客的具体需求，维持合理的缺货率及缺货现象存在。

使用不确定型库存控制模型，可求出基于客户需求量改变、提前期固定，客户需求量固定、提前期改变，和两者同时改变某种具体现象的安全库存量。

1. 需求改变而提前期固定下的库存水平

如果需求和订货提前期不变，如在周期性变化提到的订货提前期为 10 天，每天需求量为 20 单位，则平均周期库存为 200 单位。但是，如果需求并非先前预测的 20 单位，实际上是每天 25 单位，订货提前期是 10 天，则库存在第 8 天就会用完。由于下次订货直到第 10 天才会到货，因而就会有 2 天断货。若每日需求是 25 单位，总共就会有 50 单位的缺货。如果管理层确信需求的最大变动是 5 单位/天，则应保有 50 单位的安全库存，以防因需求变动而缺货。这就要求有 250 单位的平均库存（200 单位的平均周期库存+50 单位安全库存）。

若需求连续，呈正态分布，因为提前期固定，所以能得出提前期内的需求分布均值与标准差，或通过直接的期望预测，以过去提前期内的需求情况为依据，确定需求的期望均值和标准差。在这种情况下，安全库存量的计算公式为

$$s = z\sigma_d \sqrt{L}$$

式中：σ_d——提前期内的需求量的标准差；

L——提前期的长短；

z——一定顾客服务水平下需求量变化的安全系数（概率度），它可根据预定的服务水平，由正态分布表查出。

2. 需求固定不变而订货提前期变化下库存水平

假若需求不变而订货提前期在 2 天范围内波动，如货物提早到 2 天，现有库存就是 12 天的供应量；如迟到达 2 天，就会发生 2 天缺货。为了防止缺货，就需要保有 40 单位的安

全库存，平均库存就为 240 单位。假设需求连续且变化情况服从正态分布，安全库存量的计算公式为

$$s = zd\sigma_L$$

式中：z——一定顾客服务水平下的安全系数；
　　　σ_L——提前期的标准差；
　　　d——提前期内的日需求量。

3. 需求、订货提前期都变化的库存水平

在现实中，多数情况下提前期和需求都是随机变化的，此时，问题就比较复杂了。要通过建立联合概率分布来求出需求量水准和提前期延时的不同组合的概率（联合概率分布值域为从以最小需求量和最短提前期的乘积表示的水准，到以最大需求量和最长提前期的乘积表示的水准），然后把联合概率分布同上面导出的两个公式结合起来运用。因此，在这种情况下，假定存在互相独立的客户需求与提前期，安全库存量的计算公式为

$$s = z\sqrt{\sigma_d \bar{L} + \bar{d}^2 \sigma_L}$$

式中：$\bar{L}$——平均提前期长度；
　　　z——一定顾客服务水平下的安全系数；
　　　d——提前期内平均日需求量；
　　　σ_d、σ_L 含义同上。

四、供应链环境下的库存管理

（一）牛鞭效应

牛鞭效应是造成供应链运作过程中出现缺货现象、过高库存量、产销不平衡、成本费用较大等问题的主要原因之一。

牛鞭效应是供应链中存在的一种需求逐渐放大的现象：这是由于信息流从终端客户向原始供应商传递时，由于无法有效地实现信息共享，信息扭曲逐级放大，需求信息出现越来越大的波动。这种信息扭曲的放大作用在图形显示上很像一根甩起的赶牛鞭，因此，被形象地称为"牛鞭效应"。 鞭子根部是最下游顾客，梢部是最上游供应商，当根部出现细微抖动，在梢端会呈现较大波动。也可以说越上游，波动越大，与最终消费者的距离越大，产生的影响越大。若牛鞭效应与企业生产经营活动中的各种不确定因素共同作用，必然导致严重经济损失。对此，美国著名供应链管理专家李效良教授将之称为"需求变异加速放大原理"。

若某商品往年的月零售纪录最大是 100 件，为确保在不久的庆典中不出现缺货现象，零售商决定把订货量增加至（100+A）件。该零售商上一级批发商同样会将其订货量增加 B 件。所以，生产商需要发出的货物数为（100+A+B）件，为确保供货及时，需要生产的货物量肯定要高于最终订货量。订货量逐级叠加，造成牛鞭效应。

牛鞭效应主要由于供应链上的企业缺乏有效的信息交流、无法共享信息而产生，主要体现在以下方面：供应链中的各级企业没有供应链的整体观念，对用户服务的理解不当，不重视库存控制策略的科学制订，协调不足，存在不确定性的库存管理，低效率的信息传递系统等。有些情况也会给上游供应商带来扭曲的需求信息，当零售商们面对价格波动剧烈、供不

应求、通货膨胀等情况，通常会在满足基本需求的前提下尽可能提高库存量、订货批量，企业订货会坚持最大库存策略等。

牛鞭效应使风险从下游消费者逐级嫁接到上游供应商，从而影响供应链的正常运转，产生一系列问题。所以，需要通过科学的管理及成熟的信息技术，有效地处理需求信息的扭曲与失真问题。

（二）供应链下的库存策略

企业可以通过广泛使用科学信息技术确保信息得到有效传递，结合库存管理技术，如零库存、准时制生产等，合理安排库存，尽量避免货物需求在供应链上变异加速放大的现象出现。有效应对牛鞭效应，需要供应链上各级企业之间保持密切合作，相互信赖，共同处理利益与风险问题，把握双方的运作流程，最终降低不确定因素的影响程度。

1. 供应商管理库存

供应商管理库存（Vendor Managed Inventory，VMI）最早是由宝洁公司（P&G）和沃尔玛公司（Wal-Mart）在 20 世纪 80 年代发起并采用的一种全新的库存策略。VMI 是一种在用户与供应商之间的合作性策略，在一个相互同意的框架下由供应商管理库存。

VMI 模式主要源于对供应链管理模式成功集成化的考虑，它的目的是通过集成供应链中各节点企业的库存控制职能，实现总库存费用的减少，通过供应商与客户间的战略性合作，选择确保二者都能满意且能接受的消耗成本最少的方案，实现供应商管理库存。

VMI 的优势有以下几点。

（1）供应商控制库存，具有较大主观能动性与灵敏性。

（2）供应商掌握库存，使核心企业远离库存陷阱。

（3）供应商掌握库存即掌握市场。

（4）VMI 能使核心企业与供应商企业实现双赢。

VMI 得到有效实施的前提有以下几点。

（1）供应商需要有效掌握核心企业的销售与库存消耗信息。

（2）具有通畅的信息网络与信息管理系统，确保快速准确传递信息。

（3）重视沟通与互惠互利机制，要本着责任共担、利益共享的精神，建立起企业之间的友好协作关系。

2. 准时制

准时制（Just in Time，JIT）包括准时化生产、准时化运输、准时化采购、准时化供货、准时化库存等一整套 JIT 技术。它的基本思想是：在合适的时间将合适的货物按合适的数量送到合适的地点。 其管理控制系统一般采用看板系统。基本模式是多频次小批量连续送货。

生产分销系统中的库存存在的必要性，一般体现在解决生产计划产生的某种偏差之上，此时"额外"库存主要用来弥补偏差或处理问题。通常认为好的库存策略要求的不是准备应付某种情况，而是准时供货的 JIT 库存，是维持系统完整运行所需的最少库存。只有使用 JIT 库存，才能快速及时进行商品供给，同时确保商品质量。

管理者需要通过降低因内外因素导致的易变性来获取实时库存。易变性被库存掩盖，系统中存在的易变性越少，所需库存也越少。大多数差错是容忍浪费和低水平的管理造成的，产生差错有以下四个原因。

（1）职工、设备与供应商没有按时、按量或保质生产。
（2）工程图与生产说明有误。
（3）生产人员自行提前进行无依据生产。
（4）顾客需求把握不到位。

所以，为确保低成本JIT生产顺利进行，第一步就是要减少库存。削减库存会暴露一部分存在差错与问题的库存，库存变少后，管理者能够采取措施解决所发现的问题。之后再对库存进行削减，再对发现的问题进行处理。循环往复，直到库存问题完全解决。

JIT的核心是根据标准实现小批量生产，减少批量能够有效降低库存与库存费用。当库存用量是一个常数时，平均库存量就等于最大库存量与最小库存量之和再除以二。

3. 零库存

零库存（Zero Inventory）是以仓库储存形式的某种或某些物品的储存数量很低的一个概念，甚至可以为"零"，即不保持库存。实现零库存有利于解决关于存货管理的相关问题，包括仓储建设、存货保管与维护等开支、存货质量下降与价值减少及存货占用流动资金等问题。

零库存是20世纪六七十年代的日本丰田汽车公司开创的全新管理模式，即丰田生产方式（Toyota Production System，TPS）。TPS以实现效率与效益的双重提高为使命，努力降低成本，提高客户满意度和忠诚度。TPS以准时化生产、自动化生产为支柱，不断改进，消灭一切生产中的浪费来实现成本的最低化。**零库存的主要表现形式有以下几种。**

（1）**委托保管方式**。受托方对所有权归属用户的物品进行代管，让用户不必留有库存，乃至保险储备库存，最终达到零库存。由用户支付代管费，其优点体现在受托方能够应用其专业技术能力进行高质量与低成本的库存管理，使用户能专注于生产经营活动。事实上，它是依靠库存转移达到零库存，并非减少了总库存。

（2）**协作分包方式**。如美国的"Sub-Con"方式与日本的"下请"方式。该产业结构形式能够通过分包企业的柔性制造与准时供应技术，实现核心企业的供应零库存。另一方面，核心企业通过集中销售库存来让分包与销售企业实现零销售库存。

很多国家制造企业的组织结构呈金字塔状，核心企业负责生产商品和寻求市场新机会；分包企业负责各自分包作业，分包零件制造企业能够利用多种制造与库存调节形式，确保物资能及时到达核心企业手中，实现高速率生产，最终减少安全库存，进而实现零库存。核心企业的产品分包给推销员或商店零售，利用配额与随供形式，通过核心企业的集中产品库存确保分包者销售活动的进行，帮助分包者达到零库存。

（3）**轮动方式**。轮动方式也称作同步方式。是在对系统进行周密设计的前提下，使各个环节的速率完全协同，从而减少甚至取消工位之间的临时停滞而达到的一种零库存、零储备形式。通过传送带式生产，使生产与材料供应同步进行，利用传送系统的供应，最终实现零库存。

（4）**看板方式**。看板方式也叫"传票卡"制度，是丰田汽车公司开发、采用的以压缩库存为目的的生产管理方式；是以准时化生产为目标，在需要的时候、按需要的量生产（筹备）所需的产品，并以此为基本理念的管理方法。由于将兼有作业指令卡片和现货卡片的"看板"作为中心手段使用，所以被称为"看板方式"。

(5) **水龙头方式**。水龙头方式是一种由日本索尼公司率先采用的,就像是通过拧自来水水龙头取水,无须自己保有库存的零库存形式。经过时间的演进,水龙头方式已渐渐演变为即时供应制度。用户可以随时提出采购要求,供货者根据自己的库存和有效供应系统来承担风险,从而使得用户实现零库存。适用于水龙头方式实现零库存的物资,主要是工具及标准件。

(6) **配送方式**。配送方式是指通过多种方式配送,保证供应,从而使用户实现零库存。

(7) **寄售**。企业实现"零库存资金占用"的一种有效方式是供应商直接将产品存放在用户的仓库中,同时拥有库存商品的所有权,而用户只有在领用这些产品之后,才能与供应商进行货款结算。

4. 物料需求规划

物料需求规划(Material Requirement Planning,MRP)**把原料和零部件的需求看成是最终产品需求量的派生需求**。MRP 是根据成品的需求,对成品的部件、零件、原材料的相关需求量进行自动计算,最后从成品的交货期出发,对各部件、零件生产的进度日程及外购件的采购日程进行计算。很早之前,MRP 的思想就已产生,可是一直到计算机产生和信息系统实施后,MRP 才真正开始被广泛应用。通过计算主生产计划、产品结构及库存状态得出每种材料的净需求量,然后根据每个时期的需求量进行分配。

MRP 系统有以下三个目标。

(1) 保证在客户需要或有生产需要的时候,可以立即提供满足需要的材料、零部件、产成品。

(2) 使库存水平尽可能地保持在低水平。

(3) 安排采购、运输、生产等活动,将各车间生产的零部件及构件与装配的要求在时间上精确衔接。

MRP 系统能指出现在、未来某时的材料、零部件、产成品的库存水平。MRP 系统的起点是根据需要的最终产品及需要这些产品的时间,分解到每一种材料、零部件上,然后确定需求时间。

MRP 系统主要具有以下优点。

(1) 可以使安全库存维持合理水平,进而让库存水平尽可能地降低。

(2) 不仅可以较早地发现存在的问题,而且还能发现可能出现的供应中断等问题,以便较早地采取预防措施。

(3) 制订生产计划需要通过对现实需求和最终产品进行预测。

(4) MRP 系统不是只对某一个设施进行考虑,而是根据整个系统的订货量,统筹全局进行考虑。

(5) 适用于批量生产,而且也适用于间歇生产或装配过程。

5. 联合库存管理

联合库存管理是供应链上的企业共同制订库存计划,并实施库存控制的供应链库存管理方式。联合库存管理是解决供应链系统中由于各节点企业的相互独立库存运作模式导致需求放大的问题,提高供应链同步化程度的一种有效方法。

联合库存管理就是建立起整个供应链以核心企业为核心的库存系统,具体地说,一是要建立起一个合理分布的库存点体系；二是要建立起一个联合库存控制系统。

联合库存管理与供应商管理用户库存的区别在于，它注重双方联合参与和制订库存计划，每个库存管理者在供应链上要保持协调，使得供应链上两个相邻环节紧密联系。企业之间的库存管理者可以保持一致性，从而消除需求变化放大现象。任何相邻节点企业需求的确定都是供需双方协调的结果，库存管理不再是各自为政的独立运作过程，而是供需连接的纽带和协调中心。

联合库存通常不需要供应商保留成品库存，而直接在核心企业原材料仓库或直接在核心生产线建立成品库存的情况下实施。联合库存的分布原理及物资从产出点到需求点的途径如图 3.7 所示。

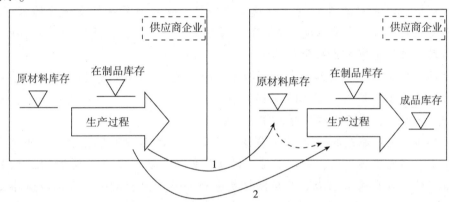

图 3.7　联合库存的分布原理及物资从产出点到需求点的途径

联合库存可分为两种类型。

第一种是集中式库存类型。各个供应商的货物都直接存入核心企业的原材料库，变各个供应商的分散库存为核心企业的集中库存（如图 3.7 中的 1）。这种模式的优势体现在以下几个方面。

（1）削减了库存点，节约了一些仓库建立和存储操作成本，减少了系统的总库存成本。

（2）缩短了物流环节，不仅减少了物流费用，而且提高了工作效率。

（3）核心企业仓库直接存放供应商的货物，既保证了核心企业的材料供应及便利取用，也能够实行统一调度、统一管理和库存控制，为核心企业创造了高效的生产经营条件。

（4）它也为 VMI、连续补充货物、QR、JIT 等科学的供应链管理提供了条件。

第二种是无库存类型。核心企业也不设原材料库存，实行无库存生产。这时取消了供应商的成品库和核心企业的原材料库，供应商与核心企业实行共同生产和共同供货，直接将供应商的产成品运输到核心企业的生产线，这也就是所谓的准时供货模式。在此模式下，库存被完全取消，因此，效率最高、费用最低。但是对于核心企业和供应商来说，对操作的标准化、协调性和合作精神的要求也越高，一般二者的距离不能太远。

这两种联合库存类型不仅适用于不同的供应商和核心企业，而且原则上也适用于核心企业与分销企业。核心企业要站在供应商的立场上，对各流通企业进行分销库存，每个配送仓库都直接存放货物，并且直接掌握各个分销库存，采用配送等方式实行小批量、多频次送货。

案例1

亚洲最大物流中心——亚洲一号

2014年10月20日,京东宣布其位于上海的首个"亚洲一号"现代化物流中心(一期)在"双十一"大促前夕正式投入使用,这是京东物流战略中又一重点举措的成功落地。2017年3月,就在京东上海"亚洲一号"启动两年半之际,其运营视频全面曝光,全方位透视了京东"亚洲一号"各种技术细节。

作为亚洲范围内B2C行业内建筑规模最大、自动化程度最高的现代化物流中心之一。京东自主研发信息系统,完美调度了AS/RS、输送线、分拣机、提升机等自动化设备,极大地支撑和推动了公司华东区域的业务发展。

立体库区:立体库区库高24 m,利用自动存取系统(AS/RS系统),实现了自动化高密度的储存和高速的拣货能力。AS/RS系统是物流中心机器人作业系统的一种,在全球电商物流中心作业系统中,有三大类机器人作业系统。

多层阁楼拣货区:京东的"多层阁楼拣货区"采用了各种现代化设备,实现了自动补货、快速拣货、多重复核手段、多层阁楼自动输送能力,实现了京东巨量SKU的高密度存储和快速准确的拣货和输送能力。多层阁楼是实现仓储空间利用率最高的物流中心设计方式,如果没有高效的系统+自动传送能力,最终会出现各种作业瓶颈,目前京东"亚洲一号"通过系统集成成功突破瓶颈,这个方面比亚马逊更先进。

生产作业区:京东"亚洲一号"的"生产作业区"采用京东自主开发的任务分配系统和自动化的输送设备,实现了每一个生产工位任务分配的自动化和合理化,保证了每一个生产岗位的满负荷运转,避免了任务分配不均的情况,极大地提高了劳动效率。

出货分拣区:出货分拣区采用了自动化的输送系统和代表目前全球最高水平的分拣系统,分拣处理能力达20 000件/小时,分拣准确率高达99.99%,彻底解决了原先人工分拣效率差和分拣准确率低的问题,同时也客观地说明京东实现了国内的一次超越。物流中心的作业瓶颈很多时候是出在出货分拣区,特别是在分批次拆单作业,最后合单打包的时候。

1. 入库:系统提前预约、收货月台动态分配、全自动流水线(1条)对托盘货物进行裹膜;入库验收完成后通过提升机、入库输送线等设备将货物搬运到指定的上架区域,减少了人工搬运操作,提高了入库效率。

2. 上架:立体仓库区堆垛机全自动上架补货(堆垛机180m/min高速运行)、阁楼货架区提升机垂直输送搬运。

3. 存储:立体仓库高密度存储(约53 000托盘货位)、立体仓库吞吐能力为600托盘/小时、4层阁楼货架海量拣选位(支持10万以上SKU)。"亚洲一号"的立体仓库在补货、移库等在库作业流程中,发挥了巨大作用。立体仓库往阁楼之间的补货、移库基本通过自动化设备完成,大大提升了补货、移库的作业效率。

4. 拣选:立体仓库输送线在线拆零拣选,立体仓库拣选区货到人补货、分区拣选避免无效走行,提升批量拣选效率。特别是将分区作业、混编作业、一扫领取等功能全面实现。

5. SKU 容器管理：基于容器/托盘的流向管理策略，建立多模式、完整的容器任务管理机制，扫描容器/托盘即可知道任务的流向，而不再依靠人工指派任务，建立空托盘、空周转箱等容器管理机制。

6. 出库流程：京东的出库流程包括 9 大环节，特别是在订单任务派送上，全部是系统内部驱动，实现高效、均衡的派单计划。

7. 输送：全长 6.5km、最高速度达 2m/s 的输送线遍布全场，分区分合流、动态平均分配，确保流量均衡，输送能力达 15 000 包/小时。

8. 分拣：采用全球最精准、高效、节能环保的交叉皮带分拣系统，分拣速度高达 2.2m/s、包裹处理能力约 20 000 件/小时，分拣准确率为 99.99%、135 个滑道直接完成站点细分、动力滚筒滑槽降低破损，提升客户体验。

从以上内容，大家可以全视觉地体验京东"亚洲一号"的整体作业，其实际运行能力已经超过 16 000 件/小时，而且还在稳步提升，在电商物流领域堪称奇迹。

分析思路

案例讨论：
与传统仓库相比，自动化仓库有什么优势？

案例 2

走进亚马逊纽约仓库，探秘 1 小时送货

曼哈顿、布鲁克林某些地区、皇后区长岛市的消费者如果从亚马逊网站购物，一小时之内就可以拿到包裹。亚马逊如何做到的呢？仓库正是它的秘密武器。亚马逊的 1 小时快递服务"Amazon Prime Now"已经覆盖美国 20 个城市，纽约是其中之一，亚马逊已经拥有超速快速服务。用户每年只要交 99 美元就可以获得 Prime 帐号，享受 1 小时到货的快递服务。

一、亚马逊 Prime Now 可以销售冷冻食品和冰淇淋

这个仓库占地约 3 716 m²，在这么大的仓库里亚马逊的员工到底是怎样找到物品的呢？其实这个仓库还不是最大的，要知道亚马逊凤凰城（Phoenix）的仓库有约 111 484 m²。佳得乐饮料放在儿童书旁边，麦片与科技产品共享一个货架。看着这些物品就如同看着和英语一样使用相同拉丁字母的外语：它们的字母是相同的，但组合却是不同的。

亚马逊 Prime Now 全球主管史蒂芬妮·兰德瑞（Stephenie Landry）说："对于没有接受过训练的人来说，仓库的确很随意。"亚马逊的仓库拣货员却是轻车熟路，他们负责为订单配置物品并打包，速度很快，就像听到发令枪响的赛跑运动员一样，他们的目标是在 1 小时之内将包裹送到消费者手中。

二、打包完成准备发货

拣货员和纽约的出租车司机很相似，他们要将负责区域的地图深深印在脑海里。同样的，和今天的出租车司机一样，他们的工作也有科技来帮忙。兰德瑞说："我们的订单履行中心会提供高科技算法，这栋大楼虽然小些，但也同样使用这套算法。它为拣货员制订最快捷的路径，让他们在最短时间拿到所有货物。"

正是因为将人的敏捷和技术结合，才使得亚马逊接到订单后，几乎马上就可以出货。对于1小时到货服务来说速度更快，因为许多时候光是花在路上的时间要60分钟，特别是在纽约，无法预测的交通和公共交通拥堵太常见了。

三、包裹准备交给送货员

兰德瑞说："我们的高效率来自员工的高速度，我们不必操心物品的摆放，只操心如何将包裹快速送给客户。"当物品打包完毕就可以交给快递员送货了。亚马逊的送货员既有公司员工，也有专业快递服务商的员工，他们与亚马逊合作。送货员必须尽可能快地拿到收件人订单，特别是1小时服务更不能耽搁。送货员可以选择步行、自行车、公共交通工具、汽车等方式送货，具体要看哪种方式更快。

亚马逊的物品只有一部分存放在稍小的仓库中。一般而言，纽约仓库装的全是家庭产品，比如杂货和季节性产品。到了冬天，仓库的铲子和铲冰机会多起来，春天就不一样了，客户可能更需要浇水用的橡皮软管和吹叶机。还有一点要提醒各位注意：曼哈顿可以提供各类酒水1小时到货服务。兰德瑞说："我们选择出售的物品一直在改变。"

四、1小时到货服务有自己专门的通道

尽管亚马逊统治着在线零售业，但它的按需快递服务却面临众多创业企业的竞争。Postmates就在美国100多个城市提供1小时到货服务，打车软件Uber也曾推出相似服务。

五、开始送货

亚马逊将目标瞄准了未来，它正在寻找更快的送货方式，比如用无人机送货。它还推出了"Prime Air"服务，消费者只要不到30分钟就可以收到包裹。兰德瑞称："10年前人们认为2天到货很快，我们却认为2小时或者1小时到货才是标准。"

案例讨论：

亚马逊是如何实现1小时送货的？

第四章

包 装

本章教学目标

1. 掌握包装的定义、分类及作用。
2. 了解包装的技术。
3. 掌握包装合理化的意义。

在现代物流看来,包装是生产的终点,同时也是物流的起点。包装是生产的最后工序,意味着生产的结束;包装后的产品具有物流能力。在进行包装决策时,应思考包装材料的费用、包装过程中使用的劳动力、包装所占用的运输和储存空间等。在物流活动中,包装的合理化能够通过机械化包装、轻包装、标准化包装等来实现。

第一节 包装概述

一、包装概念

包装是指在流通过程中为了保护产品、方便储运、促进销售,按一定技术方法而采用的容器、材料及辅助物等的总体名称。包装也指为了达到上述目的而采用容器、材料和辅助物的过程中施加一定技术方法等的操作活动。

二、包装分类

(一) 依据功能划分

根据包装的基本功能,分为销售包装,也就是商业包装;以及运输包装,也就是工业包装。

(1) 商业包装。商业包装是直接接触商品并随商品进入零售网点和消费者或用户直接见面的包装，因此，也被称为销售包装。它的目的是促进销售，方便消费者使用。商业包装不仅外形美观，而且装饰美丽，能够激发顾客的购买欲、满足商店的货架摆放要求。

（2）工业包装。工业包装以满足运输储存要求为主要目的的包装。它具有保障产品的安全、方便储运装卸、加速交接和检验等作用，因此，我们也称之为运输包装。其目标是满足物流要求且实现较低的包装费用。在物流管理中，包装主要是从工业包装的角度来讨论的。

（二）依据包装材料划分

按照包装的材料，包装可以分为木质包装和陶瓷包装，还有玻璃包装和草制包装等。

（三）依据包装技术划分

按照包装的技术，包装可以分为防虫包装和集合包装，还有收缩包装和拉伸包装等。

（四）依据包装容器划分

按照包装的容器，包装可以分为包装袋和包装盒，同时还有包装瓶和包装箱等。

（五）依据包装适用范围划分

按照包装的应用范围，包装可以分为专用包装和通用包装。专用包装是专门针对某种产品而进行设计和制造的包装，它只能用来包装特定的产品；通用包装是根据标准系列尺寸制造的包装，可用于包装各种标准尺寸的产品。

（六）依据包装使用次数划分

通过包装的使用次数，包装可以分为一次性包装、再利用包装和周转包装。其中一次性包装就是一次性利用，不能重复使用；再利用包装指回收后经适当加工整理仍可使用的包装；周转包装是一种专门设计和制造的能够反复周转使用的包装容器。

三、包装的作用

（一）有利于货物保护

保护货物是包装的首要作用。包装可以防止货物在运输过程中掉落和震动，也可以防止较重的物品在存放过程中损坏，同时防止异物的混合和污染及防止潮湿和防水等，并且避免化学因素或细菌污染造成的货物腐烂变质等。

（二）有利于商品的方便流通

包装具有收集商品和方便物流的作用。假如将许多原始包装产品一同进行二次包装，再将许多二次包装的产品搁置在托盘上，然后放置在具有多个托盘的容器中，可减少产品搬运的次数、减少操作时间，提高机械化作业效率，也有利于运输。另外，统一的商品包装可以使商品的堆放和库存更容易，提升仓储工作效率。

（三）有利于方便利用

产品可以包装成小包装，方便顾客使用。现代化的包装设计具有容易开合、方便顾客使用内置物品的特点。同时包装上的标志和文字描述也必须直截了当地标明内置物品的使用方法及应该注意的事项。

（四）有利于促进销售

漂亮的包装可以吸引顾客的目光，唤起消费欲望。此外，包装的外部形态、装饰、广告描述等都有良好的促销效果。

四、包装技术

选择恰当的包装技术能够有效地保护货物、降低物流费用，同时提高物流效率。通常，我们常见的包装技术有八种类型。

（一）防潮包装

防潮包装指采用防潮材料来包装产品，以隔绝外部空气中水汽对货物的影响，使包装物内的湿度符合产品的要求。使用防潮包装，必须对产品在包装前进行清洁。防潮包装的主要手段是使用低透气性材料。不同包装材料其透气性不同，其中最透气的是纸产品，塑料膜第二，铝箔是最小的。防潮材料有着无针眼、无气泡且无破裂的特点。当产品具有棱角时，应该先采用衬垫手段，避免产品的棱角穿透防潮隔离层。防潮包装的密封处应该紧密结合，对包装内的水汽，可以采用干燥剂（如硅胶或氧化钙等）进行吸收。

（二）防锈包装

防锈包装是指为防止金属制品在物流过程中生锈而采取的各种包装。腐蚀是通过空气中的氧气、水蒸气及其他有害气体而产生的，分为金属化学腐蚀和电化学腐蚀。假如隔绝了金属表面与腐蚀介质接触，就能够起到防止金属腐蚀的目的。防锈包装的手段有：①在金属制品涂覆上防锈油，这要求油层具有厚度和完整性的特征。②选择使用气相防锈包装技术。气相缓蚀剂能够减缓或阻止腐蚀介质在金属中发生破坏。在密封的包装中，气相缓蚀剂可以快速地挥发或升华为抑制腐蚀的气体，同时附着在金属表面，从而抑制大气的侵蚀。③使用塑料薄膜来包封金属制品。④放置合适的干燥剂在容器内部，从而吸收包装物中的残留水分或从外部渗入的水蒸气。

（三）防霉包装

防霉包装是一种防止霉菌侵入损坏货物质量的包装技术。防霉包装不仅能够使用防潮包装隔离的手段，同时还可以运用下述几种手段。一是真空包装。首先把货物装入气密性容器，然后在密封之前将容器内部变成真空，从而隔绝霉菌生长所需的氧气。二是充气包装。充气包装也被称为气体置换包装。在封闭紧密的包装中，包装容器内的空气被诸如二氧化碳等惰性气体所取，氧气浓度下降，能够抑制微生物活动，进而达到防霉、防腐及保鲜的目的。三是脱氧包装。也就是说，在封闭紧密的包装容器中，脱氧剂与容器中的氧气发生反应，从而将容器中的氧气吸收，最终实现保护货物的目的。

（四）缓冲包装

缓冲包装也叫防震包装，有缓解货物的冲击和震动及防止货物受损的功能。缓冲包装技术可以分为全面缓冲包装、部分缓冲包装及悬浮式缓冲包装三种。全面缓冲包装覆盖在货物的整个表面上；部分缓冲包装是通过缓冲材料在关键部位进行缓冲包装；悬浮式缓冲包装用于对精密仪器和贵重物品的保护，内包装盒里适用软缓冲材料，内包装盒用弹簧悬挂在外包装盒内，使其悬浮。在双重保护中，能够确保货物安全。

（五）防虫包装

在包装中放入有毒和臭味的驱虫剂，可杀灭或驱除各种害虫。通常大家用的驱虫剂有二氯苯、樟脑精等。真空包装、充气包装等技术，因为吸收了包装容器内的氧气，同样能够起到防止虫害发生的作用。

（六）包装模数化

商品的外包装或容器的规格尺寸，要保证能够充分利用集装箱、托盘、车辆、保管设备和仓库空间，因此，外包装的模数化设计，即包装的规格尺寸与商品流通过程中相关设施设备的内廊尺寸应该构成可约倍数的关系。包装模数化有利于提高仓储运输的空间利用率和装卸搬运的效率。包装规格尺寸与作业空间内部尺寸相互之间的数值倍数关系，称为包装模数化，物流基础模数尺寸：600 mm×400 mm。

（七）集合包装

集合包装是指将若干货物组合包装在一起，形成一个运输及装卸搬运单元的包装技术，集装箱和托盘是实现集合包装的主要手段。

（八）危险品包装

危险品多种多样，可分为腐蚀性物品和爆炸性物品等。法律要求在危险货物运输包装表面必须贴有警示性的标签。不同类型的危险货物，其包装的重点也是不同。塑料桶包装是防止爆炸的有效方法，将塑料桶放置在铁桶或木箱中，安全阀门有自动排气口。当桶内达到一定压力时，能自动放气；腐蚀性物品则需要物品和包装容器材料不发生化学反应。

第二节 包装标准化与包装标识

一、包装标准化

（一）包装标准化概述

包装标准化是指对商品包装的类型、规格、容量，使用的包装材料，包装容器的结构造型、印刷标志及商品的盛放、衬垫、封装方式、名词术语、检测要求等加以统一规定，并贯彻实施的政策和技术措施。

包装标准化的主要内容是使商品包装适用、牢固、美观，达到定型化、规范化和系列化。对同类或同种商品包装，需执行"七个统一"，即统一材料、统一规格、统一容量、统一标志、统一结构、统一封装方法和统一捆扎方法。

（二）包装标准化的功能

包装标准化是实现现代化产品生产和流通的条件，也是提高包装质量，节约消耗和减少费用的重要措施。包装标准化的功能体现为以下五点。

（1）便于包装工业的发展。包装标准化是实现国民经济各领域生产高度统一、协调发展的重要途径。商品质量与包装设计和包装材料等息息相关。因为商品类型和形状多种多样，所以为确保货物质量和降低事故发生率，需要根据各方面的要求，设定行业准则和相互协调的标准。因此，形成包装标准化体系，不仅便于商品进行搬运装卸和储存，而且有助于各部门和生产单位相互结合，协调关系，共同推动包装工业的发展。

（2）便于提高生产效率，确保产品的安全性和可靠性。针对不同商品的特点，确定相匹配的标准。商品包装的尺寸、重量等都具有统一的标准，可以保护货物在运输过程中不受损坏，同时也为商品储存养护提供了良好条件，使商品质量得到保证。特别是运输危险品和有危险的商品时，由于包装具有更适宜、更稳妥及降低热量和冲击的特性，所以能够保证运输安全。

（3）便于资源的合理利用，节约材料消耗，减少费用。包装标准化能够让包装设计更科学合理，确定统一的包装模式和规格，能够节约原材料，降低包装费用。过去纸箱尺寸各异，质量更是不合格，自实施包装标准化以来，纸箱已简化为27种规格，半成品损失减少了5%。实行统一箱型后，可节约5%~20%的包装用纸。另外，包装容器的统一有利于包装物的合理排列，可大大提高仓库容量和运载量，减少流通费用。

（4）便于包装的回收利用，减少包装、运输、储存费用。统一商品包装标准，使工厂的包装容器能够互通互用，有助于就地组织回收利用，降低了空包装容器在区域间的回程运费，减少了包装储存费用。

（5）便于识别和计量。标准化包装不但对包装容器规格进行了精简，同时规定了包装的容量，规定标志与书写的位置，利于流通领域的员工识别和分类。此外，每箱或每个容器中产品的包装整齐、数量和重量相同，有利于商品计量。

（三）包装标准化的主要内容

（1）**包装材料标准化**。为保证材料质量和材料来源的稳定，要尽可能使用标准材料，并选择较少或不用非标准的材料。同时，要不断掌握新材料的发展，根据企业生产需要选择合适的新型材料。

纸张、塑料及金属等都属于包装材料。为了确保包装材料能够对抗流通过程中破坏商品的不同外力和其他条件，包装材料的强度和水分等技术指标均应达到标准。

（2）**包装容器标准化**。因为包装容器的外尺寸与运输车辆的内部尺寸有密切关系，同时还与包装商品的有效储存容量息息相关，所以，应该规定包装的外形和尺寸。并且内尺寸与包装外尺寸两者之间也存在相关性，需要对它们进行严格规定。包装容器的长与宽之比一般为3∶2，这样可以节约包装材料，而且便于搬运、堆码。

（3）**包装工艺标准化**。无论是包装箱还是包装桶等，都应该对装载商品的数量、适当的铺垫材料进行规定，防止包装箱或桶内存在过大的缝隙等。比如木箱必须确定包装钉的尺寸、邻近钉子距离的技术要求及包装钉不能在夹缝内等；纸箱需要注明密封方式及腰围的紧实度和牢固度等；布包需要对针距及绳索的松弛度等进行规定；并且对于回收利用的木箱、纸箱也需要确定标准。

（4）**装卸作业标准化**。在车站、港口等场所装卸时，需要确定装卸标准。机械化装卸能够通过货物包装的特征，选择合适的设备，类似集装袋、托盘。然而在工业、商业、交通运输部门进行交接货物时，则需要履行验收责任制，保证责任明确到个人。

（5）**集合包装的标准化**。集合包装不但被用于机械化装卸，而且还可以确保商品安全。近年来，集合包装发展迅速，我国也制定了相关的标准。

二、包装标识

包装标识是在包装件外部用文字、图形、数字制作的特定记号和说明事项。包装标识主要有运输标志、储运标志和警示性标志。

（1）运输标志。运输标志是指依据运输规定，由托运人在货件上制作表示货件与运单主要内容相一致的标记。它不仅方便识别货物，同时有助于运输、储存及检验等。其内容主要包括有效期限、收货地点和单位、发货单位、运输号码、发运件数等。运输包装标志具体如表4.1所示。

表4.1 运输包装标志

序号	项目 代号	项目 中文	项目 英文	含义
1	FL	商品分类图示标志	CLASSIFICATION MARKS	表明商品类别的特定符号
2	GH	供货号	CONTRACT NO.	供应该批货物的供货清单号码（出口商品用合同号码）
3	HH	货号	ART NO.	商品顺序编号，以便出入库，收发货登记和核定商品价格
4	PG	品名规格	SPECIFICATIONS	商品名称或代号，标明单一商品的规格、型号、尺寸、花色等
5	SL	数量	QUANTITY	包装容器内含商品的数量
6	ZL	重量（毛重）（净重）	GBOSS WT / NET WT	包装件的重量，包括毛重和净重
7	CQ	生产日期	DATE OF PRODUCTION	产品生产的年、月、日
8	CC	生产工厂	MANUFACTURER	生产该产品的工厂名称
9	TJ	体积	VOLUME	包装件的外件尺寸长×宽×高=体积
10	XQ	有效期限	TERM OF VALIDITY	商品有效期至×年×月×日
11	SH	收货地址和单位	PLACE OF DESTINATION AND CONSIGNEE	货物到达站、港和某单位（人）收
12	FH	发货单位	CONSIGNOR	发货单位（人）
13	YH	运输号码	SHIPPING NO.	运输单号码
14	JS	发运件数	SHIPPING PIECES	发运的件数
说明	①必须有分类标志，同时其他选项应该有合理的选择 ②按照国外客户的要求，出口商品要以中外文对照、印有相应的标志和附加的标志 ③国内销售的商品包装上不填英文项目			

（2）储运标志。包装储运标志又称指示标志。根据商品的性能、特点，用简单醒目的

图案和文字对一些容易残损、变质的商品,在包装的一定位置上做出指示性标志,以便在装卸搬运和储存保管时适当注意,比如"小心轻放""由此吊起""禁止翻滚""重心点""远离发射源及热源"等。2000 年,国家标准局参照国际标准 ISO 780—1997《包装——搬运图示标志》,制定了中国《包装储运图示标志》(GB/T191—2000),并于 2008 年发布《包装储运图示标志》(GB/T191—2008)代替此文件。该标准对包装储运图示标志的名称、图形等进行了规定,被广泛应用在各式各样货物的运输包装上。包装储运图示标志如图 4.1 所示。

图 4.1 包装储运图示标志

（3）警示性标志。警示性标志也叫危险品标志,它是在易燃易爆品、腐蚀性物品等运输包装上注明其危险性质的文字或图形说明。警示性标志不仅包括爆炸品（其中标有"1.4"的爆炸品表示不产生重大危害的爆炸品）和易燃气体,也包括不燃压缩气体及有毒气体等。联合国危险货物运输标志如图 4.2 所示。

图 4.2 联合国危险货物运输标志

（4）国际海运标志。联合国政府海事协商组织对国际海运货物规定了国际通用装卸货批示标志，如图4.3所示；以及国际海运危险品标志，如图4.4所示。我国出口商品包装可同时使用两套标准。

图4.3　国际海运指示标志

图4.4　国际海运危险品标志

第三节　包装合理化

一、包装合理化的含义

包装合理化一方面包括包装总体的合理化，一般能够通过整体物流效益和微观包装效益的统一来衡量；另一方面也包括对包装材料、技术及方式的合理组合及运用。

二、包装不合理的表现

（一）包装不足

包装不足主要包括以下几点：①包装强度不足，使得包装保护力度不够，容易导致被包装物品的损坏；②包装材料不足，不能发挥运输防护和促销的功能；③包装容器的层次及容积不足，由于缺乏必要的层次和所需容积，容易造成严重的亏损。

（二）过度包装

过度包装主要包括以下几点：①包装材料强度过高，包装方式大于强度要求，使得包装过于防护；②包装材料选择不当，例如能够选择纸板，但是选择镀锌、镀锡材料等；③包装技术太高，包装层太多，从而增大了包装体积；④包装成本过高，可能造成包装成本在很大程度上超过了降低损失可能带来的效益；并且，商品费用中高比例的包装费用，损害了消费者的利益。

（三）包装污染

包装污染主要体现在两个方面：①包装材料中大量使用的纸箱、木箱、塑料容器等会消耗大量自然资源；②一次性、豪华性或不可降解的包装材料会严重污染环境。

三、包装合理化的途径

（一）包装尺寸标准化

包装尺寸与物流设备密切相关，如托盘、集装箱等。只有它们相互匹配，才能实现整个物流过程合理化和效率化。因此，有必要根据系统的观点规定包装的标准尺寸，从而促进实现包装尺寸的标准化。

（二）包装作业机械化

包装作业机械化不仅使包装作业的效率提高，减少了手工包装作业的强度，而且是实现劳动力节约的基础。包装作业机械化应该从逐个包装机械化开始，然后到装箱、封口及捆扎等包装作业结束。

（三）包装轻薄化

因为包装仅仅是保护性的，不具备产品使用价值，所以在同等的强度、寿命及费用下，使用更轻、更薄、更小的包装有助于提高装卸搬运的效率，同时轻薄、短小的包装更便宜，还有利于节约资源。

（四）包装大型化

由于交易单位的大型化及物流过程中装卸搬运的机械化，包装的大型化趋势随之提高。如出售大批量的日用杂货或食品商店由于销售量大，就必须采用托盘包装、集合包装。而且包装单位大型化可以节省劳动力，减少包装成本。

（五）包装绿色化

绿色包装是指无污染或少污染的符合环保要求的各类包装物品，主要包括纸包装、可降解塑料包装、生物包装和可食性包装等，它们是包装业的发展主流。随着人们对资源有限性的认识加深，包装材料的回收利用逐渐受到重视。绿色包装是包装业的发展主流，今后应大力推行包装容器的循环使用。

案例1

可口可乐的包装策略

1898年，可口可乐斥巨资购买下一个玻璃瓶包装专利，使它成为可口可乐的独特形象。2003年2月18日，可口可乐宣布启用全新的商标形象，取代自1979年重返中国市场后使用了长达24年的中文标准字体；4月，其麾下旗舰品牌雪碧原有的标志"水纹"设计被新的"S"形的气泡流图案所取代；其后芬达推出全新瓶型，又演绎了一场精彩的"橙味风暴"。

品牌一向被可口可乐视为最重要的资产，而包装策略则是品牌最外在的表现。可口可乐的品质百年不变，但几乎每隔几年就会对自身的品牌形象进行一次细节上的调整和更换，以适应不断变化的市场。可口可乐认为一个有效的包装策略应该兼顾独创性，并以满足消费者的需求为导向。纵观可口可乐的包装策略，基本上可分为以下几类。

一、多种材质、多种容量策略

为了更好地满足消费者在不同情境（如家庭饮用、个体饮用）下的饮用需求，可口可乐把其系列产品按包装材质划分为：PET（塑料瓶）、RB（玻璃瓶）、CAN（易拉罐）、POM（现调杯）等类型；并按容量分为355 mL、600 mL、1.25 L、1.5 L、2 L、2.25 L等，以便更加灵活、主动地来迎合消费者的购买需求，保持顾客的满意度及认可度。比如，PET600 mL的包装特点是便于携带，适合消费者在多种场所饮用；PET1.5 L的包装容量大，适合家庭饮用等等。

二、分渠道策略

消费者在不同的销售点，其购买饮料的心理和饮用习惯是不同的。所以可口可乐根据不同分销渠道的特点和消费者在该类销售点的购买特征，确定了特定渠道的包装策略。可口可乐针对不同的渠道状况，把产品分成三种包装类别。

（1）必备包装：是指在战略上该渠道必不可少的包装。比如：在超市渠道，必备包装就包括PET600 mL、PET1.25 L、PET1.5 L、PET2 L、PET2.25 L、CAN355 mL；品牌则包括可口可乐、雪碧、芬达、醒目、酷儿、健怡等。

（2）应备包装：在实现了必备包装的销售点出现的其他包装形式，称为应备包装。同样以超市渠道为例，在实现了必备包装的基础上，就要努力为CAN多支包装、PET1.5L多支包装、PET2L多支包装等应备包装争取一定数量的铺货和陈列空间。

（3）辅助包装：只要消费者有需求，并且销售点有条件陈列的包装都属于辅助包装，例如POM。

三、结合广告或公关事件

可口可乐常常会通过改变包装形象来配合自身的广告或公关活动，从而使品牌传播效果达到最优化。

1. 可口可乐"仕女身型"玻璃瓶包装设计

在自然中,曲线的数量要远远大于直线,曲线相比于直线更趋近自然,瓶身有一种自然美,而且从功能上来说也远优于直线。曲线瓶身设计更为称手,而且从美学上来讲,曲线设计更为精致玲珑。可口可乐还在"仕女身型"的基础上增加了若干"小坑",这就让湿手情况下的消费者不会有"手滑"的顾虑。如此新颖、贴心的设计,在很多细微小处都考虑周到,在满足外观包装美观新颖的基础上,加入了为消费者着想的人性化设计,是个性化包装中十分成功的营销案例。可口可乐公司在经典瓶身设计的基础上,不忘与时俱进。包装的外观设计已经成为传世经典,包装的材料紧跟着时代步伐。从最初经典的玻璃瓶,到后来风靡全球的塑料瓶,再到现如今绿色环保的可降解PET瓶身。"传承经典,开拓创新",是可口可乐瓶身设计的真实写照,每个细节都体现出可口可乐公司成功的营销哲学。

2. 私人订制的创新营销策略

可口可乐个性化包装设计的"私人订制"到现在还有巨大的影响力,由于突出"个性瓶"包装,在国内饮料行业总体下滑的大环境中,可口可乐也取得了不错的销售业绩。"个性瓶"方案也分为国内版和国外版,此个性化包装方案做到了"对症下药"。由于国外更注重个人发展和个人尊重,"个性瓶"方案在国外将最常见的150个名字印在了可乐瓶罐上,并量身定做了150首可乐歌,在国外张扬个性和突出表现自我的大环境中取得了不错的业绩。通过市场调查发现,可乐的消费者呈现低龄化的趋势,可口可乐在国内推出的新包装充分显示了某个特定群体的特点,有90后、00后年轻一代所钟爱的网络语言"昵称瓶",也有80后一代熟悉的回忆"歌词瓶",也考虑到70后及其他热衷于电视剧、电影的人群喜欢的"台词瓶"。昵称瓶可以由消费者选择喜欢的、适合自己的产品,歌词瓶也有适合表白、分手等特定场合的产品。从针对不同消费者群体到针对不同场合,可口可乐的个性化包装团队可以说是费尽心思,同时也取得了较好的营销效果。消费者甚至可以通过微博等平台提出"私人订制"的要求。从2013年开始至今,每年推出一款新的个性化包装主题似乎已经成为可口可乐公司习惯化的营销手段,而每年推出的包装主题都切合当年的时事热点,在消费者心中留下深刻印象,"个性瓶"方案在国内推出了2013年印有"喵星人、高富帅"等的"昵称瓶",2014年又启动"歌词瓶"战役,周杰伦、梁静茹、五月天等一线歌星的成名曲歌词登上包装,甚至又在2015年启动"台词瓶",这次换上包装纸上的变为"咱们结婚吧""万万没想到"等一大批电视红剧的经典台词。这三年可口可乐的包装使其在饮料市场独具一格,这样的品牌宣传也让可口可乐公司又"火"了一把。可口可乐的创意来自澳洲"姓名瓶"和网络社交平台,可以看出可口可乐公司能够紧密地将产品与市场趋势相结合,做到与时俱进、产品的不断创新和本土化营销。

3. 公益营销策略

2012年可口可乐推出的白色罐装和北极熊广告无疑给消费者留下了深刻的印象,消费者在享受广告中小北极熊带来的快乐的同时,也了解到了保护北极熊的公益项目。如果一个企业要长久,要成为一个真正在各地扎根、融入当地的企业,就不能将眼光拘泥于一个关系网内,看到的只是与自身利益关联的社会领域,而是高度关注企业的社会责任,为企业和社会创造共享价值,而且将自己视为所在社会的肌理,从内心真正认识到企业与整个社会共存、共赢的道理。可口可乐一直将公益作为企业战略重点,长期与红十字会、国际联合会、联合国环境保护和开发计划署等部门及世界自然基金会等众多国际公益组织合作，公司公益项目也涉及环境保护、社会救助、赈灾救灾等各个方面，不过与其他企业公益项目不同，可口可乐公益项目的一大特点就是将公益宣传与产品包装相结合，由此推出了多款公益项目包装。这一举措不仅让可口可乐公司实现企业的社会价值，呼吁了更多人参与公益项目，同时也为企业树立起"认真、积极、负责"的企业形象，拉动企业的产品销售。可口可乐公司一个个公益活动贯穿了整个营销环节，产生1+1>2的效果，形成了一个整体系统的工程。

案例讨论：
1. 可口可乐的包装策略有哪几类？
2. 可口可乐如何通过包装来达到品牌宣传的最优效果？

分析思路

案例2

Fruit Tree 公司的包装

Fruit Tree 公司是一家生产各类果汁的企业，随着零售点数目和类型的增加，果汁市场迅速地成长起来，Fruit Tree 公司所关注的最主要问题是如何保证果汁的鲜度。因此，有些产品要么是通过冰冻制造，要么通过浓缩制造，对于 Fruit Tree 公司来讲，气候在决定公司能否生产出某一产品中起着很重要的作用。

10年前，Fruit Tree 公司的产品线是瓶装果汁和罐装水果的独立包装，所有的标签都是相同的，并且只有两种标准容器，即瓶和罐。如果你需要苹果汁、梨罐头等，Fruit Tree 公司将会给你提供独立的产品。

然而，在过去10年中发生了许多变化，对果汁产品的要求也越来越多元化，这些多元化要求包括以下几点。

(1) 世界各地的顾客需要不同的品牌。
(2) 顾客不再完全是英语语种的消费者，因此，需要有新的品牌和标签。
(3) 顾客的消费习惯要求容器大小能有一个可变的空间。
(4) 顾客的包装需要从独立的包装变为24罐的不同包装。
(5) 顾客对个性化品牌包装需求呈上升趋势。
(6) 大量商品不再接受标准化的托盘式装卸，而要求被重新托盘化。

在这种趋势下，公司的库存和销售出现了一些问题。单一的包装形式很难适应多元化的市场需要，从而出现了有些产品库存过多、而同类的其他产品却缺货的情况。因此，公司需要寻求另一种方法来解决问题。

于是，Fruit Tree 公司认识到，传统的生产、装箱、包装、打包、集合及运送入库的方法并不有效，问题的解决方式是重新设计仓库的责任。公司重新制订包装战略，将生产环节设计成为生产产品并将之放于未包装的罐或瓶上，这种产品被称为"裸装产品"。这种"裸装产品"与相关的各种瓶和罐一起被送入仓库，仓库成为一个托盘化"裸装产品"与瓶和罐的半成品储存地。当顾客向 Fruit Tree 公司提交每月的购买意向后，直到货物装车前两天，公司才会确认订单，并立即将订单安排到仓库的四条包装线的一条上，完成最后的包装和发运工作。为了保证包装生产线的利用率，当生产线有闲余时，将生产需求量大的产品，并将其入库以备后用。

  Fruit Tree 公司通过将包装业务后置到仓储过程中完成，有效地解决了库存不均匀和生产预测的复杂问题。该公司仓库改建包装流水线的总投资约 700 万美元，另外，增加了 6 名包装操作员来充实包装线及安排已完工的托盘，但是，库存的减少和运输成本的减少带来了 26% 的额外税后利润率。更重要的是，随着顾客服务的改进和对市场需求反应能力的提高，曾认为无法实现的要求现在已能顺利完成。

案例讨论：
1. Fruit Tree 公司为什么要将包装业务后置于仓储过程中去完成？
2. 通过案例，分析包装的功能有哪些？

第五章

装卸搬运管理

> **本章教学目标**
> 1. 熟悉装卸搬运的概念和特点。
> 2. 掌握装卸搬运合理化的原则。
> 3. 熟悉装卸搬运的分类和方法。
> 4. 了解装卸搬运机械的种类及合理选择装卸搬运设备。

装卸搬运作业是物流活动系统中最常见的作业之一,它存在于物流活动的各个方面,隶属衔接性的物流活动,是物流各职能之间形成联系的关键。所以,进行合理有效的装卸搬运作业,对减少物流费用、促进物流活动的顺利进行具有重要意义。在实际操作中,装卸与搬运密切相关。

第一节 装卸搬运概述

一、装卸搬运的含义

装卸是指物品在指定地点以人力或机械载入(或卸下)运输设备;而搬运是指在同一场所内,对物品进行以水平移动为主的物流作业。装卸是货物的装载与卸载,改变了物品的状态或位置;搬运是物品的小位移,使货物的空间距离发生改变;两者经常相伴并交替操作。在特定场合,称为"装卸"或"搬运"。

二、装卸搬运的分类

1. 根据装卸搬运对象与物流设施划分

(1) 仓储装卸。配合出库、入库及维护等活动,仓储装卸的主要作业是堆垛、上架、拣选等。

（2）铁路装卸。铁路装卸是指在铁路车站进行的装卸搬运作业，包括汽车在铁路货物和站旁的装卸作业，铁路仓库和理货场的堆码拆取、分拣、配货、中转作业，铁路车辆在货场及站台的装卸作业，装卸时进行的坚固作业，以及清扫车辆、揭盖篷布、移动车辆、检斤计量等辅助作业。一般以整装整卸为主，整装零卸或零装整卸的情况在铁路装卸中比较罕见。

（3）港口装卸。港口装卸是指在港口前方货物装船，以及在港口后方进行支持性装卸。一些港口还利用小船在码头和大型船舶之间"过驳"，所以装卸过程更复杂，有时需要通过几次装卸搬运将货物从船舶转移到陆地。

（4）汽车装卸。汽车具有灵活性，可以减少或者消除搬运活动，而直接利用装卸作业达到车与其他物流设备之间货物过渡的目的。

2. 根据装卸搬运的作业方式划分

（1）吊上吊下方式。利用起重机械吊起货物，依靠起吊装置的垂直移动完成装卸。然后在吊车行动范围内完成搬运，或依靠搬运车辆进行小范围搬运。由于吊上或吊下是垂直运动，这种装卸方式属于垂直装卸。

（2）叉上叉下方式。叉车从底部抬起货物，通过叉车的移动来实现货物的位移，将货物放置在目的地完成搬运。由于这种方法依赖于水平运动，所以属于水平装卸。

（3）滚上滚下方式。它主要是指港口装卸中的水平装卸方法。通过叉车、半挂车或汽车运输货物，与车辆一同上船，抵达目的地后下船。首先用拖车将半挂车或平车拖到船上，拖车下船然后船将运载车辆和货物送到目的地，最后由拖车上船将半挂车和平板车从船上拖走。由于需要专门的船舶滚转，所以对码头也有一定的要求，这就是所谓的滚装船。

在铁路运输领域也可使用滚装法。由货车或集装箱直接开上火车行驶的车厢，当抵达目的地时，再从车皮上开下，此时也称为"驮背运输"。

（4）移上移下方式。将两辆车连接起来，货物通过水平运动从一辆车推移到另一辆车。因为移上移下方式要求两辆车水平连接，所以需要对站台或车辆货台进行改造，将其与移动工具结合才能实现这种装卸。

（5）散装散卸方式。散装货物装卸时，通常是从装载点直接到卸货点，中途不着陆，这是集装卸与搬运于一体的装卸方式。

3. 根据装卸搬运对象分类

根据装卸搬运的对象，通常划分为单件装卸、散装装卸及集中装卸等。

4. 根据装卸搬运的作业特征分类

（1）连续装卸。同类型大量的散装或小型件杂货被传送带持续传送，作业过程中间不停顿，散货之间无间隔，小型件杂货之间的间隔也基本一致。该方法适用于装卸量较大、装卸对象固定、物品对象不易形成大包装的情况。

（2）间歇装卸。不仅有很强的机动性，而且装卸地点也可以发生大范围改变。该方法适用于物流不固定的各种货物，尤其是包装货物和大件货物。当然，也同样适用于散装货物。

三、装卸搬运的作用

首先，它是连接生产阶段与流通各环节之间相互转换的桥梁。 装卸搬运的合理化有利于缩短生产周期、加快物流速度，同时也可以降低物流成本。

其次，装卸搬运是生产和流通等环节实施的条件。 装卸搬运作业的质量对生产和流通有很大影响。假如装卸搬运作业不到位，生产过程就不能如期进行，或使流通过程不顺利。所以，它具有保障和服务的重要作用。

最后，它是物流过程中的重要环节之一。 它控制着其他活动，是加快物流发展的关键。装卸搬运将物流过程中的许多环节联系起来。从整个过程看，装卸搬运占有很大比例，制约了物流过程各个环节的活动。同时，装卸搬运作业也是导致货物损坏的重要原因之一。因此，改进装卸搬运作业，不仅有利于加速车船周转，发挥港口、站台的作用，同时还可以减少物流成本，提升物流服务质量及发挥物流系统整体功能。

第二节　装卸搬运作业组织

一、装卸搬运作业的基本要求

通过以下几点可以有效地提高装卸搬运质量和效率。

（1）减少不必要的装卸环节。装卸搬运作业不但不能增加货物的价值和使用价值，而且还增加了货物损坏的可能性及相应的物流费用。通过系统分析物流过程中所有装卸环节，取消和合并不必要作业，从而防止实施重复、无效的装卸作业，可以减少许多不必要的环节。

（2）提高装卸搬运作业的连续性。必需的装卸搬运作业应该根据流水作业原则进行，保证作业程序紧密结合，必须进行的换装作业也应尽可能采用直接换装方式。

（3）相对集中装卸位置。相对集中的装卸位置能够增加装卸工作量，有利于机械化作业。应集中进行同种类型货物的作业，这样有助于进行机械化和自动化方式的作业。

（4）规范化装卸搬运设备、工艺等。为了促进物流各方面的协调，各工序的设备、设施和效率在各个阶段的装卸作业都要与组织管理相协调。装卸搬运作业机械化和自动化的基本前提是工艺、设备或包装、搬运工具等作业的标准化、系列化和通用化。

（5）提高货物集装化或散装化水平。提高操作效率的重要方向是成件货物集装化和粉粒状货物散装化。因此，有必要先将成件货物装配到托盘系列和集装箱等货物单元，然后再进行装卸作业。粉粒状货物也应使用散装化作业，直接装载到专门的车辆、船舶和仓库中。即使是不适合批量化的粉粒状货物也能够放置到专用托盘箱和集装箱中，从而使货物的活性指数得到提高，利于机械设备的装卸操作。

（6）做好装卸搬运现场组织工作。合理地对装卸搬运场地、进出口通道及人机配置等进行布局和设计，充分发挥或挖掘出现有的和潜在的装卸搬运能力。减少组织管理不当造成的拥堵、混乱，使得作业工作安全又顺利地展开。

二、装卸搬运机械的选择

为了保证装卸搬运的效率和经济性，应特别重视挑选装卸搬运机械的设置和主要装卸装备。装卸搬运作业机械的选择主要有以下几个原则。

（1）按照作业性质和作业场合选择。应先确定作业是单纯的装卸、搬运还是既有装卸又有搬运，以便选择恰当的装卸机械。如果是以搬运为主，则采用输送带等设备；若以装卸为主，则可选择吊车；装卸和搬运均存在的作业场所则可选择叉车等设备。

另外，根据物流作业场合的具体情况，可根据需要选择合适的装卸搬运机械类型。例如，具有专用铁路线的火车站、码头、仓库等，可以使用门式起重机；在库房内可以使用桥式起重机。

（2）按照作业运动形式选择。不同的装卸搬运作业运动形式，要配置不同的机械设备。水平运动能够利用卡车、牵引机和小推车等机械，而垂直运动可以使用提升机、起重机等。

（3）按照作业量选择。机械设备具有的作业能力应该和装卸搬运作业量相适应，当作业量大时，应采用大型专用机械设备；在操作量小时，应配置结构简单、成本低、可保持一定的生产能力的中小型通用机械设备。

（4）按照货物的类型和性质进行选择。不同物理和化学性质的商品，其外观和包装不尽相同，可能存在大小、轻重之分，可能存在固体、液体之分，也可能存在散装、成件之分，因此，对装卸搬运设备的要求各不相同。

（5）按照搬运的移动距离进行选择。例如，火车、轮船等运输设备可以用于长途搬运；叉车、跨运车、连续运输机等能够在短距离内使用。为了提高机械利用率，必须结合设备种类的特点，将行车、货运、装卸、搬运等作业紧密配合。

三、装卸搬运机械数量的确定

确定货物装卸搬运机械设备的数量是制订货物装卸搬运计划的一个重要方面。装卸搬运机械的数量主要由以下几点决定。

（1）作业量。装卸作业量越大，需要的机械设备就越多。同时，因为包装状态、操作环节和装卸时间的不同，货物的操作量也就各不相同。所以，在决定装卸机械设备的数量时，应该对货物的实际操作量进行全面考虑。

（2）设备种类、性能。在一定的作业量下，装卸搬运设备的类型、性能直接影响所需设备的数量。在挑选装卸搬运设备的时候，应尽量选用作业效率高、适应性强且安全可靠的机械设备。

（3）作业均衡性。货物装卸搬运大都是多环节、多机联合作业，为了维持作业的连续性和平衡性，应根据每个环节的作业内容和特点对各环节的机械设备数量进行配备，以保持均衡。

（4）作业时间。在作业量一定的情况下，作业时间随着机械设备增加而缩短，因而要合理确定作业时间。

（5）作业条件。在确定装卸搬运机械的数量时，要充分考虑作业面的大小，避免机械设备作业时相互干扰。此外，地形条件、道路情况和机械设备的运行速度相关。确定机械设备作业能力，必须全面考虑操作条件，确保机械设备运行速度合理，并且安全、经济地运行。

四、装卸搬运合理化途径

物流中，装卸搬运合理化主要是装卸搬运方式合理化、装卸搬运机械设备的选择和合理配置与使用，以及装卸搬运作业本身的合理化，尽可能减少装卸搬运次数，以节约物流费用，获得较好的经济效益。

1. 避免和消除无效工作

无效操作是指在装卸作业活动中超出必要的装卸、搬运量的作业（即消耗于有用货物的必要装卸劳动之外的多余装卸搬运活动）。预防和消除无效工作对提高装卸操作的经济效益有着重要作用。通过以下几点，能够有效地预防和消除无效工作。

（1）尽力降低装卸搬运的频次。在物流过程中，装卸是发生货物损坏的关键原因，这是因为装卸过程中操作的次数越多，事故和货物破坏的程度就越高，成本也越高。所以，应该先考虑尽可能不进行装卸或者降低装卸和搬运的数量。另外，装卸减缓整个物流速度，是造成物流速度降低的重要因素。能够对装卸搬运产生影响的因素包括以下两点。

①物流装备：不仅厂房、库房等建筑类型会对装卸次数产生直接影响，建筑物的构造特征和建筑参数也会直接影响装卸次数。应使各种尺寸与装卸机械相适应，装卸运输设备自由进出，直接在车间或库房内进行装卸，以减少二次搬运。同时，物流设备的种类和匹配也会影响装卸次数，比如叉车结合托盘一起使用，会减少进出车间的装卸次数。

②装卸作业的组织与调度：在一定的物流装备下，装卸作业的主要影响因素是组织和调度水平。比如在联合运输中，让货物在不着陆的情况下完成运输方式和工具的转移。在物流据点方面，主要任务是组织一次性作业，这样货物既不会有任何间隔，也不会着陆。

（2）提高被装卸物的纯度。材料的纯度是指物料中含有水分、杂质与物料本身使用无关的物质的多少。材料纯度越高，进行的有效装卸操作程度越高；相反，无效工作随之增加。当反复装卸时，实际无效材料反复消耗劳动，会导致装卸无效。

（3）包装要适当。包装是物流中必备的辅助方法。在不同程度上，包装的轻型化、简单化和实用化都会降低包装中的无效劳动。

2. 省力化

所谓省力就是节省动力和人力。第一，合理化装卸受装卸过程中的重力影响，根据货物的重量和落差原理装卸，利用降低或不耗用装卸动力的工具，比如滑槽、滑板等，从高处自动滑到低处，这就无须消耗动力；多采用斜坡式，减少从下往上的搬运，以减轻负重等。第二，要尽可能消除或弱化重力的影响，从而确保体力耗损和其他劳动耗用是合理的，比如水平装卸搬运时，仓库操作台与货车车厢在同一高度，然后手推车能够无阻碍地进出，这样可以有效地消除重力，从而实现合理化。第三，如果人力可以与简单的设备结合而不需要走动，就可以在很大程度上减少劳动量，实现合理化；此外，如果有效地使用专业的装卸设备，那么就可以实现规模化的装卸，达到充分发挥机械最优效率的目的，从而降低单位装卸成本。第四，使用现代化的装卸搬运作业方式，比如集装化装卸、多式联运、集装箱化运输等。

总而言之，做到能够向下就不向上和能够选择直行就不转弯的同时，还应该做到能够使用机械就不用人力、能够水平移动就不进行上斜、能够自动滑动就不用摩擦、能够集装就不要分散。

3. 提高装卸搬运活性

活性指的是从物的静止状态转变为装卸运输状态的难易程度。假如便于进行下一步装卸作业，活性就高；反之，难以进行下一步装卸作业，活性就低，比如随意分散状态与搁置在托盘上之间的差异等。类似360°转动的吊车等都是装卸机械灵活化的例子。

基于物料的状态，换句话说是装卸搬运物料的难度和简单性，可分为0~4共5个等级，就是"活性指数"。装卸搬运活性指数如表5.1所示。

表5.1 装卸搬运活性指数

放置状态	需要进行的作业				活性指数
	整理	架箱	提起	托运	
杂乱散放地上	需要	需要	需要	需要	0
装箱或简单捆扎	0	需要	需要	需要	1
集装化	0	0	需要	需要	2
处于随时起运	0	0	0	需要	3
已经被启动、可直接作业	0	0	0	0	4

（1）0级。物料杂乱地堆在地面上的状态。因为在下一次装卸时需要包装或捆扎，或是一个个操作处理，所以不可以马上进行装卸，此时的效率非常低。

（2）1级。物料装箱或经捆扎后的状态。在接下来的装卸中，整个货物可以直接操作，活性得到了提高，但需要进行支起、穿绳、垫叉等操作，不可以进行快速的装卸搬运，此时活性还是不高。

（3）2级。将枕木或其他垫物放在箱子或捆扎材料下面，利于叉车或其他机械进行操作，装卸机可以立刻起吊或入叉，活性有所提高。

（4）3级。放于台车上或起重机吊钩把物料钩住，可以随时将车、货拖走。货物处于一种即刻移动的状态，此时活性更高。

（5）4级。装卸搬运的物料处于启动或能够直接操作的状态，可以即刻进入运动状态而不用事先做任何准备，活性最高。

理论上，活性指数越高越有利，然而也需要对实施的可能性进行充分考虑。例如，在储存阶段，在一般仓库中很少使用活性指数为4和3的输送带，因为在输送带和车辆上不能够存储大量材料。

一般采用平均活性指数去解释和分析物料搬运的灵活性。平均活性指数是指装卸搬运作业中各过程停滞部分（即活性指数0~3）的指数平均值。基于平均活性指数，可以对装卸搬运作业的改良环节进行基本预测。这个方法是对某一物流过程物料所具备的活性情况累加后计算其平均值（δ），δ值是决定搬运发生变化的信号。

$\delta<0.5$，表明搬运系统的一半以上的活性指数是0，也就是大部分是散装的，可以利用储存料箱、推车等存放物料进行改进。

$0.5<\delta<1.3$，说明大部分物料为集装状态，可以利用叉车和动力搬运车改进。

$1.3<\delta<2.3$，说明搬运系统的活性指数多数是2，可以使用单元化物料的连续装卸和搬运。

$\delta>2.3$，表明大部分物料的活性指数是3，能够通过拖车和机车车头拖挂来进行搬运。

4. 装卸搬运顺畅化

货物装卸搬运的顺利进行是确保作业安全、操作效率提高的重要环节。顺畅化是指在工作场所没有阻碍、作业不间断、作业通道顺畅,如仓库中的叉车操作需要一定的安全操作空间,使得拐弯、倒退等不受限制;利用手推车搬运货物时,地面不可以有凹陷,也不能有电线、工具等杂物阻碍手推车作业。在机械化和自动化作业的过程中,保持电路通畅、保障线路安全、防止作业事故等,都是保证装卸搬运操作顺畅和安全运行的因素。

要想装卸搬运作业顺利进行,就应该做到:①合理对作业现场和装卸搬运机械连接;②在结合不同的装卸搬运作业时,要使装卸搬运速度相同或相互接近;③合理利用装卸搬运调度人员,如果作业停止或遇到阻碍,应该马上进行补救。

5. 实现装卸搬运的短距化

在物料装卸搬运中,需要完成水平和垂直位移,最短路径规划可以防止最短路径以外的无效作业。短距离就是完成装卸搬运作业的最短距离,以生产线的操作为例,每个过程在传送带上连接,根据传送带的自动操作,各工序的操作人员可以实现移动距离的最短操作,从而节约了很多的时间,降低了人体能量的耗用,大大加快了操作效率。转动式吊车和挖掘机也属于短距离装卸机械。短距化也广泛地出现在人们的生活中,比如转盘餐桌,转盘上放着各种美味的食物,人们不需要站起来拿到食物。缩短装卸搬运距离既省力又省能,而且能够使操作更加快速高效。

6. 推广组合化装卸搬运

组合化装卸搬运也称单元化或成组化装卸搬运,是一种提高有效装卸搬运效率的方法。组合化装卸搬运的优势是多方面的:①不仅装卸单位大、操作效率高,同时减少了大量的装卸操作时间;②可以使物料装卸搬运的灵活性增强;③有利于规范相同的作业单元;④不用手触摸各种物料,能够起到保护物料的作用。

7. 提高装卸搬运作业的机械化水平

生产力的不断发展可以提高装卸搬运的机械化水平。同时,装卸搬运的机械化可以使工人摆脱繁重的体力劳动,特别是危险品的装卸操作。机械化不但可以确保人和货物的安全,而且使得装卸搬运作业效率得到提高。

8. 合理规划装卸搬运操作流程

装卸搬运操作流程是指对整个装卸作业的连续性进行合理的安排,以减少运距和装卸次数。装卸搬运作业现场的平面布置是直接关系到装卸、搬运距离的关键因素,装卸搬运机械还应该与货场的长度、货位面积等相协调。集货场所必须满足装卸机械的要求,现场的道路布置应为货物装卸提供更好的条件,提高货物空间的周转率,使装卸搬运距离达到最小。平面布置是减少装卸搬运距离的最理想的方法。

第三节 装卸搬运技术

装卸搬运技术是现代化装卸搬运操作的标志之一。装卸搬运技术的发展在很大程度上降低了劳动强度,使得物流运作效率和服务质量得到双重提高,同时也减少了物流费用,在物流运作中发挥了极大作用。

一、起重技术

起重技术用来垂直升降货物或兼作货物的水平移动,以满足货物的装卸、转载等作业要

求。大部分起重机械在提升材料后，都会有垂直或水平的作业路程。在抵达目的地后，卸下货物，然后空车回到取料位置，这样就完成了一个作业循环。接下来再进行第二次吊运。起重技术是土木工程建设中的重要施工技术，包括建筑工程、设备安装工程等，它与安全、质量、进程和工程造价有着直接的关系。起重机可分为轻小型起重机、桥式类起重机、臂架式起重机、堆垛起重机，后3类起重机如图5.1、图5.2、图5.3所示。

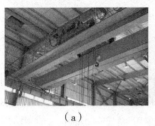  

(a) (b) (c)

图5.1　桥式类起重机

(a) 梁式起重机；(b) 龙门起重机；(c) 装卸桥式起重机

(a) (b) (c)

图5.2　臂架式起重机

(a) 轮胎式起重机；(b) 塔式起重机；(c) 浮式起重机

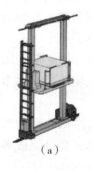  

(a) (b) (c)

图5.3　堆垛起架机

(a) 有轨堆垛机；(b) 无轨堆垛机；(c) 巷道堆垛机

(1) 轻小型起重机。轻小型起重机一般只作升降运动或一个直线方向移动。轻小型起重设备主要有重滑车、吊具和千斤顶等。这些设备大多数体积小、重量轻、使用方便。除电动葫芦和绞车之外，大部分是由人力启动，适用于工作量不大的场所。它能够独立使用，也能用作起重机的提升机构。有些轻小型起重设备的起重能力很大，如液压千斤顶的起重量达750吨。

(2) 桥式类起重机。桥式类起重机通常利用一个横跨空间的横梁或桥架支撑起升机构、小车运行机构和大车运行机构，完成起重作业。它的特点是依靠这些机构的协调工作，可使挂在吊钩或其他取物装置上的重物在一定的空间内升降和搬运。桥式起重机、梁式起重机、龙门起重机、装卸桥式起重机、冶金桥式起重机、缆索起重机等都属于桥式类起重机。

(3) 臂架式起重机。其特征与桥式类起重机基本相同。臂架式起重机包括起升机构、变幅机构、旋转机构等。通过这些机构的协调作用，可以在一定的圆柱形空间中升降和运输货物。其主要安装在车辆或其他运输工具上，它包括臂架式旋转起重机，类似汽车式起重机等。

(4) 堆垛起重机。堆垛起重机是一种专用的起重机，主要在自动化仓库或高层堆场的高货架上进行取送、堆垛、分拣等操作。

二、连续输送技术

连续输送机械是一种可以将物资在一定的输送线路上，从装载起点到卸载终点以恒定的或变化的速度进行输送，形成连续或脉动物流的机械。它的主要优点是可以在持续运输大量货物的同时，保持较低的搬运费用，时间准确且货物流动速度稳定。因此，它也被广泛应用于现代物流系统中。连续输送机械是机械化、连续化和自动化的生产线在生产和加工过程中组成的，是流水操作运输线路中必不可少的组成部分，在现代货物搬运系统中起着极大的作用，同时它也是自动化仓库和分配中心的生命线。

尽管连续输送机械具有诸多优点，但是由于连续输送机械是依据一定的路线运输的，每种输送机械只能输送某种特定种类的货物，其通用性差，通常不适合重量大的单件物品；同时，大多数连续输送机没有自动取货的能力，需要与供料的装备合作才能完成工作。连续输送机械包括以下几种类型。

(1) 带式输送机。它是一种摩擦驱动的以连续方式输送物料的机械。该机械可用于将物料从初始供料点转移到某一输送线上的最终装卸点所需的物料输送过程。它不但能运送碎散的物料，还能运输成件货物。它可以与工业企业生产过程中的工艺要求相协调，形成流水作业线。因此，它被广泛地应用在现代工业企业中，比如矿山的井下巷道等。

(2) 斗式输送机。斗式输送机是输送散装货（如煤等）货斗的传送带，传送带连续不断地将货斗送到敞开的舱口上面的某一点后，再将货斗向货舱中倒空。斗式输送机在冶金和矿山等有颗粒状物料或粉料输送的行业中得到广泛应用。

(3) 悬挂输送机。它是一种常见的连续输送设备，主要适用于各种成件和散装物料的连续运输。它被广泛应用于各种工业部门的流水线，在各种工艺中进行输送，并且完成各种工艺流程，最终达到运输和工艺操作的综合机械化。

(4) 辊子输送机。辊子输送机是以一系列、一定间距排列的辊子组成的，可以沿水平或较小的倾斜角输送具有平直底部的成件物品，比如板、棒等容器和各种工件。就非平底物品和柔性物品而言，能通过托盘进行输送。辊子输送机的特点包括结构简单且易运行、维护便利和节能等，适于运送成件物品。

(5) 螺旋输送机。螺旋输送机由驱动装置、封闭槽箱和螺旋组成，借螺旋转动将槽箱内的物料推移输出。它被广泛应用于煤矿、灰等颗粒和粉状物料的水平或倾斜输送。其中，物料温度必须不超过200℃。螺旋输送机不适于输送易变质的、黏性大的、易结块的物料。在混凝土搅拌站中，螺旋输送机的作用得到了最大的体现。

(6) 其他。其他连续输送机械如振动输送机，它是一种连续的输送机械，通过激振器振动料槽，使物料能够按照一定的方向进行滑行或抛移；又如气力输送装置，该装置是利用压缩空气作动力,将固态颗粒物通过密封管道进行干法输送的全套系统设备。常见的连续输送机械如图 5.4 所示。

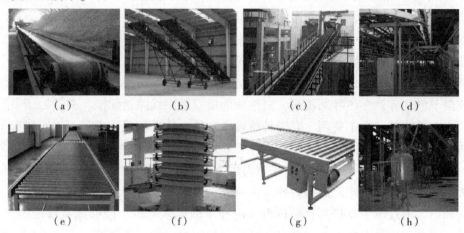

图 5.4 常见的连续输送机械

(a) 固定带式输送机;(b) 移动带式输送机;(c) 斗式输送机;(d) 悬挂输送机;
(e) 辊子输送机;(f) 螺旋输送机;(g) 振动输送机;(h) 气力运输装置

三、装卸搬运车辆

装卸搬运车辆是指依靠机械本身的运行和装卸机构的功能,实现物资的水平搬运和装卸、码垛(小部分车辆无装卸功能)的车辆。装卸搬运车辆具有良好的机动性和实用性,适用于仓库、港口、车站等。常用的各种搬运车如图 5.5 所示。

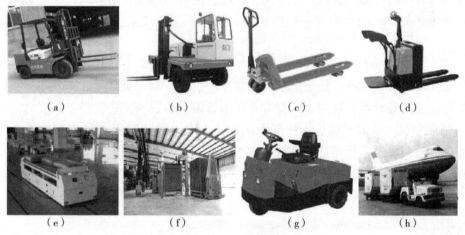

图 5.5 常用的各种搬运车

(a) 叉车;(b) 侧面式叉车;(c) 手动液压搬运车;(d) 电动搬运车;
(e) 轨道无人搬运车;(f) 激光引导无人搬运车;(g) 电动牵引车;(h) 牵引车和拖车

(1) 叉车。叉车具有能够上下移动的水平延伸臂,有装载货物的功能,同时可以使货物水平和上下移动。叉车在堆码和卸货操作上十分灵活方便,在搬运和移动上也很便利,已成为应用范围最广的装卸设备。叉车种类五花八门,使用时需要注意货物的特点、货架高度和库区通道的宽度。

(2) 搬运车。搬运车是一种主要用于短距离搬运货物的简单机械,由于其载货平台很低,且起升高度有限,几乎没有起升能力,所以,一般不具备装卸功能。

(3) 无人搬运车。无人搬运车作为一种无人驾驶工业搬运车辆,应用于20世纪50年代。通常以蓄电池为动力,载荷上至几百吨、下至几公斤。办公室、码头等都能被用作工作场所。电磁感应引导、激光引导和磁铁陀螺引导等是无人搬运车的主要引导方式,其中激光引导方式发展较快,但电磁感应引导和磁铁陀螺引导方式同样占有较大比重。激光引导的搬运车能够在没有监督的条件下实现物体的搬运。只要搬运车被引导完成一次搬运工作,就会自动完成余下的任务。在磁导系统中,磁性物体被安装在线路地面上,并被磁场引导,不需要司机,大大地降低了人工费用。随着传感技术和信息技术的飞速发展,无人搬运车正朝着智能化方向迈进,故而无人搬运车也被叫作智能搬运车。

(4) 牵引车和挂车。牵引车仅具有动力没有装载能力,适用于拖运货车或挂车。它能拖拉一大串的挂车进行远距离运输。挂车本身无动力,只有一个载物平台来装载货物。当挂车载满货物后,通过牵引车带到目标位置。拖挂车辆可多可少,能够随意搭配组合,因此,非常灵活。但其需要很多的人员,并且人员容易被闲置,使用率不高,经济性低,更适合大型而稳定的输送,如大型企业的原料仓库等。挂车需要与牵引车相互配合,共同使用。

四、散装装卸技术

散装装卸技术是一种具有装卸和运输两种功能的组合机械,以装卸散装物资为主,主要对大批量粉状、颗粒状货物进行无包装散装、散卸,装卸批量较大。

(1) 装载机、卸载机。装载机是一种多类型、多用途的高效工程机械,主要用于土、砂、煤等综合材料的装卸。它被广泛应用于矿场、港口等领域,适合工厂、车站等场所。卸载机是一种集卸载和运输货物为一体的机器,先卸下车中或船上的货物,然后送到货场或仓库。

(2) 翻车机。翻车机是一种使货物倾倒后将物资卸入地下运输系统的一种大型机械。通常,要安排辅助机械重车,如重车推入和空车牵出等。翻车机具有卸车效率高、生产能力大、机械化程度高等特点,适用于大型专业化散货码头或货场。

(3) 堆取料机。堆取料机是一种既能从货场上取出散装物资送到指定地点,又能将散料物资通过运输系统送入货场进行堆放的大型机械。基于其功能,主要有取料机、堆料机和堆取料机三类。

案例1

SH医药公司的装卸搬运环节

SH医药公司是一个以市场为核心、现代医药科技为先导、金融支持为框架的新型公司,是西南地区经营药品品种较多、较全的医药专业公司。

虽然SH医药公司已形成规模化的产品生产和网络化的市场经营,但其流通过程中物流管理严重滞后,造成物流成本居高不下,不能形成价格优势。这严重阻碍了物流服务的开拓与发展,成为公司业务发展的"瓶颈"。

装卸搬运活动是衔接物流各环节活动正常进行的关键，而SH医药公司恰好忽视了这一点，由于搬运设备的现代化程度低，只有几个小型货架和手推车，大多数作业仍处于人工作业为主的原始状态，工作效率低，且易损坏物品。另外，仓库设计不合理，造成长距离的搬运。并且库内作业流程混乱，形成重复搬运，大约有70%的无效搬运，这种过多的搬运次数，损坏了商品，也浪费了时间。

案例讨论：

1. 结合案例分析说明SH医药公司业务发展的"瓶颈"。
2. 面对SH医药公司的现状，你能提出哪些改进措施？

分析思路

案例2

青岛港全自动集装箱装卸码头

2017年12月3日，青岛港全自动化码头创集装箱装卸世界纪录。在1 785个自然箱装卸作业中，青岛港全自动化集装箱码头的单机平均作业效率达到39.6自然箱/小时，创出全球自动化码头单机平均作业效率最高纪录，且全面超越人工码头作业效率，比全球自动化码头单机平均效率高出50%。

2017年5月11日，青岛港全自动化集装箱码头正式投入商业运营，是当今世界最先进、亚洲首个真正意义上的全自动化集装箱码头。运营以来，船舶准班率一直保持100%。通过完善设备技术状况，优化生产管理流程，平均作业效率达到33.1自然箱/小时。2018年4月21日，在"中远希腊"轮作业中，再次创出新的单机平均作业效率最高纪录，达到42.9自然箱/小时。

码头运营以来，青岛港自动化码头公司充分发挥自身优势，开展了操作、技术、IT一体化联合攻关的探索实践。设备层面，不断优化船型扫描、自动防摇防扭和设备精准定位等自动化性能，大力提升设备运行可靠性，努力实现作业无故障，目前设备可靠率达到99.6%。操作层面，持续优化堆场策略和作业控制，梳理作业流程146项，优化89项。系统层面，青岛港自动化码头高度融合了物联网、智能控制、信息管理、通信导航、大数据、云计算等技术，计算机系统自动生成作业指令，现场机器人自动完成相关作业任务，实现码头业务流程全自动化。

1. 自动化程度最高：码头装卸设备全部实现了无人驾驶，自动完成装卸生产全过程。

(1) 自主构建了全新一代的智能生产控制系统，实现工艺流程化、决策智能化、执行自动化、现场无人化、能源绿色化。

(2) 首创自动导引车AGV自动循环充电技术，使AGV在作业循环过程中自动完成电能补充，由此取消了两个换电站，节省资金1.1亿元。同时减轻AGV重量12吨，是目前重量最轻、唯一续航时间无限制的AGV。

(3) 首创机器人自动拆装集装箱扭锁系统，实现生产全程全自动化。

(4) 首创轨道吊"一键锚定"装置，所有堆场机械可在2分钟内自动完成防风锚定，解决了大型机械防瞬间大风的全球性难题。

(5) 首创非等长后伸距双小车桥吊，降低了地基承载力要求，优化了桥吊布局。

(6) 首创机器人全自动喷淋熏蒸消毒系统。

(7) 实现全自动空箱查验。

(8) 实现岸边全自动无人理货。

2. 装卸效率最快：设计平均效率为 40 自然箱/小时，是当今世界设计效率最高的集装箱码头；两个泊位 9 个远程操控员，承担传统码头 60 多人的工作，比传统码头提升作业效率 30%，节省工作人员 70%。

3. 绿色环保：码头装卸运输设备全部采用电力驱动，单位耗能最低，实现零排放和无灯光条件下作业。

4. 安全可靠：作业现场全封闭、无人化。

5. 低成本、短周期：用 3 年多的时间完成了码头建设、系统开发调试，国外同类码头建设周期为 8~10 年，建设成本是国外同类码头的 65%~75%。

案例讨论：

1. 与传统装卸相比，全自动化集装箱装卸有哪些特点？
2. 青岛港运用了哪些装卸搬运技术？

第六章

流通加工

本章教学目标

1. 了解流通加工的含义。
2. 掌握流通加工和生产加工的差异。
3. 理解流通加工在物流活动中的地位和作用。
4. 熟悉流通加工的分类和方式。
5. 熟悉合理流通加工的要求。

流通加工是当商品进入流通领域后，根据用户的需求对产品进行加工，也就是商品从制造者到消费者的过程中所进行的一定程度的加工。随着经济的发展，国民收入的增加和消费者需求多样化均要求企业重视流通领域的产品加工。其主要目的是促进销售、保证商品质量和提高物流效率。流通加工是一种特殊的流通形式，它通过合理地改变或完善流通对象的形式，以实现其"桥梁和纽带"的功能。当今世界上，很多国家与地区的物流中心为客户提供多样化的流通加工服务，如日本、美国等。

第一节　流通加工概述

一、流通加工的内涵

流通加工是指某些原料或产成品在从供应领域向生产领域，或从生产领域向消费领域流动的过程中，为了有效利用资源、方便客户、提高物流效率和促进销售，在流通领域对产品进行初级或简单再加工。其目的是合理利用资源、提高顾客满意度、提高物流效率和促进销售。流通与加工是两个不同的领域。加工是对物质的形状或性质进行改变，而流通是改变物质的空间与时间的状态。流通加工是填补生产过程中的加工缺陷，从而更好地满足企业销售和消费者的需求。因为上述加工活动是流通领域中生产和加工的拓展,可以在物流过程中完成,所以它也是物流的一部分。

物流过程中流通加工和流通总体发挥着"桥梁和纽带"的功能。但是,它不是通过"保护"流通对象的原有形态而实现这一作用的,只有改变或完善流通对象的原有形态,才能实现其"桥梁和纽带"的功能。流通加工是物品从生产领域向消费领域流动的过程中,为了促进销售、维护产品质量和提高物流效率,对物品进行部分加工,使物品发生物理或化学的变化。由于社会生产力的快速发展,消费者的需求也呈现出多样化,这些都促进了流通领域中流通加工的发展。

流通加工可以填补生产加工中的缺陷,增加商品附加值,提高商品的储存性能和物流企业的服务水平。此外,随着经济的发展,消费领域出现了多样化、差异化的趋向,流通加工是生产加工在流通领域中的延伸,有助于为消费者提供差异性商品,满足消费者个性化需要。流通加工一般不能用生产加工来替代,这主要是出于降低运输成本和满足消费者差异性需要方面的考虑。将流通加工视为物流系统(而不是生产系统)的有机组成部分,主要原因在于其发生于流通阶段,且加工目的是提高物流活动的效率及增加商品的附加价值,以满足消费者的需求。

二、流通加工的功能

流通加工具有以下几个方面的功能。

(1)**提高原材料利用率**。在流通加工环节,根据需求方的要求,对生产厂直接运输的简单规格产品进行集中下料。如对钢板剪板、切裁等。集中下料有助于促进优材优用、小材大用、合理配置,同时会带来良好的技术经济效益。

(2)**进行初级加工,方便用户**。对产品需求少或是临时需求的用户,缺少对产品进行初级加工的能力,通过流通加工,可以减少用户初级加工时诸如设备、人力等的投入。目前发展较为迅速的初级加工有水泥加工成混凝土、钢板切割、木材整形打孔。

(3)**使加工效率及设备利用率得到双重提高**。建立集中加工点,大批量购买具有高效率的先进专业机械设备。不但可以提高设备利用率,而且提高了产品加工效率,同时减少了加工成本及原材料费用。

(4)**有效地达到各种运输方式的最高效率**。流通加工将商品流通划分为两个阶段。因为流通加工环节设备是基于消费区域而建立的,第一阶段是指从生产厂到流通加工,距离较长;第二阶段从流通加工到消费环节,距离较短。第一阶段是基于有限数量的生产厂与流通加工点,进行固定地点、直接抵达、大量的长途运输,故而可以选择运输量大的工具,如船舶、火车等;而第二阶段是对流通加工后多规格、小批量、多用途的产品进行运输,一般选择货车和其他小型车辆。只有这样,才能够有效发挥各种交通工具的最大效率,提高运输速度,减少运费。

(5)**使经济效益得到提高**。在流通过程中,进行一些简单的加工可改变产品的某些功能,使产品销售的经济效益得到提高。例如,许多国内的商品在深圳进行初级的装饰加工,以改变产品的外观性能。通过这样的方式,产品的价格就能够上升20%。

所以，在物流领域中，流通加工是一种高附加价值的活动。这种高附加价值是基于满足用户的需要、提高服务功能形成的。它是物流战略的体现，是低投入、高产出的加工方式。

第二节　流通加工方法与技术

一、流通加工的种类

基于流通加工的应用环境，可以将流通加工划分为以下几种。

（1）为填补生产中的加工缺陷进行的加工。很多产品因为在生产领域受到很多因素限制，只能进行一定程度上的生产加工，不能完全实现最终加工。如进行大规模生产的钢铁厂，只能根据标准规格生产，从而使产品更具有通用性，使生产能有较高的效率和效益。流通加工是对生产的传承，也是进一步的生产加工，对填补生产中的加工缺陷具有重要意义。

（2）为实现需求多样化进行的加工。为了达到高效率和大批量生产的目的，产品通常是无法实现客户的个性化需求的。因此，要想满足客户对产品多样化的需求，同时确保社会生产的高效率，就需要对单调产品的生产进行多样化的改制加工。如对钢材卷板的舒展和剪切等加工。

（3）为保护产品进行的加工。在物流过程中，为了保护产品的使用价值，需要对产品进行保护，避免产品在运输、装卸搬运中遭到破坏。与前两种流通加工方式不同的是，它不会改变物品的外观及性质。改装和冷冻等都是出于保护产品的目的进行的加工。

（4）为使物流效率得到提高而进行的加工。有些产品本身难以进行物流运作。如大型难以装卸的设备等，因此需要适当的流通加工，简化物流过程中的操作。这种加工经常改变货物的物理状态，但不影响其化学特性，最后还可以恢复到原本的物理状态。

此外，在干线及支线的运输节点，建立流通加工环节，有助于解决集合困难的问题，即大批量、低费用的长途干线运输和以多品种、小运量、多批量为特点的终端运输和集货运输的问题。可以在流通加工点与大生产企业间形成大批量、定点运输的渠道，同时以流通加工中心为核心，组织多用户配送。也可以转换为销售包装，提高物流效率。

（5）为促进销售进行的加工。流通加工从多角度对销售发挥着促进作用。例如从前主要用于保护产品的运输包装，将其改良为促进销售的装饰包装，有利于吸引消费者的注意力和引导消费等。这种流通加工不会改变货物本身形态，只需简简单单地修改加工，便能达到促进销售的目的。

（6）为提高加工效率而进行的加工。许多生产企业的初级加工由于数量有限、加工效率不高，也难以投入先进的科学技术。通过集中加工，能够解决单个企业加工效率缓慢的问题，用一个流通加工企业完成很多个生产企业的初级加工，从而促进生产水平的发展。

（7）为提高原材料利用率进行的加工。流通加工利用其综合性、用户多的特点，可以实行合理规划、合理套裁、集中下料，这样能有效提高原材料利用率和减少损失浪费。

（8）为提高企业经济效益进行的加工。流通加工有众多优势，可以形成"以利润为中心"的经营方式。这种流通加工属于经营管理中的一部分。它基于满足生产和消费要求而获利，并且在市场和利润引导下，在各个领域有效地开展流通加工。

(9)为实现生产—流通一体化而进行的流通加工。所谓的生产—流通一体化就是通过生产企业与流通企业结合,生产企业参与流通或是流通企业参与生产,在进行合理分工和安排的同时,组织协调生产和流通加工计划。这种形式能够调整产品和产业结构,有效发挥企业在经济技术方面的优点。它是一种流通加工领域的新形式。

二、流通加工的方法

流通加工的常见形式不仅有剪板加工和集中开木下料,还有配煤加工和生鲜食品的流通加工,同时也存在组装加工和加工定制等。

(一)剪板加工

热轧钢板等板材的长度通常为 7~12 m。对于使用钢板的用户来说,大、中型企业由于消耗量大,可设专门的剪板及下料加工设备,按生产需要进行剪板、下料加工操作。然而,用量不大的中小型企业,购买剪板和下料的设备,存在闲置时间长、人力浪费严重等不足,流通剪板加工可以通过对钢板的剪板及下料加工满足中小型客户的需求。液压式剪板机如图6.1所示。

图6.1 液压式剪板机

剪板加工是在固定地点设置剪板机进行下料加工或设置各种切割设备将大规格钢板裁小,或切裁成毛坯,降低销售起点,便利用户。目前,流通部门很少设置集中下料加工,通常是大型企业和公司安装设备集中进行这项工作。

流通加工的钢板剪板及下料具有以下优势。

(1)因为能够选择加工方式,钢板的品相结构在加工后变化较少,从而确保了原始的交货状态,有利于进行高质量的加工。

(2)加工精确度高,能够减少废料和边角料,同时也降低了切削量。它不仅能够使再加工的效率得到提高,而且有助于降低耗用。

(3)集中加工能够确保批量生产的连贯性,通过先进的设备可以提高效率和减少费用。

(4)用户可以简化生产环节,同时将生产水平提高。

类似钢板的流通加工,还存在线材冷拉加工等。

(二)集中开木下料

在流通加工点,对原木进行切割,同时可以集中加工破碎木材和碎屑,使之变成各种尺寸的板材,也能够进行诸如打眼、凿孔等初级加工。

以前，用户直接购买原木自行加工，不仅加工过程复杂，加工场所占用面积大，加工使用的设备数量多，而且木材的平均利用率不到50%，平均产量不足40%，资源浪费严重。基于用户的要求提供材料，原木利用率能够提升至95%，同时木材产量可提升至72%，具有可观的经济效益。

（三）配煤加工

在使用地区设置集中加工点，将各种煤及一些其他发热物质，按不同配方进行掺配加工，生产出各种不同发热量的燃料，称作配煤加工。

这种加工方法根据需要的发热量进行生产和提供燃料，不仅避免热能浪费，同时也避免出现发热量过小、无法满足使用要求的状况。通过配煤加工，更加便于工业用煤计量控制、稳定生产过程，在经济技术方面也具有一定的价值。

（四）生鲜食品的流通加工

流通加工在生鲜食品方面会出现以下几种状况。

（1）低温冷冻加工。如果想解决流通中的鲜肉、鲜鱼保存和搬运装卸的问题，可以使用低温冻结法。该方法也适用于一些流体商品、药品等。

（2）分选加工。农副产品规格和质量分布广泛，为了获得某些规格的产品，可以使用手工或机械分选的方法对产品进行加工。该方法适用于果瓜类、谷物等。

（3）精制加工。农、牧、渔等产品通常是在原产地或销售点建立加工点进行精制加工。不仅可以去除没有用处的那部分，同时能进行切分、洗净、分装等加工。这种加工不但在很大程度上方便了购买者，同时使加工的废弃物得到综合利用。如蔬菜的加工残留物能够用来制作饲料和肥料等。

（4）分装加工。将货物的大包装换为小包装，以便满足消费者的不同产品规格需求。

（五）组装加工

自行车及机电一体化装卸搬运的难题主要是由包装不方便造成的。然而，这些产品具有共同的特点，即装配简单，装配工艺不高，在生产中已经形成主要的作用，装配后不用复杂检测及调试。因此，选择半成品、高容量包装出厂或者在消费地拆箱组装的方式，以解决储运问题，减少储运费用。在流通部门的加工点进行组装，组装后再销售。近年来，这种流通加工方法在中国得到了大量的应用。

（六）加工定制

加工定制是一种填补企业加工能力缺陷的措施，如非标准设备、工具等，可以将其划分为带料加工和不带料加工。前者是使用单位提供的材料，在工厂进行加工；而后者则是由工厂提供材料。

第三节　流通加工合理化

流通加工合理组织的含义是**实现流通加工的最优配置**，不仅要避免各种不合理的情况，使流通加工有存在的价值，而且要做最优的选择。

一、不合理流通加工的几种形式

流通加工是指流通过程中生产的辅助加工，它不但是生产过程的传承，同时也是流通过程中生产本身或工艺的传承。这种延续有正负效用，即能够起到有效的互补作用；但也可能产生负面影响。

不合理的流通加工会造成负效应，主要体现在以下几个方面。

（一）流通加工地点设置得不合理

流通过程的布局决定了流通加工是否有效。为了使大批量生产与流通加工的多样化需求相结合，加工现场一般设置在需求区，这样不仅可以实现大批量的干线运输物流优势，还可以实现多种类末端配送。假如在生产地区建立流通加工地，其不合理性在于：如果将流通加工地点设置在生产地区，一方面，为了满足用户多样化的需求，会出现长距离的运输多品种、小批量产品的现象。另一方面，在生产地增加了一个加工环节，同时增加了近距离运输、装卸、储存等一系列物流活动。在这种情况下，不如由原生产单位完成这种加工而无须设置专门的流通加工环节。

一般而言，物流的流通加工地点应设在产出地。如果将其设置在消费地，则不但不能解决物流问题，还在流通中增加了一个中转环节，因而是不合理的。

即使是产地，或需求地设置流通加工的选择是正确的，还有流通加工在小地域范围的正确选址问题，如果处理不善，仍然会出现不合理，这种不合理主要表现在交通不便，流通加工与生产企业或客户之间距离较远，流通加工点的投资成本过高（如受选址的地价影响），加工点周围社会、环境条件不好等。

（二）流通加工方式选择不当

流通加工方式包括流通加工对象、流通加工工艺、流通加工技术、流通加工程度等。事实上，流通加工方式不合理，是指需要按生产加工完成，结果由流通加工完成；需要让流通加工完成，结果由生产过程完成。流通加工只是一种补充和完善，而不是代替生产和加工。

（三）流通加工作用不明显

有的流通加工过于简单，对生产及消费者基本没有发挥作用，不仅没有解决品种、规格等问题，而且还添加了不必要的环节。这也是不合理的流通加工。

（四）流通加工费用过高，效益不佳

具有较大的产出投入比是流通加工有生命力的重要原因之一。假如流通加工投入成本过高，就不能以较低的投入去获得更高的使用价值。除去政策要求的即使有损失也要加工外，其余都视为不合理的流通加工。

二、合理流通加工的途径

为了避免各种不合理情况，我们建立流通加工环节时，应该在设置什么样的位置、采取什么样的加工、采用什么样的技术设备等方面，做出正确的选择。现阶段，国内积累了一定的对该方面合理化设置的经验，并且取得了一定的成效。

实现流通加工合理组织的方法主要包括以下几个方面。

（一）将加工与配送进行结合

在配送点上建立流通加工，从一个角度看是根据配送的要求进行加工；从另一个角度看，加工属于配送业务流程中的一部分，分为货物的分拣和配货。加工过的产品直接投入运输环节，将流通加工与转运相结合。此外，因为配送前的加工，在很大程度上提高了配送服务水平，如流通加工在煤炭、水泥等产品的配送中表现出较大的优势。

（二）将加工和配套进行结合

在对配套要求较高的流通中，配套的主体来自各个生产单位，然而，不能完全依赖于现有的所有生产单元实现全匹配。合理的流通加工能够有效地促进配套，在很大程度上提高了流通加工作为"桥梁与纽带"的能力。

（三）将加工和合理运输进行结合

流通加工处理可以有效地连接干线运输和支线运输，促进两种运输方式的合理化。它不能随意进行支路或干路转变，应通过合理的运输线路要求进行适当的处理，进而实现运输及运输转载水平的双重提高。

（四）将加工和合理的商流进行结合

流通加工合理化的方向之一是经过加工可以有效促进销售，使商流合理化。同时，包装加工的简单变化和装配使用，解决了用户使用前组装调试的困难，从而提高了购买量，可以有效地促进企业的发展。

（五）将加工和节约进行结合

节约能源、节约设施、节约人工、节约费用，是促进流通加工合理化的重要因素，也是促使我国建立流通加工并考虑流通加工合理化的重要影响因素。

流通加工合理化的最终判断是其能否实现企业和社会的双重效益。流通加工企业需要以社会效益为第一观念，在流通加工过程中不断完善自己，才能具有生存价值。一味追求企业的微观利益，或者是与生产企业进行竞争，都不是流通加工的初衷。

第四节　流通加工管理

一、流通加工的投资管理

（一）流通加工环节设置的必要性分析

流通加工是对生产加工的补充和完善。建立流通加工主要依靠以下两个方面。

（1）制造商的产品能否直接满足用户的要求。如果可以，则无须设置流通加工环节；如果不能满足消费者的需求，则需要对产品进行合理化的流通加工。

（2）用户能否将商品在流通领域进一步加工。如果用户可以低费用和便利的方式完成产品的进一步加工，则在流通领域中无须设置流通加工，否则，相关流通加工企业需要根据用户的需求进行流通加工。

从社会效益和经济效益考虑来看，为了节约原材料、节约能源、组织合理的运输，有必要建立流通加工环节。

（二）流通加工环节设置的可行性分析

流通加工虽然有很大作用，但由于需要一定的投资及技术要求，在开展流通加工业务时必须进行可行性分析。在进行可行性分析时要考虑以下因素。

（1）用户是否可方便地自行加工。
（2）运输、包装技术的发展。
（3）生产技术的进步是否更有利于产品质量的提高。
（4）投资数量的大小及投资回收期的长短。

二、流通加工的生产管理

流通加工的生产管理是指对流通加工生产全过程的计划、组织、指挥、协调与控制。流通加工生产管理的具体内容包括生产计划的制订，生产任务的下达，人力、物力的组织与协调，生产进度的控制等。尤其是在生产管理中，应该增加对生产的计划的管理，实现流通加工和生产的均衡性和连续性的双重提高，有效地利用流通加工的生产能力，加快流通速度。要实现加工过程的程序化和规范化的要求，就必须合理制订科学的加工工艺和操作规程。

流通加工的生产管理与运输、仓储等的组织管理有很大不同，而与生产企业的组织管理有许多相似之处。流通组织安排的特殊性在于其内容及项目的多样性，而且不同的加工项目其加工工艺各不相同。出材率的管理是套裁型流通加工最具特殊性的生产管理。这种主要流通加工方式的优点是利用率高、材料出产高，可以使企业取得更好的效益。为提高出材率，需要加强消耗定额的审定及管理，并应采取科学方法，进行套裁的规划及计算。流通加工生产管理的内容和过程如图 6.2 所示。

图 6.2　流通加工生产管理的内容和过程

三、流通加工的质量管理

流通加工的质量管理是指对加工产品的质量控制。经过加工后得到的产品，其内在和外在质量都必须与国家有关标准相符。如果没有国家标准，其质量要满足客户要求。所以要求流通加工以满足不同用户对质量的不同要求为目标，进行灵活的柔性生产。

流通加工不仅要满足用户对加工质量的要求，同时也应该满足用户对品种、规格和数量、包装、交货期及运输等方面的服务要求。流通加工质量管理的有效方法还有工序控制、产品质量控制和各种质量控制图。

案例1

阿迪达斯公司流通加工的意义

阿迪达斯公司在美国有一家超级市场，设立了组合式鞋店。鞋店中摆放着各种做鞋用的半成品，有6种鞋跟、8种鞋底，均为塑料制造的；鞋面的颜色以黑、白为主；搭带的颜色有80种，款式有百余种。顾客进来可任意挑选自己所喜欢的各个部分，交给职员当场进行组合。只要10分钟，一双崭新的鞋便完成了。

这家鞋店昼夜营业，职员技术熟练。鞋子的售价与成批制造的价格差不多，有的还稍便宜些。所以顾客络绎不绝，销售量比邻近的鞋店高出10倍。

案例讨论：
1. 在此案例中，体现了流通加工作业的哪些作用？
2. 与生产加工相比，流通加工有何特点？

分析思路

案例2

"宜家"靠什么取胜

如果你不是一个奢侈品消费者，你就应该逛过宜家连锁商店，从摆放在各类"样板间"的家居用品里，挑选几件价格便宜的商品，比如合金的CD支架或者白桦木的沙发，回家花点时间把这些"平板包装品"组装起来。当然，你也可以不买家居用品，在宜家餐厅里尝尝北欧风格的小食品，或者干脆坐在BILLY沙发床上歇上几个钟头。

如今，宜家的价值已经远远不是表面看到的那些摆着精致又便宜的KUPPAN和BILLY等家居商品的连锁店，它的背后是一整套难以仿制的、高效精良的商业运作系统，以及维持了这个机构一直高效率、低成本运作的商业价值链条，这才是值得全球连销零售公司学习的真正"宜家"。

一、宜家的管理机制

被英格瓦称为"世界独有"的宜家组织系统，是这个机构的核心。设置这个复杂机构主要有两个目的：一是保证宜家不从属或受制于某个国家政府，而是永远处于家族控制之中，即便是政变和战争阶段也是如此；二是宜家能够享受到利益的最大化（比如低税收）。为达到这个目的，一大批来自不同国家的职业律师、会计师、税务专家每天为宜家工作，调查各国的税收和贸易政策，他们会抢先在任何合适的地方注册公司，需要的时候就在那里开店。

在历史上，基于躲开政治管制特别是经济约束（比如税收政策）的原因，宜家由瑞典迁移到丹麦，后来又到荷兰。英格瓦家族则由瑞典移民到丹麦，最后到了瑞士。没有人说得清宜家到底是哪个国家的公司，它在欧洲许多国家都有在资本或管理上互相牵制的机构，从这个意义上讲，宜家更像是一个"独立于任何国家的公司"。

设在荷兰的双重基金——英氏宜家基金，是宜家机构的后台老板，基金下设英氏控股集团，其中所有者基金（英氏基金）拥有英氏控股集团所有的账面价值，英氏基金由公益基金（宜家基金）管理控制，但宜家基金的资金来源却由英氏基金提供。

在英氏宜家基金和英氏控股集团共同牢牢控制资本权力之外，两个辅助集团进行实质运作：一个是总部设在丹麦和瑞典的宜家服务集团，它通过与英氏控股签署协议，执行宜家机构全球所有商店的管理业务，包括采购、销售、研发等；另一个是总部设在荷兰的宜家内务系统公司。

宜家机构的经营原则分为"有形的手"（一切看得见的商店、商品等）和"无形的手"（经营理念和管理流程）。宜家内务系统公司拥有宜家机构所有的商标、品牌、专利等知识产权，是宜家机构的"精神领袖"（无形的手），它可以请任何一家"不合要求"的宜家商店关门。宜家机构还通过设立瑞典宜家连锁公司、宜家龙集团和宜家企业集团把家族的资产进行分割处理。所有这些复杂的设置，在很多情况下帮助公司合理避税和躲避某国政府的控制。

复杂的所有权机构的设置从20世纪70年代开始实施，80年代开始完善起来，它直接导致了宜家商业管理系统的成熟严密，所有的管理任务被分割得具体且单纯，员工们只需要努力按标准执行就可以，而不是卖力地去创造"新玩意儿"。"有些时候，我们只需要站在指定的地方做指定的事情，我们的目标被确定得非常清晰！"宜家中国总经理许立德说。

因此，店开到哪里，宜家服务集团就把一整套的管理模式和组织形式拷贝到哪里。这些管理和保障职能包括财务、零售、物流、物业、风险管理、法律、社会环境、公关和人力资源等。宜家的商店在这个"大管家"的协助下，维持每天的运转。宜家支持机构则为商店提供专业的服务支持，包括IT、餐厅、设备供应、原料采购、目录册、配件供应、货运方案、公务旅行等。整个组织被完全"扁平化"。如果北京的商店想改变"样板间"的设计，就要征求宜家内务系统的意见；需要法律服务则由宜家服务集团安排；需要新的产品目录册，就需要宜家支持系统的帮助；需要商品，则由宜家贸易公司协助，当然这一切交易都需要支付费用。在宜家的管理系统中，设计、生产、采购、销售的每一环节，都可能发生关联的管理协议或交易，但却被安排得井井有条，这有利于这家公司在不同的国家协调资金的周转和合理避税。在这种管理架构下，谁也休想完整地享受宜家的全部管理乐趣，更不要说控制它了。

二、宜家的供应链条

周密的管理体系更重要的作用是让宜家拥有了高效率、低成本运转的供应链，这是宜家可以像沃尔玛那样在零售领域出色的特征之一。

为了自己可以控制产品的成本，取得最初定价权，并且控制产业链的上游，宜家一直坚持自己设计所有产品并拥有专利，所有的100多名设计师在设计新产品的时候竞争激烈，竞争集中在同样价格的产品"谁的设计成本更低"，这甚至包括是否多用了一枚螺丝钉或一段麻绳，或者更经济地利用一块塑料板。

所有的产品设计确定之后，设计研发机构将和宜家在全球33个国家设立的40家贸易代表处，共同确定哪些供应商可以在成本最低而又保证质量的情况下生产这些产品。2 000多家供应商展开激烈竞争，得分高的供应商将得到"大订单"。通常，宜家为了更大量地销售某种产品，会降低价格，这必然会进一步降低生产成本，许多供应商当然也会被迫提高生产效率，压低生产成本。所以，劳动力成本更加低廉的供应商会大量出现在宜家的名单上，中国就是其一,它是宜家最大的采购国。

所有的供应商在接到宜家贸易机构下单之后,都会努力工作并保证按时交货。实际上,宜家为其所有的供应商设定了不同标准和等级,并且时常去考核它们。宜家严格地控制着物流的每一个环节,以保证最低成本。为了进一步降低运输成本,公司还不断在产品上做文章,这包括适合货物大量运输的运输机械构造的改进。宜家把全球20家配送中心和一些中央仓库大多集中在海陆空的交通要道上,以便节省时间。

宜家的商品被运送到全球各地的中央仓库和分销中心,通过科学的计算,决定哪些产品在本地制造销售,哪些出口海外的商店。每家"宜家商店"根据自己的需要向宜家的贸易公司购买这些产品,通过与这些贸易公司的交易,宜家可以顺利地把所有商店的利润吸收到国外低税收甚至是免税收的国家和地区。

因此,整个供应链的运转,从每家商店提供的实时销售记录开始,反馈到产品设计研究机构,再到贸易机构、代理生产商、物流公司、仓储中心,直至转回商店。当然这套供应链的运转是在宜家服务集团的支持下才能完全奏效的。例如,在服务机构全面控制下的物流部门,能够清楚地知道商店的货物状态(何时缺货或者何时补货等)。建立在新加坡的亚太区IT中心,有效地保证了整个地区的系统稳定。供应链的高效率和低成本成为明显的优势,这直接决定了宜家可以在必要的情况下降低价格,促进销售。

三、宜家的销售导向

一个非常值得研究的问题是:时至今日,仍然难以确定是哪些因素让越来越多的顾客走进宜家的商店购物,因为宜家有很多销售引擎。

价格是这个致力于"为大众提供买得起的家具"的公司赢得顾客的重要手段。宜家对价格是天生敏感的,这可以解释为什么英格瓦要坐经济舱来中国,又会在北京秀水街为一条100元的裤子讨价还价,这可不是"作秀"。"定价"是宜家的精髓,直接决定销售状况。但是,宜家可不能像沃尔玛超市或者其他的家居零售商那样随时降价促销。因为所有的商品都是宜家自己的专利并委托生产的,只要生产出来,它永远都是宜家资产了,没有退货的说法,如果卖不掉,就只能计作损失。所以,合理的定价是确保销售的核心手段。宜家的定价机制是"先设计价钱,再定产品"。宜家的设计人员考察了所有宜家商店的销售记录,以及同类竞争产品的状况,按照"价格矩阵"设计产品,并且保证这个产品的价格是最有利于销售的,比如低于市场价格30%。

在宜家的各个商店里没有"销售人员",只有"服务人员"。他们不能向顾客促销某件产品,而是由顾客自己决定和体验,除非顾客需要向其咨询。那么,它又靠什么促进销售呢?

宜家为每一件商品制订了精致的"导购信息",顾客可以了解每一个产品几乎所有的信息,如价格、功能、使用规则、购买程序等。商店还设立了各式样板间,各种产品进行组合。样板间成为宜家的"产品模特",它在销售许多产品方面功不可没。由于控制了销售渠道,许多时尚消费品公司看中了宜家,它们希望把自己的产品摆在宜家全球商店的样板间里进行展览,这包括苹果、飞利浦等著名公司的产品。这不但有利于宜家销售自己的家居产品,而且还可以赚取一笔可观的"代销"收入。

另一类问题是,许多买东西只买打折、甩卖产品的顾客,光顾宜家,对宜家并不是好消息，他们不能给商店带来利润，相反却增加了商店运营负担。索性放弃这些顾客吗？当然不是。宜家在所有的商店都设立了餐厅，这些顾客很可能会到餐厅消费，宜家餐厅全球的年收入高达16亿美元。另外，这些顾客客观上帮助宜家进行产品的销售测试，因为宜家的许多摆放展览产品在展览时接受了电子检测仪器的测试，记录这种产品的抗疲劳能力，比如抽屉开关的次数、沙发的承载受力等。

由于集团内部管理权限复杂，也为了保证对产品价格、销售记录及专利权的维护，宜家拒绝批发其产品，坚持由商店直销，对大宗购买客户也不提供"让利"服务。"中国的一些房地产公司希望大宗采购宜家的产品，来获取优惠，被我们拒绝了！"许立德说。

但是，据说宜家也打算完善销售手段，包括采取网上销售、大客户一站式采购、电话销售、合作销售等方式，这可能会让这台"销售机器"更加灵活。但是，宜家否认它会凭借自己强劲的销售渠道控制其他非家居产品的销售。

实际上，这个全球最大的家居用品零售商并未满足于仅仅控制全球最大的家居产品渠道，最终覆盖全球的不仅是宜家专有的商店，更包括宜家专利的产品，以及宜家机构的品牌。

从这个意义上说，宜家是全球唯一这么干并且取得成功的营销机构。另外，宜家不仅仅是卖家居产品的公司，它还有金融、房地产和自己的铁路公司，赢利状况也都不错。谁知道未来它的"胃口"有多大呢！

案例讨论：

1. 你对英格瓦要坐经济舱来中国，又在北京秀水街为一条100元的裤子讨价还价的做法感到奇怪吗？由此看来，以"定价"作为精髓的宜家，在流通加工领域有什么建树？

2. 在宜家的各个商店里，没有"销售人员"，只有"服务人员"。他们不能向顾客促销某件产品，而是由顾客自己决定和体验，除非顾客需要向其咨询。那宜家是靠什么促进销售的呢？宜家的这种策略是否更符合现代消费者的购物心理呢？

分析思路

第七章

配送与配送中心

本章教学目标

1. 了解配送中心的功能、分类和选址规划的要求。
2. 理解配送的含义、分类和配送中心作业流程。
3. 掌握配送的作用、作业流程、配送合理化的概念和相关措施。

配送是一种合理且高效的现代化物流方式。配送的目的是将流通时间和流通费用最大限度地降低，尽可能实现少库存甚至是"零库存"，从而降低社会生产的总成本。在某一特定范围内，配送能够体现物流的所有功能，因此，配送也是物流的缩影。

第一节　配送概述

一、配送的概念

配送是指在经济合理区域范围内，根据客户要求，对物品进行拣选、加工、包装、分割、组配等作业，并按时送达指定地点的物流活动。

从物流方面来看，配送基本包含了其全部的功能要素。但是，配送的主体活动与一般的物流存在很大的差异。例如，分拣配货就是配送的独特要求。从商流方面来说，商物分离产生了物流，而商物合一衍生了配送，这就是配送与物流的差异。总的来说，配送有以下几个内涵。

（1）描述接近客户的资源配置过程。配送的资源配置是最终的配置，因而是接近顾客的配置。接近顾客是企业经营战略至关重要的内容。

（2）配送实际上就是送货。但是，它又不同于送货。送货大多具有偶然性，但配送则是一种具有固定的场所和组织形态，具有专业化的管理队伍、设施、设备和技术的高水平送货形式。

（3）配送是一种"中转"形式。配送是企业需要什么送什么，一般送货往往是直达型送货。要做到需要什么送什么，就必须在一定的中转环节筹集这种需要，从而必然使配送以中转形式出现。

（4）配送是"配"和"送"的有机结合。配送与一般送货的重要区别在于，配送利用有效的分拣、配货等作业，使送货达到一定的规模，并利用规模优势取得较低的送货成本。

（5）配送是以顾客的要求为出发点的。配送是从客户利益出发，按客户要求进行的一种活动，在观念上必须明确"客户第一""质量第一"的宗旨。配送企业的地位是服务地位而不是主导地位，不能利用配送损害客户利益或控制客户，配送必须以"客户要求"为依据，追求合理性，实现共同受益。

二、配送的作用和特点

（一）配送的作用

在整个物流过程中，配送、运输、仓储等都属于物流的基本功能，其作用主要有以下几点。

1. 完善运输过程和整个物流系统

第二次世界大战之后，由于大吨位、高效率的运输力量出现，使干线运输无论在铁路、海运或公路方面都达到了较高水平，长距离、大批量的运输实现了低成本化。但支持转运或者小搬运往往成了物流过程的一个薄弱环节。采用配送方式，从范围上看是将支线运输与小搬运统一起来，使输送过程得以优化和完善。

2. 提高末端物流的经济效益

采用配送方式，通过将各种商品集中在一起，用一次性发货代替分别向不同用户小批量发货的方式来实现经济发货，这种方式的目的是提高物流末端的经济效益。

3. 通过集中库存使企业实现低库存或零库存

实行准时配送，生产企业可以不用继续保持自己的库存。采取集中库存时的库存量要低于不采取时的库存量，集中库存不仅能提升库存调节能力，还可以提高社会经济效益。

4. 可以简化流程，为用户提供方便

采用配送的方式，用户不用像以往一样去多订货，只需要跟一处联系订货即可，这在很大程度上减少了用户的订货时间耗损，同时也节省了很多成本。

5. 提高供应的保证程度

生产企业受库存费用的限制，单纯依靠自己的力量来维持库存，很难保证货物及时供应。而配送中心则拥有比企业更大的存储量。

6. 提高社会的经济效益

随着互联网的发展，网购量呈急剧上升的趋势。从社会角度而言，电子商务的发展必须有商品配送和货款支付这两个重要条件。因此，如果商品的配送不能与市场上的销量相匹配，必定会对网购这一新兴购物方式的快速发展产生不小的影响，甚至会影响整个社会的经济效益。

（二）配送的特点

配送是按客户需求进行商品组配与送货的活动。由于现代物流技术和手段有了很大的进步，连锁经营在不断发展，配送的范围也不断扩大，例如，沃尔玛利用全球卫星定位系统在全球范围内组织配送。配送具有十分显著的特点：①配送是一种融合了物流和商流，综合且特殊的物流活动形式；②配送具有中转型、末端运输、"门到门"运输等特点；③配送是集"配"和"送"于一体的有计划的活动。

相较于其他活动，配送有其自身的特点。

（1）配送不同于送货。一般送货是有什么送什么，而配送是需要什么送什么；配送是"中转型"送货，它是一种制度，而送货只是一种服务方式。

（2）配送不同于运输。运输和其他活动一同构成了配送，运输活动是整个配送过程中的末端运输，其起止点分别是物流点和客户。

（3）配送不同于供应。配送不是广义上的组织订货、签约、结算等的供应，而是一种"门到门"的服务，是一种将货物从物流据点送达客户手中的服务。

（4）配送不同于运送。配送是在全面配货的基础上，充分按客户要求进行运送；它不只有运送的环节，同时还有许多分拣、配装等工作。

第二节 配送的分类和模式

一、配送的分类

（一）按配送组织者进行划分

1. 配送中心配送

配送中心配送的组织者是配送中心。配送中心的规模和存储量相对较大，可以根据客户的需求进行商品储备。配送中心专业性强，和用户建立固定的配送关系，一般实行计划配送。配送中心的建设及工艺流程是根据配送需要专门设计的，所以配送能力大、配送距离较远、配送品种多、配送数量大，可以承担工业企业生产用主要物资的配送、零售商店补充商品的配送。配送中心配送是配送的重要形式。

2. 商店配送

商店配送的组织者是商业或物资的门市网点。一般情况下，规模都不大，但是品种多，都是小批量的配送。它比较灵活，主要是对用户个人或生产企业的次要货物进行配送，是对配送中心配送的一种辅助和补充。

3. 工厂配送

工厂配送的组织者是生产企业，即由生产企业直接把其生产的产品配送到零售网点。这类生产企业一般生产具有极强地方特性的产品，同时还有较为完善的配送网络和较高的配送管理水平。

（二）按配送商品种类及数量进行划分

1. 单品种大批量配送

工业企业需要的货物总量很大，只需要一种或者少数几种品种就能够满足其基础运输量,从而可以进行整车配送。单品种大批量配送的优势范围较窄,当可使用汽车、火车等从生产企业将这种商品直抵用户又不会使用户库存效益变差时,采用直接方式往往有更好的效果。

2. 多品种少批量配送

现代企业的生产所需除了少数的几种重要 A 类物资外,处于 B、C 类的品种数要比 A 类多。虽然其品种较多,但单品种需要量较低,直接配送或大批量配送的方式反而会增加用户的库存,延长库存周期,并且占用大量的资金,同时使库存损失严重,因此采用多品种少批量的配送方式更为合适。

多品种少批量配送是指先按照顾客的要求把所需的产品集中在一起,然后统一进行装车配送。这是一种高水平、高技术的配送方式,所以需要具有高水平的组织工作来保证和配合其正常运作。

3. 配套成套配送

配送成套配送是按企业生产需要,尤其是装配型企业生产需要,将生产所需全部零件配齐,按生产节奏定时送达生产企业。采取这种配送方式,配送企业实际承担了生产企业大部分的供应工作,使生产企业专注于生产,期望得到和多品种少批量配送一样的效果。

(三) 按配送时间和数量进行划分

1. 定时配送

定时配送是按照事先协商好的、固定的时间段进行配送,如隔几个小时一次或几天一次。定时配送要事先与用户制订一个合适的长期计划,规定好每次配送物品种类以及配送数量。这种方式的优点为:方便安排工作计划,方便使用车辆,方便客户安排接货。但是受时间间隔的限制,其备货要求下达相对较晚,集货、配货、装配的难度较大。

2. 定量配送

定量配送是按照规定的量进行配送,它对时间没有严格的要求,只需要在规定的时间里送达客户。其备货工作相对简单,可以有效利用托盘和集装箱,同时也能做到整车配送,因此,其配送效率相对较高。

3. 定时定量配送

定时定量配送是一种确定了准确时间和固定数量的配送。一般情况下,其用户比较固定,有长期的稳定计划,同时兼备定时配送与定量配送的优点。

4. 定时定量定点配送

定时定量定点配送是在严格规定配送时间和数量的基础上,对固定的分销店或零售店面等用户进行配送的方式。其用户固定,并且数量确定,便于装配和配送。但其灵活性差,订货需求发生变化后不便调整,适用的范围并不广,因此它不是一种普遍的配送方式。

5. 定时定路线配送

首先根据运输路线来制订到达时间表,然后依据到达时间表进行配送,用户可以在规定的时间和路线站点接货。该方式方便企业安排运送的车辆和运送人员,并制订配送计划。但是因其应用领域有限,所以不能普遍使用。

6. 即时配送

即时配送是企业完全根据用户要求的数量、时间,而不是基于预先确定的配送数量进行配送的方式。它以某天的任务为目标，即时安排最优配送路线及合适的配送车辆实施配送。这是一种较高水平的配送方式，可以确保每天配送都实现最优的安排。

（四）按经营形式进行划分

1. 销售配送

销售配送的主体是销售企业，配送的对象和客户取决于市场的占有情况，并不是固定的。因此，这种配送的随机性较强，大部分商店配送属于这一类。

2. 供应配送

供应配送是企业为了满足自己的供应需要而采取的配送方式。它是由企业建立配送据点，集中组织大批量的进货，然后分给企业内的若干成员配送。这种方式可以提高企业的供应能力，同时通过大批量进货，也可以降低供应成本。

3. 销售供应一体化配送

销售企业销售商品给需求基本固定的客户的同时，还承担了客户有计划的供应职能，所以具有销售者和供应代理人的双重身份。它在销售者和客户之间形成一个稳定的供需关系并保持了流通渠道稳定。

4. 代存代供配送

代存代供配送是客户把货物委托给配送企业代存、代供或代订，然后进行配送的方式。这种配送的特点是货物的所有权不变化，仅仅只是将货物的位置进行移动，而配送企业的收益是从代存代供中得到的，并不能得到商品销售的利润。

（五）其他配送方式

1. 共同配送

几个配送中心联合起来，共同制订计划，共同对某地区用户进行配送，具体执行时共同使用配送车辆，这种配送方式称共同配送。例如在某一地区用户不多，各企业单位如果单独配送，因车辆不满载等就会造成经济效果不好，如果将许多配送企业的用户集中到一起，就有可能有效地实施配送，这种情况下采取共同配送是有利的。

2. 加工配送

在配送中心进行必要的加工，再进行配送。这种配送方式将加工和配送一体化，使配送中心更具有针对性，能为顾客提供更趋完善的配送服务。

二、配送模式

（一）商流、物流一体化的配送模式

这种模式又称为配销模式，其主体一般是生产、销售企业，或企业内部的物流中心。这些配送主体不仅参与物流过程，还参与商流过程，而且将配送作为其商流活动的一种营销手段和策略。在我国物流实践中，以批发为主体经营业务的商品流通机构多采用这种配送模式，国外的许多汽车配件中心所开展的配送业务同样属于这种配销模式。其结构如图7.1所示。

（二）商流、物流相分离的物流模式

配送的组织者专门为客户提供货物的入库、保管、加工、分拣、送货等物流服务，但不直接参与商流的过程，其实就是"物流代理"。在我国，那些由传统储运企业发展起来的企业多采用商流、物流相分离的物流模式,它能加强配送服务的功能。而国外的一些运输业、仓储业配送中心和物流服务中心也采用这种配送模式。其结构如图7.2所示。

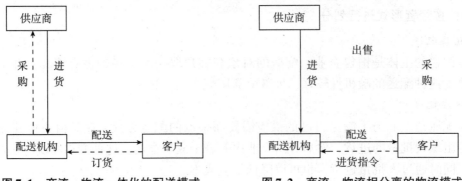

图7.1 商流、物流一体化的配送模式　　　图7.2 商流、物流相分离的物流模式

第三节 配送作业管理

一、配送作业管理的内容

(一)配送作业管理的目标

配送作业的总体目标有七个恰当(Right),简称"7R",即在恰当的地点、恰当的时间和恰当的条件下,将恰当的产品以恰当的成本和方式提供给恰当的消费者。为了达到7R的目标,必须在提高配送质量和客户满意度的同时,尽可能地降低配送成本。在实际的配送作业过程中,还要建立具体的目标:快捷响应、最低库存、整合运输。

(二)配送作业流程

配送一般作业流程是配送活动的典型作业流程模式。一般认为,随着商品种类的日益丰富,消费需求的个性化、多样化,多品种、少批量、多批次、多用户的配送服务模式成为最具时代特色的配送活动形式。其服务对象众多,配送作业流程相对较复杂。因此,将配送一般作业流程作为通用的标准流程是比较有代表性的,如图7.3所示。配送作业管理就是对图7.3所示流程之中的各项活动进行计划和组织。为了能够井然有序地实施配送工作,管理者必须依据一定的工作流程对配送作业进行安排与管理。

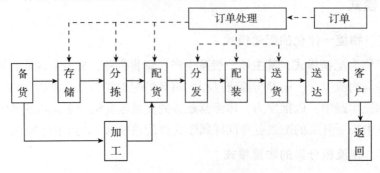

图7.3 配送一般作业流程

（三）配送的工作步骤

1. 制订配送计划

配送是物流业务的一种组织形式，而商流则是其制订配送计划的主要依据。也就是说，商流提出了在什么时候、在哪里、给谁送货的要求，而配送还需要考虑运输路线、运力、运量能否满足配送要求。为了更经济、高效地完成配送任务，配送计划是基于以下几点制订的。

（1）订货合同副本，以此为依据确定用户的接货地点、接货人、接货方式及送货时间、用户订货的品种、数量、规格和送接货等其他要求。

（2）依据配送货物的性能及运输要求来决定车辆的类型和运送方式。

（3）分时、分天的运输配置情况。

（4）交通与道路状况。

（5）各配送点所存的货物品种、数量及规格情况等。

在充分掌握以上信息资料之后，把以上数据按照固定的程序输入计算机。计算机通过专用的配送计划软件自动处理数据后输出配送计划表，或者直接利用计算机向执行部门发出指示。当然，在不能实施以上方法的情况下，也可以由人工制订配送计划，具体步骤如下。

（1）按日汇总各用户需要物资的品种、规格、数量，并详细地弄清各用户的地址，可在地图上标明，也可在表格中列出。

（2）计算出向每个客户运输所需要的时间，以此来确定起运的提前期。如果运输距离较短，就可以不考虑提前期。

（3）确定每天应从每个配送点发运物资的品种、数量和规格，可以采用表上或图上作业法完成，也可通过以吨公里数最低或总运距最小为目标通过函数计算求解出最优解，这就是最优配送计划。

（4）根据配送计划选择和确定配送形式。

（5）通过表格的形式拟订详细的配送计划，进行审批。

2. 下达配送计划

确定配送计划后，将货物的品种、数量、规格及到货时间通知用户和配送点，以便配送点和用户可以分别按照计划发货和接货。

3. 按照配送计划来确定物资的需要量

各配送点按配送计划计算好库存物资的配送保证能力，对数量及种类不足的物资组织进货。

4. 配送点下达配送任务

配送点向各运输部门、仓储部门、分货包装及财务部门下达配送任务，各部门做配送准备。

5. 配送发运

配货部门按要求将各用户所需的各种货物进行分货及配送，然后再进行适当的包装并详细标明用户名称、地址、配达时间、货物明细。按计划将各用户货物组合、装车,并将发货明细交给司机或随车送货人员。

6. 送达

送货人员根据指定的路线将货物送达到用户手中,在得到用户签字的回执后,马上通知财务部门进行结算。

二、配送工作计划的制订

一个完整的配送工作计划应包括配送路线、地点、货物数量、运送车辆的数量等,在满足各个环节操作要求的同时,确定配送时间范围及客户作业层面衔接以达到最优化目标。高效的配送工作计划是在分析外部需求和内部条件的基础上按一定程序制订的,其步骤如下。

(一)确定配送目的

配送目的是一定时期配送工作所要达到的结果。在这里,需要注意配送业务是服务于长期固定客户还是服务于临时性特定顾客,是为了满足长期稳定性需求还是为了满足短期时效性要求。配送目的不同,具体的计划安排也会有所不同。

(二)进行调查和收集资料

要制订出一定时期的配送计划,需要依据大量的数据对未来一定时期的需求进行正确的预测与评估,不了解客户的需求就无法满足客户需求。因此,这阶段是计划工作的基础,需要调查收集与配送活动相关的各方面资料,同时要充分了解竞争对手的情况。

(三)内部条件分析

由于配送容易受自身条件和资源的约束,所以要对配送中心配送人员(司机或者配送业务员)、配送中心的车辆及其他配送设施进行分析,确定配送能力。

(四)整合配送要素

配送要素也称为配送的功能要素,包含货物、客户、人员、车辆、路线、时间及地点。在制订计划时要对这些要素进行综合分析和整合。

(五)制订初步配送计划

在完成上述步骤之后,结合自身能力及客户需求初步确定配送计划。这个计划要精确到抵达每一个配送地点的具体时间、具体路线,以及货运量发生突然变化时的应急办法等。

(六)进一步与客户协调沟通

在制订了初步的配送计划之后,需要与客户进一步地交流,使客户全身心投入其中,提出修改意见,共同完善配送计划。这一环节对于提高配送计划质量是非常重要的。

(七)确定正式配送计划

通过与客户的多次协商,确定正式配送计划。在一对一配送中,正式配送计划属于配送合同的一个组成部分。

三、配送路线的确定

(一) 确定原则

由于配送速度、成本和效益等均受配送路线合理性的影响，所以一定要采取合适的方法来确定配送路线。虽然可采用的数学方法有很多，但不管采用什么方法，都应该先建立一个希望达成的目标，再考虑达成目标的约束条件，在有限的条件下制订出最优方案。

一般确定的目标可以是成本最低、效益最高、路程最短、准时性最高、运力利用最合理、劳动消耗最低。

相应的制约条件有：①满足所有收货人对货物品种、规格、数量的要求；②满足收货人对货物送达时间范围的要求；③配送的货物不能超过运输工具的最大载重量；④在交通管制允许通行的时间内进行配送；⑤在配送中心现有运力允许的范围之中。计划制订要求在有约束条件下实现最优。

(二) 确定方法

1. 数学计算法

可以利用经济数学模型进行数量分析。

2. 节约里程法

在应求近似解而不是最优解的情况下，可以考虑使用节约里程法。它将运输距离作为确定配送路线的重要依据，其基本思路是利用运输能力和配送中心与客户之间的距离，以及各用户间的距离来制订可以使总配送车辆吨/公里数接近最小的配送方案。它的基本原理是三角形两边之和大于第三边。往返发货与巡回发货车辆行走的距离如图 7.4 所示。

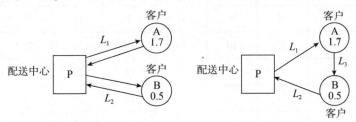

图 7.4 往返发货与巡回发货车辆行走的距离

由配送中心 P 给 A、B 送货，P 与用户 A、B 的最短距离分别为 L_1、L_2，A 与 B 的最短距离为 L_3。用户 A、B 对货物的需求量分别为 q_1 和 q_2（假设 q_1+q_2 小于汽车载重量）。

若使用两辆汽车分别对 A、B 两个用户进行往返送货，汽车直行的总里程数为：$L=2(L_1+L_2)$。

若改为由一辆车向 A、B 两个用户送货，汽车行走的里程 $L=L_1+L_2+L_3$，后一种节约里程：$\Delta L=L_1+L_2-L_3$。

如果在配送中心 P 的供货范围内有 n 个用户，那么，可以根据汽车载重量按照节约量从大到小把用户依次连成一个巡回的路线，直到汽车满载。当然，其他用户也可以用这种方法配送，如图 7.5 所示。由配送中心 P 向 A～I 的 9 个用户配送货物，图中线上的数字表示路程（单位：km），圆圈里的数字表示用户对货物的需求量（单位：t）。配送中心只有载重 2 吨和 4 吨的车辆，并且汽车往返 1 次的路程不能超过 35 km，假设送达时间能够满足用户的要求，计算出该配送中心的最优送货方案。

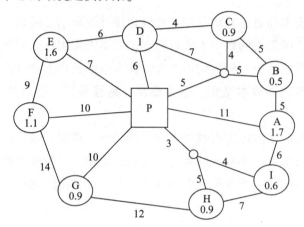

图 7.5　某配送中心配送网络示意

现利用渐进解题法求解，其步骤如下。

（1）首先计算配送中心到各客户、以及各客户之间的最短距离，如表 7.1 所示。

（2）利用节约法计算节约的里程，如表 7.2 所示。

（3）把节约里程表中节约的里程按照从大到小的顺序进行排序，制订节约里程顺序表，如表 7.3 所示，有的是负值就不列入表中。

表 7.1　最短距离表　　　　　　　　　　　　　　　　　　　　单位：km

	P	A	B	C	D	E	F	G	H	I
P	0	11	10	9	6	7	10	10	8	7
A			5	10	14	18	21	21	13	6
B				5	9	15	20	20	18	11
C					4	10	19	19	17	16
D						4	15	16	14	13
E							9	17	15	17
F								14	18	17
G									12	17
H										7
I										

表 7.2 节约里程表　　　　　　　　　　　　　　　单位：km

	A	B	C	D	E	F	G	H	I
A		16	10	3	0	0	0	6	12
B			14	7	2	0	0	0	0
C				11	6	0	0	0	0
D					7	1	0	0	0
E						8	0	0	0
F							6	0	0
G								6	0
H									8
I									

表 7.3 节约里程顺序表　　　　　　　　　　　　　单位：km

序号	路途	节约里程	序号	路途	节约里程	序号	路途	节约里程
1	A—B	16	6	E—F	8	11	A—H	6
2	B—C	14	7	H—D	8	12	B—E	6
3	A—I	12	8	D—E	7	13	C—E	6
4	C—D	11	9	B—D	7	14	F—G	6
5	A—C	10	10	G—H	6	15	A—C	3

（4）根据节约里程表和配车载重限制、行车里程的限制等约束条件，渐近绘出配送路线（过程省略）。最终配送路线方案如图 7.6 所示。

在图 7.6 中，路线 1：4t 车，行走 32km，载重 3.7t；

　　　　　　　路线 2：4t 车，行走 31km，载重 3.9t；

　　　　　　　路线 3：2t 车，行走 30km，载重 1.8t。

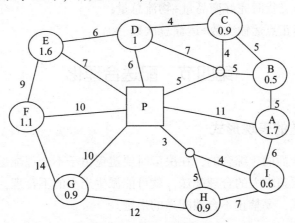

图 7.6　最终配送路线方案

三种路线行走的总里程为 93km。若简单地为每个用户派一辆货车需要 2t 车 9 辆，行走156km。

3. 配送方案的综合评价法

对一些影响因素较多，难以用某种确定的数学关系表达，或难以用某种单项依据评价时，可以通过对配送路线方案进行综合评定的方法来确定方案，其步骤如下：

（1）拟订配送路线方案。以某一项突出的要求或约束条件为依据，对不同情况（如某几个点配送准时或道路交通原因）拟出几个不同的方案，每个方案列出路线、经过地点、车型等具体参数。

（2）计算出每个方案的相关数据，如配送距离、配送成本、配送时间等数据，并将其作为评价的依据。

（3）确定评价项。决定从哪些方面来评价方案。如车辆数、油耗、准时性、行驶难易、总成本等方面，都可作为评价依据。

（4）对所有方案进行综合评价，从中确定一个相对最优的方案。

（三）配送效益的评价

判断方案实施后是否实现了配送目标，可采用配送效益指标和服务质量指标进行衡量。

（1）配送效益指标。配送效益指标是用价值和数量来衡量配送单位的配送效益指标，主要包括以下几个指标。

物流吨费用指标＝物流费用÷物流总量；

满载率＝车辆的实际装载量÷车辆的装载力；

运力利用率＝实际吨公里数÷运力往返总能力。

（2）服务质量指标。服务质量指标主要从客户的角度考核配送企业的绩效，主要有下列几个指标。

缺货率＝缺货次数÷用户需求次数；

满足程度指标＝满足用户要求数量÷用户要求数量；

交货水平指标＝按期交货次数÷总交货次数；

交货期质量指标＝规定的交货期−实际的交货期；

商品完好率指标＝交货时完好商品量÷物流总量；

正点运输率指标＝正点运输次数÷运输总次数。

第四节　配送合理化

一、不合理配送的表现形式

配送决策应该是全面的、综合的，在决策时要避免由于不合理配送造成的损失。但不合理现象具有伴生性，要追求大的合理配送，就可能派生出小的不合理，所以这里只单纯论述不合理配送的表现形式，要禁止不合理配送的出现。

（一）资源筹措不合理

配送是企业通过大规模筹措资源使其筹措成本比用户自己筹措需要的成本低，以此来取得成本竞争优势。但若仅仅只为某几个用户配送，那么对于用户而言，反而还要支付更多的筹措费给配送企业，因而是不合理的。

（二）库存决策不合理

配送应该充分利用集中库存的总量，从而在很大程度上节约了社会财富，并减轻用户实际平均分摊库存的负担。库存企业只有真正做到低库存，才能避免只转移了库存却没有降低库存的不合理情况发生。

（三）价格不合理

总的来说，只有配送的价格低于用户自己进货时各项成本的总和，才能确保用户拥有一定的利润空间，才能吸引用户。当配送的价格比个人进货的成本高时，用户的利益就会受到损害，这是不合理的。如果配送价格太低，企业很可能处于不盈利或亏损的状态，从而使销售者的利益受损，这也是不合理的表现。

（四）配送与直达的决策不合理

配送在很多情况下都有配送中转送货的环节，其功能是降低用户的平均库存水平，在减少中转环节支出的同时获取剩余收益。但如果通过社会物流系统均衡批量进货比运用该环节更节约费用，这种情况下使用配送中转送货就是不合理的。

（五）送货中的不合理运输

对于多个小用户而言，使用同一辆车去配送几个不同用户，比用户自提能节约更多的运输力量和运输成本。在这种情况下，如使用一户一送的方式，就属于不合理运输。

（六）经营观念的不合理

经营观念不合理的情况也时常会出现在配送中，这在很大程度上限制了配送优势的发挥，而且使配送企业的形象受到损害。

二、配送合理化的措施

（一）推行一定综合程度的专业化配送

通过采用专业设备、设施及操作程序，取得较好的配送效果并降低因配送过分综合化造成的复杂程度及难度，从而追求配送合理化。

（二）推行加工配送

通过结合加工与配送，最大化满足已有的中转要求，而不是实施新的中转要求的配送。将加工与配送融合起来，既可以减少投入，也可以形成自身优势与增加经济效益，以达到配送合理化。

（三）推行共同配送

推行共同配送可以以最近的路程、最低的配送成本完成配送，从而追求合理化。

（四）推行送取结合配送

企业与顾客建立长期固定的、相互信赖的协作关系，不仅可以成为产品代销人，而且可以成为用户的储存据点和代理人。在配送时，先用车辆将用户的货物送达到用户手中，再通过送货车把该用户生产的产品运回，使该产品也成为配送中心的配送产品之一。这种方式不仅能够充分利用运力，还能最大限度地发挥配送企业功能，达到配送合理化。

（五）推行准时配送系统

配送做到了准时，用户才有资源可以把握，可以放心地实施低库存甚至零库存，可以有效地安排接货的人力、物力，以追求最高效率的工作。

（六）推行即时配送

即时配送是最终解决企业短供之忧、大幅度提高供应能力的重要手段。即时配送是配送企业快速反应的具体化，是配送企业能力的体现。此外，即时配送也是用户实行零库存的一种重要保证手段。

第五节　配送中心概述

一、配送中心的概念

配送中心是以组织配送型销售或供应、执行实物配送为主要职能的流通型结点。它是集散中心、分货中心、加工中心功能的综合，并兼有比"配"与"送"更高的水平。

配送中心产生于对社会和专业分工进一步细分的需要，是为了更好地满足发展市场和物流合理化这两个要求。传统配送中心的某些职能是在转运型结点中完成的，但随着配送行业的发展，某些类型的配送中心会为了衔接不同规模的运输和不同的运输方式而向转运站发展，而剩下的一些配送中心则会更加注重配送，并使"配""送"的职能得到进一步的发展。日本《市场用语辞典》对配送中心的解释是："它是一种物流结点，不以贮藏仓库这一单一的形式出现，而是发挥配送职能的流通仓库，也称为基地、据点或流通中心。配送中心的目的是降低运输成本、减小销售机会的损失，为此建立设施、设备并开展经营、管理工作。"

《物流手册》对配送中心的定义是："配送中心是从供应者手中接受多种大批量的货物，进行倒装、分类、保管、流通加工和情报处理等作业，同时按照众多需要者的订货要求备齐货物，以令人满意的服务水平进行配送。"

《物流术语》（GB/T 18354—2006）给配送中心的定义是：**配送中心是从事配送业务且具有完善信息网络的场所或组织**，应基本符合下列要求：①主要为特定的用户服务；②配送功能健全；③辐射范围小；④多品种、小批量、多批次、短周期；⑤主要为末端客户提供配送服务。

不论国内外如何认识配送中心，定义上如何区别，但对于配送中心的现实功能和功能目的认识是一致，就是配送中心是配送业务活动的聚集地和发源地，其功能目的是按照客户的要求为客户提供高水平的供货服务。

二、配送中心的功能

一般的配送中心具备以下基本功能。

(一) 集货

集货工作包括筹集货源、订货或购货、进货及有关的质量检查、结算、交接等。配送的优势之一是可以通过对客户需求的预测,进行一定规模的补货,以防出现缺货现象。

(二) 储存

配送中心的服务对象是众多的企业和商业网点。其职能和作用是:根据客户的要求,按时、按量把货物送达客户手中。为了及时、准确地完成配送任务,配送中心一般会修建现代化仓库来代替传统仓库,并配置足够的仓储设备和货物。

(三) 分拣及配货

分拣及配货是为了最终将货物按时、按量送达客户手中所做的准备工作,不仅能够获得竞争优势和提高自身经济效益,还可以说是送货形式向高级化发展的必然要求。它使配送企业的配送和服务水平得到了很大的提高,所以它也是决定企业配送系统水平的重要因素。

(四) 配装

如果一个或几个顾客的货物数量不能使车辆满载,就需要进行配装。配装送货可以在很大程度上减少送货的时间和成本,从而有效地提高送货效率。配装是一个具有现代化特色的功能要素,也是现代配送不同于以往的送货之处。

(五) 配送运输

配送运输在运输中属于末端运输、支线运输,它与普通的运输不相同,配送运输的用户多、距离相对较短、规模小、额度高,汽车运输是其主要的运输方式。由于配送运输顾客较多,运输区域交通状况复杂,需要考虑选择最优路线和有效结合配装与路线等问题,导致配送运输的实施是不容易的。

(六) 送达服务

将配好的货物运输到客户指定地点,并不意味着配送工作的完结,还需要完成卸货、点货、交货,并且有效地、便捷地处理相关手续和完成结算。送达服务是配送独有的特殊性。

(七) 配送加工

在配送中,配送加工不具备普遍性,但却是配送中不可忽视的一大要素。主要在于它可以在很大程度上提高物流管理水平和客户满意度。

(八) 信息处理

配送中心通常拥有一套相当完整的信息处理系统,能够有效地为整个流通过程的控制、决策及运转提供依据。配送中心通过上下相连的方式,实施供应链管理,在集货、储存、拣选、流通加工、分拣、配送等一系列物流环节控制,物流费用管理,成本结算等方面都可以实现信息共享,从而成为整个物流过程的信息中枢。

三、配送中心的分类

配送中心是专门从事货物配送活动的场所或经济实体。由于各自的服务对象、组织形式和服务功能不尽相同,因而从理论上可以把配送中心分为若干类型。

(一) 按配送中心的经济功能进行划分

1. 供应配送中心

这是一种专门向个人或少数用户提供配送服务的配送中心。例如,为大型连锁超市市场组织供应的配送中心;代替零件加工厂送货的零件配送中心,使零件加工厂对装配厂的供应合理化。

2. 销售型配送中心

该类配送中心的目的是销售,配送是其运营手段。销售型配送中心大体有三种类型:一是生产企业将本身产品直接销售给消费者的配送中心。在国外,这种类型的配送中心有很多。二是流通企业以自主经营作为经营方式时,建立配送中心以扩大销售,我国目前拟建的配送中心大多属于这种类型。三是流通企业和生产联合的协作性配送中心。相比较而言,国外和我国都在向以销售型配送中心为主的方向发展。

3. 储存型配送中心

该类配送中心拥有较大的库存容量,主要是为了满足企业在销售产品时客观需要的一定数量产品储备,在生产过程中也需要储备一定数量的生产资料,配送范围较大、距离较远时需要储存一定数量的商品。因而,该类配送中心是基于确保生产与流通能正常工作而产生的,特点是仓库规模大、库型多。如我国目前拟建的配送中心,都采用集中库存形式,库存量较大,多为储存型;瑞士 GIBA-GEIGY 公司的配送中心拥有世界上规模居于前列的储存库,可储存 4 万个托盘;美国赫马克配送中心拥有一个 163 000 个货位的储存区,可见储存能力之大。

4. 流通型配送中心

这是只以暂存或随出方式运作的配送中心。其运作方式是成批地进货,按照用户的订单要求零星出货。进货后,货物通过分拣机被直接分送至不同用户的货位或配送运输工具上,货物在中心滞留时间很短。

5. 加工型配送中心

这是一种根据用户需求对配送物品进行加工,而后将加工好的物品送达用户的配送中心。加工型配送中心具有流通加工的职能,其加工活动主要有分装、改装、集中下料、套载、初级加工、组装、剪切、表层处理等。

(二) 按配送中心的服务范围划分

1. 城市配送中心

城市配送中心以城市为范围进行配送,运输工具通常为汽车,且能够直接把货物送达客户手中。所以,城市配送中心通常是跟零售经营捆绑在一起的,利用其运输范围小、灵活性高的特点,进行少批量、多品种、多用户的配送。

2. 区域配送中心

区域配送中心是一种辐射面广、库存量大,可以为省(州)市、全国乃至国际范围的用户配送的配送中心。一般而言,区域配送中心的配送规模较大,批量也大,而且往往不仅给下一级的城市配送中心配送,也给商店、批发商等客户配送。

3. 国际配送中心

国际配送中心为国际范围内的用户提供配送服务的配送中心。该类配送中心的经营规模大、覆盖面广；配送方式采用大批量、少批次和集装单元；配送设施和设备机械化、自动化程度高；配送对象主要是超大型用户，存储吞吐能力强。

（三）按物流设施的归属划分

1. 自有型配送中心

自有配型送中心是指所有的物流设施及设备都由某个企业或集团掌管的配送中心。这类配送中心是企业或集团的一个重要组成部分，它只为集团内部的企业提供服务，一般情况下，不对外提供配送服务。

2. 公共型配送中心

公共型配送中心是一种只要支付相关的服务费用，所有用户都能够享受配送服务的组织。从归属上来看，它是一种由几个生产企业相互合作，共同投资、持股与管理的经营实体。

3. 合作型配送中心

合作型配送中心是由几家企业共同修建与管理的物流设施，多为区域性配送中心。该类配送中心有以下3种形式：①企业间联合发展；②系统或地区进行规划兴建，由系统或地区内的企业进行共同配送；③企业与系统、地区之间一起建设，形成覆盖整个社会的配送网络。

（四）按运营的主体划分

1. 以制造商为主体的配送中心

该类配送中心的商品全部自产自送，很大程度上降低了运输成本，能够迅速地把零件运输到指定地点，从而有效地提高售后服务质量。该类配送中心的商品在各生产阶段都方便操控，但不具备社会化的要求。

2. 以批发商为主体的配送中心

该类配送中心一般是按部门或商品种类，把所有的商品汇总到一起，然后把商品一种或多种搭配配送给零售商。对所有制造商生产的商品集中再销售是该类配送中心一个至关重要的环节，它的全部进出货都是由社会配送的，社会化程度相对较高。

3. 以零售商为主体的配送中心

一般情况下，当零售商具有相对较大的规模后，就会建设自己的配送中心，服务于零售店、超级市场、百货商店、粮油食品商店等。该类配送中心的社会化程度介于以上两类配送中心之间。

4. 以运输业为主体的配送中心

该类配送中心大多处于交通便利的运输枢纽地带，能在第一时间把产品送达到客户手中，运输配送是其最核心的环节。该类配送中心会为制造商或供应商提供储存的货位，但产品属于存货在此的制造商和供应商，配送中心只起储存和配送的作用，其现代化程度一般比较高。

第六节　配送中心作业管理

一、配送中心的作业流程

配送中心的效益主要来自"统一进货，统一配送"。统一进货的主要目的是避免库存分散，降低企业的整体库存水平。统一配送则是通过减少送货的交通流量，提高配送车辆的满载率，减少不必要的成本支出。一般来说，**配送中心的作业流程设计主要实现两个目标：一是降低企业的物流总成本；二是缩短补货时间，提供更好的服务**。流程中的每一步都要准确、及时，并且具备可跟踪性、可控制性和可协调性。配送中心作业流程如图7.7所示。

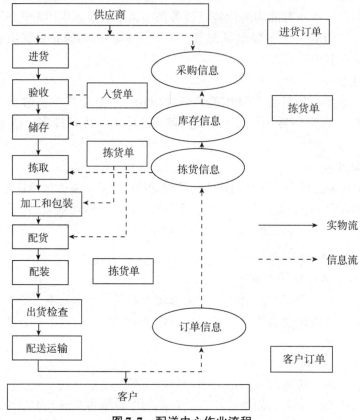

图 7.7　配送中心作业流程

二、配送中心作业管理的内容

商品从生产领域到流通领域的第一步就是收货。它包括卸货作业、检验商品条形码、商品点验作业和搬运作业，最终将商品从卸货地点运送到存储地点。

（一）进货管理

1. 进货作业的定义与作业流程

进货作业是指把货物从运输车辆上卸下、开箱查验，并将相关收货信息书面化。进货作业过程具有经济双重性，它既是物流活动，同时又涉及了商品所有权的转移（由生产转向流通）。只要配送中心把商品接收过来，就必须保证商品完好无损，因此，进货的质量检查作业至关重要。进货作业流程如图7.8所示。

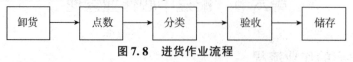

图 7.8　进货作业流程

2. 进货作业的实施

（1）卸货作业。配送中心卸货一般是在收货站台上进行的。送货人员按时按量把货物送达原定地点,进行卸货,拿出抽样产品、送货单及增值税发票等相关资料与收货人员进行核对。一般采用人工、叉车、输送机卸车等方式进行卸货。在托盘作业的情形下,应将货物直接卸至托盘。商品放在托盘上时需要做到以下六点:①商品的标志一定要朝上;②商品不能放置超过托盘宽度;③商品每盘的高度不能比规定的高度高;④商品的重量不能超过托盘的最大载重量;⑤商品要整齐放置,以便向高处堆放;⑥每个托盘上的商品必须写清件数,顶端要绑好,防止商品掉落。

(2) 收货验收。收货验收是物流作业的一个重要环节。验收的目的是保证商品能及时、准确、安全地发运至目的地。供应商运送的商品来自一个工厂和仓库,在送货过程中相互有交接关系,验收的目的之一就是与送货单位分清责任;在商品运输过程中,可能造成商品损坏,故而更需要供需双方当面查点交接,分清责任。

① 核对验收单证。验收单证包括:商品入库通知单、订货合同;货物质量证明书或合格证;检验单及发货明细账;运单及商务记录;货物的交接记录等。核对凭证就是对以上单证进行核实并整理分类,然后用单证逐项进行验货。特别是品种繁多的小商品,要用验收单仔细核对货物的名称、数量、颜色、标准,才能保证单货相符、准确无误。

② 商品条形码验收。在进行商品条形码验收时,要注意该商品是否为送货预订商品和其条形码与数据库内的是否匹配。

③ 数量验收。一般采取先卸后验的办法,即收货人员根据随车单据,查阅核对数量是否相符。商品数量验收方法如表7.4所示。

表7.4 商品数量验收方法

商品	验收方法	验收步骤
大件、大批量商品	标记计件法	对每一件数的商品作标记,待全部清点完毕后,再按标记计算总数
包装规则、批量不大	分批清点	将商品按每行、列、层堆码,每类行、列、层堆码件数相同,清点完毕后统一计算
包装规则、批量大	定额装载	用托盘、平板车和其他装载工具实行定额装载,最后计算入库数量

④ 质量验收。质量验收有感官和仪器等方法。在交接时间较短和指定交接地点等条件的约束下,通常采用"看""闻""听""摇""拍""摸"等感官检验方法。而仪器检验则是通过利用试剂、仪器等设备对商品的成分、技术标准等进行物理和化学分析,检验效果科学,但是过程复杂,受操作人员的经验、作业环境和生理状态等因素影响。

⑤ 包装验收。包装验收的主要目的是在商品运输的过程中保证商品完好无损,所以需要保证物流包装能经受得住一般的颠簸和挤压等。在包装验收时,应具体检查以下内容:纸板的厚度和卡具、锁具的牢固程度;纸箱的钉距、内衬底的严密性;封条有没有破损、箱盖(底)的摇板有没有粘牢、商品是否露出纸箱;纸箱是否有潮湿、变形、油污、发霉、虫害等情况。

(3) 货物编号。只有在进货作业中把每个货物的号码标示清楚,才能保证物流作业准确无误和及时正常地进行。编号是根据分类把货物按照顺序排列,然后将货物名称等相关信息用数字、符号来表示,以便运用计算机对货物进行有效管理。货物编号的方法主要有流水编号法、条形码编号法和商品分类编号法等。

（二）订单处理

订单处理就是从接到客户订货开始一直到拣选货物为止的作业阶段，其中还包括有关用户和订单的资料确认、存货查询和单据处理的工作。

1. 订单处理的方式

（1）传统订货方式。传统订货方式有以下几种。

①厂商铺货。供应商直接将商品放在货车上，一家家去送货，缺多少补多少。此种方法适用于周转率快的商品或新上市产品。

②厂商巡货、隔天送货。供应商派巡货人员前一天先到各客户处查询需补充的商品，隔天再予以补货。该方式的优势是：供应商既可以安排巡货人员给客户整理货架、贴标签，又可以给客户提供经营管理的建议和当前的市场信息等，还可以向客户推荐新上市的产品。

③电话口头订货。客户通过电话向供应商口头说明要订货物的相关信息。因为电话订货方式需要天天跟若干个供应商订货，货物数量庞大，故使用人工记录花费时间较长且错误率高。

④传真订货。客户将缺货信息整理成文，利用传真机传给供应商。

⑤邮寄订单。客户通过邮寄的方式把缺货清单（订货单）寄给供应商。

⑥客户自行取货。如与供应商相距不远，客户可以自己去供应商处订货。一般适用于传统的杂货店。

⑦业务员跑单接单。业务员先向客户推销产品，然后把客户的订货单带回供应商处；如果客户对货物需求较急，业务员可以通过电话跟供应商联系订货。

（2）电子订货方式。为了适应当前市场的激烈竞争，电子订货方式随之出现。它比传统的订货方式更能满足高频率的订货和快速响应的要求。

这是一种借助计算机信息处理，取代传统人工书写、输入、传送的订货方式。它将订货信息转为电子信息借由通信网络传送，故称电子订货系统（Electronic Ordering System，EOS）。电子订货方式及作业如表7.5所示。

表7.5 电子订货方式及作业

订货方式	具体作业
订货簿或货架标签配合手持终端机及扫描器	订货人员随身携带订货簿和手持终端机在货架区进行检查，找出缺货货物，扫描缺货商品的条形码，然后录入补货数量，全部巡视完成后，把所有订单详情发送给配送中心
POS订货	客户先在POS收银机的商品库存档内设定一个安全存量，每送出一批产品，电脑都会在库存系统里自动扣除该产品送出的数量。如果系统库存比客户预先设定的安全存量要低，电脑会在确认库存后，及时把库存不足的订单通过通信网络发送给配送中心
订货应用系统	客户通过订单处理系统，和供应商商量制订一个通用的订单格式，在规定时间范围内把它发送出去

2. 订单处理的具体内容

在交易对象较多的情况下,配送中心需要按照客户的不同需求对订单进行适当的处理。简而言之,就是配送中心针对不同的客户和商品,采用不同的处理方式。不同的交易处理方式如表7.6所示。

表7.6　不同的交易处理方式

订单类别	交易类别	作业方式
内部调拨配送订单	普通的交易订单,在接单后根据作业程序进行拣货、出货、配送等作业	接单后在订单处理系统里录入订单详情,然后按程序对订单进行处理,处理完后根据正常程序进行拣货、出货、配送等作业
批发与现金销售	与客户当面交易、直接给予货物的交易订单	先把订单详情录入系统,然后把货物拣选出来并送达客户手中
间接交易订单	客户给物流中心发出订货信息,但是由供应商将产品配送给客户的交易订单	接单后,把客户的出货信息发送给供应商,让其代配。要核验好出货单与送货单,并视为事后入库
合约式交易订单	与客户签订配送契约的交易	输入合约内容的订货资料,而后商量设置好每个批次的送货时间,并将时间信息输入系统,在接近设定时间时会自动生成订单
寄库式交易	客户因某些市场因素提前预订一定数量的产品,然后配送中心根据客户的要求进行出货的交易	当客户向配送中心或供应商提出要求,希望其将寄库商品配送给自己时,系统在经查验并证实该客户确实在此有寄库商品后,及时出货并扣除该商品的寄库量
兑换券交易	客户所兑换商品的配送出货	经系统核实某客户确实有此兑换券后,根据兑换券的要求把该兑换的商品进行出货处理,并及时扣除该客户的兑换券回收资料

处理好订货信息后,输出出货单据,以便开展接下来一系列的物流作业。

(1) 拣货单,即出库单。拣货单不仅要将货物品名和需求数量标示清楚,还要十分注重货物储存的位置。按照商品储存货位的前后顺序将货物列在拣货单上,拣货人员按照拣货单进行取货时,可以避免重复往返取货造成的时间浪费。

(2) 送货单。一般来说,在跟客户进行交货时,应该让客户根据货物清单对货物进行核对验收,所以送货单必须清楚地标示货物的相关信息,以便客户验货签收。

(3) 缺货信息。配货结束后,应及时把缺货商品的相关信息录入存货系统,以便采购人员及时进行采购。

(三)拣货、补货和出货管理

1. 拣货作业

拣货作业又称配送拣选,是指根据客户提出的订货单所规定的商品品名、数量和储位地址将商品从货垛或货架上取出,搬运到理货场所,以备配货、送货。

(1) 拣货作业的方法。**拣货作业一般有摘果法和播种法两种方法。**

摘果法就是让拣货、搬运巡回于储存场所,按某要货单位的订单挑选出每一种商品,巡回完毕也就完成了一次配送作业,将配齐的商品放置到发货场所指定的货位,然后再进行下一个要货单位的配货。

摘果法的优点有:作业方法较容易;工作人员责任明确;弹性大;订单处理的前置时间短;导入容易;容易派工;拣货后不必再进行分拣作业;适用于大批量、少品种的订单。

摘果法的缺点是:如果商品过多,其拣选路线会很长,会大大降低拣取的效率;如果仓库过大,也不易设计搬运系统;如果是少批量、多批次的订单拣选商品,容易发生拣货路径重复的情况,浪费时间,从而降低拣货效率。

播种法即将每批订货单上的同种商品各自累加起来,从储位上取出,集中搬运到理货场,然后取出每一个客户所需的数量,分放到该客户商品暂储待运货位处,直至配货完毕。

播种法的优点有:在订单很多时,可以减少拣货的总路程,从而提高拣货效率;对于少批量、多批次的订单要求,批量拣取则更有效一些。

播种法的缺点是:该种方法都是在订单的货物达到一定数量时才会进行拣货,所以无法及时对客户订单做出反应。

为了提高拣选效率、降低成本,应充分研究上述两种办法的优缺点,甚至可根据两种办法各自的适用范围,有机地将两者结合。例如当储存区面积较大时,拣选作业中往返行走所费时间占比就很大,此时一人一单拣选到底的方法就不宜采用。如果适当分工,按商品的储区划分,每一拣选人员各拣选订货单中的一部分,如一层库房、一个仓间、几行货架,这样既能减少拣选人员往返的劳累,又能驾轻就熟、事半功倍,且几个拣选人员所费工时之和往往低于一个人拣选的总工时。

(2) 拣货作业与设施。由于多品种、少批量物流的不断发展,配送中心的商品品种数逐年上升。尽管零散的订货在商品总订单中占比达到七成,但其销售额却达不到三成,而拆零的工作量巨大,食品行业的拣选工作量在整个工作量中占比高达80%,所以配送中心在拣货作业的机械化上投入了很多人力、财力和物力资源。**现在的拣货机器一般是货架叉车拣选系统、拣选重力货架系统和电子标签拣选系统。**

2. 补货作业

补货作业是指以托盘为单位,从货物保管区将货物移到另一个按订单拣取用的动管储区或配货区,然后将此移库作业作库存信息处理。之所以进行补货作业,是为了保证拣货区和配货区持续地存有货物,不会出现缺货的情况。补货作业与分拣作业是紧密相连的,当拣货区的货物量较低时,应立即把货物从货物保管区输送到拣货区。如果配送中心的规模大或需要配送的货物种类多、批量小时,通常会建立动管储区来进行补货,以提高工作效率。

通常,配送中心采用的补货方式主要有:①由储存货架区与流动式货架组成存货、拣货与补货系统；②将上层货架作为存货区，下层作为拣货区，是一个从上往下补货的系统。

补货作业是否需要，主要是由动管储区的货物量是否满足客户需求决定的，所以，补货的时机很重要，要看准时机，避免出现这边还未拣完货，那边动管储区的货物存量已经不足以支撑接下来工作的情况。补货作业一般有批次补货、定时补货和随机补货三种方式。

批次补货，先通过计算机算出当天或当时所需货物的总拣取量，然后再查看动管储区的存货量，并在拣货前的一个指定时间点把不足的货物补齐。在当天或当时工作量变化小、没有太多突然订货和因货物量过多需要提前了解的情况下，适合这种一次补足的方式。

定时补货，先把一天划分为多个时间段，补货人员在规定的时间段里核查动管储区的存货量，一旦发现货物量不足，马上为动管储区输送所需货物。在分批拣货和紧急订单的处理时间固定的时候，适用这种定时补足的方式。

随机补货，任命一个工作人员专职从事补货工作，随时监察动管储区的存货情况，一旦发现缺货马上进行补货。

3. 出货作业

根据客户的订单要求把拣选出来的货物分拣好，然后进行汇总，放进合适的容器里并在容器外标示清楚，将物品搬运到出货待运区，最后根据车辆调度系统来安排车次进行装车配送。这一系列物流活动就是出货作业，其内容包括商品分拣、流通加工和输出配送活动。

（1）分拣作业。**分拣又叫分货，是指在拣完货后，根据不同的客户或者路线把货物进行分类**。大多数情况下，分拣的工作是在理货场所进行的，主要是把一个用户的所有货物汇总起来，以便配送。其主要的操作方式有以下两种。

一是人工分拣。分拣人员用手推车把被拣选出来的货物分别送到不同的指定地点，以待发货。对于批量较大的货物，需要用叉车、托盘。人工分拣具有灵活性高、设备简单、成本低的优点，其缺点则是工作速度慢导致效率低、人工容易出错，所以只在货物较少时使用。

二是自动化分拣。由于多品种、少批量的需求越来越多，分拣的工作任务不断加重，自动化分拣成为配送中心不可缺少的环节。随着工作量的增加，客户对于配送服务的质量要求也逐渐提高，而传统的人工分拣已经完全跟不上当前配送的高要求。

随着科技的不断发展，现今许多高新技术已经应用于物流领域，自动化分拣也得到进一步的发展，其高效率、低成本的特点使它逐渐被各大配送中心采用。

自动分拣技术的优点有：①提高工作效率，相比人工而言，分拣速度有了大幅提高；②在分拣货物时的损坏比率远低于人工分拣，大大提升了物流服务的质量；③自动分拣机的出错率非常小，从而使错误率大幅降低；④自动分拣机比人工分拣要快很多倍，这在很大程度上缩短了分拣工作的前置时间，从而达到了降低总体成本的目的；⑤解决了人工分拣时容易出现的缺少人力的问题，大大减轻了分拣人员的工作任务和负担。

（2）流通加工作业。流通加工作业虽然是一个可以有效提高物流服务水平、增加商品附加值的作业环节，但却并不是必需的环节，是一种可选择性的附带作业。**常见的流通加工作业有以下几种。**

①贴标签作业。贴标签作业主要有贴中文标签和价格标签两种。贴中文标签是一项主要针对进口产品的作业。商品到达后直接贴上中文的说明标签，然后再作入库处理。而贴价格标签，则是根据客户订单要求进行的作业，大部分是在拣完货后进行的。

② **热缩包装**。该作业属于流通加工中一种常见的作业方式,根据超市或其他客户的要求,把指定的商品进行组合搭配,并用热缩包装将搭配好的商品捆绑起来。一般使用收缩弹性大、承受能力强的 PE 膜进行包装。

③ **礼品包装**。该类包装方式通常出现在节日期间,如春节、端午节等,将某些适合节日销售的商品用礼盒包装起来。

④ **包装分装**。包装分装适用于生产厂商的大包装商品或者散装商品,从计量计重包装方式转变为商品的销售包装。

(3) 配送管理。从流通的观念来看,配送是指将被订购的物品,使用卡车或其他运输工具,从制造厂、生产地或配送中心送到客户手中的物流活动。配送管理是一项至关重要的工作。如果配送工作出现失误,就会产生很多诸如浪费时间、货物受损、配送效率低之类的问题。所以,**配送管理既要管理工作人员的工作、时间等重要情况,还要控制好运输车辆,如实际载货率与空载率等问题**。

车辆配送是配送中心作业的最后一个环节,有以下几个特点。

① 时效性:一定要在规定好的时间内将货物送达客户手中。准点率是体现配送中心能力的一项重要指标。

② 可靠性:保护货物不受任何损坏地送达到客户手中,差错率、货损率也是配送中心必须认真对待的指标。

③ 沟通性:在配送工作中,配送人员是公司的形象大使,代表了公司的形象,因此,其对待客户的态度是至关重要的,配送人员的一举一动都会给顾客留下深刻的印象。配送人员与客户有一个良好的沟通对企业而言是不可忽视的,好的沟通能够提高客户的满意度和忠诚度。

④ 便利性:配送的最终目的是为客户提供方便。在制订配送计划时,应充分考虑客户的需求,制订一些弹性较大的计划,如紧急送货、信息传递、顺道退货、辅助资源回收等。

⑤ 经济性:只有权衡质量和价格两方面,才能真正满足客户的需求。通过高效的工作和较低的物流成本留住客户。

(4) 配送运行效率。要想提高配送效率,必须做到把距离、时间、成本降到最低。具体措施如下。

① 消除交错输送。通过减少或消除交错输送,把从产地配送给每个客户的零散路线通过配送中心进行整合并统一配送,既可以解决交通混乱的问题,同时还可以缩短配送路程,从而降低配送成本。

② 利用回程车。通过合理利用回程车,减少车辆的空载情况和配送成本。

③ 直接运送。国外很多连锁店都是直接从厂商处进货。而我国大多采用传统的从厂商经总代理商、二次、三次批发才运送到零售店的方式。

④ 配送工具的变换选用。随着社会的不断发展,配送早已不是之前的简单送货上门,而是运用科学、合理的方法选择配送车辆的吨位、配载方式,确定配送路线,以达到"路程最短、吨公里最小"的目标。

⑤ 建立完善的信息系统。订单处理、库存管理、出货计划管理和输配送管理是信息系统的子系统。信息系统应通过完善输送方式、安排最合适的车辆、自动生成输送路线等功能来提高配送的效率。

⑥改善运送车辆的通信。通过给配送车辆安装 GPS，及时掌握车辆、交通、天气等状况并及时发送工作指令，以保证配送车辆将货物安全送达客户。

⑦控制出货量。尽可能均衡客户的出货量，以提高配送工作的效率。

⑧共同配送。所谓"共同配送"是指有多家企业共同参与，但只由一家运输公司承担配送作业的模式。

近年来，共同配送的发展愈发壮大。它是共同物流的一个方面，采用共同配送可以将零散配送汇总起来由一家配送中心进行，大大提高了配送的效率，从而达到配送合理化。根据在一定的区域范围内若干企业的定期配送需要，采用一家配送企业或两家以上的配送企业共同建立一套配送系统，使配送业务的效率提高。

第七节 配送中心规划建设

一、配送中心规划基础

（一）配送中心规划和设计的原则

1. 坚持整体最优的原则

为使整体得到优化，需要在充分了解系统概念的基础上，采取系统分析的方法，同时还需将定量、定性分析与个人经验有机结合。

2. 坚持以流动的角度看问题

为使企业能够进行有效运作，要从流动的观点出发，并把这种观点融入整个设施规划，实现人、物、信息流的合理化。

3. 坚持从宏观到微观再到宏观的过程

所有的设计都要先制订一个总体的设计，然后根据总体设计进行详细设计，最终把详细的设计反馈到总体的设计中，根据评价来进行修改或者重新设计。

4. 提高企业生产率

减少消耗的有效方法之一就是减少或消除多余的流程。要想保证投入资金最少、生产成本最低，必须缩短作业环节的时间、减少作业面积，同时也要减少物品的停留、搬运和库存时间。

5. 不能忽视人与环境因素

作业地点的设计，要充分考虑人与环境的和谐程度，尽量使工作人员在一个环境优雅、舒适的场所内办公。

（二）配送中心规划资料分析

企业配送中心规划的资料必须通过整理分析，才能作为规划设计的参考依据。

1. 订货变化趋势分析

在规划中，要对往年销售情况和货物相关信息进行全面总结和分析，以此来掌握近几年的货物销售状况，充分掌握销售产品的变化规律。主要采用的方法是时间序列分析法、回归分析法和统计分析法等。

2. 订单方法分析

订单是企业配送中心经营的重要因素。订单的品名、数量、发货时间千变万化，都是企业配送中心运营的不确定因素，往往随订单的变化而波动。主要应用日本铃木震先生所倡导的 EIQ（订单件数、商品种类、数量）分析来进行企业配送中心的规划设计。该方法是针对不确定及波动的条件，按照设置目的，掌握物流特性和物流状态，规划出符合实际企业配送中心系统的一种方法。

3. 商品特性分析

该分析方法根据商品和包装等方面的特性来进行分析，对于存货及分拣区域的规划有积极影响。

4. 物流工作分析

进行规划时，需要进行作业流程、作业时序、人员能力、自动化水平及事物流程分析等。

（三）配送中心的规模设计

通过对市场容量、发展方向和竞争对手等方面信息的掌握，设立目标份额，进行配送中心规模设计。进行规模设计时，要注意两个方面：一是充分把握经济发展的方向；二是充分了解竞争对手的具体情况。由于市场总容量一般不会发生改变，要使预估的市场份额占有率具有较高的准确度，就必须对当前的竞争市场有一个正确的认识。若预测的结果与实际结果差异较大，那么基于预测进行设计的规模可能会出现过大或过小的情况。所以，首先要对配送中心的各项功能进行全面分析，找出重点，然后统一协调并设计出配送中心的规模。一般来说，规模设计与实际实施是同时进行还是分步进行，是由资金和市场等因素决定的。

（四）配送中心设备系统规划

配送中心先进性的标志一般是指其软硬件设备系统的水平。企业配送中心必须合理配备配送的相关基础设施，才能实现预定的配送活动功能。

根据我国的现实状况，对于配送中心的建设，应贯彻软件先行、硬件适度的原则。就是要瞄准国际先进水平，加强计算机管理信息系统、管理与控制软件开发；而机械设备等硬件设施则要在满足作业要求的前提下，择优选用一般机械化、半机械化的装备。例如仓库机械化，可以使用叉车或者与货架相配合的高位叉车；在作业面积受到限制、一般仓库不能满足使用要求的情况下，也可以考虑建设高架自动仓库。

二、配送中心的布局规划

企业配送中心要统一规划、运筹，重视环境保护，实现内外区域网点的合理布局。发展现代化配送中心，要以现有的物流企业为基础，逐步发展大型或区域性的配送中心，从而建立起信息化、多功能化及服务优质的配送中心。

（一）配送中心作业功能规划

1. 配送中心作业流程规划

配送中心应该在充分了解运营需要与运作特性的基础上进一步分析，并且根据分析结果设定合理的作业程序、选择设备和规划空间。然后进行合理规划，并从中删掉多余的流程，提高配送中心的总体效率。

2. 配送中心作业区域的功能规划

规划作业流程后,要按照配送中心的特性对物流及周边活动区进行规划。

3. 配送中心作业能力规划

配送中心在进行规划时,应该主要注意对物流作业区的规划,然后再对其他区域进行规划。按照作业流程和进出顺序对物流作业区进行逐区划分,并对储存区和分拣区进行全面分析,再根据这两个区域进行相关作业的规划。

(二)配送中心设施规划与选用

1. 配送中心物流作业区设施

进行物流活动的主要场所就是物流作业区。设施规划的重点有:①容器设备,利用容器设备简化储运作业,实现物流作业单元化;②储存设备,即自动化仓库的高型货架、普通层格货架及各种组合移动式货架;③订单拣取设备,主要有普通和自动化两种,根据拣取要求和作业方式进行选择;④物料搬运设备,主要有机械化搬运、自动化搬运、装卸搬运和运送传输设备;⑤流通加工设备;⑥物流附属设备,即为了配合物流作业,选择装卸货平台、搬运器械的附属器具等。

2. 配送中心辅助作业区设施

为了保证企业配送中心的正常工作,必须充分结合主要物流设备和辅助作业设备,如办公设备、信息处理设备、网络通信设备、卫生医疗设备和劳务设施等。

3. 配送中心周边建筑设施

在充分掌握主要建筑设施的基础上,还要充分考虑水电、交通、动力、安全保卫及消防等与建筑相关的周边设施。

(三)配送中心作业区规划

1. 配送中心各作业区结构配置

配送中心各作业区的结构配置如图 7.9 所示。

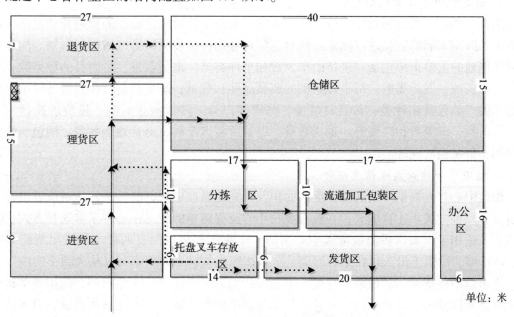

图 7.9 配送中心作业区结构

（1）进货区：主要完成商品入库前的接货、卸货、检验、分类、入库准备等工作。主要设施有：进货火车专用线或卡车卸货站；卸货站台；分类、验收区及暂存区。

（2）理货区：主要进行分发、配货作业，作业面积与配送服务水平有着很大的联系。对于多品种、多订单的配送工作，就需要较大的作业区面积，对货物进行仔细的分拣工作。

（3）仓储区：主要存放需要保管一定时间的货物，其占地面积要超过整个配送中心的一半。

（4）分拣区：以客户的要求为依据，把订单列出来的货物拣选出来并集中在一起，再等待装车。一般都是按照装配方案的要求堆放拣选货物，以便装车运输。因为该作业区的货物相对来说存放周期短，因而其面积都是按照用户的需求量来规划的。

（5）流通加工区：按照加工的作业数量和类型来进行规划。

（6）发货区：主要是按订单配齐的商品装车运送，主要设施是站台、停车场等。发货区的面积根据停靠配送车辆的数量及发货量来确定。

2. 配送中心内商品流动路线分析

进行配送中心规划时，必须保持装卸、运输等环节和商品的流动相适应，满足作业量变化和商品外观变化等弹性条件。

（1）商品种类与数量的分析。规划货物的运输路线时，需要全面分析商品的类型和数量，包括根据不同的产品类型，按照商品出入库的批次依序分类整理；对各类产品所需的作业量进行规定；用横坐标 P 表示产品的类型，纵坐标 Q 表示产品的数量，根据货物处理量的大小顺序进行排列，将形成的图像绘制出来。

（2）商品流动路线的分析。配送中心的业务流程是从接收商品开始，一直到发货为止。配送中心建筑物内部商品的流动路线类型是由中心位置、作业区域布置、运输路线、通道规划及设备设施等情况来决定的。

3. 配送中心作业区规划指标

进行规划时，首先要充分了解产品的性质，且基于此对单位面积的货物处理量、配送点的数量、运输车辆的数量进行确定；同时也要对分拣区、发货区等区域进行规划。配送中心作业区规划的主要指标包括：进货的车辆数和车种类型，进货数量，各商品的种类数，各部门的交货点数；发货张数，每个订单里的商品品种和数量；缺货数量，在保管条件不一样的情况下的产品数量和种类；每月订货量、每周客户量，订货截止时间；发货的托盘数、箱数、方向数，车辆数和路线等；退货数量，退货所需汽车数，退货地点数等；捆包、废弃材料处理、集装箱清洗等。

4. 配送中心作业区域位置设计

配送中心首先根据规划的各作业区面积及长宽比做成模块，然后进行区域位置设计。一般有以下六种方式：①直线式，一般面积较小、流程简单的配送中心都采取这种方式；②双直线式，适用于出入口在企业配送中心两侧、作业流程相似但有两种不同进出货路线的形态；③U型，适用于出入口在中心两侧，一般按照货物进出的频率，以从大到小的顺序安排靠近进出口的存货区，从而缩短在配送中心内货物的运送距离；④锯齿型，适用于多排并列的库存货架区域内；⑤集中式，一种把订单分在不同的区域，各区域拣货完成后再将货物集中起来的方式；⑥分流式，适用于批量拣货的分流作业。

三、配送中心发展策略

（一）积极创建适应企业配送中心发展的政策环境

传统的物流管理体系由于层级繁多、工作效率低和统一性不够等缺点，严重影响配送中心的正常经营，所以想要加强企业配送中心的建设，必须对传统的物流管理体制进行改革、创新，创建一个精简、高效、统一的管理机构，使配送中心能在一个稳定、合适的环境中不断发展。同时，良好环境的创建也离不开政府的政策支持。

（二）充分利用现有资源，通过技术改造来发展现代企业配送中心

我国现在大部分仓库是平房，因此，若想完成从传统的配送中心向现代化配送中心的转变，就必须进行现代技术改造。同时，将该组企业与传统的储运企业相结合，重点建设现代化的商品配送网络，完善其功能，并汇集储存、分货、运输等服务功能。着重发展信息处理的功能。

（三）积极转变企业配送中心的经营机制

企业配送中心只有转变其经营机制才能得到发展，首先要不断提高系统运作、决策控制、质量管理及信息管理技术等方面的水平。其次是加强激励机制的建设，充分考虑员工的感受，通过合适的激励机制激发员工的积极性。最后，要有强烈的竞争意识和正确的市场观念，建立充分适应市场变化的经营机制。

（四）重视配送先进技术的应用

配送中心一定要不断开发和引进新技术、优秀人才和先进设备。建立现代化的配送系统，积极使用机械化设备等硬件设施和计算机管理系统等软件设施，发展配送自动化。

（五）重视企业配送专门人才的培养

对企业配送中心专业人员的培养可以大大提高配送员工的专业能力和素质，从而不断提升配送的发展能力，是至关重要的。企业在对专业人员进行培训的同时还需要不断借鉴国外配送企业的管理经验，并结合国内的情况，建设具有中国特色的企业配送中心。

案例1

沃尔玛的物流配送体系

一、沃尔玛物流配送体系的基本情况

沃尔玛作为全美零售业年收入位居第一的著名企业，素以精确掌握市场、快速传递商品和最好地满足客户需要著称，沃尔玛现代化的物流配送体系，表现在以下几个方面。

1. 沃尔玛设立运作高效的配送中心

从建立沃尔玛折扣百货公司之初，沃尔玛就意识到有效的商品配送是保证公司达到最大销售量和最低成本的存货周转及费用的核心。于是在1969年，沃尔玛的第一个配送中心建成了，当时即可集中处理公司40%的所销商品，大大提高了公司大量采购商品的能力。第二个配送中心建立于1975年，约1.4万 m^2，统一接收供货方送来的大宗货物，经检测、编配后转换到公司的送货卡车上。到20世纪80年代末，沃尔玛的配送中心已增至16个。20世纪90年代初达到20个，总面积约160万m^2。整个公司销售8万种商品，85%由这些配送中心供应。

2. 采用先进的配送作业方式

沃尔玛在配送运作时，大宗商品通常经由铁路送达配送中心，再由公司卡车送达商店。每店1周约收到1~3卡车货物。60%的卡车在返回配送中心途中又捎回沿途从供应商处购买的商品。这样的集中配送为公司节约了大量金钱。据统计，20世纪70年代初公司的配送成本只占销售额的2%，比一般零售大公司低了近一半。同时集中配送还为各分店提供了更快捷、更可靠的送货服务，并使公司能更好地控制存货。

3. 实现配送中心自动化的运行及管理

沃尔玛的配送中心运行完全实现了自动化。每个配送中心约10万m^2，相当于23个足球场，占地约60m^2。中心的货物从牙膏、卫生纸、玩具到电视、自行车等应有尽有。每种商品都有条码，有十几km长的传送带传送商品，激光扫描器和电脑追踪每件商品的储存位置及运送情况，每天能处理约20万箱的货物配送。配送中心的一端是装货月台，可供30辆卡车同时装货；另一端是卸货月台，有135个车位。每个配送中心有600~800名员工24小时换班连续作业，每天有160辆货车开进来卸货，150辆车装好货物开出。商品在配送中心停留的时间总计不超过48小时。配送中心每年处理数亿次，99%的订单正确无误。

4. 具有完善的配送组织结构

沃尔玛为了更好地进行配送工作，非常注意对企业的配送组织加以完善。其中一个重要的举措是公司建立了自己的车队进行货物的配送，以保持灵活性和为一线提供最好的服务。例如，沃尔玛通常为每家分店送货的频率是每天1次，沃尔玛的商店通过电脑向总部订货，平均只要两天就可以到货。如果急需，则第二天即可到货，这使沃尔玛享有相对于竞争对手的极大优势。

二、沃尔玛物流配送体系的具体运作

沃尔玛在物流配送体系运作方面具有独特的操作方法。

1. 注重与第三方物流公司形成合作伙伴关系

在物流运用过程中，要尽可能降低成本，这是沃尔玛"以最佳服务、最低的成本，提供最高质量的服务"宗旨的要求。在美国，沃尔玛做自己的物流和配送，而在国际上的其他地方，沃尔玛就与第三方物流公司形成合作伙伴关系，以有效完成物流配送。飞驰公司作为一家专门提供物流服务的公司，是沃尔玛重要的合作伙伴。

2. 实施"无缝点对点"物流运作

沃尔玛为了尽可能降低成本，提出建立一个"无缝点对点"的物流系统，就是使产品从工厂到商店货架的整个供应链非常顺畅地链接，为商店和顾客提供最迅速的服务。

整个物流的过程既没有结束，也没有开始，实际上是循环的过程。在这个循环过程当中，任何一点都可以作为开始，而且循环涉及每一点。沃尔玛的物流循环就从顾客这一点开始，顾客购买后，系统就对顾客所买的东西及时确定订单并开始自动地进行供货。系统与配送中心联系在一起，配送中心从供货商处直接拿货，然后提供给商场。沃尔玛必须确保商店在接受货物以后就直接放到货架上销售，这就是沃尔玛物流的整个循环过程。

沃尔玛进行物流业务的指导原则，都是致力于百分之百一致和完整的物流体系。不管物流的项目是大项目还是小项目,沃尔玛必须要把所有的物流过程集中到一个伞型结构之下。因为在供应链中,每一个供应者都是这个链中的一个环节,所以沃尔玛必须使整个供应链顺畅。这样,沃尔玛的运输、配送及对于订货与购买的处理等的所有过程,都是一个完整网络当中的一部分。

3. 自动补发系统

沃尔玛有个补发系统,使得沃尔玛在任何一个时间点都可以知道,现在这个商店当中有多少货品、有多少货品正在运输过程当中、有多少货品是在配送中心等。

同时,补发系统也使沃尔玛可以了解某种货品上周卖了多少,去年卖了多少,而且可以预测将来可以卖多少这种货品。沃尔玛之所以能够了解得这么详细,就是因为沃尔玛有UPC代码。商场当中所有的产品都有一个统一的产品代码,叫UPC代码。UPC代码可以扫描,可以阅读。在沃尔玛的所有商场当中,不需要用纸张来处理订单。

沃尔玛这个自动补发系统,可以自动订货,这样就可以非常及时地补货。经理们在商场当中走一走,然后看一看这些商品,选到其中一种商品,扫描一下,就知道现在商场当中有多少这种货品、有多少订货、有多少产品正在运输到商店的过程当中、会在什么时间到,所有关于这种商品的信息都可以通过扫描UPC代码得到,不需要其他的人再进行任何复杂的汇报。这个系统提供的这些信息,都会下载到沃尔玛的办公室,世界各地的这些信息又会汇总传送到沃尔玛的总部,只要有一个人发出订单,沃尔玛就通过这种电子方式来和供货商进行联系。

4. 零售链接系统

沃尔玛还有一个非常好的系统,叫作零售链接系统,可以使供货商直接进入沃尔玛的系统,了解他们的产品卖得怎么样。通过零售链接系统,供货商可以了解产品销售情况,对将来销售情况进行预测,来决定生产的状况,从而使整个过程实现无缝衔接。

三、沃尔玛物流管理信息系统

1. 计算机网络化

1977年,沃尔玛完成了计算机网络化配置,实现了客户信息—订货—发货—送货的整体化流程,也实现了公司总部与各分店及配送中心之间的快速直接通信。其最主要的功能是及时采集商品销售、存货订货信息,为公司对复杂配送系统的跟踪和控制提供支持。沃尔玛于1979年建立第一个数据处理和通信中心,在整个公司内实现计算机网络化和每天24小时连续通信。

2. 商品条码技术的运用

沃尔玛还配合计算机网络系统充分地利用商品条码技术。1981年,沃尔玛开始在几家商店进行试点,在收款台安装读取商品条码的设备,利用商品条码和电子扫描器实现存货的自动控制。到20世纪80年代末,沃尔玛的所有商店和配送中心都装上了电子条码扫描系统。采用商品条码技术可代替大量手工劳动,不仅缩短了客户结账时间,更便于利用计算机跟踪商品从进货、库存、配货、送货、上架到售出的全过程,及时掌握商品销售和运行信息,加快商品流转速度。利用这套系统,公司在对商品的整个处理过程中节约了60%左右的人工。商品条码加上便携式扫描仪还可用于控制店内存货水平,方便地记录下商品种类、数量、进价、销售价等信息,使公司能更快地规划存货需求,节约再订货过程所需的时间。

3. EDI技术的运用

20世纪80年代,沃尔玛开始利用电子数据交换系统(Electronic Data Interchange,EDI)

与供应商建立自动订货系统。该系统又称无纸贸易系统,可以通过计算机网络向供应商提供商业文件、发出采购指令、获取收据和装运清单,同时也使供应商及时精确地掌握其产品销售情况。到1990年,沃尔玛已与它的5 000余家供应商中的1 800家实现了电子数据交换,成为EDI技术在全美的最大客户。

沃尔玛还利用更先进的快速反应和联机系统代替采购指令,真正实现了自动订货。它利用条码扫描和卫星通信与供应商每日交换商品销售、运输和订货信息,这些信息包括商品规格、款式、颜色等。这套系统的采用,使采购时间大为缩短,从发出订单、生产到货物送达商店,最快的时候甚至不超过10天。

四、QR物流管理系统

沃尔玛1986年开始在物流管理中建立快速反应(Quick Response,QR)系统,主要功能是进行订货业务和付款通知业务,通过电子数据交换系统发出订货明细清单和受理付款通知,提高订货速度和准确性,节约相关事务的作业成本。

(1) 沃尔玛设计出POS数据的输送格式,通过EDI向供应方传送POS数据。

(2) 供应方基于沃尔玛传送来的POS信息,可及时了解沃尔玛的商品销售状况、把握商品的需求动向,并及时调整生产计划和材料采购计划。供应方利用EDI系统在发货之前向沃尔玛传送预先发货清单(Advanced Shipping Note,ASN)。这样,沃尔玛事前可以做好进货准备工作,同时可以省去货物数据的输入作业,使商品检验作业效率化。

(3) 沃尔玛在接收货物时,用扫描读取机读取包装箱上的物流条形码,把扫描读取机读取的信息与预先储存在计算机内的进货清单ASN进行核对,判断到货和发货清单是否一致,从而简化检验作业。

(4) 在此基础上,利用电子支付系统(Electronic Funds Transfer,EFT)向供应方支付货款。同时只要把ASN数据和POS数据比较,就能迅速知道商品库存的信息。此后,沃尔玛公司开始把QR的应用范围扩大至其他商品和供应商。

沃尔玛还把零售店商品的进货和库存管理职能转移给供应方,由生产厂家对沃尔玛的流通库存进行管理和控制,即采用生产厂家管理的库存方式(Vendor Managed Inventory,VMI)。沃尔玛让供应方与之共同管理管运流通中心,但在流通中心保管的商品所有权属于供应方,供应方对POS信息和ASN信息进行分析,把握商品的销售和沃尔玛的库存动向。在此基础上,决定什么时间,把什么类型商品,以什么方式向什么店铺发货。发货的信息预先以ASN形式传送给沃尔玛,以高频度、小数量进行连续库存补充,即采用连续补充库存方式(Continuous Replenishment Program,CRP)。由于采用VMI和CRP,供应方不仅能减少本企业的库存,还能减少沃尔玛的库存,实现双方库存水平最小化。另外,对沃尔玛来说,省去了商品进货的业务,节约了成本,同时能集中精力于销售活动。并且,事先能得知供应方的是商品促销计划和商品生产计划,能够以较低的价格进货。这些举措都为沃尔玛进行价格竞争提供了条件。

案例讨论:

1. 沃尔玛的配送体系是如何实现其目标的?
2. 沃尔玛的物流配送运作有哪些地方值得学习?

分析思路

案例2

7-11的物流配送

7-11名字的来源是指这家便利店的营业时间是从早上7点到晚上11点。

这家70多年前发源于美国的商店是全球最大的便利连锁店,在全球20多个国家拥有2.1万家左右的连锁店,光在中国台湾地区就有2 690家,美国有5 756家,泰国有1 521家,日本是最多的,有8 478家。

一家成功的便利店背后一定有一个高效的物流配送系统,7-11从一开始采用的就是在特定区域密集开店的策略,在物流管理上也采用集中的物流配送方案,这一方案每年大概能为7-11节约相当于商品原价10%的费用。

一、物流配送系统的演进

一家普通的7-11连锁店一般只有100~200 m²,却要提供23 000种食品,不同的食品可能来自不同的供应商,运送和保存的要求也各有不同,每一种食品又不能短缺或过剩,而且还要根据顾客不同需要随时能调整货物的品种,种种要求给连锁店的物流配送提出了很高的要求。一家便利店的成功,很大程度上取决于配送系统的成功。

7-11的物流管理模式先后经历了三个阶段三种方式的变革。起初,7-11并没有自己的配送中心,它的货物配送依赖的是批发商。以日本的7-11为例,早期日本7-11的供应商都有自己特定的批发商,而且每个批发商一般只代理一家生产商,这个批发商就是联系7-11和其供应商间的纽带,也是7-11和供应商间传递货物、信息和资金的通道。供应商把自己的产品交给批发商以后,对产品的销售就不再过问,所有的配送和销售都会由批发商来完成。对于7-11而言,批发商就相当于自己的配送中心,它所要做的就是把供应商生产的产品迅速有效地运送到7-11。为了自身的发展,批发商需要最大限度地扩大自己的经营,尽力向更多的便利店送货,并且要对整个配送和订货系统做出规划,以满足7-11的需要。

渐渐地,这种分散化的由各个批发商分别送货的方式无法再满足规模日渐扩大的7-11便利店的需要,7-11开始和批发商及合作生产商构建统一的、集约化的配送和进货系统。在这种系统下,7-11改变了以往由多家批发商分别向各个便利店送货的方式,改由一家在一定区域内的特定批发商统一管理该区域内的同类供应商,然后向7-11统一配货,这种方式称为集约化配送。集约化配送有效地降低了批发商的数量,减少了配送环节,为7-11节省了物流费用。

二、配送中心的好处

特定批发商(又称为窗口批发商)提醒了7-11,何不自己建一个配送中心?与其让别人掌握自己的经脉,不如自己把握自己的经脉。7-11的物流共同配送系统就这样浮出水面,共同配送中心代替了特定批发商,分别在不同的区域统一集货、统一配送。配送中心有一个电脑网络配送系统,分别与供应商及7-11店铺相连。为了保证不断货,配送中心一般会根据以往的经验保留4天左右的库存,同时,中心的电脑系统每天都会收到各个店铺发来的库存报告和要货报告,配送中心把这些报告集中分析,最后形成一张张向不同供应商发出的订单,由电脑网络传给供应商,而供应商则会在预定时间内向中心派送货物。7-11配送中心在收到所有货物之后，对各个店铺所需要的货物分别打包，等待发送。第二天一早，配送车就会从配送中心鱼贯而出，择路向自己区域内的店铺送货。整个配送过程就这样每天循环往复，为7-11连锁店的顺利运行创造条件。

配送中心的优点还在于7-11从批发商手上夺回了配送的主权，7-11能随时掌握在途商品、库存货物等数据，对财务信息和供应商的其他信息也能握于股掌之中，而对于一个零售企业来说，这些数据都是至关重要的。

有了自己的配送中心，7-11就能和供应商谈价格了。7-11和供应商之间定期会有一次定价谈判，以确定未来一定时间内大部分商品的价格，其中包括供应商的运费和其他费用。一旦价格确定，7-11就省下来了此后每次和供应商讨价还价的环节，少了口舌之争，多了平稳运行，7-11为自己节省了时间也节省了费用。

随着店铺的扩大和商品种类的增多，配送不断细化，7-11的物流派送越来越复杂，配送时间和配送种类的细分势在必行。以中国台湾地区的7-11为例，全省的物流配送就细分为出版物、常温食品、低温食品和鲜食食品四个类别，各区域的配送中心需要根据不同商品的特征和需求量每天做出不同频率的配送，以确保商品的新鲜度。新鲜、即时、便利和不缺货是7-11配送管理的最大的特点，也是7-11店铺的最大卖点。

和中国台湾地区的配送方式一样，日本7-11也是根据食品的保存温度来建立配送体系的。日本7-11对食品的分类是：冷冻型（零下20摄氏度），如冰激凌等；微冷型（5摄氏度），如牛奶、生菜等；恒温型，如罐头、饮料等；温暖型（20摄氏度），如面包、饭食等。不同类型的食品会用不同的方法和设备配送，如各种保温车和冷藏车。由于冷藏车在上下货时经常开关门，容易引起车厢温度的变化和冷藏食品的变质，7-11还专门用一种两仓式货运车来解决问题，一个仓中温度的变化不会影响到另一个仓，需冷藏的食品就始终能在需要的低温下配送了。

除了配送设备，不同食品对配送时间和频率也会有不同要求。对于有特殊要求的食品，如冰激凌，7-11会绕过配送中心，由配送车早中晚三次直接从生产商门口拉到各个店铺。对于一般的商品，7-11实行的是一日三次的配送制度，早上3点到7点配送前一天晚上生产的一般食品，早上8点到11点配送前一天晚上生产的特殊食品，如牛奶、新鲜蔬菜等，下午3点到6点配送当天上午生产的食品，这样一日三次的配送频率在保证商店不断货，也保证了商品的新鲜度。为了确保各店铺供货的万无一失，配送中心还有一个特别配送制度来和一日三次的配送相搭配。每个店铺都会随时碰到一些特殊情况造成缺货，这时可向配送中心打电话告急，配送中心则会用安全库存对店铺紧急配送；如果安全库存也已告罄，中心就转而向供应商紧急要货，并且在第一时间送到缺货的店铺。

案例讨论：

1. 7-11采取了怎样的配送模式？这种配送模式有什么优点？
2. 7-11在哪些方面对配送进行了有效管理？

物流信息管理

本章教学目标

1. 理解物流信息管理。
2. 熟悉物流信息技术及物流信息系统。
3. 把握物流信息的合理化。

物流信息化是现代化物流的重要特点。现代物流被认为是实体物资流通与信息流通的结合。利用计算机技术、通信技术及网络技术等手段，提高物流信息的处理和传递速度，进而使物流活动的效率和快速反应能力实现双重提升。建立和完善物流信息系统是构建物流体系、开展现代物流活动中的一项重要工作。

第一节 物流信息概述

一、物流信息的内涵和特点

（一）物流信息的内涵

物流信息是反映各种物流活动的知识、资料、图像、数据、文件的总称。 物流信息包括物流活动中各个环节生成的信息。物流活动产生的信息流，可以有机地与物流过程中的运输、装卸、包装等功能进行结合，是整个物流活动能够顺利进行所必备的物流资源。

划分物流信息是处理物流信息和设置信息系统时的基本工作。按照不同的标准，物流信息分为以下几种类型。

1. 基于信息生成领域和作用领域的分类

（1）物流活动产生的信息。这是发布物流信息的主要信息源，其作用不但可以指导下一个物流循环，也可提供于社会，成为经济领域的信息。

（2）用于物流活动的其他信息。这是指其他经济范围中对物流活动有意义的信息，是信息收集的目标。

2. 基于信息作用的分类

（1）计划信息。计划信息指的是尚未实现但已当作目标需要的一类信息，如物流量计划、仓库吞吐量计划、车皮计划等。只要尚未进入具体业务操作的，都可以归入计划信息之中。它的特点是带有相对稳定性，信息更新速度较慢。

（2）控制及作业信息。它是指物流活动过程中发生的信息，带有很强的动态性，如库存种类、库存量、在运量、运费、收发货等情况。它的特点是动态性非常强，更新速度很快，信息的时效性很强。其主要作用是用以控制和调整正发生的物流活动和指导即将发生的物流活动，以实现对过程的控制和业务活动的微调。

（3）统计信息。它是指物流活动结束后，对整个物流活动的一种归纳性信息。这种信息恒定不变，有很强的资料性，如上一年度发生的物流量、物流种类、运输方式、运输工具等。它的特点是信息所反映的物流活动已经发生，再也不能改变。其主要作用是用于正确掌握过去的物流活动及规律，以指导物流战略计划的制订。

（4）支持信息。它是指能对物流计划、业务、操作有影响的信息，或是在科技、产品、法律、教育、民俗等方面与物流有关的信息，如物流技术革新、物流人才需求等。这些信息不仅对物流发展战略有价值，而且也能对控制、操作起指导作用，可以从整体上提高物流水平。

3. 基于信息的不同加工程度的分类

（1）初始信息。它是指还没有进行加工处理的信息。它不仅是信息作业的基石，同时还是具有极高权威的信息，因此，初始信息是加工信息的根源和保障。

（2）加工信息。它是指对原始信息以各种方式、在各个层次处理之后的信息，是对原始信息的提炼及综合，可大大缩小信息量，并将信息梳理成规律性的东西，便于使用。加工信息需要各种加工手段，如分类、汇总、精选、制数据库等，还要制成各种指导使用的资料。基于信息的加工程度，可以分为三种类型，分别是一次信息、二次信息及三次信息。

4. 基于物流活动范围的分类

根据不同的应用范围划分信息，是管理各范围内具体物流活动不可或缺的前提。因为物流活动的性质不同，所以物流的各子系统、各个作用因素的信息也不一样。基于这些范围，物流信息可以分为运输信息、储存信息、配送信息等，甚至可细分成集装箱信息、托盘交换信息、库存量信息、汽车运输信息等。

（二）物流信息的特点

物流信息不仅包括信息的一般属性，同时还具有以下特征。

1. 广泛性

因为物流是一个范围广泛的活动，物流信息分布在各个生产销售环节中，信息量大，涉及从生产到消费、从国民经济到财政信贷的各个方面。同时，物流信息的广泛性也决定了它广泛的影响，触及国民经济的各个部门和物流活动的方方面面。

2. 多样性

物流信息的种类很多，在系统内的各个部分都有不同的信息，类似作业信息、控制信息；在系统外各个部分也有不同的信息，类似市场信息和政策信息；根据稳定程度，物流信息分为固定信息和流动信息；根据发生时间，物流信息分为滞后信息、实时信息和预测信息。在对物流系统进行研究时，应该根据不同的信息进行分类收集和归纳。

3. **动态性**

多品种、小批量、多频率的配送技术与POS、EDI数据收集技术的不断应用，使得各种物流作业频繁发生，加快了物流信息的价值衰减速度。物流信息的及时收集、快速响应、动态处理，已成为现代物流经营活动成败的关键。

4. **复杂性**

由于物流信息范围广、多种多样且不断变化，所以物流信息是复杂的。在物流工作中，只有对不同来源、不同类型和不同时期的物流信息进行及时分析和处理，才可以获得物流活动中具有实际应用价值的信息，这不是一个简单的过程。

二、物流信息的功能

1. **支持保证功能**

仓库的合理使用、运输方式的选择、订单的管理等物流活动都需要详细、准确的物流信息。因此，物流信息对运输管理、库存管理、订单管理等物流活动具有支持保证的功能。而且在供应链管理中，物流信息还有连接和集成整个供应链的功能，进而使供应链活动变得更加高效。

2. **决策功能**

物流信息能协调管理人员对物流活动的评估、比较，进行成本收益分析，从而更有效地进行物流决策。因此，物流信息具有决策功能。

3. **控制功能**

控制功能主要是对物流的全过程进行监控管理。控制功能主要有业务流程的集中管理、各环节的收费管理、责任管理、结算管理、成本管理、运输管理、仓储管理、统计报表管理等。

4. **战略功能**

综合全面又适时可靠的物流信息，有利于物流战略的制订。

第二节 物流信息技术

信息技术（Information Technology，IT）泛指能拓展人的信息处理能力的技术。信息技术主要包括传感技术、计算机技术、通信技术、控制技术等，它替代或辅助人类完成了对信息的检测、识别、变换、存储、传递、计算、提取、控制和利用。

根据物流的功能及特点，物流信息技术包括条形码及射频技术、计算机网络技术、多媒体技术、地理信息技术、全球卫星定位技术、自动化仓库管理技术、智能标签技术、信息和电子数据交换技术、数据仓库技术、数据挖掘技术等。在这些信息技术的支撑下，形成了以移动通信、资源管理、监控调度管理、自动化仓储管理、业务管理、客户服务管理、财务处理等多种业务集成的一体化现代物流信息系统。本部分重点对需要频繁使用的物流信息系统和自动识别技术、电子数据交换技术、空间信息技术等进行介绍。

一、自动识别技术

自动识别技术是指通过自动（非人工手段）获取项目标识信息并且不使用键盘即可将数据实时输入计算机、程序逻辑控制器或其他微处理器控制设备的技术。在物流过程中，具有信息获取和信息录入功能。

标签、标签生成设备、阅读器和计算机装置构成自动识别系统。信息的载体是标签，阅读器能够通过标签取得加载的信息，并可以自动将其换算为与计算机相容的形式，同时输进计算机中，实现信息的自动识别，以及信息系统的自动数据采集。

在物流过程中，携带着物流信息的标签附着在物流单元上，能确保标识信息与实物的同步。阅读器是物流单位与信息系统之间的桥梁，在物流系统中，自动识别技术十分重要。以配送中心的进出货交接过程为例，货物进入配送中心的入口端时，工作人员需要一面卸货，一面根据订货单要求对货物进行调配，并确定货物的出货模式及目的地，最终从配送中心的出货端将货物运出。如果不使用自动识别技术，"物"与信息完全分离，货物卸货后，工作人员只能坐等货物信息和货物处理指示信息，因为没有这些信息，人们无法得知订货单对应哪个箱子，每个货箱是要通过常规渠道运输还是要进行其他处理，运往何处。如果使用自动识别技术，工作人员收到货物的同时，利用阅读器可获取随货物同时到达的物流信息，并传入信息系统，从而获得货物处理指示，根据要求卸货，使货物顺利进入下一环节。这既减少了仓库库存空间的占用，也减少了货物出库调配用的单据数量，解决了人工处理的低效率和人为容易出错的问题，还能了解货物运输全过程的情况。

自动识别技术有许多不同的类型。它包括条形码技术、无线射频识别技术、磁识别技术、声音识别技术、图形识别技术、字符识别技术、生物特征识别技术等。不同类型的自动识别技术基本上没有差别，企业可以根据具体选择合适的自动识别技术。当前，物流活动中最常用的是条形码技术和无线射频识别技术。

（一）条形码技术

条形码简称条码，是由一组规则排列的条、空及字符组成的标记，用以表示一定的信息。条形码隐含着数字信息、字母信息、标志信息、符号信息，主要用以表示商品的名称、产地、价格、种类等，是全世界通用的商品代码的表示方法。

黑白相间的条纹构成了条形码，由几块黑条和白色"空"单元组成。黑条对光的折射率较低，白条对光的折射率较高，而且白条和黑条的条带宽度与空间宽度不一样，能使扫描光线产生不同的反射接收效果，在光电转换设备上转换成不同的电脉冲，形成可以传输的电子信息。

条形码具有简单、灵活实用、信息采集速度快、成本低、可靠性高等特点，是迄今为止最经济、实用的一种自动识别技术，更是现代物流系统中极为重要的快速采集大量信息的技术，它可以适应物流大量化和高速化的需要，大幅度地提高物流效率。条形码技术是进行高速度、有效、可靠的数据收集的必要方式，可以解决数据输入和收集烦琐的问题，为物流管理提供了良好的技术性支持。

条形码有许多种类，其中包括一维条形码和二维条形码。

1. 一维条形码

一维条形码是由一个接一个的"条"和"空"排列组成的，条形码信息靠"条"和"空"的不同宽度和位置来传递，信息量的大小是由条形码的宽度和印刷的精度来决定的。这种条形码技术只能在一个方向上通过"条"与"空"的排列组合来存储信息，故称之为"一维条形码"。

迄今为止，常见的一维条形码的码制有20多种，其中较广泛使用的包括EAN码、UPC码、Code39码、ITF25码等。不同的码制具有不同的特点，适用于不同的应用领域。

2. 二维条形码

20世纪70年代，二维条形码技术出现在计算机自动识别领域中。这是一种在传统条形码基础上发展出来的编码技术，能够将条形码的信息空间从线性一维延伸到二维平面。与只可以从一个方向读取数据的一维条形码不一样的是，二维条形码能够从水平和垂直两个方向来取得信息。二维条形码具有存储量大、抗损性强、安全性高、可传真和影印、印刷多样性、抗干扰能力强等特点。二维条形码能够直接印刷在被扫描的物品上及打印在标签上。和一维条形码相同的是，二维条形码的编码方式也有很多不同类型。依据这些编码原理，二维条形码可以分为堆叠式二维码和矩阵式二维码。二维条形码技术在世界上已开始得到广泛的应用，经过多年的发展，现已应用在国防、公共安全、交通运输、医疗保健、工业、商业、金融、海关及政府管理等领域。

（二）无线射频识别技术

无线射频识别（Radio Frequency Identification，RFID）技术改变了条形码技术依靠"有形"的一维或二维几何图案来提供信息的方式，通过芯片来提供存储在其中的数量更大的"无形"信息。它在20世纪80年代出现，最初是在一些不能使用条形码跟踪技术的特殊工业场合应用的。最简单的例子是在一些行业和公司中，运用无线射频识别技术进行目标定位、身份确认及跟踪库存产品等。

RFID是利用射频信号识别目标对象并获取相关数据信息的一种非接触式的自动识别技术。其以电磁理论为基础原理，通过无线电波读取和写入记录媒体。最初级的RFID系统是基于标签、读写器和天线建立的，在实际运用过程中，还应同其他硬件和软件相互配合。其中，装载识别信息的载体是射频标签（在部分识别系统中也称为应答器、射频识别卡等），获取信息的装置称为射频读写器（在部分系统中也称为问询器、收发器等），通过感应、无线电波的方式，标签与读写器间能够开展不触碰的双向通信，从而实现数据交换，最终达到识别的目的。

同条形码识别系统比较，RFID技术具有以下优势：①利用射频信号可以自动识别目标对象，而不需要可见光源；②具有穿透性，能够透过外部材料直接读取数据，对外部包装进行保护，减少开箱时间；③射频产品能够在恶劣环境下工作，对环境要求不高；④读取距离远，不需要与目标接触就能够得到数据；⑤可以支持写入数据，不需要重新制作新的标签；⑥可以使用防冲突技术，并且能同时处理多个射频标签，适合在批量识别的场合使用；⑦能够对RFID标签所依附的物体实行追踪定位并且提供位置信息。

二、电子数据交换技术

(一) 电子数据交换的含义

电子数据交换（Electronic Data Interchange，EDI）是指商业贸易伙伴之间按标准、协议规范将经济信息通过电子数据网络，在单位的计算机系统之间进行自动交换和处理的一种电子商业贸易工具。它将商业文件按统一的标准编制成计算机能识别和处理的数据格式，在计算机之间进行传输。

1994 年国际标准化组织对 EDI 出台详细的技术定义：**"根据商定的交易或电文数据的结构标准实施商业或行政交易，是从计算机到计算机的电子传输。"** 这表明 EDI 应用有它自己特定的含义和条件。

(1) 使用 EDI 的是交易的两方，是企业之间的文件传递，而非同一组织内的不同部门。

(2) 交易双方传递的文件是特定的格式，采取的是联合国 UN/EDI-FACT 报文标准。

(3) 双方都有各自的计算机系统。

(4) 双方的计算机进行发送、接收并处理的是符合约定标准的交易或者电文的数据信息。

(5) 双方计算机之间存在网络通信系统，利用该网络通信系统自动实现信息传输。信息处理是通过计算机自动进行的，不需要人工干预或者人为介入。

所传输的数据是指交易双方间相互输送的有法律效力的文件资料，包括各种商业单证，例如订单、回执单及发货通知等，也包括各种凭证，比如进出口许可证和信用证、检疫证及商检证等。

(二) EDI 系统组成

EDI 系统由数据标准化、软硬件和通信网络三个要素构成。

(1) EDI 数据标准化。EDI 标准是电子数据交换的准则，是各企业、区域代表和国际组织一起讨论和制定的。它使有不同文件格式的组织凭借相同的标准，实现相互之间的文件交换。

(2) EDI 软硬件。EDI 需要的硬件和设备有计算机、调制解调器等。可以将 EDI 软件分为转换软件、翻译软件和通信软件。EDI 软件设备能够将使用者数据库系统中的信息，转换成 EDI 标准形式，从而有助于信息传送和互换。虽然 EDI 标准具有足够的灵活性，能够满足不同行业的许多需求，但是各个公司都有自己规定的信息格式。在发送 EDI 电文时，需要使用某些方法把信息从公司的专有数据库中提取出来，同时将它译成 EDI 标准格式传输，这些都要有 EDI 相关软件的辅助。

转换软件（Mapper）能够帮助用户将原有计算机系统内的文件或者数据库中的数据，转化为翻译软件能够识别的平面文件，或者将转变翻译软件中的平面文件，使之成为原始计算机系统中的文件。

翻译软件（Translator）的作用是把平面文件译成 EDI 的标准格式，或者是把 EDI 标准格式译为平面文件。

通信软件在 EDI 标准格式的文件外层加上通信信封（Envelope），再送到 EDI 系统交换中心的邮箱（Mailbox），或由 EDI 系统交换中心将接收到的文件取回。

（3）通信网络。通常，电话线是使用最广泛的线路。假如需要及时传送更多的数据，那么可以租用专门的通信线路。实现 EDI 的手段是通信网络，EDI 通信方式的种类有很多，如图 8.1 所示。

在图 8.1 中，只有当贸易伙伴的数量较少时，才使用原始连接方式。随着贸易伙伴数量的增加，当一些企业直接利用计算机进行通信时，因为计算机制造商不同，将面临相当大的困难。不同的通信协议，很难与工作配合。为了战胜这些困难，许多 EDI 公司逐渐通过第三方网络与贸易伙伴进行通信，即增值网络（Value Added Network，VAN）方式。它相当于邮局，可以对发送者与接收者的邮箱进行维护，同时还可以提供储存、转送和格式转换等作用。所以，利用增值网络进行 EDI 文件传输，能够很大程度降低数据传输的复杂度和难度，从而提高 EDI 的效率。

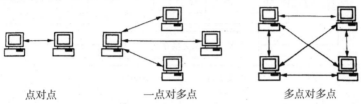

点对点　　　　一点对多点　　　　多点对多点

方式一：原始连接方式

方式二：网络连接方式

图 8.1　EDI 的通信方式

（三）EDI 工作流程

现在全球通用的 EDI 通信网络是基于 MHS 数据通信平台上的邮箱系统建成的，用户通过邮箱系统进行信息存储和转发。操作方法是在数据通信网络的基础上，增加大容量信息处理计算机，并且在计算机里建立邮箱系统，同时还需要双方申请各自的邮箱。通信过程是将文件传输到另一个邮箱。当进行文件发送时，用户只需要进入自己的邮箱系统，依靠计算机自动完成文件交换。EDI 系统工作流程如图 8.2 所示。流程中的每个模块描述如下。

（1）映射（Mapping）：它负责生成 EDI 平面文件。EDI 平面文件是通过应用系统将用户的应用文件（如单证、票据）或数据库中的数据，映射成一种标准的中间文件，这一过程称为映射。

平面文件是用户通过应用系统直接编辑、修改和操作的单证和票据文件，它能够直接读取、显示和打印输出。

（2）转换（Translation）：它负责制造出 EDI 规范形式的文件。基于转换软件，可以将平面文件进行转变，产生 EDI 规范形式的文件。

EDI 规范形式文件等于 EDI 电子单证，也叫电子票据。它是 EDI 用户进行贸易和商业联系的基石，同时也是一个只可以通过计算机读取的 ASCII 文件。它是按照 EDI 数据交换标准的要求，将单证文件（平面文件）中的目录项，加上特定的分割符、控制符和其他信息，生成的一种包括控制符、代码和单证信息在内的 ASCII 码文件。

（3）通信（Communication）：这一步由计算机通信软件完成。用户通过通信网络，接入 EDI 信箱系统，将 EDI 电子单证投递到对方的信箱中。

EDI 邮箱系统能够自动完成投送和转接，并按照通信协议的要求，为电子单证加上信封、信头、信尾、投送地址、安全要求及其他辅助信息。EDI 系统的工作流程如图 8.2 所示。

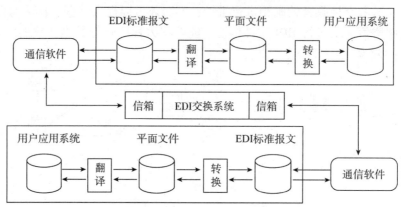

图 8.2 EDI 系统的工作流程

（4）EDI 文件的接收和处理。接收和处理过程是发送过程的逆过程。首先需要接收用户通过通信网络接入 EDI 信箱系统，打开自己的信箱，将来函接收到自己的计算机中，经格式校验、翻译、映射还原成应用文件；然后对应用文件进行编辑、处理和回复。

事实上，EDI 系统在运行过程中为用户提供 EDI 应用程序包，具有映射、翻译等应用系统的所有功能。在处理过程中，用户将其识别为黑箱，不必关心内部特定的操作过程。

（四）物流 EDI

物流 EDI（Logistics EDI）是指货主、承运业主及其他相关单位之间通过 EDI 系统进行物流数据交换，并以此为基础实施物流作业活动的方法。

近年来，EDI 在物流中被广泛应用。物流 EDI 的参与对象不但包括货物业主和承运业主，还包括实际运输货物的交通企业、协助单位和与物流有关的一些其他单位。物流 EDI 的框架结构如图 8.3 所示。

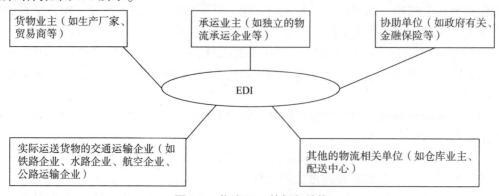

图 8.3 物流 EDI 的框架结构

以应用物流 EDI 系统为例。这是依靠发货业主、物流运输业主及收货业主构成的一个物流模型。此物流模型的动作可以分为五个步骤。

(1) 在接到订货后，发货业主依据订单制订货物运输计划，同时利用 EDI 将运送货物的清单、运送时间安排等信息，发送到物流运输业主和接收货物业主手中，有利于物流运输业主提前制订车辆调配计划，也有利于收货业主提前制订货物接收计划。

(2) 发货业主通过顾客订货的要求和货物运送计划下达发货指令及分拣配货，在货物包装箱贴上具有物流条形码的货物标签，并且利用 EDI 向物流运输业主发送运送货物品种、数量、包装等信息，便于物流运输业主根据指示下达车辆的调配指令。

(3) 物流运输业主不但向发货业主取运货物，同时通过车载扫描读数仪对货物标签的物流条形码进行读取，对收到的货物运输数据进行核对，对运送货物进行确认。

(4) 在物流中心，物流运输业主对货物进行整理、集装并做成送货清单，同时利用 EDI 向收货业主发送其发货信息。在货物运送的时候，对货物进行跟踪管理，将货物交付到收货业主后，利用 EDI 向发货业主发送信息，也就是完成运送业务信息和运费信息。

(5) 在货物到达时，收货业主通过扫描读数仪读取货物标签的物流条形码，同时与事先接收的货物运输数据核对和确认，并开出收货发票，将货物入库。另外，还要利用 EDI 向物流运输业主和发货业主发送收货确认信息。

三、空间信息技术

(一) GPS 技术及应用

1. GPS 技术概述

全球卫星定位系统（Global Positioning System，GPS）是利用卫星星座（通信卫星）、地面控制部分和信号接收机对对象进行动态定位物体的系统。GPS 是基于许多卫星建立的，这些卫星在世界范围内不分昼夜地为用户提供高精度的定位及导航信息。

现在应用广泛的 GPS 主要是美国国防部的 GPS、俄罗斯的 Glonass 系统及国际海事卫星组织的 Inmarsat 系统。例如，美国的 GPS 是基于距离地球 12 000 km 的 24 颗轨道运行卫星，它们不间断送回确切的时间和地点。GPS 接收机还可以接收 3~12 颗卫星的信号，能够对地面和地面附近的物体具体位置进行判断，另外也可以判断其移动速度和方向等。军用 GPS 产品的主要用途是确定和跟踪战场上的士兵、装备位置，以及导航军舰和军用飞机等。随着技术的不断进步，全球卫星定位系统也在商业领域大显身手，商用 GPS 主要用在勘测制图，航空、航海导航，车辆追踪系统，移动计算机和蜂窝电话平台等方面。

完整的 GPS 包括空间部分——GPS 卫星，地面控制部分——地面监控系统及用户设备部分——GPS 信号接收机三大部分。地面监控系统是基于一个主控站、三个注入站和五个监测站建立起来的。地面设备负责监视和控制卫星上的各种设备是不是正常工作及卫星是不是可以沿预定轨道运行。另一方面，地面监控系统的作用是监控卫星上各种设备是否正常工作，以及卫星是否一直沿着预定轨道运行，并且对接收到的 GPS 信号进行转换、放大和处理，以便于估计 GPS 信号从卫星到接收机所需的通过时间，解译出 GPS 卫星所发送的导航电文，实时计算出目标的三维位置，甚至速度和时间。

2. GPS 技术应用

人们常说：人类的想象力控制了 GPS 应用。自 GPS 开始出现，其在导航定位领域的优势得到了充分体现，它使许多地区发生了巨大的变化。现在，世界上所有需要导航和定位的用户都享有高精度、全天候的 GPS 服务，并且 GPS 具有方便、灵活、高质量和低价格的特点。根据 GPS 应用的配送系统可以分为以下几种。

（1）**车辆跟踪**。通过 GPS 和电子地图不仅能够实时显示车辆的具体位置，还能有效地跟踪货物位置信息。

（2）**路线规划和导航**。分为自动路线规划和手动路线规划。自动路线规划是司机确定出发点和终点，计算机软件通过最佳路线的要求进行自动设计。当然，最好的路线包括最快的路线和最简单的路线，以及通过公路最少的路线。手工路线规划则由驾驶员通过自己的目的地，对出发点、终点和中途点进行设计，并建立自己的路线。在路线规划结束后，该系统可以在电子地图上设计路线，并且显示车辆的行驶路线和方向。

（3）**指挥调度**。通过对地区内车辆的运行情况进行监控，能够合理调度被测车辆。指挥中心还可以随时与被跟踪目标通信，并且远程管理。

（4）**信息查询**。根据需要，在电子地图上显示目标位置。指挥中心可以通过监控控制台，检查该地区内任何目标的位置，并且以数字的形式将车辆信息显示在控制中心的电子地图上。

（5）**紧急救援**。利用 GPS 定位和监控管理系统，可以紧急援助那些有危险或事故中的车辆，监控站可以把需要帮助信息和报警目标显示在电子地图上，然后规划最佳的救助方案，值班员根据声、光的警示进行紧急处理。

（二）GIS 技术及应用

1. GIS 技术概述

地理信息系统（Geographic Information System，GIS）**是一种信息处理和管理系统，它可以将图形管理系统与数据管理系统相结合，不仅能够收集和存储各式各样的空间信息，而且还可以对信息进行分析和可视化处理**。GIS 提供的信息产品不仅仅是简单的文字和数据，而且还有一幅幅空间图形或图像，小到村镇、街道乃至地面上的一个点位，大到地球、国家、省市，GIS 都能以直观、方便、互动的可视化方式实现数据信息的快速查询、计算、分析和辅助决策。它是 20 世纪 60 年代迅速发展起来的地理学研究新技术，是多种学科交叉的产物。它以地理空间数据为基础，采用地理模型分析方法，实时提供多种空间的、动态的地理信息，是一种为地理研究和地理决策服务的计算机技术系统。

地理信息系统的基本功能是将表格型数据（可以是来自数据库或电子表格的文件，还可以是直接在程序中输入的数据）转换为地理图形显示，然后对显示结果进行浏览、操纵和分析。其显示范围从洲际地图到非常详细的街区地图，显示对象包括人口、销售情况、运输线路及其他内容。在大多数情况下，这些地图能比一般表格或图形更有效地帮助人们进行趋势和策略方面的研究，而且更易于将这类信息转化为其他形式的信息。

GIS 软件的作用体现在以下几个方面：①对客观实体间的空间关系进行存储和分析，使其能够互相链接，能够进行拓扑计算；②对每个实体附带的许多属性数据进行存储和分析；③相较于简单的数据管理和查询，它具有更为强大的多层分析作用，可以将由一层组成的地图形成多层次的可见,并且还可以执行各种统计和逻辑运算;④具有整理来源不同或范围不等的数据,以多种方式使之可视化的功能;⑤它有着强大的地理图形和图像处理功能。

总的来说,GIS 的根本目标是使现实世界的地理信息数据地图化,而且使数据和思维可视化,更好地支持决策和分析。GIS 具有强大的地理数据处理功能,在仓储与配送管理分析中广泛应用,使仓储与配送管理更加完善。

2. GIS 在物流领域中的应用

在物流中,GIS 应用主要是指通过 GIS 强大的地理数据功能对物流分析技术进行改善。完整的 GIS 物流分析软件包不仅包括交通运输分析提供的扩展数据结构、分析建模的工具这两种开发工具,还包括车辆路线模型、网络物流模型、分配集合模型、设施定位模型等物流分析模型。

(1) **车辆路线模型**。车辆路线模型解决的是在起点或者终点的运输问题中,如何降低运营成本和保证服务质量的问题(多少辆车和每个车辆必须通过的路线)。在物流分析中,以材料运输的安全性、及时性和低成本为目标,在有许多可选择的运输路线时,综合考虑和权衡,最终选择合理的运输方式,同时确定最低运输成本路线。例如,一个公司拥有 1 个仓库,但是有 30 个零售店,同时每个零售店都分布在不同的地点,每天通过卡车从仓库给每间零售店运送货物,每辆卡车的载重量或者货物大小是固定不变的,并且每个商店都需要的货物重量或体积也是固定不变的。所以,最简单的车辆路线模型就是选择多少辆车及所有车辆必须通过的路线。

(2) **网络物流模型**。网络物流模型用于有效解决货物路线分配问题,也就是所谓的物流网络布局问题。例如,从 n 个仓库运送货物到 m 个商店,每个商店的需求量都是固定的。所以,我们应该确定哪些仓库负责交付货物到哪些商店,才可以将总运输成本降到最低。

(3) **分配集合模型**。根据每个要素的相似性,分配集合模型可分为所有或部分,用来确定服务范围和销售市场范围。分配集合模型涉及许多物流问题。例如,一个公司需要设置 12 个配送点,这需要 12 个配送点来覆盖整个区域,同时每个配送点的顾客数量还要大致相等;在给定的经济区域中(可以和一个国家一样大,也可以小到某一地区或者城市),对各个仓储网点的规模和地理位置等因素进行考虑,合理分配服务范围,对供应半径进行确定,从而实现宏观供求平衡。

(4) **设施定位模型**。设施定位模型适合确定 1 个或多个设施的位置。仓库和运输线构成了物理系统中的物流网络,它位于网络的节点上,而运输线是每个节点的线路,从这个意义上说,线路是由节点决定的。在拥有多个资源点及多个需求点的一个经济区域中,需要经过收集、中转和分发,向各种需求点供应物质资源。所以,根据供求的实际需要并结合经济效益等原则,在所建立区域中需要多少个仓库,每个仓库的位置在哪里,每个仓库应该多大(其中包括吞吐量和存储容量),这些问题都尤为重要。如果利用设施定位模型,则可以很轻易地解决上述问题。

四、大数据技术

(一) 大数据含义

大数据(Big Data)指的是数据、视频、文字、图片等具有多样化特征的有价值信息的集合。维克托·迈尔-舍恩伯格及肯尼斯·库克耶编写的《大数据时代》指出,大数据技术对所有数据进行分析处理,而不仅仅是抽样调查。大数据具有 5 个特征:大量(Volume)、高速(Velocity)、多样(Variety)、价值密度(Value)、真实性(Veracity)。

用于大数据的信息资料通常来源于信息交互网站、平台或是企业自身网站等运营数据。通过一定的方式将这些数据进行处理,使其变为有规律、有价值的信息,然后利用数据分析软件对提取出的有用信息进行转换、归纳、分析,从而辅助企业的市场运营与决策。大数据处理技术包括数据抓取、数据储存、计算处理、数据分析、信息展示五个环节。

在大数据时代,人们对待数据的思维方式发生了以下变化。

(1) 人们处理的数据规模增大,从样本调查变成海量数据。

(2) 数据中可能混淆大量无关数据,数据有用性与准确性评估难度加大。

(3) 任何与调查对象相关的数据,都是大数据技术处理分析的对象。

大数据思维关键的转变在于从自然思维转向智能思维,使得大数据像具有生命力一样,获得类似于"人脑"的智能,甚至智慧。目前,大数据已逐渐成为行业竞争的核心力量,欧、美、日等发达国家均把数据资产上升到国家信息战略高度。许多大型物流公司也通过大数据应用解决自身存在的各类问题。亚马逊公司率先采用大数据技术对客户的购买行为进行预测,在不同区域内的仓库提前备货,大大减少了货物的送达时间。UPS 公司率先将地理位置数据化,通过积累大量行车路径,寻找最佳行车路线,其研发的 Orion 系统可在 3 秒内从 20 万种可能路线中找出最佳路径。

(二) 大数据在物流中的应用

1. 物流企业应用大数据的优势

面对海量数据,物流企业在不断增加大数据投入的同时,不能仅仅把大数据当作一种数据挖掘、数据分析的信息技术,而应该把大数据看作一项战略资源,充分发挥大数据给物流企业带来的发展优势。

(1) 信息对接,掌握企业运作信息。在信息爆炸时代,物流企业过去分散式节点信息储存与传统数据收集、分析处理方式,已经不能适应时代发展的需要。物流企业应该积极采用大数据技术,将每个节点的数据收集并且整合,通过数据中心分析、处理转化为有价值的信息,从而使物流企业能够全面掌握整体运作情况。

(2) 为企业制订决策提供数据支持。传统的根据市场抽样调研和个人总结经验来进行决策已经不能适应这个数据化的时代,只有真实的、海量的数据才能真正反映市场的需求。通过对市场数据的收集、分析处理,物流企业可以了解到具体的业务运作情况,这样就可以把主要精力放在真正能够给企业带来高额利润的业务上,促进企业形成核心竞争优势。同时,通过对数据的实时掌控,物流企业还可以随时对业务进行调整,确保每个业务都可以赢利,从而实现高效的运营。

(3) 提高客户满意度,增加客服忠诚度。随着电子商务的发展,网络销售额不断增加,客户也越来越重视物流服务的体验,希望物流企业能够提供最好的服务,甚至希望了解商品配送过程中的所有信息。这就需要物流企业以大数据技术为支撑,通过对数据挖掘和分析,合理地运用这些分析结果,进一步巩固和客户之间的关系,提高客户满意度,培育客服忠诚度,避免客户流失。

(4) 实现数据增值。在物流企业运营的各个环节中,只有部分数据可以直接分析利用,绝大部分数据必须经过合适的处理才能转化为有用数据进行储存分析。这就使得大部分数据具有拖延性、失效性。物流企业的数据中心必须对这些数据进行加工,从而筛选出有价值的信息,实现数据的增值。

2. 大数据在物流企业中的运用

(1) **有助于员工管理**。大数据对员工的选择、评价、培训等管理都会发挥重要作用,目前已有物流公司为员工运输车辆安装远程信息控制系统,随时确保持续获取车辆的行驶地点、燃油使用情况、司机驾驶习惯、车辆发生事故频率甚至还包括驾驶人员情绪等大量数据信息,通过采用大数据技术对大量数据进行分析处理,以对员工的工作绩效做出正确判断,为进一步制订培训计划提供依据。

(2) **有助于减少安全隐患,降低设备维护成本**。通过在重要零部件上安装检测传感器,采集大量设备维护防御性数据信息,再利用大数据技术分析,获知零部件运行状态以及时更换,可有助于消除安全隐患,降低设备维护成本。

(3) **有助于提升企业决策能力**。决策贯穿于管理的各个职能。信息是决策的重要依据,而数据是信息的重要来源。每天有大量的员工和海量订单在物流行业的大数据信息平台上高速运转,挖掘数据并将其处理成可用的信息资源,可以大幅提升决策的准确性与快速性,能够为企业的科学决策提供支持。

(4) **优化配送线路**。配送线路的优化是一个典型的非线性规划问题,它对物流配送效率和配送成本有很大影响。物流企业运用大数据来分析商品的特性和规格、客户的不同需求(时间和金钱)等问题,从而能够迅速地对这些影响配送计划的因素做出反映(比如选择哪种运输方案、哪种运输线路等),确定最合理的配送线路。企业还可以通过配送过程中实时产生的数据,快速分析出配送路线的交通状况,对事故多发路段做出提前预警。利用大数据技术对整个配送过程的信息进行精确分析,使物流的配送管理智能化,提高物流企业的信息化水平。

(5) **仓库储位优化**。合理地规划产品储存位置对于提高仓库利用率和订单分拣效率有重要的意义。配送中心的产品种类众多,出货频繁,储位优化就意味着工作效率和效益的提高。哪些货物放在一起可以提高分拣效率,哪些货物储存的时间较短,都可通过大数据的关联模式法分析出来。通过商品间的相互关系来合理地安排仓库位置,能够达到最大化利用仓储空间、提高配送效率的目的。

五、云计算技术

(一) 云计算含义

云计算(Cloud Computing)分为广义云计算与狭义云计算。**广义云计算是指将计算能力作为一种商品,通过互联网为顾客提供服务的交付和使用模式。狭义云计算是指通过信息技术基础设施、网络平台等为顾客搜寻他们所需的资源,并通过互联网完成交付和使用模式。**

由云计算的概念可以看出,云计算是一种能够为用户提供灵活的、可随时访问的资源共享网络模式。进一步说,就是把访问端口设置在大量的分布式计算机上,用户能够根据需求访问计算机和存储系统,获得自己所需的资源。

云计算具有以下特点。

（1）快速部署资源或获得服务。为用户提供资源的网络被称为"云"。专业化的网络公司搭建计算机存储、运算中心，使用户通过浏览器就能够直接访问资料云存储与应用服务中心。

（2）按需扩展和使用。"云"中的资源在使用者看来是可以无限扩展的，并且可以随时获取，按需使用，随时扩展。

（3）按使用量付费。在云计算模式中，用户只需为自己所需的资源付费。

（4）通过互联网提供。云计算将互联网当作一个巨大的资源储存池，用户通过利用只有基本功能的终端设备，直接从互联网获取所需资源。

（二）云计算在物流中的应用

1. 降低运营风险，提升物流效益

云计算在提高物流信息化效率的同时，也给物流企业带来了许多风险。首先，与传统物流相比，现代物流在信息化建设方面的投入巨大。而且，如果信息化建设失败，相关软件不能再次利用，企业需要承担很大的投资风险。其次，在信息化环境建设过程中，可能存在系统漏洞与系统维护程序不完善等问题，使系统在运行过程中存在很大的信息泄露风险。而且，由于技术标准和接口协议不同，企业的信息化平台的可扩展能力有限，不能在企业需要时与其他信息平台进行端口对接，可能造成信息失真，降低物流运行效率。

云计算平台可以利用云端计算将数据进行有效整合，解决数据接口、标准、共享等问题，为企业提供高可靠性、强拓展性、良好交互性的数据服务。企业只需向云计算运营商提供少量的资金就能享受到服务，从而大大减少基础设施投入及系统维护管理的成本。

2. 协同物流节点，实现数据共享，降低安全风险

在传统的分布式环境中，企业的物流信息分散存储在各个物流节点当中，企业在有需要时对数据进行存取、传输、应用等，但是在操作过程中往往会引发信息安全问题。云计算可以利用云端实时储存物流信息，通过自身强大的计算能力，随时感知物流动态，向物流节点和企业提供用户导向、需求导向、任务导向的计算服务，并且能够根据物流环境的变化，自主协调各个业务模块，共同完成任务，真正做到面向任务、按需分配，从而有效保障各个物流环节之间、物流企业之间的协同作业。

3. 提高物流企业应对突发事件的快速反应能力

随着物流运营环境的复杂化，如果企业不能够及时全面地掌握各种基本信息和动态信息，就会影响其对突发事件的快速反应能力，从而导致无法应对突如其来的各种变化，最终给企业造成无法挽回的损失。云计算通过将计算、存储、协同等任务交给云端，可有效降低终端系统、传感器及信息采集设备的计算任务。通过这种方式，可以增加企业信息采集渠道的快捷性、多样性、灵活性，有效提高企业实时获取动态信息的能力和效率，使其能够在较复杂的环境下探知各种安全威胁，以确保对突发事件做出快速反应。

六、区块链技术

（一）区块链技术含义

区块链技术（Blockchain Technology，BT），也被称为分布式账本技术，是一种由集体共

同维护的可靠的数据库技术。该技术通过参与系统中的任意节点，把一段时间内系统全部信息交流的数据，通过密码学算法计算和记录到一个数据块中，并生成该数据块的指纹，用于链接下个数据块和校验，系统所有参与节点共同认定记录是否为真。与传统的数据库技术相比，区块链技术有以下特点。一是去中心化：区块链技术的数据传输不再依赖某个中心节点，而是依据共识开源协议，自由安全地传输数据。二是开放透明：在各区块中，除了私有信息被加密外，区块数据对全网络公开，且每个节点数据都可备份，任何人可通过公开的接口查询区块链数据。三是不可篡改性：区块链技术通过采用非对称密码学，使区块内数据不可篡改，不可伪造。同时，相对于传统数据库技术，现阶段的区块链技术数据吞吐量小，读写时延较大，更适合低频率、小数据的可靠存储和处理。区块链技术广泛应用于金融行业、互联网业务、政府公开信息等领域，使得整个交易活动和支付速度更快、效率更高、成本更低。

（二）区块链技术在物流中的应用

1. 区块链保证物流过程信息的安全性

在物流过程中，利用数字签名和公私密钥机制，可以充分保证信息安全及货主的信息安全。例如，快递交接需要双方私钥签名，每个快递员或快递点都有自己的私钥，是否签收或交付只需要通过区块链内的信息对比即可。因为快递员无法仿造顾客签名，这样就减少货物冒领、丢失等造成的损失。另外，利用区块链技术，通过智能合约能够简化物流程序，大幅度提升物流的效率。

2. 区块链降低物流成本、提升物流效率

国际物流由于运输距离长，中间环节多，涉及海关、银行、保险、商检等部门，较国内物流更复杂，因而物流效率难易提高。例如从东非到欧洲的冷冻货物，中间要经过近30个组织200次交流，贸易文件处理和管理成本占运输成本的20%。但使用区块链技术，可以将这一链条上所有的企业、海关、银行等组织全部连接起来，将这些组织的信息实时录入到区块链中，企业、货主、海关、银行等可以随时查询相关信息，减少重复申报与查验，提升了数据的可信任度，实现办公过程信息化。另外还可以帮助企业自主申报、自报自缴，提高通关率。

3. 区块链强化危险品监管

危险物品储存和运输不仅要考虑成本和效率，还需要考虑安全问题。应用区块链技术不能更改物品特性，能实时、无误、有效地监控危险品的流向和状态，方便监管部门进行事前监管而不是事后问责。区块链中会永久保存供应链中的分销商、供应商、运输商等相关信息，一旦发生问题，可以及时迅速地查询和追责。

4. 区块链协助物流企业融资

物流企业资金流是制约企业发展的重大难题，国外可以通过仓单质押获得银行贷款。而中国虽然也有仓单质押，但缺乏一个有效的仓单信息管理系统，导致金融机构不能确定仓单的真实性。因此，采用何种方法将存货和仓单的真实性建立起相互对应的关系是仓单质押在我国的现实问题，而区块链在这方面有天然的优势。只需把全过程的信息录入区块链，银行等金融机构就可以实时准确地查询到仓单的真实性，然后对仓单进行估价，为物流企业提供

贷款。此外，区块链帮助物流企业积累运营数据，便于金融机构识别潜在用户。

5. 终端消费品追溯

消费者希望自己购买的食物能够追溯到完整的来历，比如一杯牛奶，消费者希望能清楚知道它来自哪个农场，甚至是（通过牛的耳标）哪头牛，由哪个物流公司运输、哪个分销商或零售商销售。目前，我国消费者无法了解这些信息，只能通过广告、品牌效应来选择购买商品，甚至靠选择进口牛奶来规避食品安全带来的风险。而不良生产者、销售者也是钻这个空子进行违法生产和销售。这其实就涉及防伪溯源，如果将该产品链条中的所有信息写进区块链，就能解决这个问题。

6. 智能制造

加快推进智能制造，是实施《中国制造2025》的主攻方向，实施智能制造，重点任务就是要实现制造企业内部信息系统的纵向集成，以及不同制造企业间基于价值链和信息流的横向集成，从而实现制造的数字化和网络化。由于制造设备和信息系统涉及许多企业，采用人工或中央电脑控制的方式，实时获得制造环节中全部信息具有较大难度。同时，所有的订单需求、产能情况、库存水平变化及突发故障等信息，都存储在各自独立的系统中，而这些系统的技术架构、通信协议、数据存储格式等各不相同，严重影响了互联互通的效率，也制约了智能制造在实际生产制造过程中的应用。

利用区块链技术，可有效采集和分析在原本孤立的系统中存在的所有传感器和其他部件所产生的信息，并借助大数据分析，评估其实际价值，对后期制造进行预期分析，能够帮助企业快速有效地建立更为安全的运营机制、更为高效的工作流程和更为优质的服务。数据透明化使研发设计、生产制造和流通更为有效，同时降低了制造企业的运营与生产成本，提高了产品的质量，使企业具有更强的竞争优势。智能制造的价值之一就是重塑价值链，而区块链有助于提高价值链的透明度、灵活性，并能更敏捷地应对生产、物流、仓储、营销、销售、售后等环节存在的问题。

第三节　物流信息系统

随着现代物流系统的发展，物流信息量越来越大，物流信息更新的速度也变得越来越快，如果依旧采取传统的手工方式处理信息，那么会导致信息滞后、信息失真、信息不能共享等一系列信息处理问题，进而对整个物流系统的效率产生影响。所以，使物流系统整体效率提高的有力保证是建立一个基于计算机和通信技术的物流信息系统。

一、物流信息系统的内涵和作用

（一）物流信息系统的内涵

物流信息系统（Logistics Information System）是指用系统的观点、思想、方法建立起来的，以电子计算机为基本信息处理手段，以现代通信设备为基本的传输工具，并且能够为管理决策提供信息服务的人机系统。

物流信息系统不仅是现代物流系统中独立的子系统，而且也是现代物流系统中的"血液系统"或"中枢神经系统"。要想实现对物流和资金流动的合理掌握和管理，就需要企业利用具有信息分析和决策支持功能的人机系统，对有关物流信息加工处理。该系统以人为主体，通过对企业的各种数据、信息进行收集、传递、加工与保存，把有价值的信息传递给使用者，辅助企业全面管理。物流信息系统的主要特点不仅是实时化、系统化和网络化，同时还包括专业化、规模化、智能化和集成化。其基本内容为物流信息处理的计算机化、存储的数字化等。

物流信息系统的运作流程是通过输入社会需求文件信息和供应商货源文件信息，形成产品生产计划、生产能力计划、**送货计划和订货进货计划**、**运输计划**、**仓储计划**、**物流能力计划**，并进行成本核算。若想使这样一个纵深复杂、涉及面广的物流体系快速、高效且经济地运行，没有信息这一润滑剂是无法实现的。现代物流信息通常在物流活动中起着"中枢神经系统"的作用，可谓是"牵一发而动全身"。

（二）物流信息系统的基本功能

物流信息系统的基本功能可以分为以下几种。

1. *信息处理功能*

收集、加工整理和存储及传输各种形式的信息，有利于给管理者提供及时、准确又全面的信息服务。物流信息系统的信息处理功能如图 8.4 所示。

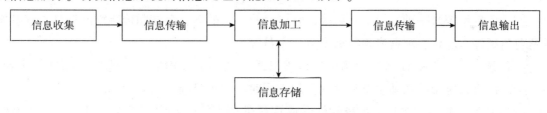

图 8.4　物流信息系统的信息处理功能

（1）信息收集。信息收集是用某种方式对物流系统内外的有关数据信息进行记录，然后将其转化为物流信息系统能够接收的形式，输送到系统中。

（2）信息传输。信息传输是指从信息源出发，经过一定的媒介和信息通道将信息传输给接收者的过程。

（3）信息加工。信息加工是指对已收集到的物流信息进行处理，使其更加符合物流信息系统的目标，或者更方便各级管理人员操作使用。

（4）信息存储。信息存储是保证已经得到的物流信息不丢失、不走样、不外泄，随时可用。

（5）信息输出。物流管理者可以看作物流信息系统的服务目标，故而需要有能够为管理者提供信息的方法或体系。根据不同的需要，经过加工处理的物流信息，部分可以被物流管理者直接使用，部分则需要进一步地利用计算机进行加工。

2. *事务处理功能*

物流信息系统的主要工作是管理日常公共事务。它可以将部分员工和领导从单调、烦琐的事物处理工作中解脱出来,不但节约了人力资源,而且提高了管理效率。

3. 预测功能

它通过对物流状况进行实时监测,基于历史数据,选择恰当的数学方法,使用适当的、科学的预测模型,从而对物流的发展进行预测。

4. 计划功能

基于不同的管理级别,可以提供不同的要求,为不同部门提供不同的信息,同时也可以为工作做出合理的计划与安排,从而确保管理工作的有效性。

5. 控制功能

它能够监控和检查物流系统中各环节的运行状况,并且对实际情况与计划进行比较,便于发现问题。同时解析偏差产生的原因,并通过适宜的手段进行改正,从而确保系统预期目标的实现。

6. 辅助决策和优化决策功能

将决策信息提供给管理者,便于辅助决策。通过各种决策模型和有关技术完善决策方案,给管理层提供决策依据,使管理决策的科学性得到提高,同时帮助企业整合相关资源,有助于增加企业的经济利益。

二、物流信息系统的基本构成

物流信息系统是一种人机交互系统,它可以收集、处理、存储和传递物流信息。其**基本要素包括硬件、软件、数据库与数据仓库、人员等**。

(1)硬件。硬件有计算机和网络通信设备等。硬件不仅构成了系统运行的硬件平台,也是物流信息系统中的物理装置和硬件资源。同时,它也是物流信息系统的基石。

(2)软件。软件主要包括系统软件和应用软件两大类,其中,系统软件主要用于系统的管理、维护、控制及程序的载入和编译等工作;应用软件是在计算机上进行信息处理的程序或文件。它不仅有完整的功能数据库系统,还有采集处理信息系统、报告生成系统等。

(3)数据库与数据仓库。数据库技术是指将若干用户数据和需要用到的应用数据,基于数据模型,进行组织、利用、约束和维持管理等,使数据具有高度独立、少冗余、良好共享的特性,从而确保数据的完整性、安全性和相同性。数据库系统主要服务于管理层一般的事务性处理。数据仓库是面向主题的、集成的、稳定的、不同时间的数据集合,用以支持经营管理中的决策制订过程。数据仓库系统由数据仓库、数据仓库管理系统和数据仓库工具组成。通过数据库的集成、稳定性和时间特性能够变为分析数据,进而给决策层提供决策支持。

(4)人员。人员不仅包括系统分析、设计、实施和运作人员,还包括系统维护人员、管理人员和数据准备人员,以及各级管理决策者等。

三、物流信息系统的结构层次

不同物流部门或不同管理层次的人员需要不同的物流信息,完整的物流信息系统是一个金字塔结构。物流信息系统的结构层次如图 8.5 所示。

图 8.5　物流信息系统的结构层次

（1）数据系统。数据系统是整个物流信息系统的基石。数据系统利用数据库的形式对收集、加工的物流信息进行保存。

（2）业务处理系统。业务处理系统对数据库中的各种数据如合同、票据、报表等进行日常处理。

（3）运用系统。运用系统对经过业务处理过的信息进行实际运用，如进行运输路径选择、制订仓库作业计划、实施库存管理等。

（4）控制系统。控制系统制订评价标准，建立控制与评价模型，根据运行信息监测物流系统的状况。

（5）决策系统。决策系统能建立各种物流系统分析模型，辅助高层管理人员制订物流战略计划。

四、物流信息系统的应用

（一）电子自动订货系统

电子自动订货系统（Electronic Ordering System，EOS）**是指企业利用通信网络（VAN 或 Internet）和终端设备以在线联机（Online）方式进行订货作业和订货信息交换的系统。**根据其应用范围可划分为企业内的 EOS、零售商与批发商间的 EOS 及零售商、批发商与生产商间的 EOS 三种。

1. EOS 的作用

（1）相对于传统的订货方式，比如上门订货和电话订货等，EOS 可以减少从接到订单到发出订货的时间，缩小订货商品的交货期，降低商品订单的出错率，节约人工费用。

（2）便于提高企业的库存管理水平，使企业的库存管理效率得到提升，并且能够防止商品尤其是畅销商品出现缺货的现象。

（3）生产厂家和批发商可以对零售商的商品订货信息进行分析，准确地对畅销商品和滞销商品进行判断，便于及时调整企业商品生产和销售计划。

（4）便于提高企业物流信息系统的效率，使每个业务信息子系统之间的数据交换变得更加便利和快速，并且丰富企业的经营信息。

2. 自动订货系统流程

EOS 的流程如图 8.6 所示。

（1）根据库存及销售情况，零售商通过条码阅读器取得需要采购的商品条码，然后将订货材料输入零售商终端机。

（2）将订货材料信息通过网络传递给批发商。

（3）批发商根据各零售商的订货信息及库存信息，形成货物订单，并传给供货商。

（4）供货商将提货传票开出来，同时按照传票，开出所需的提货单，并进行提货，最后再根据送货传票将商品发出。

（5）批发商接收货物，并开出传票，拣货，送货。

（6）零售商收货，陈列，销售。

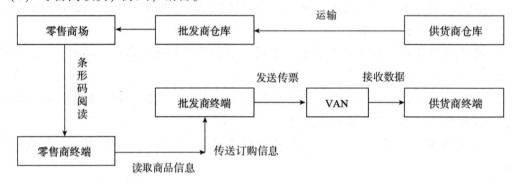

图 8.6 EOS 的流程

（二）销售时点信息系统

销售时点信息（Point of Sale，POS）系统是指通过自动读取设备（如收银机）在销售商品时直接读取商品销售信息（如商品名、单价、销售数量、销售时间、销售店铺、购买顾客等），并通过通信网络和计算机系统传送至有关部门进行分析加工以提高经营效率的系统。

POS 系统是通过计算机软硬件技术对商场的商品、客户、销售时点交易等信息进行综合管理的信息系统。它具有直接、及时入账的实时处理能力，是一种全新的商业销售管理系统。现代 POS 系统将计算机网络、EDI 技术、监控技术、电子收款技术、远程通信、电子广告技术和自动售货备货技术等一系列科技手段融为一体，形成一个高效的管理信息系统。

1. POS 系统组成

前台 POS 与后台 MIS 组建了 POS 系统，前台 POS 广泛适用于销售领域，后台 MIS 应用于商场管理中心，两者通过网络连接，实时传输和共享数据，提高工作效率。

（1）前台 POS。在销售市场上，POS 被广泛运用于前台，POS 能够在销售商品时自动读取销售信息，同传统销售相比，自动化程度较高，也有利于更好地服务和管理交易，然后把读取的信息发送到后台 MIS。

（2）后台 MIS。后台 MIS 接收前台的销售数据辅助库存分析，有利于对进货数量进行控制，对资金进行合理周转，对各种销售报表进行统计分析，同时方便、快速、准确地计算成本与毛利。销售数据成为销售人员绩效考核的标准，为员工发放工资和奖金提供依据。后台MIS还负责整个商场进、销、调、存系统的管理，以及财务管理、库存管理、考勤管理等。

2. POS的系统结构

POS的系统结构主要依靠计算机处理信息的体系。结合商业企业特点，可以将POS的基本结构划分为单个收款机、收款机与微机连接的POS、收款机与计算机网络组成的POS三类。第三种POS结构是当前使用最广泛的。

（1）POS系统的硬件结构。POS系统的硬件主要有扫描器、显示器、打印机、网络PC机与服务器等。POS系统的硬件结构如图8.7所示。

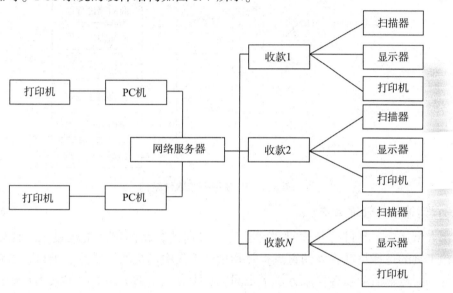

图8.7　POS系统的硬件结构

①POS机。POS机具有显示屏、票据打印机及条码扫描仪等部件。它通过将网络上的库存信息实时共享，能够及时处理商品库存，后台可以在任何时候查询销售状况，同时可以分析和管理商品销售。根据商品的特点选择手持机或者台式机条码扫描仪，使数据录入的进度和可靠性得到双重提高。

②网络。现在中国大部分商场内部信息交流频繁，但对外信息交流极少。由于计算机网络系统主要需要高速局域网，且基于对系统的开放性及标准性的角度考虑，选择TCP/IP协议是可取的。

③硬件结构。大型商业企业的商品进、存、调、销的管理复杂，账目数据量大，管理和检索频繁，因此，选择比较先进的PC机和服务器能够很大程度地提高工作效率，并且保证数据安全性、实时性及准确性。

（2）POS系统的软件结构。POS系统的软件结构如图8.8所示。

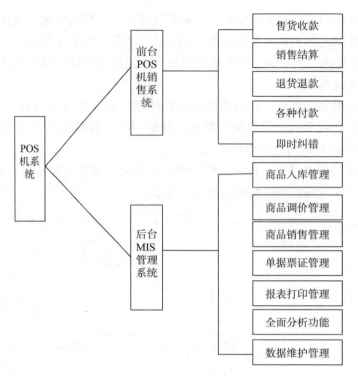

图 8.8　POS 系统的软件结构

（三）运输信息管理系统

利用大型运输工具进行长途批量运输时，根据其线路固定、货运量大、计划性强的特点，运输工具的选择是其管理的重点，货物量是否集中、机场、铁路、港口、道路等设施是否完备等都与运输活动与客户服务水平之间具有十分紧密的关系。运输费用在物流总成本中所占比例很大，占一般产品价格的 10%～20%，甚至是更多。因此，要想提高服务水平和降低成本，进行高效的运输管理是至关重要的。

1. 货物跟踪子系统

货物跟踪子系统是指物流运输企业运用物流条形码和 EDI 技术及时获取有关货物运输状态的信息，包括货物品种、数量、发货地点、货主、在途情况、到达地点、交货时间、送货车辆及责任人员等，是提高物流运输服务质量的方法。总体来说，就是运输人员在跟随货主取货、物流中心进行集装运输、给客户配送货物等操作时，使用扫描仪自动读取货物特定的物流条形码等信息，通过公共或专用的卫星通信线路把货物的相关信息传送到总部的计算中心进行汇总，最后，总部的计算机将所有被运送货物的信息进行存储，以便于企业了解货物的运输状况。货物跟踪子系统提高了从事物流运输企业的服务水平。

2. 车辆运行管理子系统

在进行货物运输业务时，运输工具通常是一种分散和移动的状态，使作业管理存在着不少困难。所以，在企业可接受的利润率及客户服务水平等条件限制下，合理管理车辆、规划车辆路线变得至关重要。近几年来，随着移动通信技术的迅速发展，物流运输业中逐渐出现了多种车辆运行管理子系统。例如，适合在城市范围内运行的应用 MCA（Multi Channel Access，MCA）无线技术的车辆运行管理子系统。

（1）应用 MCA 无线技术的车辆运行管理子系统。MCA 无线系统由无线信号发射接收控制部门、运输企业的计划调度室和运输车辆组成，且这三部分之间能进行双向通话。由于 MCA 系统无线发射功率的限制，它只适用于小范围的通信联络，如城市内的车辆计划调度管理，在北京、上海等城市的大型出租运输企业都采用了 MCA 系统。

物流运输企业通常在综合自动配车系统和顾客数据库的基础上，利用 MCA 无线系统，对车辆运行进行管理。通常，物流运输企业首先接收到顾客运送货物的请求，然后根据请求内容把货物种类、货物数量、装运时间、装运地点、顾客联系方式等相关信息输入到计算机中。最后，企业根据车辆移动通信装置得到车辆的有关信息，运用 MCA 系统，使计算机自动地向最接近顾客的车辆发出装货的指令，并且使用车辆上的接收装置把指令打印出来。

（2）应用 GPS 技术、GIS 技术和通信卫星的车辆运行管理子系统。在全国范围甚至世界范围内进行车辆运行管理就需要采用通信卫星、GPS 技术和 GIS 技术的车辆运行管理系统。在采用通信卫星、GPS 技术和 GIS 技术的车辆运行管理系统时，物流运输企业的计划调度中心和运行车辆通过通信卫星进行双向联络。

运用这三种技术的运行流程需要物流运输企业的计划调度中心首先发出装货指令，通过专用或公共通信线路将指令传输到卫星控制中心，然后卫星控制中心将收到的信号发送给通信卫星后，再传送到运行车辆，从而使运行车辆可以通过 GIS 技术确定自己的位置，并计算出最优路线，同时通过车载的通信卫星将车辆的位置和状况等相关信息传送回计划调度中心，使物流运输企业能够在对车辆运行状况进行控制的基础上，进一步实现车辆的最佳配置，以此来提高物流运送的效率和顾客服务满意度。

3. 中小型物流运输企业的信息交流网络

当前，绝大部分的物流运输企业是中小型企业，以当地运输业务为主，且基本上都属于地方企业。如何将这些中小型企业组织起来，以提高整体运营效率，减少社会资源的浪费呢？其中的一个可行办法就是建立中小型物流运输企业的信息交流网络。

具体地说，建立一个运输业的信息交流网络，使中小型企业和个人能够通过电脑进行信息交互。企业或个人可以在信息交流网络中输入求货或求车信息，同时还可以通过交流网络搜索到他人登记的信息，以寻求合适的合作伙伴。

第四节　物流信息合理化

一、物流信息不合理的表现

（一）物流信息的虚假现象

物流信息虚假现象存在于企业的内部和外部。其主要原因在于企业各部门之间、企业和企业之间在进行信息交流时有意无意地隐瞒某些相关信息，导致其合作伙伴得不到较为准确的信息，造成信息在传递过程中出现较大偏差，从而影响企业的运作效率。

（二）物流信息的不对称现象

物流信息的不对称现象主要包括物流信息的内容不对称和物流信息的时间不对称。内容不对称指的是不同的企业或部门获取的信息量不同,因此进行作业的效率各不相同,造成信息不对称,也会导致物流活动的紊乱。而时间的不对称则是不同企业或部门所得到的同一市场的相关需求信息不平衡,因此做出的预测与应对决策各不相同,有可能导致产品供求不平衡。

(三)物流信息的失真现象

信息失真是最主要的信息危机。由于市场需求信息是由最终用户流向供应商的,而在需求信息的传递过程中,需求的波动性表现为由零售商向分销商发出需求的波动性大于用户需求的波动性,而分销商向制造商发出需求的波动性又大于零售商的需求波动性。某些信息很容易在传递过程中发生失真或扭曲放大的现象。因为这种现象表现在坐标图上很像是甩起的牛鞭,故被称为"牛鞭效应"。

二、物流信息合理化的措施

物流信息危机对于物流各个阶段的工作效率都有很大的影响,所以物流运输企业需要采取一些可以预防并规避风险的有效手段。

(一)建立信用制度

各企业或各部门之间必须本着诚恳、信任的原则,在既不损害自身利益,又能顾全大局的情况下,与合作对象分享信息,使双方或多方都能及时得到完整且准确的信息,并基于此进行更为准确的预测和计划。

(二)提高信息的共享程度

建立企业信息共享的合作模式,提高最终用户信息的透明度。如果信息不能进行全部分享,那么供应商就只能根据下游企业的订单对市场的需求进行判断,其结果很可能与真实的需求有很大的差异。因此,要想实现信息的完全共享,就必须提高最终用户信息的透明度,使企业获得真实的需求信息,避免一些因信息不完整而带来的干扰。

> **案例1**

中海:完善的物流信息体系

中海集团与中远集团、中外运被称为中国航运市场的三巨头,在集装箱运量取得突飞猛进的2002年,中海物流应运而生。按照中海集团的发展规划,物流业是重点发展行业和支柱产业,计划形成以航运为核心,船代、货代、仓储堆场、集卡、驳船、空运、海铁联运等业务并举的大物流发展框架。中海物流能在与中远物流、中外运、招商局、宝供物流等公司的激烈角逐中脱颖而出,很大程度上缘于先人一步建立了比较完善的信息化系统。

一、转型:实现三级管理

中海物流采用三级管理的业务模式,总部管片区、片区管口岸。总部代表集团领导、管理、计划、协调中海的物流业务,强调对整个物流业务的总成本进行控制,建立物流供应链;片区公司在总部的领导和管理下,经营各所属片区的配送业务、仓储业务、车队业务、揽货业务等，建立所属各地区的销售网点，并对该地区的成本进行控制；口岸公司在片区公司的管理下，进行揽货、配送的具体业务操作，并负责业务数据采集。而要实现这一点，没有强大的信息系统支撑是不可能的。中海物流公司成立初期就提出，要做一流的物流企业首先要有一流的IT。为实施集团制订的"大物流"战略，中海物流最终选择了招商迪辰为软件供应商。

二、模式："一个心脏跳动"

虽说招商迪辰是首家在国内将GIS、GPS、无线通信（Wireless）与互联网技术（Web）集成一体，应用于物流、交通和供应链管理领域的软件供应商。但为中海物流这样规模的企业建立全国性的物流信息系统，并无先例可循。招商迪辰上海公司总经理曾辉军说："现在不是一个点上看单个物流系统，而是要在整个物流网络的高度，从供应链衔接的角度设计整套系统。"经过反复论证，双方一致认定，要在全国范围内应用一套企业集成系统，能实现信息的共享和交换，并保持数据一致。

该信息系统以市场需求为驱动，以计划调度为核心，使物流各环节协同运作。它需要集成企业的计划、指标、报表、结算等，可层层细化与监控，并有统一的企业单证、报表、台账格式，而且有很好的扩展性和开放结构。而更为关键的是，系统建成后应当是一套面向订单流的信息系统，从接受客户委托订单开始，到订单管理，再到围绕订单制订物流方案、落实相关运力或仓储等物流资源、调度，直至物流作业、质量监控等环节，都要有一个共享的信息流。

软件项目最大的困难在于业务变更。中海物流的业务繁杂、需求众多且不断变化，信息系统也必须随之改进。项目开始时做调研主要是为了海运业务，关注的主要是货运从这个港到那个港，真正涉及项目物流非常少，在经过战略转型后，中海物流将海运、货代业务剥离出去，专做第三方物流。

"一个心脏跳动"即"中海物流集团总部是一个利润中心，底下八大片区视为成本中心，资源统一调配，全国一盘棋。现在拿到第三方物流单子，多少货发到什么城市、什么仓库，完全由中海物流自己来决策"。仓储资源、运输资源、人力资源统一调配。当前中海物流完全按这种模式运作，集中式管理、集中式调度，统一核算，客户进来不是面对单个公司，而是面对整个物流体系，整个体系通过一套信息系统协同作业。

三、海信：初战告捷

从某种意义上来说，中海之所以要做战略调整，就是因为签了海信这样的项目物流大单。2002年年底，海信电器进行首次第三方物流的招标，中海物流在经过投标、调研、制订方案后，凭借"中海"的强势品牌和完善的物流方案，击败国内数家知名物流企业，中标海信电器股份电视机产品的全国配送物流服务项目。

中海之所以能拿下海信近45%份额，超过中运、中外运，关键就是IT系统。目前这套系统全部无纸化操作，海信所有的客户需求，发送到当地销售公司，再到总部的销售中心，再转到总部的物流部，接着到中海的物流中心，继而到中海的操作点，整个过程可以说是全部无纸化，实现无缝连接。从海信的系统到中海系统，整个过程是非常完美的。中海给海信的承诺是2小时，但实际上最快只需几分钟。

与此同时，招商迪辰作为中海物流的战略伙伴，也不时出现在中海的客户那里，为其打单完成IT部分的"亲密接触"。而招商迪辰,又不失时机地将中海物流请到一些物流信息化的研讨会上"现身说法"。于是,一个有趣的现象出现了,就是很多客户选择中海物流做第三方物流供应商,又选择招商迪辰做物流系统供应商,如健力宝、椰树集团。

四、扩张:以柔为刚

海信项目的成功运作增强了中海人的信心,中海物流尝试以一流的网络服务和先进的电子商务为手段,积极发展国内、国外物流合作,整合社会资源,构筑供应链一体化经营模式。

随着信息系统应用的不断深入,中海逐步向客户提供 Internet 订单操作、货物追踪,以及其他个性化的增值服务,并能根据 VIP 客户的需要,建立和客户自身管理系统相符的 EDI 系统,确保信息交换的及时性和准确性。

业务扩张带来的是对系统柔性要求越来越强,由物流层面提升到对供应链层面,成为客户业务模式的一部分。曾辉军说:"这当然需要优化,其中包括物流运输的优化、仓储的优化、人力的优化。系统最高层面的信息库,更要上升到决策分析层面,通过数据比较做什么类型的货物配送最赚钱,做什么样的货物是合理的。单车利润率、仓储周转率等数据,都要成为决策层参考的重要依据。"

中海目前应用的系统具备了较好的柔性,整套系统通用性较强,饮料类企业能使用,家电类企业也能使用,系统的平台能力很强,和客户系统搭一座桥连接起来就可以使用。应当说,中海物流的系统还不是一个非常完整的系统,从开发至今,已经有仓储管理系统、运输系统、集卡管理系统、GPS 跟踪系统等陆续投入使用。目前,中海物流的 IT 项目已经投入 2 000 多万,接下来还会源源不断地投入,开发集团总部管理模块、集装箱运作模块、财务商务增强性模块、自动配载系统等。

五、未来:持续开发

物流企业信息系统的开发不是一朝一夕的,要立足长远。就中海而言,整个过程是相当痛苦的,人们的需求在改变,开发商也要跟着改变,大的物流企业必须开发自己的信息系统,而规模稍小的公司,可以采用租赁的方式,租用 GPS 或者跟大物流公司合作。物流企业实施信息化应该根据自己的资金实力、开发商的能力等具体情况,一步一步地走。选择物流开发商的过程尤为重要,千万不要选择资金实力小、人员流动频繁的公司。

案例讨论:
1. 中海物流信息系统的特点及作用是什么?
2. 中海建设物流信息系统的经验有哪些?

案例2

区块链技术在农业物流中的应用

从 2009 年至今,区块链技术从区块链 1.0 时代发展到区块链 3.0 时代,从数字货币的专用技术延伸到社会领域的开放技术。随着《"十三五"国家信息化规划》和国家大数据战略的推进,区块链与实体经济深度融合为大势所趋。

第八章　物流信息管理

由于中国农业产业长期面临经营主体高度分散、产业链条漫长等诸多问题，在转型升级的道路上障碍重重。而区块链具有分布式协作下的点对点信任，不可篡改的记录恰好可以解决农产品上行中的诸多痛点，最大限度地消除信息不对称现象，提高整个产业链的信息透明度和及时反应能力，实现整个产业的增值。因此，区块链技术正在进入农产品生产流通领域，对中国农业进行深刻改造。

近日，我国第一个农业区块链白皮书由深圳市中农网有限公司（简称"中农网"）发布，通过解析中农网利用物联网和区块链技术高效整合生产端和销售端的实际案例，证实区块链在农业产业的应用并非简单地将传统线下流程线上化，而是对行业的赋能和增效。

中农网作为我国农产品B2B电商的代表企业，其最核心的一个交易品类是蚕丝，年度交易额数十亿，但茧丝产业上游生产单体规模小而分散、产业链条长且效率低下，交易成本过高，买卖双方还会时常出现人为毁约。

中农网通过区块链分布式记账及不可篡改的技术，可以把买卖双方的信息公开、透明地呈现给上下游各方及相关第三方，违约者将被行业抛弃，由此通过互相上链建立起正向的信誉生态，让"良币"驱逐"劣币"。

目前，中农网农业区块链平台已经获得第一阶段的成功，不仅能重塑交易各方的信任关系，还显著提高了各项的交易效率，降低了大家的交易成本。

一、区块链在农业方面的6大应用领域

总体来看，业界普遍认为区块链会在物联网、农产品溯源、农村金融等六大领域得到运用。

（1）物联网。物联网和区块链的结合将使物联网设备实现自我管理和维护，省去了以云端控制为中心的高昂维护费用。

（2）大数据。区块链技术具有点对点信任，不可篡改的记录将成为解决数据真实性和有效性的极佳途径。

（3）农产品追溯。基于区块链技术的农产品追溯系统，所有数据不可篡改，使得信息更加透明、真实、准确。

（4）农村金融。区块链技术公开、不可篡改的属性，为去中心化的信任机制提供了可能。申请贷款时不再依赖银行、征信公司等中介机构提供信用证明，贷款机构调取区块链的相应信息数据即可。

（5）农业保险。区块链技术可以使农业保险在农业知识产权保护和农业产权交易方面获得提升，极大简化农业保险流程。同时智能合约也会让农业保险赔付更加智能化。

（6）供应链。由于数据在交易各方之间公开透明，从而在整个供应链条上形成完整且流畅的信息流，有助于提升供应链管理效率。而数据不可篡改与交易可追溯的特性，还可根除供应链内产品流转过程中的假冒伪劣问题。

事实上，一些有实力的农业企业已经洞察到区块链的机会，早早布局，进行探索尝试。

二、区块链改造农业的案例

1. 中南建设携手北大荒，推出全球首个"区块链大农场"

中南建设携手北大荒合资成立了"善粮味道"，共同打造全球首个区块链大农场。提出"平台+基地+农户"的标准化管理模式，建立从原产地到餐桌的封闭农业组织，打造农产品领域的高附加价值产品电商平台。

"善粮味道"是安全食品电商平台，依托区块链大农场，设计了一套封闭的管道管理体系，从土地承包开始，农场会进行区块链化的认证，覆盖从播种到加工的全部核心流程并与线下各个核心环节紧密结合。手持 IOT 设备、农户宝、农监宝、封闭的物流运输监控设备、监测严格的仓储管理设备，确保了平台上购买的任何一件商品，都是含有被区块链标记的时间戳、地理戳、品质戳的放心粮。

2. 华为"智慧农场"，用区块链技术为食品安全保驾护航

前不久，由袁隆平团队研发的"耐盐碱水稻"（俗称"海水稻"）借助华为云平台在青岛城阳区试种成功。华为推出的"农业沃土云平台"包括农产品生产管理、稻米智能制造、农产品溯源和农产品智能分析四大功能，其提出的"四维改良法"是农业+智能的一个很好案例。"农业沃土云平台"可将分散的数据进行统一管理，灵活调度，从而实现资源共享、按需服务。

农业区块链作为华为"农业沃土云平台"的重要组成部分，打通了从种子、农业生产、农业投入品、稻米加工、流通、食味等多环节，构建起从种子到餐桌的端到端的农产品溯源体系。同时，依托区块链技术所呈现的消费者画像也能指导生产者针对市场需求做出相应调整。

3. 沃尔玛用区块链技术改造全球供应链，成本将减少 1 万亿美元

沃尔玛与 IBM 以及清华大学展开合作，在中国政府的协助下启动了两个独立推进的区块链试点项目，旨在提高供应链数据的准确性，保障食品安全。沃尔玛将区块链技术应用于全球供应链，成本有望减少 1 万亿美元。项目开展后，沃尔玛超市的每一件商品，都在区块链系统上完成了认证，都有一份透明且安全的商品记录。在分布式账本中记录的信息也能更好地帮助零售商管理不同店铺的商品。

4. 农业银行应用区块链技术发展普惠金融

为解决农业融资中普遍存在的抵押品不足和信用体系建立问题，农业银行推出"农银e管家"电商金融服务平台。这是农业银行为生产企业、分销商、县域批发商、农家店、农户打造的一款线上"ERP+金融"综合服务平台。通过应用区块链技术，将历史交易数据映射到区块链平台中，同时每天产生的数据也入链登记，不断积累，以逐步形成企业和农户可信的、不可篡改的交易记录，反映客户的真实信用状况。随着区块链联盟网络的不断扩大、加入用户的增多，信用的维度将更健全，从而彻底将区块链网络打造成一个信任网络。

5. 美国嘉吉，区块链平台追踪火鸡来源

2017 年 10 月，嘉吉公司开始测试一个区块链平台，确保产品从农场到餐桌的透明化。该公司表示，被追踪来源的火鸡将主要在得克萨斯州出售。在火鸡养殖上，嘉吉内部的农场将使用一个基于区块链的系统，让消费者找到有关火鸡的信息，包括饲养它们的照片及农民自己的评论。当顾客购买火鸡时，包装上的标签将印有一段代码，顾客可以在 Honeysuckle-White 网站上输入这一代码，查验具体信息。

6. BlockGrain，农业供应链

澳大利亚农业供应链追踪企业 BlockGrain 成立于 2014 年，是一个利用区块链技术买卖实物农产品的市场平台，旨在使农业行业的所有利益相关者，包括买家、卖家和货主，做出

更明智的决定，消除不必要的文件和交易，增加供应链的效率，减少其风险，为参与者提供更大的市场，提高盈利能力。

BlockGrain 利用区块链技术来加强供应链的跟踪和自动化，改善信息和数据传输，降低合同风险，并提供原产地信息的证明。BlockGrain 允许在整个产业过程中追踪农产品信息，可以访问土壤质量、田间应用、天气、耕作方法和种子类型的详细记录。同时，它还为农民提供了创造、管理和跟踪商品合同的能力。

案例讨论：
1. 区块链技术具有哪些功能？
2. 区块链技术如何作用于物流信息管理？

第九章

供应链管理

本章教学目标

1. 了解供应链的概念与结构模型。
2. 掌握供应链管理内涵、特点和内容。
3. 掌握快速反应和高效客户反应的两大供应链管理方法。

供应链管理出现于 20 世纪 80 年代，因其在压缩库存、降低成本、改善顾客服务等方面的优势而备受瞩目，在发达国家迅速兴起。供应链管理改变了企业的竞争方式，把一个企业之间的竞争转变为整个供应链联盟的竞争，是企业增强竞争力的重要途径。

第一节　供应链概述

一、供应链的概念

现代社会人们的生产及生活所需的物品，都要从最初的原材料生产到零部件加工，再到产品装配和分销，最终才能进入市场。在这个过程中，既有物质形态的产品，又有非物质形态（如服务）产品的生产。它涉及原材料的供应商、制造商、销售商、运输服务商及最终用户等多个独立的厂商和其相互之间的交易，并因此形成物流、信息流、资金流和服务流，直至送达消费者。供应链的驱动因素之一是客户的需求，供应链都是始于客户需求，然后逐步向上延伸的。

如图 9.1 所示，一条供应链中，每个企业构成一个节点，上游企业根据下游企业的需求向下游企业提供产品或服务，节点企业之间构成供需关系从而形成交易，由此形成的环环相扣的业务流程网络即是供应链（Supply Chain），可以说，供应链是在上下游企业之间存在的供需关系中形成的。

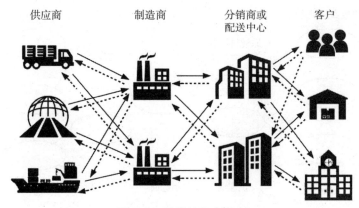

图 9.1 供应链运作示意

我国国家标准《物流术语》（GB/T 18354—2006）对供应链的定义是，"**生产及流通过程中，涉及将产品或服务提供给最终用户所形成的网链结构**"。华中科技大学的马教授把供应链定义为"围绕核心企业，通过对信息流、物流和资金流的控制，从采购原材料开始，制成中间产品及最终产品，最后由销售网络把产品送到消费者手中将供应商、制造商、分销商、零售商直至最终用户连成一个整体的功能网链结构"。从以上两个定义来看，供应链并不仅仅涉及供给方，同时对需求方也有不同程度的涉及，说明供应链不仅包含供应，同时还包含需求。

"需求链"是指从企业的销售开始，到客户、客户的客户，直至销售终端和消费者所形成的一条销售和服务链。其重点是更好地满足市场需求，对下游进行管理。"需求链"虽然以顾客"需求"为中心，但还是要与"供给"同步，还是离不开原材料生产、批发、零售等"供给"环节，"需求链"中的"客户，客户的客户"之中的前者也都是后者的供方。这表明"需求链"不仅包含"需求"，也包含"供给"。

美国运营管理协会（American Production and Inventory Control Society，APICS）对供应链的解释是"供应链是一个具有生命周期的流程，它包含信息、物料、资金及知识流，其最终目的是通过众多连在一起的供应商提供产品和服务，从而满足最终用户的需求"。供应链既包括供应，又包括需求，供应主要注重供应的集成及对上游的管理，而需求则是集中精力于需求的集成和对下游的管理。

二、供应链的结构模型

供应链的四个组成部分分别是供应商的供应商、核心企业的供应商、客户及客户的客户。其中，每个企业作为一个节点，所有的节点企业之间形成了一种供需关系。如果想要对供应链的构建和设计进行有效的指导，必须深入了解和掌握供应链结构模型。

（一）链状结构模型

如图 9.2 所示，模型 1 是最简单的一种静态模型，显示了供应链的轮廓概貌和基本组成。商品要经过供应商到制造商再到分销商的三级传递才能从供应源到需求源，而且在商品运输过程中，还经历了加工、装配等转换过程。经过消费者的使用后，最终产品会回归大自然，完成物质循环。

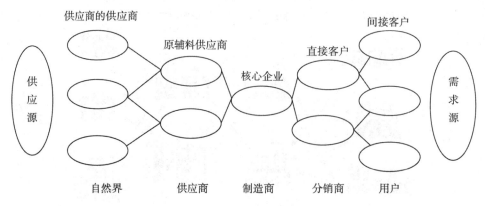

图 9.2 链状模型 1

如图 9.3 所示,模型 2 在模型 1 的基础上更进一步地抽象,把商家看作一个个节点,所有商家按照特定的顺序串联在一起,构成一条链,而产品的供应源和需求源都被掩盖了。从方便程度来看,模型 2 对供应链中间过程的研究更方便。

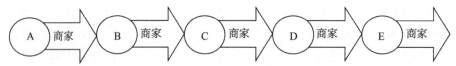

图 9.3 链状模型 2

在链状模型 2 中,如果 C 表示制造商,那么 B 就是一级供应商,而 A 则是二级供应商,以此类推。当然,如果 D 表示一级分销商,那么 E 就是二级分销商,以此类推。对于企业而言,应该为分销商和供应商设立多个级别,这对充分掌握供应链的整体运作情况更有利。

(二)网状结构模型

从图 9.4 可以看出,供应链实际上不是链状的,而是呈现复杂的网状结构。它是一个"供应"和"需求"的网络,在这个网络中,企业可以有许多供应商,也可以有许多用户。

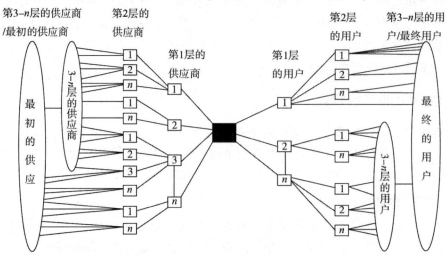

图 9.4 供应链的网状模型结构

■表示核心企业;□表示核心企业中供应链中的成员企业

在现实中,产品供需关系是十分复杂的,供应链中的任一节点企业都会与多个节点企业发生直接或间接的交易关系。企业并不只是参与一个供应链,还会在不同的供应链中担任不同的角色,再加上市场上的各种不确定因素,现实生活中的供应链实际上比理论的更复杂、更令人难以捉摸。该种结构从理论方面来看,能够覆盖全世界所有的企业。在网状模型中,一个企业是一个节点,各企业之间有着一定的联系。一般情况下,某个企业仅与有限个企业进行贸易往来,并不会改变供应链网状模型的理论假设。该模型能够很好地描述供应关系,以便对供应关系进行宏观把握。

三、供应链的设计策略

供应链正常有效运行对企业而言十分重要。有效的供应链能够使企业具有更好的竞争优势、服务水平、工作效率,能够以较好的柔性平衡好成本与服务,并一步渗透到新的市场中去。如果供应链的设计不合理,就会造成浪费甚至是失败。费舍尔认为,要想设计出来的供应链能够有效运行,首先要把产品作为重点,充分了解用户的实际需求;其次,产品的寿命周期、产品多样性及客户需求预测、订货提前期和服务的市场标准等都是设计供应链的主要影响因素。必须设计出与产品特性一致的供应链,即是研究基于产品的供应链设计策略。

(一)供应链的类型

按照不同的标准,供应链可以被划分为以下四种类型。

(1)平衡的供应链和倾斜的供应链。这是基于供应链容量与客户需求的关系来划分的。虽然供应链都拥有相对稳定的设备容量和生产能力,但由于客户需求不固定,供应链只有在其容量符合客户需求的条件下,才是平衡的;但当供应链因市场的剧烈变化产生库存增加、成本升高等现象时,供应链是处于倾斜状态的。平衡的供应链和倾斜的供应链如图9.5所示。

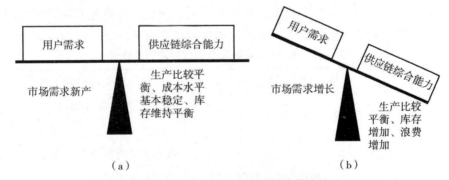

图9.5 平衡的供应链和倾斜的供应链
(a)平衡的供应链;(b)倾斜的供应链

平衡的供应链能够发挥各个主要的职能,平衡规模效益、采购成本、产品多样化和资金周转之间的关系,而倾斜的供应链则会导致这些职能及其绩效水平恶化。

(2)效率型供应链和反应型供应链。按照产品在市场上的表现特点,可将产品分为功能型(Functional)和创新型(Innoviative)。

功能型产品是指满足用户基本需求的产品,其需求稳定、寿命周期长。然而,正是由于其需求等各方面相对稳定,容易导致竞争,从而造成较低的边际利润率,日常用品一般属于这种类型。**创新型产品指那些满足人们基本需求以外的产品**。为了避免利润降低，许多公司会在产品的外形和技术上不断更新，给人们提供更多购买自己产品的理由。虽然创新能在一方面给企业带来更高的利润，但就创新型产品的新奇性而言，同样也使其需求变得难以预测。因此，创新型产品的生命周期短，一般只有几个月，模仿者会迅速侵蚀掉创新型产品的竞争优势，这就要求公司必须不断更新创新型产品。而这类产品生产周期短、类型多样，又进一步增加其需求的不可预测性。两种产品需求特征的比较如表9.1所示。

表9.1 两种产品需求特征的比较

需求特征	功能型产品	创新型产品
需求预测	可预测	不可预测
产品寿命周期/年	>2	1～3
边际贡献/%	5～20	20～60
产品多样性	低（10～20）	高（数以千计）
平均预测失误率/%	10	40～100
平均缺货率/%	1～2	10～40
季末降价率/%	0	10～25
按订单生产的提前期	6～12个月	1～14天

以上两种产品特点的不同，决定了功能型与创新型产品的供应链是不同的。如何进行供应链和产品类型的匹配，需要对效率型和反应型供应链的功能有全面的认识。

效率型供应链（Efficient Supply Chain）**主要发挥物料转换的功能**，具体来说，就是用尽可能低的价格把原材料转化成零部件、半成品、产品，以及在供应链中的运输等；**反应型供应链**（Responsive Supply Chain）**主要发挥供应链对市场需求的响应功能**，是指根据消费者的需求，把产品发配到合适的市场上，并对各种无法预测、没有预测或者突然的需求做出快速反应。效率型供应链和反应型供应链的比较如表9.2所示。

表9.2 效率型供应链和反应型供应链的比较

比较项目	效率型供应链	反应型供应链
基本目标	以最低的成本供应可预测的需求	快速响应不可预测的需求，使缺货、降价、废弃最小化
生产方面	保持较高的平均利用率	配置多余的缓冲能力
库存策略	实现高周转，使链上库存最低	合理配置零部件
前置期	在不增加成本的前提下压缩前置期	积极投资以缩短提前期
供应商选择依据	主要根据成本和质量	主要根据速度、柔性和质量
产品设计策略	最大化绩效和最小化成本	使用模块化设计，尽可能减少产品差异化

要想设计出和产品的需求相一致的供应链，就需要充分了解产品的特点和供应链的功能。供应链类型与产品类型策略匹配度如表9.3所示。

表 9.3 供应链类型与产品类型策略匹配度

供应链类型	产品类型	
	功能型产品	创新型产品
效率型供应链	匹配	不匹配
反应型供应链	不匹配	匹配

从表 9.3 可以看出产品与供应链的特性，并可以按照该特性判断供应链流程设计与产品的类型是否一致。效率型供应链适用于功能型产品，反应型供应链适用于创新型产品。

（3）稳定型供应链和动态型供应链。这是按照供应链是否稳定来进行划分的。如果市场需求比较稳定、简单、波动不大，就组成稳定性供应链；而若市场需求变动大，情况较复杂，那么就组成动态型供应链。

（4）敏捷型供应链。在管理供应链时，要同时处理需求端和供应端两个方面的不确定性问题。随着市场的变化越来越快，那些具有较高应变能力的企业能够及时利用敏捷策略渡过难关，而那些不具备应变能力的企业则面临被市场淘汰的局面。供应端和需求端的不确定性会影响供应链的正常工作，需求不确定性和供应不确定性对典型行业的影响如图 9.6 所示。

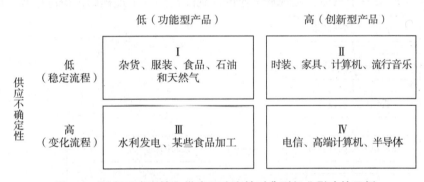

图 9.6 需求不确定性和供应不确定性对典型行业影响的示例

（二）基于产品的供应链设计步骤

基于产品的供应链设计步骤如图 9.7 所示。

（1）**分析市场竞争环境，要"知彼"**。该步骤是为了找到针对什么样的产品设计出的供应链才能有效运行。为此，首先要充分掌握当前消费者的需求。通过调查卖主、竞争者及消费者来分析当前市场的特征，并通过分析消费者的实际需求、消费者在市场中所占的份额等问题，来了解消费者的实际需求。

（2）**分析企业现状，要"知己"**。该步骤是分析企业供需管理的现状，目的是研究出企业供应链的开发方向，并找出企业的问题和阻碍供应链设计的各种因素。

（3）**提出供应链设计**。在充分了解企业产品的基础上，根据供应链的可靠性与经济性，提出供应链设计的目标。目标的设定要能够均衡提高服务水平与降低库存投资目标间的关系，同时又不能忽略提高客户满意度、提高效率、降低成本、保证质量等目标。

（4）**建立供应链设计目标**。其目的是使高服务水平和低投资成本目标得到均衡，当然还要实现这些目标：①进入新市场；②开发新产品；③开发新分销渠道；④改善售后服务水平；⑤提高客户满意度；⑥降低成本；⑦通过降低库存提高工作效率等。

(5) **分析供应链的组成**。通过分析供应链是由什么组成的，描绘出供应链的基本框架。供应链不仅由制造商、供应商、分销商、零售商、用户等成员组成，同时还包括供应链成员的选择与评价的标准。

(6) **分析和评价供应链设计可能性**。它是开发和实现供应链管理的第一步。首先要结合企业与供应链联盟内的资源情况，对供应链设计进行可行性分析，然后向供应链的开发者提出一些建设性的意见和技术支持。若能够正常运作，则可以继续进一步地设计；若不能正常运作，就要返回上一步或者从头开始设计，调整企业或建议用户，更新产品设计。

(7) **设计和产生新的供应链**。各企业必须参与到供应链的设计中，以保证供应链的有效运行。该步骤主要包括供应链的组成设计、原材料的来源分析、生产设计、分销任务与能力设计、信息管理系统设计、物流管理系统设计等。

(8) **检验新供应链**。在设计好供应链之后，需要对新的供应链进行试运行测试，以便确定供应链能否有效运行。如果测试结果有问题，就要返回第四步进行重新设计；如果能够正常运行，就可以开始进行供应链管理。

(9) **完成供应链设计**。供应链的实施需要综合核心企业的协调、控制和信息系统的支持，把整个供应链串联成一个整体，实现从工业设计到配送的整个过程的供应链控制与协调。

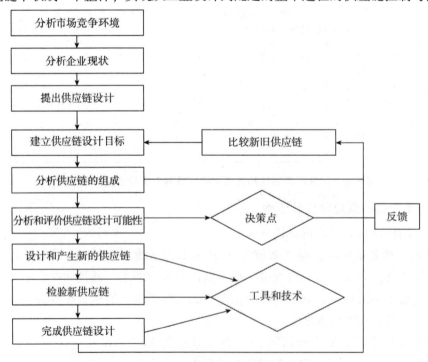

图9.7 基于产品的供应链设计

(三) 产品生命周期阶段与对应的供应链策略

费舍尔阐述的产品特征是两个极端类型，实际上产品的需求恰恰包括了两个极端类型。产品的需求特点是会随着产品经历的不同阶段而发生改变。因此，对基于产品生命周期的供应链设计进行研究是很有必要的，即根据产品不同阶段的需求特征，来选择相匹配的供应链。

1. 引入期

特征：不能精准地预测需求；会进行许多促销活动；订货不稳定且批量小；可能需要以补贴销售作为条件使零售商同意储存新产品；新产品有极大可能还没被市场认同就已经失败。

应对策略：供应商也作为新产品的设计与开发者；在产品还未进入市场时就应确定有效的供应链；避免缺货的发生；避免生产环节和供应末端的大量储存；时刻保证高度的物流灵活性和产品可得性；采用安全追踪系统，实时跟踪监测每个环节，对于有问题或者有安全隐患的产品，及时清理；供应链各环节的信息共享。

2. 成长期

特征：市场需求的增长进入稳定期；营销渠道简单明确；其他企业的竞争性产品流入市场。

应对策略：通过批量生产降低成本；以战略性的顾客服务承诺来吸引顾客；通过分析找出该产品的主要消费者，提供高水平服务；与供应链中的各成员相互合作，增强产品的市场竞争力；实现服务与成本的合理化。

3. 成熟期

特征：竞争加剧；增长速度减慢；如果缺货，很容易被其他竞争产品代替；市场需求趋于稳定，能够比较准确地预测市场需求。

应对策略：建立企业自己的配送中心；建立网络式销售渠道；将送货外包给专业的物流企业以降低供应链的成本；实施延期制造和消费点制造，提高服务质量；最大限度地降低成品库存。

4. 衰退期

特征：市场需求急剧下滑；价格下降。

应对策略：对提供配送服务与否和提供服务的程度进行评价；根据市场的变化对供应链进行调整。

第二节　供应链管理概述

一、供应链管理概念和内涵

（一）供应链管理的概念

根据《中华人民共和国标准·物流术语》（GB/T 18354—2006）对供应链管理的定义，**供应链管理是指对供应链涉及的全部活动进行计划、组织、协调与控制**。

（1）供应链管理是管理策略而不是供应商管理。它十分注重企业间的合作，为了增强供应链的运行效率，供应链管理会集成若干个不同的成员企业。

（2）供应链与传统供应系统有所差异，供应链是从需求端到供应端，而传统的供应系统则是从采购到销售。

（3）供应链管理的出现是思想上的一种创新，人们必须要刨除之前固有的思想。

（4）供应链管理对企业资源的影响，是一种资源配置的创新。

（5）供应链管理中涉及多种"流"的流动，是各种"流"及其流程的集成。

(6)供应链管理是一种先进的管理理念,还有人认为供应链管理是实施管理思想的一系列活动(集成化行为、信息共享、风险共担、合作、流程集成等)或一系列管理流程。

(二)供应链管理的内涵

从对供应链管理的相关论述中,可以归纳出供应链管理的基本内涵和核心。

1. 供应链管理的基本内涵

(1)**强调核心竞争力**。为了实现横向一体化,首先要充分了解、掌握企业的核心资源并加以利用,从而提高企业的核心竞争力。

(2)**资源外用**。强调把非核心业务外包给第三方的合作企业,并以此建立与第三方企业的战略联盟关系,以充分利用双方的资源。

(3)**合作性竞争**。与曾经的竞争对手握手言和,建立战略联盟关系,合作开发与设计,共享成果。将非核心业务外包给供应商,双方进行合作。

(4)**以顾客满意度为目标的服务化管理**。上游企业在为下游企业提供物料之余,还要考虑如何以最低的成本来提供最优质的服务。

(5)**流程的集成**。供应链管理涉及商流、物流、信息流、资金流、组织流、工作流、价值流等。它强调必须将这些流动对象及流程集成起来,要想实现供应链企业协调运作的目标,必须实现跨企业流程集成化。

(6)**借助信息技术实现管理目标**。借助信息技术实现管理目标是宏观信息流管理的先决条件。

(7)**多关注物流企业的参与**。物流在供应链中的地位不言而喻,缩短物流周期的作用比缩短制造周期更大。

(8)**延迟制造原则**。延迟制造原则使企业能充分满足最终用户的需求,保持整个供应链上的企业联动起来,实施同步化运作,实现无缝连接,提高企业的柔性和顾客的价值。

2. 供应链管理倡导的核心理念

供应链管理倡导的核心理念,可以归纳为如下几点。

(1)从纵向一体化管理转向横向一体化管理的理念。

(2)从职能管理转向流程管理的理念。

(3)从产品管理转向客户管理的理念。

(4)从企业间交易性管理转向关系性管理的理念。

(5)从物质管理转向信息管理的理念。

(6)从零和竞争转向合作竞争的理念。

(7)从实有资源管理转向虚拟资源管理的理念。

(8)从简单的多元化经营转向核心竞争力管理的理念。

二、供应链管理的特点

(一)基于流程的集成化管理

以流程为基础,贯穿于供应链的全过程。**集成包括管理的思想集成、组织集成、手段集成、技术方法集成及效益集成等**。集成的目的是消除部门间和企业间的障碍,从而使供应商的物流与用户需求协同，提高服务水平和降低库存，最终目的不仅仅是节点企业、技术方法等的简单连接，而是使整个供应链产生的价值最大化，避免缺乏沟通与协调及各自为政、分散片面等弊端，实现聚合效应。

（二）全过程的战略管理

供应链组成要素构成网链结构，使产品的各个阶段、各个环节不再独立，而是紧密地凝成一个有机整体。供应链中成员企业的职能目标之间存在着利益冲突，在这种情况下，企业的顶层领导必须清楚地了解到供应链管理的整体性和重要性，知道要想实现供应链的管理目标，必须运用战略管理的思想。

（三）提出了全新的库存观

在传统的库存观中，库存是维持生产和消费必不可少的环节。所谓的减少或增加库存只是在一个大市场中的库存转移，但其库存总数实质上是没有变化的。

在供应链管理的环境下，由于供应链上各企业结成了业务伙伴，总体库存能够得到很大程度的降低；同时通过信息共享，以信息取代库存，大大降低了实际库存的总量。

（四）以最终用户为中心

无论供应链渠道的长度是多少，其节点企业的类型有多少，它始终是由客户的需求来驱动的。供应链若想得到发展，必须建立在满足客户需求的基础上。为此要树立"3CS"思想，即企业通过全心全意全力为顾客提供服务（Customer Service）、让顾客满意（Customer Satisfaction）、让顾客成功（Customer Success），从而取得共赢。

三、供应链管理的内容

供应链管理涉及生产计划（Plan/Schedule）、供应（Supply/Sourcing）、物流（Logistics）和需求（Demand）四大领域。供应链管理是以同步化、集成化生产计划为指导，以各种技术为支持，尤其是以 Internet/Intranet 为依托，围绕供应、生产作业、物流（主要指制造过程）、满足需求来实施的。供应链管理涉及的领域具体如图 9.8 所示。

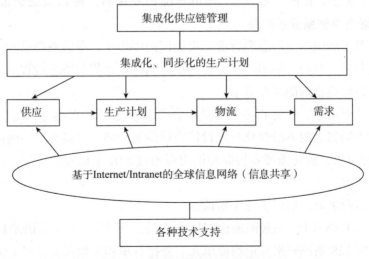

图 9.8　供应链管理涉及的领域

在生产计划、供应、物流、需求四大领域的基础上，供应链管理还可以划分出职能和辅助两个领域。采购、生产控制、库存管理、仓储管理、分销管理及产品工程和技术保证等都属于职能领域的范畴；而辅助领域则主要包括制造、设计工程、客户服务、会计核算、人力资源和市场营销。因此，除了企业内部与企业之间的运输问题和实物分销外，供应链管理的内容还包括以下几点。

（1）战略性供应商与用户合作伙伴关系的管理。
（2）供应链的设计。
（3）企业内部和各企业间的物流供应与需求管理。
（4）以供应链管理为基础的产品设计、制造管理、生产集成化计划、跟踪和控制。
（5）以供应链为基础的用户服务和物流管理。
（6）企业间资金流管理。
（7）以 Internet/Intranet 为基础的供应链交互信息管理。
（8）并行工程和流程再造管理等。

第三节　供应链管理方法及实施步骤

供应链管理最早多是以一些具体的运作技术和方法出现的，生产运作、物流运作、营销运作、财务技术等供应链管理技术已经广泛应用于各种企业。本节主要描述快速反应和高效客户反应这两种最常用的供应链管理方法。

一、快速反应

（一）快速反应的概念

快速反应（Quick Response，QR）是指企业面对多品种、小批量的买方市场，不是储备了"产品"，而是准备了各种"要素"，在用户提出要求时，能以最快速度抽取"要素"，及时"组装"，提供所需服务或产品。

快速反应起源于美国的纺织服装行业。由美国的零售商、服装制造商和纺织品供应商共同开发的整体业务反应机制，缩短了从原材料供应到产品销售的整个过程的时间，降低了库存，从而提升了供应链管理的工作效率。

在快速反应的要求下，零售商必须与供应商合作，通过 POS 信息共享，判断商品的补货需求，并根据市场需求的不断变化开发设计合适的新产品，尽量在第一时间对消费者的需求做出反应。运作 QR，首先需要零售商和供应商通过 EDI 来加速信息流，从而最大限度地减少前置时间和成本。

快速反应的运行需要经历以下三个阶段。

第一阶段：用 EAN/UPC 条形码来标记所有产品，用 ITF-14 条形码来标记商品贸易单元，用 UCC/EAN-128 条形码来标记物流单元。并把订单和发票报文通过 EDI 进行传输。

第二阶段：在第一阶段的基础上，增加与内部业务处理有关的策略，如自动补库与商品即时出售等，并通过 EDI 传输更多的报文。

第三阶段：加强与贸易伙伴之间的关系，实施更高级别的 QR 策略，从而使企业能在第一时间对消费者的需求做出反应。在实施 QR 时，比较困难的是与贸易伙伴合作，而对于企业自身业务的优化，并不是一件难事。所以，在这一阶段里，供应链上的企业只有把自己当作系统中的一部分，才能保持或提高供应链的整体效益。

（二）快速反应方法的产生背景

20 世纪六七十年代，美国的杂货行业受到国外进口商品的猛烈冲击。20 世纪 80 年代初，美国自产的鞋、玩具和电器等在其本国的市场占有率已经下降到了 20%。与之相反的是，其国内进口服装占到全国市场的 40%。为了能在与进口商品的竞争中占据优势地位，美国的纺织与服装行业首先是通过法律手段寻求行业保护，其次通过购买更多的现代化设备来提高竞争力。到了 80 年代中期，这两个行业成为通过进口配额系统保护最严的行业。同时，由于大量采用先进设备，纺织业成为美国制造业中生产率增长最快的行业。尽管以上措施取得了巨大的成功，但服装行业进口商品的渗透仍然在持续增加。一些行业的先驱认识到，保护主义措施并不能有效地保护美国本土服装制造业的领先地位，他们必须另寻他法。

"用国货为荣委员会"于 1984 年在美国成立，该委员会由美国的服装、纺织和化纤行业联合创建，其主要是给购买国产纺织品和服装的客户提供更多的利益。为了提高美国消费者对国产服装的信任，委员会在成立的第二年开始做广告，并取得很大的成效。它还将经费投资到保持本国纺织与服装行业竞争力的研究上。随后，有关机构对美国纺织与服装行业的供应链作了全面分析。分析结果显示，虽然该行业的各环节都保持着高效率的运作，但总体效率并不高，甚至是非常低。于是委员会的成员联合零售业对贯穿整个供应链的活动进行了排查，筛选出成本较高的活动。通过分析得出，对行业整体效率影响最大的是供应链的长度。

完整的供应链是从原材料开始，以销售给客户为止，其周期需要 66 周。其中只有 1/6 的时间在制造车间，在储存和运输上消耗的长达 40 周，剩下的 15 周则消耗在商店里。供应链周期过长造成的最严重后果是不能准确预测需求而导致供需不平衡，从而使经济受到巨大的损失。

每年，在全球服装供应链的损失中，有一半以上是由服装的降价和缺货所造成的。调查显示，大部分顾客进入商店但不购买商品的原因是看中的服装没有适合自己的颜色和尺码。

快速反应是通过零售商与供应商的联合而进行的一种策略。两者通过共享 POS 系统信息、共同预测需求、发现新产品的营销机会等，在第一时间对需求做出反应。在实施 QR 策略时，贸易伙伴要通过 EDI 加速信息流，一起重组业务活动，把订货的前置时间和成本降到最低。如果将快速反应策略应用在补货中，可使交货的前置时间降到之前的 15%。应用 QR 前后补货周期的比较如图 9.9 所示。

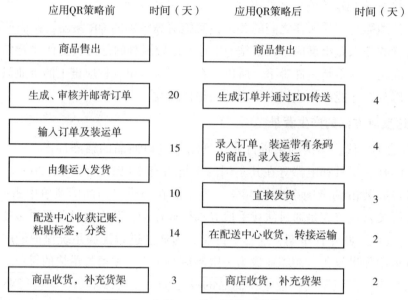

图 9.9 应用 QR 前后补货周期的比较

(三) 快速反应方法的实施

美国是 QR 的发源地，有许多企业已开始实施 QR，并取得了成功。当然实施 QR 策略需要企业具备现代的供应链管理的理念，还需要一定的管理条件。从美国企业实施 QR 企业的实践可以总结出，**快速反应策略的构建应该从以下几个方面着手**。

1. 改变传统经营方式，革新企业经营理念。

（1）企业要改变仅靠自身能力提高企业经营效率的传统经营方式，树立与供应链上的成员结成战略联盟，通过掌握各合作伙伴的重要资源来提高企业经营效率的现代经营理念。

（2）零售商要占据快速供应系统的主导地位，店铺是快速供应系统的初始点。

（3）在快速供应系统内部，销售时间数据等信息进行共享与互换，提高企业工作效率。

（4）要确定快速供应系统中各企业的合作形式与范围，设立高效的合作框架。

（5）改变传统事务作业的方式，要使事务作业实现自动化与无纸化，必须采用信息技术。

2. 开发和应用现代信息处理技术

商品和物流条形码技术、销售时点数据读取系统、预先发货清单技术、供应商管理库存、连续补货及电子订货、数据交换和支付系统等都属于现代信息处理技术。

3. 与供应链各成员结成战略联盟

结成战略联盟，需要做到：主动搜寻并了解合作伙伴；与各合作伙伴达成分工协作共识，建立合作关系。结成联盟的目的是减少企业库存，同时避免缺货及降低价格，缩减工作人员，简化工作等。

4. 积极进行信息交流和共享

应改变隐藏企业信息的传统观念，与合作伙伴共享各种信息，与之共同发现、分析并解决问题。

5. 缩短生产周期，降低商品库存

一是缩短产品的生产周期；二是进行多品种、小批量的生产和高频度、少数量的配送，降低零售商的库存水平，并提高企业的服务能力；三是在商品实际需要将要发生时采用 JIT 生产方式来组织生产，减少供应商的库存水平。

采用快速反应策略的收益远远超过投入。快速反应策略通过降低商品价格，降低管理、库存等成本，能够节约 5% 的销售费用。有关专家曾说过，在美国，实施到快速反应第一阶段的公司每年可以减少 15 亿美元的成本；到第二阶段的公司每年省下的费用高达 27 亿美元；如果企业能够实施到快速反应的第三阶段，那么该企业每年可以节省的成本将达到 60 亿美元。

（四）快速反应方法的优点

1. QR 对厂商的意义

其意义包括以下几方面。

（1）更好地服务客户。QR 可以为客户提供更好的服务。在厂商的送货与承诺相一致的情况下，厂商和零售商之间的关系会更加密切。稳定、高质量的服务能够使厂商的市场份额变得更多。

（2）降低流通费用。将预测顾客消费能力与生产规划相结合，能够加快库存的周转速度，减少库存量，并使产品的流通成本得到降低。

（3）降低管理成本。由于采用了电子录入订单信息，信息的准确率有了大幅提高，能在很大程度上减少额外发货，降低管理成本。同时还可以通过扫描货物标签提前发出准确的发货通知来减少管理成本。

（4）制订更好的生产计划。通过预测销售可以获取精准的销售信息，以便厂商制订更好的生产计划。

2. QR 对零售商的意义

其意义主要表现在以下几个方面。

（1）提高了销售额。条形码和 POS 扫描使得零售商可以实时跟踪各种商品的具体情况，方便零售商准确地了解存货情况，在确实需要时再进行订货。

（2）减少了削价的损失。因为收集了更加准确的顾客需求信息，店铺可以根据客户需求来储存商品，这样就可以减少削价的损失。

（3）减少了采购成本。商品的采购成本是指完成采购职能时发生的费用，这些职能包括订单准备、订单创建、订单发送及订单跟踪等。在实施 QR 后，上述业务能够得到简化，从而降低采购成本。

（4）降低了流通费用。厂商使用物流条形码标签后，不需要人工输入，零售商可以直接扫描标签，减少手工检查到货所产生的成本。

（5）加快了库存周转。零售商依据顾客需求进行多次数、小批量的订货，降低库存投资和运输成本。

（6）降低了管理成本。管理成本包括接受发票、发票输入和发票例外处理发生的费用，采用电子发票及预先发货清单技术，可以大幅降低管理费用。

总之，采用了 QR 后，即使单位商品的采购成本增加了，但通过多次数、小批量地采购商品，顾客服务水平得到了提高，零售商也更容易适应市场的变化，同时降低了各方面的成本，最终提高了利润。

二、高效客户反应

(一) 高效客户反应的概念

高效客户反应（Efficient Consumer Response，简称 ECR），起始于食品杂货分销，是分销商和供应商为消除系统中不必要的成本和费用，给客户带来更大效益而进行密切合作的一种供应链管理方法。

高效客户反应的原则是在满足消费者需求的基础上做出快速、高效的反应，把物流费用降到最低，实现产品供应与服务流程的最优化。

高效客户反应要建立的是一个基于客户需求的系统，让零售商与供应商结成合作关系，提高供应链的总体运作效率，能够在很大程度上减少系统的成本和库存等，提升顾客服务水平。

实施 ECR，第一步是要把供应链上的供应商、零售商及分销商进行有机结合，实现业务流程的合理化、有效化；然后，用较低的费用，使供应链的业务流程自动化，减少成本支出和所耗时间。只有把条形码技术、POS 系统、扫描技术和 EDI 有机结合，在供应链之间建立一个无纸系统，才能成功实施高效客户反应策略。ECR 系统示意如图 9.10 所示。

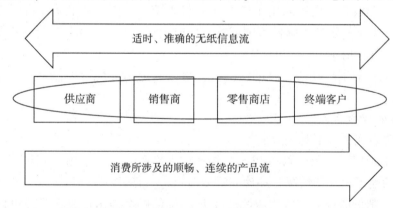

图 9.10　ECR 系统示意

利用 ECR 的计算机辅助订货技术，零售商可以在不签发订单的情况下进行订货；ECR 的连续补货技术能够根据顾客的需求持续不断地进行补货，使零售商能一直保持最优的存货量，提升企业的顾客服务质量，以便与客户建立更加紧密、信赖的关系。对分销商而言，实施 ECR 不仅可以有效提升其分拣、运送等工作的速度，还可以提升订货的流动速度，从而使消费者订购的产品更新鲜，同时使购物的选择变多，有益于形成消费者对某种产品的喜爱。

(二) 高效客户反应的要素及实施原则

1. ECR 的四大要素

（1）**高效产品引进**。通过采集和分享供应链伙伴间时效性更强、更准确的采购数据，提高新产品的成功率。

(2) **高效商店品种**。通过有效地利用店铺的空间和店内布局,来最大限度地提升商品的盈利能力。

(3) **高效促销**。通过简化分销商与供应商的贸易关系,提高贸易和促销的系统效率。

(4) **高效补货**。从生产线到收款台,通过应用 EDI、以需求为导向的自动连续补货和计算机辅助订货等技术手段,使补货系统的时间和成本最优化,从而降低商品的售价。

2. 实施 ECR 的原则

(1) 使用尽可能少的费用,提供更优质的产品和服务给消费者。

(2) 需要相关的商业带头人启动 ECR。要想获利,必须由代表共同利益的联盟代替传统贸易关系。

(3) 必须把正确的信息作为选择市场、生产产品等决策的支撑。

(4) 从生产开始到送达最终用户为止,要保证消费者任何时候都能得到所需的产品。

(5) 必须使用普遍采用的工作措施和回报系统。ECR 对系统的有效性很重视,清晰地标记出回报,促进对回报的公平分享。

基于以上原则的 ECR 运作过程如图 9.11 所示。

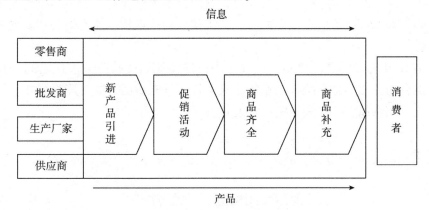

图 9.11　ECR 的运作过程

欧洲供应链管理委员会调查了 392 家公司,发现制造商实施 ECR 后,预期销售额增加 5.3%,制造费用减少 2.3%,销售费用减少 1.1%,货仓费用减少 1.3% 及每平方米增加 5.5%。而批发商及零售商也有相似的获益:销售额增加 5.4%,毛利增加 3.4%,货仓费用减少 5.9%,货仓存货量减少 13.1% 及每平方米的销售额增加 5.3%。零售商和批发商之间的价格差异也随之降低,这些节约出来的成本最终使消费者受益,各贸易商也在激烈的市场竞争中赢得一定的市场份额。

除了有形的利益外,ECR 还有着不能忽视的无形利益,如表 9.4 所示。

表 9.4　ECR 的无形利益

节点	无形利益
客户	增加了客户选择与购物的便利,减少了无库存产品,确保产品的新鲜度
分销商	提高了分销商的信誉,更加了解客户的具体情况,改善了与供应商间的关系
供应商	减少了缺货现象,加强了品牌的完整性,改善了与分销商间的关系

(三) 如何实施高效客户反应

1. 为变革创造氛围

绝大多数情况下,改变对供应商或客户内部的认知,是 ECR 中最难的环节,它耗费的时间相对较长。企业要想创造 ECR 的最佳氛围,其高层组织领导必须具备言行一致的态度和强有力的手段,同时要对员工进行优质的教育,不断完善通信技术和设施,革新工作措施和回报体系。

2. 选择初期 ECR 同盟伙伴

对于刚采用 ECR 的企业而言,一般结成 2 至 4 个的初期同盟最为合适。结成同盟的第一步就是开会,要求各职能区的高级同盟代表参会,在会上讨论并敲定实施 ECR 的具体方案。成立 2 至 3 个的联合任务组,主要从事现已证明的具有极大收益的项目。

以上计划的成果会大大增强公司的信誉和信心。经验证明,要想赢得足够的信任和信心,往往需要花费 9 到 12 个月的努力,这样才能在相对开放的环境里讨论重要的问题。

3. 开发投资信息技术项目用以支持 ECR

尽管不需要对信息技术进行较大的投资,就能得到大量收益。但是,要想企业具有更强的竞争力,必须拥有过硬的信息技术能力。具有很强的信息技术能力的公司要比其他公司更具有竞争优势。

那些作为 ECR 先导的公司预测:在五年内,连接他们及其业务伙伴之间的将是一个无纸的、完全整合的商业信息系统。该系统将具有许多补充功能,既可降低成本,又可使人们专注于其他关联的产品、服务和系统的创造性开发。

案例 1

海尔集团构造"一流三网"

海尔集团自 1999 年开始进行以"市场链"为纽带的业务流程再造。在以订单信息流为中心,带动物流、商流、资金流的运动中,海尔集团通过对观念的创新与机制的再造,构筑起海尔的核心竞争能力。其中在物流领域,海尔集团创造了一套富有特色的"一流三网"的同步流程模式。所谓"一流",是以订单信息流为中心;"三网",分别是全球供应链资源网络、全球配送资源网络和计算机信息网络。"三网"同步流动,为订单信息流引导的价值增值过程提供支持,是物流的基础和支持。如果没有这"三网",那么物流的改造是不可能的。海尔物流的同步模式实现了四个目标。

(1) 进行为订单而采购、制造等活动,从根本上消除了滞留物、消灭了库存。目前,海尔集团每个月平均接到 6 000 多个销售订单,这些订单的定制产品品种有 7 000 多个,需要采购的物料品种有 15 万余种。在这种复杂的情况下,海尔集团通过整合物流,呆滞物资降低 73.8%,面积减少 50%,库存资金减少 67%。海尔国际物流中心货区面积 7 200 m^2,但它的吞吐量却相当于 30 万 m^2 普通平房仓库的吞吐量。同样的工作,海尔物流中心只要 10 个叉车驾驶员,而一般仓库完成这样的工作量需要上百人。

(2) 获得了快速满足用户需求的能力。海尔通过整合内部资源,优化外部资源使供应商由原来的 2 336 家优化至 667 家，而国际化供应商数量增加了 2 倍，建立了强大的全球供应链系统，GE、爱默生、巴斯夫等世界 500 强企业都已成为海尔的供应商，有力地保障了海尔产品的质量和交货期。不仅如此，更有一大批国际化大公司已经以其高科技和新技术参与到海尔产品的前端设计中，目前可以参与产品开发的供应商比例已高达 50%。

（3）三个 JIT 方式实现同步流程。三个 JIT 是指 JIT 采购、JIT 材料配送和 JIT 分拨。目前通过海尔的采购平台，所有的供应商均在网上接受订单，并通过海尔网上查询计划与库存，及时补货，实现 JIT 采购；货物入库后，物流部门可根据次日的生产计划利用 ERP 信息系统进行配料，同时根据看板管理，4 小时送料到工位，实现 JIT 配送；生产部门按照订单的需求完成订单以后，满足用户个性化需求的定制产品通过海尔全球配送网络送达用户手中。目前海尔在中心城市实现 8 小时配送到位，区域内 24 小时配送到位，全国 4 天以内到位。

（4）以计算机网络与新经济接轨。在企业外部，海尔 CRM 客户关系管理和 BBP 电子商务平台的应用架起了与全球用户资源网沟通的桥梁，实现了与用户的零距离服务。目前，海尔 100% 的采购订单在网上下达，使采购周期由原来的平均 10 天降到 3 天；网上支付达到总支付额的 20%。在企业内部，计算机自动控制的各种先进物流设备不但降低了人工成本、提高了劳动效率，还直接提升了物流过程的精细化水平，达到零质量缺陷的目标；计算机管理系统搭建了海尔集团内部的信息高速公路，能将在电子商务平台上获得的信息迅速转化为企业内部的信息，以信息代替库存，达到零营运资本的目的。企业自己做供应链物流，一方面就意味着企业内部的管理革命，另一方面就意味着速度。在接到订单的那一时刻，所有与这个订单有关系的部门和个人，都必须同步行动起来，以最快的速度将商品送达用户手里。如果没有同步流程，那么就不可能使订单快速地传递、快速地运作。

供应链物流给海尔带来了"三个零"的目标的实现，即零库存、零距离、零营运资本。零库存，就是 JIT 采购、JIT 送料、JIT 配送，配送中心只是为了下道工序配送而暂存在制品的一个地方，这使得海尔能实现零库存。零距离，就是根据用户的需求，海尔拿到用户的订单，再以最快的速度满足用户的需求。海尔在全国设有 42 个配送中心，这些配送中心可以及时地将产品送到用户手里去。零营运资本，就是零流动资金占用。因为根据用户的订单来制造，加上"零库存""零距离"就可以做到现款现货，实现零营运资本占用。

供应链物流带给海尔的不仅是这三个"零"，而且提升了海尔核心竞争力。这种核心竞争力是海尔在市场上获得用户忠诚度的能力。一只手抓住了用户的需求，另一只手抓住了可以满足用户需求的全球供应链，把这两种能力结合在一起，就是海尔的核心竞争力。

海尔物流运用已有的配送网络与资源，并借助信息系统，积极拓展社会化分拨物流业务，成为多家知名企业的物流代理。同时海尔物流与中国邮政开展强强联合，使配送网络更加健全，为新经济时代快速满足用户的需求提供了保障，实现了零距离服务。海尔物流通过积极开展第三方配送，使物流成为新经济时代下集团发展新的核心竞争力。因而，海尔物流已不是纯粹的自营物流，已具有公共物流、第三方物流业务的内容。

案例讨论：

1. 海尔的"一流三网"具体是什么？它在海尔的供应链中起什么作用？
2. 海尔的"三个 JIT"，对满足用户个性化需求有何具体帮助？
3. 海尔的"三个零"的目标是怎样实现的？

分析思路

案例2

Truserv 公司的供应链管理

Truserv 公司是美国最大的五金器具批发公司之一，拥有 8 000 多家加盟五金器具零售商店和 17 个仓库。Truserv 的目标是帮助顾客重新设计、装修他们的房子。这一目标是通过积极地向其加盟店提供高质廉价的、富有创造性的产品和服务来达到的。Truserv 每年有高达 180 亿美元的零售业务，这是他们的核心业务。可是想要为全美国的客户服务，Truserv 必须有一个流畅的供应链。

一、借助专业服务公司，实行服务外包

Truserv 公司产品种类多达 1 500 种。没有高质量的供应链，在全美国范围内提供产品是难以想象的。为了使零售业务的供应得到保证，Truserv 努力使供应链变得流畅，并为此投入了很多。Truserv 的供应链中最重要的一个部分就是物流系统，这也是这家公司实施供应链管理的第一步。

但这个工作很难，有一系列问题存在，诸如库存管理、运输管理、仓储管理、物流流程优化、货物跟踪等。大多数企业知道科学的库存管理很有益，但没有多少企业能够真正理解它，或有耐心处理库存。Truserv 公司的很多运营问题出在仓库和运输过程中。

如何从繁乱的库存与物流业务中脱身呢？Truserv 公司发现，经营汽车配件的 PepBoys 公司是通过与供应链管理公司合作，确保他们的货物供应更流畅；Longs 药店也通过专家帮助分析优化补充药品的业务流程，消除仓库和药房里昂贵的冗余库存，并且这一措施大大改善了这家公司的现金流。Truserv 公司认识到，现在专业库存管理公司和物流技术与服务提供商已经开发了许多完善的产品和服务，专业服务公司能够帮助其客户的供应链顺畅流动，包括运输、补充库存、及时返修等。

因此，Truserv 公司认为已经到了利用外包服务的好时机，如果把握这个机会，每年能省下数以百万计的美元。于是，在供应链管理中，Truserv 公司并没有把开发维护应用系统这些工作统揽下来，而是利用了外部专业公司的资源，如 ADX 公司的数据交换平台、E3 公司的库存和订单管理系统等。

Truserv 认为对外外包，有一点很重要，就是同第三方的库存管理公司或解决方案提供商建立良好的关系。

二、建立有效的供应链网络

物流只是供应链的一部分。Truserv 公司的供应链除了要保证多种产品线在分销中心的流转，还要控制 8 500 个零售商和数以百万计的供应商。Truserv 的副总裁说："处理好物流问题之后，我们进入到供应链改进计划的第二个阶段。新的目标是，更紧密地观察、评估我们的本地服务提供商，建立一个更有效的供应链网络。利用这个网络，我们可以向分销网上的任意角落，按时交付产品。"

在这一阶段，Truserv 公司将其在美国国内的所有配送商连接起来，共同协作以形成它的供应链。在这个基于互联网的"链"上，Truserv 公司和它的上下游直接沟通。Truserv 公

司的中小供应商也能够收发、处理商业文件,比如订单、库存改变通知、发票等。这些信息同时也可以其他的应用系统集成。事实上,从产品到达海关或离开工厂的那一刻起,到产品进入每一个分销中心,它们的状态都被"注视"着,并可被有效控制。这种控制能力明显减少了 Truserv 公司的库存和将产品投向市场的时间。

为了有效、实时地控制管理库存,Truserv 公司甚至利用软件与其供应商伙伴分担采购计划。这样做会将无利可图的那部分库存减少 20%~30%,并使有效库存更协调地发送给客户。

供应链协作的一个典型过程可能是如下情形:当仓库某特定产品的数量低于设定水平,系统就会给监管人员发一条消息,指出如果不能及时补货,就会出现问题。这个"问题"由不同的原因导致,可能是产品断货,也可能是补货订单已经填好了,但这个产品正在仓储上游等待上架。不管是什么具体情况,软件都能发现并处理。如果需要发补货通知,就会有一个消息自动发给供应商,而这个产品将会在当天(顶多第二天)出现在仓库里。这一过程虽然牵动众多不同类型的企业,现在却相当流畅,因为 Truserv 公司可以"舞动"这条连接八方的链。

三、供应链之外的收获

现在,如果客户问"产品什么时候能到"这种问题,Truserv 公司能立刻回答出来。可是,供应链效益不仅仅体现在产品的运转过程中。利用软件和网络,公司降低了供应链操作的复杂度和成本。仅从避免货物损失和交付延缓这两方面,Truserv 公司就建立起竞争优势。相似的优势在成本、库存水平上都有反映。最终这一切都会体现在客户服务上,Truserv 公司的核心竞争力因此间接受益。

在白热化的竞争环境中,在合适的地点、合适的时机做合适的事情比过去显得更为重要。可是用什么来支持商业决定?除了按时交付,供应链还能提供决策支持信息,帮助企业把握商机。

Truserv 公司曾遇到这样一件事,A 供货商要清理季度存货,为诱惑 Truserv 公司购买 75 万美元的产品,A 供货商称可以多提供 6% 的折扣。这是一个商机。通过从供应链系统中快速搜索存货数量和其他有关数据,只用了 15 分钟,Truserv 公司就看清了自己的底牌——6% 折扣的优惠效益只够买 50 万美元的货。后来这家供应商将折扣提到 10%,Truserv 公司则下了一张 100 万美元的订单。针对这件事,Truserv 公司的管理人员想起以前的窘境:过去公司一直没有可靠的工具支持其采购决定,因为评估成本和利润的计算模型十分复杂,需要很多数据支持,所以对于上述类似的情况,一直没有有效的办法应付。

供应链不是 Truserv 公司的核心业务,但供应链管理不仅在某个特定业务上增强 Truserv 公司的实力,同时还加强了公司的整体业务。这家公司的经历证明,改进供应链管理可能是在挖掘一座金矿。

案例讨论:

1. Truserv 公司建立了一个怎样的供应链网络?
2. Truserv 公司是如何通过供应链管理来提高自身的核心竞争力的?

下 篇

物流管理战略篇

第十章

企业物流管理

> **本章教学目标**
> 1. 理解企业物流的概念，了解企业物流的分类。
> 2. 全面掌握采购物流的主要内容。
> 3. 熟悉生产物流的概念，掌握生产物流组织形式。
> 4. 了解销售物流的管理模式和管理内容。
> 5. 了解逆向物流的相关内容。

企业物流是企业经营活动的重要组成部分，同其他形式的物流相比，企业物流具有其自身特有特征。全方位认识企业物流的内涵，对发挥企业物流的优势、提高企业的市场竞争能力具有重要意义。

第一节 企业物流概述

一、企业物流的概念和特点

（一）企业物流的概念

根据《物流术语》（GB/T 18354—2006）对企业物流的定义，企业物流是指货主企业在生产经营活动中所发生的物流活动。企业物流是站在企业角度上研究与之相关的物流活动。在物流领域中，与"社会物流"相对应。

企业物流包含的内容很多，企业在生产过程中发生的生产、销售、供应、废弃物回收、运输、储存、搬运、流通加工、包装、配送、信息处理等都是企业物流必不可少的环节。

(二) 企业物流的特点

1. 实现价值的特点

企业物流和社会物流最本质的区别在于，企业物流不是实现产品空间价值和时间价值的经济活动，而是通过加工实现产品附加价值的经济活动。

企业物流在一个小范围内完成，因此空间距离的变化不大，空间转移消耗也不大，其中含有的利润源也就不是很大。企业内部储存的目的与社会储存的目的不同。它主要用来保证生产的正常进行，而不只是追求利润，所以时间价值并没有多高，反而会在一定程度上降低企业效益。

2. 主要功能要素的特点

企业物流的功能要素与社会物流的功能要素有着本质的不同。储存、搬运活动和运输是社会物流的主要功能要素，其他都是辅助性的次要功能。

对于大多数企业来说，物料的不断搬运就是生产过程。物料在搬运的过程中实现加工和改变形态，同时发生各种各样的变化，而这些变化恰恰是在流动过程中实现的。配送企业的内部物流也不例外，它也通过不断搬运来实现货物的流动。拣选、分货、配货及完成换装工作等也通过搬运才能完成，最后把商品配送给客户。

3. 物流过程的特点

对于企业物流来说，在实现物流过程中所用到的工艺是十分重要的。随着企业物流的发展，生产工艺、生产装备及生产流程逐步确定下来，企业物流成为一种稳定性的物流。借助这种稳定性，企业便可以提前计划、精确控制物流过程。但这种稳定性也有不好的一方面，它使企业对于不能灵活改变的物流，只能通过完善工艺流程来改进、优化。这与随机性很强的社会物流是大不相同的。

4. 物流运行的特点

从物流的运行来看，企业物流具有极强的伴生性，一般都是生产过程中一个组成部分或一个伴生部分。这就使企业很难将企业物流和生产过程分开而形成不相关的系统，生产企业内部生产物流就更难形成一个独立的系统。

即使从整体上来看，伴生性极其严重，也有一些局部活动是可以分离出来的。而且这些活动有自身的界限，并且有固定的规律。这些局部物流活动是现在物流研究的重点，通常包括车间或分厂之间的运输活动、仓库的接货物流活动、储存活动等。

5. 企业生产物流的连续性

企业的生产物流活动对于企业来说是必不可少的，它不仅提高了生产效率，还把生产企业中的生产环节联系成一个整体，让企业内部生产物流可以延续不断。企业内部生产物流分为动态和静态的点，这些点所构成的网络结构组成了企业内部生产物流。静态的"点"可以看成企业的厂区配置、运输条件、生产布局等。而动态的"点"则可以看成生产物流动态运动的流量、方向、流速等，它们让企业的生产变得有次序、有节奏。

6. 物料流转是企业生产物流的关键特征

物料流转是通过物料搬运来实现的，对于企业的生产来说，生产、加工制造都离不开物料流转。比如说车间之间、工序之间、机台之间，都存在着流转运动。每一个物流都是有目标的，生产过程中物流的目标就是通过保持高效的物料流转，提高生产效率。因此，通过对物料流转的研究分析，可以让企业在生产过程中知道搬运物料的种类、数量、频繁度、连续性、机动性等详细信息，甚至是搬运的地点及其他限制，在一定程度上可以节约成本。

前一道工序供给决定了下一道工序生产过程需要的零部件，而需要多少、需要什么等都由下一道工序决定，这是企业普遍的生产供货次序。这种供货方式改变了过去前一道工序的产品全部流入后一道工序而造成后一道工序半成品和配件大量积压的情况。"看板管理"运用于工厂内和工厂与工厂之间，使这种"何时、何物、多少"的信息流能恰当地统一管理生产物流。因此，后道工序根据看板指令从前道工序选择必需数量的必要部件或材料，避免重复搬运、相向搬运、迂回搬运，使生产物流中的搬运作业形成流水作业，这样有利于选择合适设备，提高工作效率，降低成本，最终使生产物流更加高效。

7. 企业物流成本

企业物流经营管理问题一直是企业物流成本研究的重要方向，实质上就是企业物流成本的"二律背反性"。通俗来讲，就是在经营企业物流时，要降低物流成本投入并取得良好的经营绩效，要以物流成本为手段来管理物流活动本身。这样才能真正了解物流活动的实际状况，通过物流成本来衡量物流活动。

在企业物流功能间、服务水平之间或物流之间存在着二重矛盾，通常把这种矛盾认为是要追求一方必须要舍弃另一方的一种状态，这两者之间是相互对立的。这种矛盾不可能忽略，是客观存在的。如减少了包装费用，就会导致货物在运输、仓储过程中容易损坏，进而带来额外货损成本。在这种状态下，虽然其中一方成本减少了，但是另一方的成本却随之增加，即"二律背反"。

企业物流管理主要有降低企业物流成本和提高服务水平两大任务，这是一对相互矛盾的对立关系。某一环节的成本并不能说明总体物流的合理化，总成本才是唯一评定的标准，这从另一方面反映出物流成本管理的整体概念的重要性。

二、企业物流的分类

（一）根据企业物流性质分类

根据企业物流性质，可以把企业物流分为工业生产企业物流、农业生产企业物流、批发企业物流、配送企业物流、零售企业物流、仓储企业物流、第三方物流企业物流。

1. 工业生产企业物流

工业生产企业有多种生产类型，根据主体物流活动可分为四种类型。

（1）供应物流突出的类型。与其他类型的物流相比，供应物流较为简单，在组织各种工业企业物流时，它的操作和组织难度较大。比如说，产品外包生产的机械、汽车制造等工业企业就是这种类型。一个机械制品包含成千上万的细小零部件，这些零部件涉及地域广阔，运费成本高。但是这种类型也有优势，当完成生产之后，它的销售物流会较为便捷。

（2）生产物流突出的类型。在这种物流系统中，供应和销售物流简单。最为典型就是生产冶金产品的工业企业供应大宗铁矿石，销售冶金产品。但此类生产企业具有一个缺点，即从原料变为产品的生产过程的物流很烦琐。

（3）销售物流突出的类型。这种销售物流与生产物流相反，销售极其复杂，涉及很广的地域范围，但其生产环节的物流过程较为简单。除此之外，还有两者兼具的特殊企业，比如说生产玻璃、水泥、化工危险品的企业，不仅生产物流复杂，销售时物流更是烦琐，还要防止出现事故，通常这类企业也算是销售物流突出的企业。

（4）废弃物物流突出的类型。此类企业在生产或是销售物流过程中废弃物排放较多，比如说煤矿、快递、制糖等企业。废弃物处理对于这种企业尤为重要，处理得好，企业就能生存下去；处理得不好，企业就会被淘汰。

2. 农业生产企业物流

农业生产企业物流类型与工业生产企业物流的类型是相对应的，也分为四种类型。

（1）供应物流。主要是提供农业生产资料（种子、化肥、农药、农业机具）的物流活动，它与工业企业供应物流极其相似，物流对象是它们最大的不同点。

（2）生产物流。种植业的生产物流与工业企业的生产物流大相径庭。

①在种植业的生产过程中，是不会发生位移的，而在工业企业的生产过程中，原料、零部件等都离不开位移的发生。在农业种植业生产物流过程中，物流对象不需要像工业企业的生产过程那样装放、暂存，仅需要实施像施肥、打农药这样的劳作手段。

②种植业是按周期性来进行生产物流活动的。在一个周期内，集中于某一个时间点进行运作，之后会停滞很长一段时间。但在工业企业的生产过程中，虽然也以周期计算来运作，但在一个周期内运动量极大，几乎不会发生中途停滞的情况。

③种植业生产物流周期与工业企业生产物流周期的长短是不一致的。种植业生产物流周期时间跨度较长且具有季节性，而工业企业生产物流的周期时间跨度较短。

（3）销售物流。种植业生产企业物流主要是组织农业产品（如蔬菜、大米等）在物流网络中的流动。它对存储功能的要求较高，如果企业满足储存量大、能够长时间储存的要求，那么企业就能占据更大的市场，这是种植业销售物流最为显著一个特征。

（4）废弃物物流。种植生产的废弃物物流是以重量来计算的，这是与工业企业废弃物物流不同的特别之处。

3. 批发企业物流

批发企业物流是由批发经营活动衍生的，其中批发据点是批发物流的核心。这一物流活动批量小，批次多。批发的产出是组织运出与总量相同的物流活动对象，投入是组织运进大量的物流对象，同时包装批量和包装形态往往会在批发点中发生转换。

对于商物合一型的批发企业和商物分离型批发企业，同样存在上述物流过程，只是发生的地点有所区别，一种是商物合一的据点，另一种是独立的物流据点。

不同地位的批发企业物流有所不同，主要有两种类型。

（1）大型企业销售网络中的批发企业。这种批发企业面对固定的零售网点或固定的生产型、消费型用户，其物流特点是销售物流网络固定，具有有效的规划和组织。

（2）独立批发企业。这种批发企业依靠本身经营和市场开拓同步组织物流活动，用户有很强的不确定性，因而销售物流难以形成固定的渠道和网络。

4. 配送企业物流

配送企业物流是指由配送等活动形成的物流，核心是配送中心。不同于生产物流活动，配送企业物流是以配送中心内部的分货、拣选、配货等为主所进行的物流活动。

5. 零售企业物流

零售商店或零售据点是零售企业物流的核心而存在的，主要通过零售销售进行活动。每个零售企业物流活动都存在着一定区别，主要有以下三种类型。

（1）一般多品种零售企业。一般多品种零售企业的供应物流以多品种、小批量、多批次为中心。在这种情况下，首先避免了零售企业的销售出现断档、脱销、缺货的情况，其次可以减少库存费用，避免过度依靠库存的支持。在企业内部物流中，要想获得更大的售货场地，只能降低库存，特别是在"黄金地域"，更需要强调这一点。

（2）连锁店型零售企业。供应物流是连锁店型零售企业的核心，连锁店的销售品种都是统一的、有自身企业特色的，这一点与一般零售企业大不相同。对于工业企业物流，连锁店型零售企业一般由企业自身的共同配送中心配送。

（3）直销企业。销售物流是直销企业运营的重点，销售物流的优劣直接决定了企业销售业绩的好坏。一般直销企业销售的品种比较单一，所以供应物流及企业内部物流烦琐程度较低。

6. 仓储企业物流

仓储企业是以储存业务作为主要盈利手段的企业。仓储企业主要的物流功能是储存保管，其主要的物流活动是接运、入库、保管、保养、运输。

7. 第三方物流企业的物流

通常第三方物流也叫作物流联盟或契约物流。它是指第三方企业为其他企业从生产到销售整个物流过程都提供服务，第三方企业本身没有商品，以签署合作协议的形式达成合作联盟，根据客户的个性化需求在指定时间以指定的价格提供代理物流服务。商品运输、储存、配送及附加的增值服务等是其主要活动内容。它广泛运用现代计算机技术和信息技术，快速、准确地进行信息和实际物品的传递，使库存管理，运输装卸及配送运输的自动化水平得到提高。

（二）根据物流活动主体分类

根据物流活动主体，可分为企业自营物流、专业子公司物流和第三方物流。

1. 企业自营物流

企业自营物流是指企业的物流业务是自给自足的，自备场地、仓库、员工、设备、车队等。

2. 专业子公司物流

专业子公司物流一般是一个独立运作的专业化实体，由传统企业运作的功能发展而来。它与集团或其母公司的关系是服务与被服务的关系。它以专业化的工具、人员、管理流程和服务手段为母公司提供专业化的服务。

3. 第三方物流

第三方物流指提供服务的物流企业是供应方和需求方以外的企业。企业将物流业务外包给第三方物流企业能够降低成本、提高企业运作效率。

第二节 采购供应物流

一、采购供应物流的概念

采购供应物流是指为企业提供原材料、零部件或其他物品时，物品在提供者和需求者之间的实体流动。

对生产流通公司或其他购买者而言，采购物流是买入原材料、零件或其他物品的物流过程。对于生产型企业而言，是指伴随生产经营所用到的原材料、备品备件等的采购，提供所需产品而生的物流活动；对服务于流通方面的企业来说，是指在交易活动中从买方角度出发的交易行为所发生的物流。

二、采购流程管理

（一）采购流程

企业采购流程是指企业在生产经营过程中，为了满足生产、基础设施对原材料、设备和配件的需求，定期或不定期地发生的采购行为，即商品从卖方转移到买方场所而进行的所有活动。首先，按照内部供求来拟订采购计划；其次，在采购计划的基础上选择合适的生产者提供服务，保证所提供的物品在数量、质量、价格等方面让客户满意；再次，当挑拣好采购所需的服务商时，应该将详细的交易清单交于服务商而生成订单并拟定交易方案，达到提供满足客户个性化需求的目标；最后，配合库房验收供应商所供应的货物，实时监督采购活动并对实施结果客观有效地进行评估，以便找到更高效的采购实施方案。采购流程示意如图10.1所示。

图10.1 采购流程示意

一个完善的采购流程会在采购物品的数量、价格、信誉等方面达到一种综合的平衡，能确定物料采购价格在服务商之间是否合理，产品品质是否符合要求，产品数量是否能避免生产间断，产品的买入是否能避免浪费等。另外，采购的目的是满足制造需要。所以，采购流程通常会跨越企业内部几个职能部门（生产部、质检部、财务部、库房），而一个有效的采购流程通常需要这些部门步调一致。

（二）电子化协同采购

由于供应链管理概念的提出，基于信息技术的电子化协同采购理念正成为现代企业采购流程的核心。其目的在于：①**增进长期合作关系，增加供货稳定度**；②**缩短采购周期**；③**增加存货周转率**；④**提升公司国际知名度，加强产业关联性**。

电子化协同采购流程如图10.2所示。

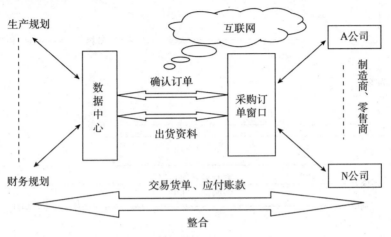

图10.2 电子化协同采购流程

电子化协同采购主要突出特点有以下两点。

（1）采购计划协同。制造商或零售商将最新一段时间的采购订单交于供应链上游的供应商，供应商会按照订单及时进行生产计划的安排，提高送货效率。

（2）采购订单的执行协同。生产者或销售者把线上采购订单交于供应商，供应商将采购订单实施活动进程进行及时传达，使生产者和销售者能够清楚地了解采购订单的实施进程并随时进行所需要的调整。

（三）准时采购

随着准时制生产模式在企业生产系统的实施，基于准时采购战略的采购流程也就成为企业提高市场响应的有力手段。**准时采购流程（也称为JIT的订单驱动采购流程），就是说供应商在需要的时间里，向需要的地点，以可靠的质量，向需方（制造商）提供需要的物料的过程。**

通常，采购流程是需方和供方商量之后确定采购订单，供方接到订单后制订生产方案然后生产，需方在供方生产时进行实时监督。供方把生产出的产品进行储存，然后按照与需方商定的时间运送产品到需方；需方要对运到的产品进行质量检查，完成之后将产品进行储存，待到制造时将所需的物品运送至生产线上。采购活动可广泛应用计算机技术和电子商务等网络技术，在网上将需方的采购订单变成需方的销售订单，供方和需方事先经过商定达成质量标准，供方需严格按照该质量标准进行生产。利用信息技术、采用VMI方式，将供方制造的成品送至需方的生产线上，并进行交易核算，减少供需双方各自分别入库的流程。

一般采购流程与准时采购流程相比较：一般的采购流程是用来补充库存的，即为库存而采购；而准时采购流程减少了需方和供方的下单、监督审查、库存流动等环节。采购主要是满足生产对物料的需求，并达到避免产生不必要成本的目标。两种采购流程模式如图10.3所示。

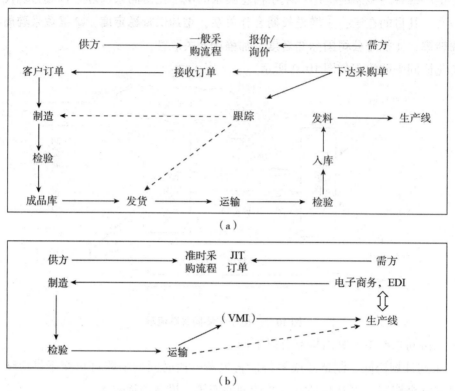

图 10.3 两种采购流程模式
(a) 一般采购流程；(b) 准时采购流程

从图10.3可以总结出准时采购流程的三个主要特点。

一是需方与供方建立了战略合作伙伴关系（供应链关系），供方和需方根据签订长期的合同来下单，并且相互监督，省略了再次询价/报价过程。

二是通过电子商务、EDI等信息技术的支持和协调，使双方的制造计划、采购计划、供应计划能够同步进行。同时需方和供方之间进行外部协同，提高了供方的应变能力。

三是生产所需的原材料和零部件等物品可以直接进入需求方的生产线，减少了需求方库存成本。

当然，采用准时采购必须要有一套完整的措施。

第一，在供应链管理上采用较少的供应商。一方面，降低采购成本；另一方面，对于稳定的供求关系，质量是相对稳定的。

第二，按时交货，使整个供应链能够快速满足用户的需求。主要在下面两个方面表现：一是改善企业的生产流程，增加生产效率，使生产可靠和稳定；二是保证能够跟踪运输并进行及时调整。

第三，信息共享。JIT采购需要保证供需双方信息高度共享和信息的及时有效。

第四，不同策略的采购批量。小批量采购是准时制采购的一个基本特征，虽然增加了出货数量和供应商的成本,但是可以通过混合运输计划来解决。

(四) 全球采购

随着信息技术和物流技术的发展,全球采购将成为引领世界经济效益的重要利益点。

企业的全球采购是指制造商们通过联合多家公司的购买力量,将触角伸向国际市场并得到更有竞争力的采购合同。这种采购模式是通过降低采购成本来提高整体竞争力。

采购全球化战略所涉及的供应商地域分布广泛,因此,招标采购和 B2B 在线订货是企业采购的有效方法。前者是公平公正的,从供应、价格的角度,强调对制造企业质量的比较选择,是提高企业经济效益的有效方法。后者从便捷的角度出发,缩短采购时间,减少企业流动成本,引入信息化手段提高竞争力。这两种方式有时可以综合运用,例如网上竞价采购方式。

1. 招标采购方式

招标采购指采购企业作为招标方,事先提出采购的条件和要求,邀请众多企业参加投标,并按照规定的程序和标准一次性地从中择优选择交易对象并与提出最有利条件的投标方签订协议等过程。公开、公平、公正和择优是招标采购的主要特征,只有具备良好的透明度,才能减少腐败的发生,更好地体现市场竞争优胜劣汰的原则。

目前,随着招标投标的逐步发展,政府、公共行政部门逐渐参与进来,采购领域也逐步从物流采购发展到产成品。在整个招标采购过程中,评标是招标的核心,而确定评标考核指标体系又是整个评标的关键。

首先,评价指标体系的设置是否科学合理直接影响采购活动。不仅要对企业规模的大小、经验、服务和融资能力进行评价,还要对企业的产品质量、服务保障和保障措施进行考核和评价。

其次,确认评价指标体系中各指标的权重。效率的评价和公平的合理性直接影响到顾客的购买欲。因此,应根据公司购买价格、数量等因素加以分配权重。

2. B2B 在线采购方式

B2B 在线采购是借互联网和信息技术提供购买行为的工具,使用这些工具的人通过网络在世界范围内即时地与其供应商进行通信和交易来快速降低购买成本。现在通常有三种基本运营模式。

(1) 第一种,供应商提供的卖方在线系统(Sell-side Systems)。供应商用计算机网络作为营销渠道建立的电子商务系统,它里面包括一个或多个供应商的产品或服务信息。卖方的系统通常是免费的,供应商保证采购的安全性。电子商务系统的优势是访问方便,能够访问更多的供应商,买方基本不需要投资;劣势是难以跟踪和控制采购费用。

(2) 第二种,制造商提供的卖方在线系统(Buy-side Systems)。这是制造商自己控制的电子商务系统,它通常由内部网络(Intranet)和外部网(Extranet)组成。该系统通常由一个或多个制造商共同投资建造,以便将市场的权力和价值转化到买方手中。一些特别强大的制造商已经开发了电子商务系统,如 GE 塑料全球供应商网络系统,美国三大汽车公司共同开发的全球汽车零部件供应商网络系统。这些系统的优点是可以批量购买，具有快速的客户响应机制，节省了采购时间，并允许对采购费用进行控制和跟踪；缺点是需要大量的资金和系统维护费用。

（3）第三种，与制造和供应商分离出的第三方联机系统，通常也称为门户系统（Portals），通常有以下几种类型。

①在线采购代理：第三方采购代理为制造商或客户提供一个安全的线上购买信息平台，另外也提供在线投标和实时拍卖的服务，他们把开发端口给各制造商或客户，使其有权限直接与供应商对接。

②在线联盟采购：不同的制造商或客户构成联盟，把他们需要购买的相同或类似的产品数量叠加形成一个订单，增加集体购买力并获得价格优惠。这种第三方系统由这个自行形成的临时联盟一起开发和维护。例如，利用门户网站进行汽车团购的线上购买信息平台。

③在线中介市场：中介市场由专业的在线采购公司构建，用来匹配多个制造商和多个供应商的在线交易。除了为客户提供技术支持之外，在线采购公司还通过咨询和市场分析等活动为客户采购流程增值。

第三方联机系统的好处是制造商或客户不需要大量投入资本建立自有系统，只需购买第三方的服务。利用第三方提供的技术进行在线采购的缺点是制造商或客户不能及时跟踪和控制采购成本。目前，B2B 在线采购已经成为一个快速降低企业采购成本的有效方法。

（五）采购控制与管理

采购管理的核心是控制采购流程，其目的是提高采购效率并尽可能地降低采购成本。因此，需要对采购流程中的几个环节把握控制点，即拟定采购计划、管理供应商选择、下达采购订单、采购业务的确认和付款。

（1）采购计划是企业采购的基本根据，是控制盲目采购的重要手段，也是现金流量预测的有利手段。所以要根据生产计划、物料需求计划、资金条件、采购手段等信息编制采购计划并且严格执行，做到无采购计划不采购。

（2）选择合适的供应商是稳定物料来源、保证物料质量的重要保障。

（3）供应商是否按合约"按时按质按价"供货对企业的生产能否稳定有序进行有重大影响。因此，要严格管理采购订单，及时催促供应商交货，以避免对生产造成影响。

（4）采购业务的确认和付款是企业采购的日常业务。当供应商的物料到达企业以后，要检查相应的采购计划、订单，确认是否是本企业采购的物料。如果是，则要经过质检、验收，才能办理入库手续。当采购员持发票准备报销时，要根据入库单逐笔核对，如果物料尚未入库，不允许直接报销，应提交领导审批通过后，方可报销。

由于采购流程是一个动态连续的过程，所以可以纳入企业管理信息系统对其管理，以采购管理子系统方式实现包括采购计划、采购订单、收货、确认发票、付款业务、账表查询、期末转账等几部分的控制功能。在这个系统中，可以满足以下需求：①编制和追踪采购计划的执行情况；②编制和追踪采购订单的执行情况，并可以查询逾期未到的货物；③填制入库单、质检审核、申请入库,并可以查询在验的物料;④录入采购发票,根据入库单逐笔确认发票是否合法,登记应付账,并可以查询在途的物料;对于采购费用,可以逐笔分摊到相应的物料入库成本上;⑤录入付款单,并与发票逐笔核销,登记应付账;⑥应付款明细账查询,并可以分析欠款的账龄;⑦可以选择采购发票和付款单自动生成记账凭证,并传递到"账务处理子系统"中;⑧采购分析:可以根据采购入库单、发票、订单等原始资料,任意定义各种需要的统计报表,进行采购分析。

三、供应物流管理

(一) 供应物流

一般情况下,**供应物流是指企业提供原材料、零部件或其他物品时,物品在提供者与需求者之间的实体流动**。供应物流范围如图10.4所示。

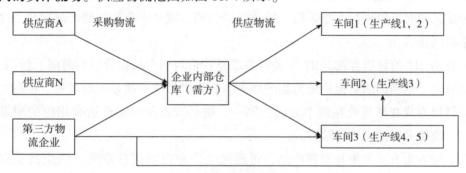

图10.4 供应物流范围

从图10.4可以看到,采购及供应物流是生产准备工作的重要组成部分,也是生产得以正常进行的首要条件。不仅采购和供货的数量、质量、时间会直接影响生产的连续性和稳定性,而且所产生的费用更直接影响产品的生产成本。因此,采购及供应物流不仅仅是保证原料供应,而且是以最低费用、最少浪费、最快效率来保证生产活动顺利进行的物流活动。

(二) 企业供应物流的订货方式

1. 基本的订购方式及批量

企业采购的物料大概分为三种:第一种是企业生产产品所必需的直接原材料;第二种是维持企业生产活动稳定有序进行的维护修理装配等间接物料(包括备品备件、零部件等,比如润滑油等);第三种是维持企业运营所必备的办公用品(如写字桌、计算机、灯具、服饰及服务等)。

通常把第一种物料称为直接生产物料,把后两种物料称为间接物料。直接生产物料的供应商相对比较固定,以长期供货合同或一定期间内稳定的价格供货,有专门的采购部门和采购人员负责各类原材料的采购,物料价格比较高,批次比较多,重复性大。间接物料价格相对较低,采购周期不定,供应商来源广泛,价格随采购批次变动可能较大,采购成本相对较高。

由于传统的生产企业基本都设有安全库存量,采购的订货批量与现有库存水平又是紧密相关的。通常采用的方式有定量采购和定期采购。

2. 基于快速响应变化的订货方式及批量

一种有效的订货方式,其组织形式往往与采购供应的战略指导思想和运输方式有关。从当今企业的实践来看,基于信息技术的MRP系统思想和基于准时生产的战略思想正改变着传统采购与供应物流的订货方式,表现出采供产销一体化的趋势。

(1) 结合MRP系统的订货方式。MRP系统是一种以物料需求计划为核心的生产管理系统,主要针对多品种、小批量的生产物流类型。在MRP中,定义了每个物料的订货标准,把供产销这个企业的三项主要业务信息集成起来,同步地将生产计划和采购计划一次生成。如果需求有了变化,通过系统运算,很快就把上千种物料的采购计划重新编排。

MRP采购和供应链管理提供了一系列标准化的程序,将其原先进程简化,以便采购、计划和分配,同时可以进行大量采购,简化运输管理,减少库存和控制产品质量,使公司的整体效率得到提高。

(2) 结合JIT的订货方式。JIT的关键要求是将恰当的产品在恰当的时间、恰当的地点,以恰当的数量、恰当的质量提供给恰当的顾客。在生产系统中就是准时进货、准时生产、准时销售。订货方式变革反映在两个方面:第一,物料准确及时地送达和相应的质量管理体系;第二,准确及时的批量运输方式。

从订货量方面看,如果开发新产品,可通过生产和市场信息系统(供应链信息共享系统之间)的局域网渠道,共享信息确定所需品种数量和交货时间、地点。如果需要的品种不变,则与固定供应商(供应链关系中的上游厂家)建立及时采购与及时供应的利益伙伴关系,从而保证产品及时准确地送达。

对于生产物流中各道工序所需的零部件、半成品的数量,可认为是下道工序对上道工序的采购量或是上道工序对下道工序的供应量,利用JIT独有的"看板信号系统"及时发送零部件或者半成品种类和数量信息,真正做到从采购物流就开始JIT。看板上标明的产品数量与传统意义上的经济批量不同,看板上的经济订货量是根据准结构成本预估出来的数量,而不是根据产品现有库存、缺货预计损失计算出的。

从物流角度看,在考虑各种产品的生产周期前提下,无论是要求供应商将产品运货到采购方的生产地,还是通过第三方物流将产品运输到生产地,及时、准确原则都是衡量JIT理念优化生产物流是否有效的标准。

3. 供应商管理

不管采购和供应方式发生什么改变,与供应商关系的认证,是降低企业的材料采购成本,保证所需产品及时到达的凭证。选择合适的供应商需要建立采购认证的评价体系,有效地实行采购凭证制度或管理标准。

在供应链管理的背景下,由于需要密切合作,企业之间的关系变得更加专业化,采购商要想在全世界的市场上寻找优秀的全球供应商就必须有一套完整、科学、全面的评价指标体系。

（1）对供应商建立完整有效的评价体系。供应商综合评价体系的优势是可以避免在供应商评价中受个人主观因素干扰。不同行业、企业、产品和供应商在不同的环境下的评价体系应有所不同。评价内容包括供应商的绩效、设备管理、人力资源开发、质量控制、成本控制、技术开发、用户交付协议等。当然，建立评估体系需要建立评估小组，以便确定适当的评估方法。

（2）进行分类评价。评估分为两类：一种是已合作商户，一种是潜在商户。每个月都要对已合作供应商进行调查，特别需要就价格、交货条件、培训、售后服务等进行评估。对新供应商的评估过程更加困难。一般来说，产品的设计对新的材料提出了要求，需要寻找潜在的供应商。一般潜在供应商评估包括公司简介、企业规模及生产能力、交货期、ISO9000认证下的安全分析、样品分析等方面。然后需要对供应商进行初步实地考察，检查其所说的话是否与现实情况相符。评估小组对供应商相关材料进行讨论，并在确定供应商后，进行正式审查。如果正式审查没有问题，就可以小排量进货，以三个月为考察期；如果考察期内没有问题，可长期供货。

（3）动态平衡的维护。市场供需在供应链合作过程中不断变化，应根据实际情况进行审查，并根据供应商的相对稳定性更新供应商评价。因此，与供应商构建稳定的合作联盟是非常重要的。

（4）使用关键元素。质量是评价体系中的关键因素。尽管价格因素很重要，但只有在保证质量的前提下，价格才是重要的。因此，新的供应商被邀请提供一个成本分析，包括产品需要的原始材料、费用的构成、原材料成本的浮动空间。如果有不合理因素，就需要对供应商重新调整。

企业按产品物流流程将质量控制划分为来货质量控制、过程质量控制及出货质量控制。由于产品的大半价值来自供应商，所以企业产品质量控制主要是对供应商的来货质量控制，这也是上游质量控制的表现。上游质量控制不仅为下游质量控制提供了基础，同时可降低质量成本、减少企业验货成本等。通过采购将质量控制延伸到供应商，是提高企业自身质量水平的基本保证。

第三节　生产物流

一、生产物流的概念

生产物流是指生产过程中，原材料、在制品、半成品和产成品等在企业内部的实体流动。生产物流和生产过程是同步的，是从原材料采购到产成品的全过程物流活动。如果生产过程中断，生产物流将会随之中止。

（一）现代物流发展

1. 生产物流的五个阶段

（1）人工物流。物流流程开始于人的体力劳动，传统物流是由人工操作，人工存在于几乎所有流程中。

（2）机械化物流。劳动者通过现代设备能够举起、移动和搬卸较重的物体，而且速度更快。机械设施扩大了人们的活动范围，使材料堆得更高，以保持更多的材料在同一位置。从19世纪中期到20世纪中期，尤其在20世纪中叶，机械系统起着主导作用。同时，它仍然是许多现代物流系统的主要组成部分。

（3）自动化物流。自动存取系统、电子扫描器和条形码是自动化物流的主要组成部分。同时，自动化物流也被广泛应用于机器人总部监控物流的过程中，能够有效提高物流效率。

（4）集成化物流。在自动化物流的基础上，进一步整合物流系统、物料设计、物料调度和物料运输等生产流程。通过计算机网络进行信息沟通，维持生产和物流的协调。

（5）智能化物流。人工智能的一体化物流，为生产自动安排物料、订货、人力、库存和物流计划。目前，智能化物流的基本原理已在部分实际物流系统中逐步得到实现。

2. 现代生产物流的特点

物流与生产制造的关系，就像是血液流动和人体内部器官的关系一样，物流是生产过程延续的基础。传统的生产物流设备，是半机械化的，其效率低，工人的劳动强度大，物流信息管理系统也很落后，传递速度慢。随着生产规模的扩大和生产水平的提高，生产的灵活性和自动化程度也在相应地提高，使之与现代生产制造系统相适应。

（1）物流装备的现代化。采用快速、高效、自动化的物流设备是现代物流的生产基础。其中最典型的现代物流设备主要是：①自动化立体仓库。可以节约空间，便于物料的移动，有利于仓储管理自动化。②自动导引运输车辆（AGV）。快速自动引导专用运输，灵活性强，方便计算机便捷管理。③自动化上下料机器。卸料机器能够自动地搬运物料，且安全、快速，方便计算机更好地管理和控制。

（2）计算机管理。与现代生产制造升级相适应的物流系统，通常有结构复杂、流程多、时效要求高、信息量大的特点。所以，应该广泛应用计算机进行管理，以便对物流系统进行优化。同时通过计算机与其他系统在线对接，确保信息实时发送和接收，加强物流系统与其他系统的有机联系是提高物流系统的有效举措。

（3）系统化与集成化。生产物流系统具有生产线长、范围广和规模大的特点，传统生产物流设备不够先进，会对生产活动的总体效率产生严重影响。传统的生产物流分散化更是限制现代生产发展的重要因素。生产物流是整个物流系统的基础。现代生产物流从一体化的概念出发，设计、分析、研究和完善生产物流系统，实现系统的全面优化，整体升级。

（二）生产系统的物料流和信息流

在生产过程中，各种原材料、半成品和制成品持续流动于多个生产部门，始终处于被运输或存储的状态，这种流动过程构成了生产系统的物料流。此外，企业根据客户的订单，制订用于指导生产的各种生产计划。在生产计划执行过程中，需要对各生产单位的生产绩效进行收集整理，使其反作用于生产计划调整、生产过程控制。在这个过程中，在企业各部门之间流动的信息，构成了生产系统的信息流。生产系统物料流和信息流的示意如图10.5所示。

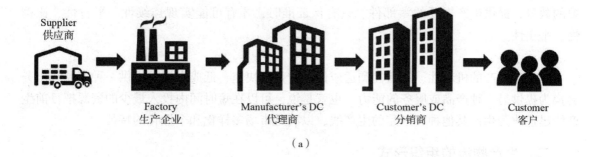

(a)

合同（市场）、计划、采购信息

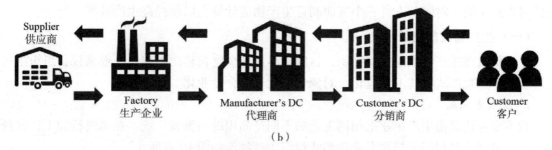

(b)

图 10.5　生产系统物料流和信息流的示意

(a) 物料流；(b) 信息流

（三）生产物流的基本特征

就制造企业而言，生产过程是制造企业在生产链中进行的物流活动。因此，在合理的生产过程中，物流必须具有以下特点，以保证生产过程始终处于最佳状态。

1. 连续性、流畅性

物料一直在流动中，这种流动的连续不仅是空间还是时间。它要求生产空间各个方面的连续性是合理且紧凑的，使得材料的流动更短。保证产品在生产过程各时间段都处于连续的流动情形下，整体上很少或没有间断，避免没有必要的等待情况。

2. 平行性

平行性是指生产活动中的物料实现平行交叉流动，同样的在制品可以同一时间在多条同样的生产线上加工流动；对于上道工序还未加工完成的在制品，把已完成的在制品进行下道工序。这种流动可以极大降低产品的生产周期。

3. 比例性、协调性

生产环节中每个阶段、每个工序的生产能力要保持一定的比例，以适应产品生产。各生产阶段的员工数量、机器数量、生产速度等因素可以彼此调整，故比例是相对的、动态的。

4. 均衡性、节奏性

产品从投料到最后完工都能按预定的计划均衡地进行，能够在相等的时间间隔内（如月、旬、周、日）完成大体相等的工作量或稳步提高的生产工作任务，尽量避免工作时快时慢的情况。

5. 准时性

在生产的每个环节都要遵循下一环节和工作的要求，也就是说要在需要的时间，根据需要的数量，提供生产需要的零部件。只有保证准时，才有可能实现连续性、平行性、比例性、平衡性。

6. 柔性

柔性是生产的机动性、灵活性和适应性，它是指快速、低成本地从提供一种产品或服务转换为提供另一种产品或服务的能力。也就是说，可以在短时间内投入最少的资源把目前生产线迅速改为生产其他种类产品的生产线，以满足市场多样化和个性化的特征。

二、生产物流的组织形式

从投进原材料到成品出厂的物流环节中，一般有工艺、检验、运输、等待停止等过程。通常可以从空间、时间、人员三个方面制订生产物流计划，以便提高生产效率。

（一）生产物流的空间组织

生产物流在生产领域的空间组织，目的是尽量减少物料移动距离。一般来说，组织中有三种生产单位化形式：技术专业化、对象专业化、综合专业化。

1. 技术专业化

技术专业化是指生产企业把相同工艺的不同产品用统一设备、统一技术进行加工，其处理工艺、处理方法相同。技术专业化形式组织生产物流如图10.6所示。

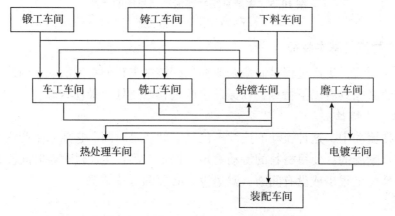

图10.6 技术专业化形式组织生产物流

技术专业化形式的优点包括以下几点。

（1）能够更好地适应产品种类的转变。

（2）将相同的机器集中起来，有利于企业设备物尽其用。

（3）便于进行工艺管理，有利于工人技术水平的提高。

由于技术专业化形式的生产单位只能完成某种工艺加工，因而会出现下列情况。

（1）在制品在车间之间辗转，频繁搬运，流程交叉重复，加工路线长，运输费用增加。

（2）在制品停放时间多，生产周期延长，流动资金占用量增大。

（3）生产各部门之间关系错综繁杂，导致计划管理、在制品管理、质量管理活动变得更加烦琐。所以技术专业化适合于品种烦琐多变、工艺不稳定的单件小批量生产类型。

2. 对象专业化

根据产品的不同类型来划分生产单位的一种组织形式。在这种生产单位里，各种机械设备集中用于一种产品的制造，并让不同类型的工人和不同的处理技术进行不同的生产。这里，加工对象是同类的，工艺方法是多样的。每一个生产单位基本上能够独立完成加工对象的大部分或全部工艺流程，不用跨其他生产单位。按这种专门化形式建立的车间（工段、班组），称为对象专业化车间（工段、班组），也称封闭式车间（工段、班组），对象专业化车间示意如图 10.7 所示。

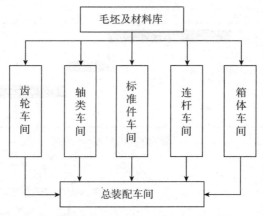

图 10.7　对象专业化车间示意

对象专业化形式的优点包括以下几点。

（1）因为在一个部门或生产线完成或大体完成全部的工序，因此减少了搬运路线，降低了运输和人工成本。

（2）因为在一个工作地可以处理和制作零件，可以减少运输时间和停车费用，并减少资金占用和生产周期。同时，可以减少零件在运输过程中的碰撞，保证零件的质量。

（3）车间之间的关系可以更好地管理，从而便于制订管理计划、追踪产品质量及保障工作进度。

（4）对象专业化同时存在不足，因市场需求变化迅速，公司产品的管理不稳定、范围大，往往导致生产设备、规模和人员无法物尽其用，从而减少了产品的生产和盈利。

3．综合专业化

综合专业化是将上述两种专业化形式结合起来的一种形式。它综合了两种专业化形式的优点，在实际生产中运用较广泛。**综合专业化可以从两个方面去理解：一是从生产单位的统一层次来看，企业内的车间（工段或班组），既有按工艺专业化形式建立的，也有根据对象专业化形式建立的；二是从生产单位的不同层次来看，在工艺专业化车间内的工段或班组，是按对象专业化形式建立的，或者在对象专业化车间内的工段或班组按工艺专业化形式建立的。**综合专业化形式灵活性强，适应范围广，企业合理运用可得到较大的经济效益。

企业需要从具体的生产技术条件出发，选择合理生产单位专业化形式。一般来讲，企业的专业方向比较稳定，产品结构比较稳定，产品零件的标准化、通用化程度较高，设备类型比较齐全，可以采用对象专业化形式。如果企业生产的产品品种多、数量少、设备的数量和种类不多，则采用技术专业化为宜。在实际工作中，可拟订不同方案，进行技术经济分析，确定一个合理方案。

（二）生产物流的时间组织

零件在工序间的移动方式是指零件从一个工作地到另一个工作地之间的运送方式，移动方式与加工的零件数量有关。一般而言材料的移动有3种基本组织形式，包括顺序移动、平行移动、平行顺序移动。物料移动组织方式如表10.1所示。

表10.1 物料移动组织方式

移动方式	工序号	加工时间/min	时间/min
顺序移动	1	3	
	2	1	
	3	4	
	4	2	
平行移动	1	3	
	2	1	
	3	4	
	4	2	
平行顺序移动	1	3	
	2	1	
	3	4	
	4	2	

1. **顺序移动方式**

顺序移动是根据材料的加工次序移动，大量的物料被转移到下一个流程接着加工。其优点是材料连续加工和设备不停顿；缺点是有一个工序未完成，下面工序就需要等待，会延长生产周期。

2. **平行移动方式**

平行移动方式意味着一批材料和物品在前道工序完成时，马上运至后道工序接着处理，进行前后交叉作业。

这个形式的优势是材料和物品不会堆积等待，所以生产周期最短。不足是当物料在加工过程中各工序的时间不等同时，人力资源和物料会停顿不工作。只有当各道工序加工时间相等时，各工作地才可连续充分负荷地进行生产。另外，运输频繁会加大运输量。

3. **平行顺序移动方式**

这种形式意味着每批物料在每一道工序上连续加工没有停顿，并且物料在各道工序的加工尽可能做到平行。虽然其生产周期要比平行移动方式长，但可以保证设备充分负荷。该方式具有前两个移动形式的长处，避免了间隔停顿的情况，能使设备充分负荷。但由于工艺规划的时间较短，进程计划安排更为复杂。

以上三种办法各有优势与不足。选择生产物流的时间组织方式时应该将物料尺寸、物料加工时间、物料批量大小和物料空间组织形式等因素考虑进去。生产物流的时间组织方式的选择如表10.2所示。

表 10.2　生产物流的时间组织方式的选择

物料移动方式	物料尺寸	物料加工时间	物料批量大小	物料空间组织形式
顺序之间移动	小	短	小	技术专业化
平行之间移动	大	长	大	对象专业化
平行顺序之间移动	小	长	大	综合专业化

由于企业类型不同，生产物流运输具有多变的时间组织形式。

（1）项目型生产物流。由于加工材料固定，生产、物流、流程、组织等主要以工人的形式迁移。

（2）连续型生产物流。通常是物料在加工过程中按加工顺序移动，同一批物料，不能同时在多工序中加工生产，物流完全有顺序组织化移动。

（3）离散型生产物流。一批要加工的物料（零件或部件）在各工序之间加工的过程难免会有成批等待现象。所以，生产物流的时间组织目标是在保证设备充分负荷前提下，加快物料在各工序之间的流通速度。通常采用平行移动方式。

（三）生产物流的人员组织

生产物流的人员组织，通常表现在员工的岗位安排方面。为了确保生产流程通畅，需要根据生产工序对工作岗位进行重新设计。人力资源理论指出，岗位设计应基于技术因素，结合人的行为、心理因素综合考虑。

1. 根据生产物流特点组织

根据生产物流的特点，岗位设计的基本原则应该是"因物料流向设岗"，而不是"因人、因设备、因组织设岗"。因此要考虑以下四个方面。

（1）岗位数量是按照最短路径原则（物流目标是设立尽可能少的工作岗位完成尽可能多的工作任务）。

（2）各岗位之间的无缝衔接（目标是确保总生产目标任务实施）。

（3）每个岗位在实现物流目标中是否起积极作用。

（4）所有岗位是否体现了经济、科学和合理的系统原则（目标是物流优化）。

2. 根据人的行为和心理特点组织

根据人的行为和心理特点，工作设计需要符合员工的工作动机需求。由此要考虑以下三个方面。

（1）丰富工作内容，合理安排工作范围和职责，以减少工作人员单调乏味的感觉，有助于提高工作效率和促进工作任务的完成。

（2）全面完成工作，确定合理生产所需岗位数量和工人要求。

（3）为了优化生产，提高生产环境在各类生产中的效率，建立人机环境优化系统。

3. 岗位人员的要求

生产物流的三种空间组织形式对岗位人员有不同的要求。

（1）按工艺专业化形式组织的生产物流，要求员工不仅专业化水平很高，而且还需具有较多的工作技能和技艺，即一专多能，一人多岗。

（2）按对象专业化形式组织的生产物流，要求员工具有较强的工作协调能力，能在各工序之间自主维持平衡,保证物流的均衡性、比例性、适时性要求。

(3) 按综合专业化组织的生产物流,要求员工具有一定的权限,保证每个人了解自身的工作职责和权利,改善不利于产品流动的工作习惯,加强员工对新技术的学习和使用。

三、生产物流的控制和计划

生产物流控制计划的对象是物料,通过对物料的跟踪和监督来评估计划的实施。生产物流的控制主要体现在物流(量)的控制和管理。

(一) 以 MRP、MRP Ⅱ、ERP 原理为指导的生产物流运营方式

任何一种物料都是由于某种需要而存在。物料的消耗量受其他相关物料的需求量的限制,为了加工零件购进原材料,为了装配成产品而生产零件。MRP 是在产品结构的基础上,运用网络计划原理,根据产品结构各层次物料的先后和数量关系,以每个物料为计划对象,以交货日期为时间标准来编排生产计划,根据提前期长短规定各个物料生产的先后顺序。它不仅说明了供需之间对品种和数量的要求,而且说明了供需之间对时间的要求。

MRP Ⅱ是在 MRP 基础上全面地考虑所有与之相关的生产经营活动,把物流和资金流结合起来,形成一个全面的经营生产信息系统,即人力、物料、设备、能源、资金、空间和时间等各种资源都通过信息流的形式表现出来,并通过数据集成。根据企业有限的资源制订有效的计划,并合理运用,以提高企业的竞争力,实现生产制造管理系统化。

ERP 则是在 MRP Ⅱ的基础上通过接受系统反馈物流、信息流、资金流,把顾客需求和企业内部的生产活动及供应商的制造资源结合在一起,并基于完全根据用户需求生产制造的供应链管理思想,形成一种功能网络结构模式。它是通过加强企业间的合作,提高市场需求反应速度,以达到降低风险成本、实现高收益的目标,并从集成视角对供应链问题进行管理。

另外,MRP、MRP Ⅱ、ERP 的提出也表现了不同时期人们对生产物流的认知和发展,总结起来是基于一种推动生产物流的物流管理理念,即从一个产品所需要的所有物料出发,逐级制订不同阶段的物料需求计划。在实际运用过程中不断完善、不断扩大应用范围,不断发展和完善计划与控制手段,从一个企业的生产物流最终发展为基于供应链体系的生产物流。

(二) 以 JIT 思想为宗旨的生产物流运营方式

准时制(JIT)在日本于 20 世纪五六十年代研制和开始实施。JIT 首先出现于日本,与其国情有十分密切的关系。日本国土面积小,人口密度大,自然资源贫乏,因此在生产管理中,特别注意有效地利用各种资源,杜绝各种可能的浪费。日本土地昂贵,所以在保证物流通畅的同时要尽可能节省仓储面积。他们认为,库存是一种浪费,废品则是更大的浪费。

JIT 的创立者认为,技术改进在降低成本方面是重要的,公司在生产上,配备合适的设备和人员是降低成本的有效手段。**JIT 方式的最终目标是彻底消除无效工作和浪费。**丰田公司提出"制造工厂的利润寓于制造方法之中"。这意味着,彻底消除生产过程中的无效工作和浪费,能够减少成本、提高产品质量,以便得到更高的利润。他们将无效工作和浪费分为以下几种:制造过剩的零部件的无效劳动和浪费;空闲待工的浪费;无效的搬运劳动;库存积压的无效劳动和浪费;加工本身的无效劳动;运作方面的无效劳动;生产不合格品的无效劳动和浪费。

1. *JIT 方式的目标*

对于整个生产线流程来说,JIT 的目标是彻底消除无效劳动和浪费,具体包括以下几点。

（1）废品量最低。JIT 要求消除各种产品、原料等浪费，在加工过程中保证每一工序都达到最高水平。

（2）最小库存量。JIT 认为，库存是生产系统设计不合理、生产过程安排不协调、生产操作不衔接的证明。

（3）零准备时间。准备时间长短与批量选择相联系，如果准备时间接近零，准备成本也接近零，就有可能实现最小批量。

（4）最短生产提前期。短的生产提前期与小批量相结合具有应变能力强、柔性好的优势。

（5）搬运量低。零件搬运会造成搬运成本，如果能使零件和装配件搬运数量减少，搬运次数减少，搬运路线缩短，可以节约搬运时间，减少搬运过程中可能出现的问题。

（6）机器损坏低。机器设备是企业最重要的生产资料，也是提高产品品质最重要的一环。只有保证机器设备的正常运转，企业其他生产部门才能运作起来。

（7）少批量。在目前"互联网+"的大环境下，产品的个性化定制成为市场需求的潮流，多品种小批量的生产态势也越来越明显、越来越受到企业的关注。

2. JIT 方式的要求

为了实现上面的目标，JIT 方式的具体要求包括以下几点。

（1）生产过程均衡化。按照加工时间、数量、品种进行合理设计生产排序，使生产物流在各作业之间、生产线之间、工序之间、工厂之间平衡、均衡地流动。为实现均衡化，应采用成组技术与流程式生产。

（2）采用对象专业化布局，可以减少等待时间、搬运时间和准备时间。基于对象专业化进行工厂布局，以使各批工件能在各操作间和流水线顺利流动，减少搬运时间。

（3）全面质量管理。目标是发现产生不合格品的原因，从根源上解决问题。

（4）合理设计产品，使产品与市场需求相一致，并且使产品易生产、易装配。例如模块化，设计的产品尽量使用通用件、标准件，设计时应考虑易实现生产自动化。

（三）以约束理论为依据的生产物流运营方式

生产系统是指将一定投入（生产要素）转化为特定输出（产品或服务）的有机整体。任何系统都是由一连串的生产环节构成的，环环相扣，并且存在着一个或者多个相互矛盾的约束关系。因此，要想提高系统产出，必须尽可能打破系统约束，找到整个系统中最薄弱的环节。这就是约束理论的出发点。约束理论最初被称作最优生产时间表，后改称最优生产技术。约束理论在美国企业界得到广泛的应用，并在 20 世纪 90 年代逐渐形成完善的管理体系。

约束理论认为，企业是一个完整的系统。任何一种系统都有至少一个约束因素，犹如一条链子，链条中最薄弱的环节决定着整个链的能力，正是企业的约束因素限制了企业产量和利润的增长。因此，企业在实现其目标的过程中要善于识别现存的或潜伏的制约因素，并消除这些制约，明确企业的改进方向和改进战略，从而实现其有效产出的目标。

为了达到这个目标，约束理论强调，首先在能力管理和现场作业管理方面寻找约束因素，如市场、物料、能力、工作流、资金、管理体制和员工行为等，市场、物料和能力是最主要的约束；其次应该把重点放在瓶颈工序上，保证瓶颈工序不发生停工待料，进而提高瓶颈工作中心的利用率,从而得到最大的有效产出;最后根据不同的产品结构类型、工艺流程和物料流动的总体情况,设定约束管理的控制点。

第四节　销售物流

一、销售物流概述

(一) 销售物流的概念

企业物流系统与企业职能活动(采购、生产、销售等)有着密切的关系。公司的销售物流是为了保证自身利益,通过销售把产品的拥有权转移到客户手中的活动。销售是公司物流系统的最后一个环节。《物流术语》(GB/T 18354—2006)对销售物流的定义为:**生产企业、流通企业销售商品时,物品在供方与需方之间的实体流动。**

(二) 销售物流的功能

通过销售物流连接生产企业与消费者,是公司销售的主要业务之一。销售物流与销售系统相互协调,配合完成生产企业的产品销售任务。

1. 市场调节与需求预测分析

销售包含大量的工作,首要任务是实现需求预测,然后根据预测制订生产计划和库存计划。通过对国内外市场的调查与预测,扩大销售市场、发现潜在市场。

2. 产品市场营销策略的确定

在产品销售活动中,市场开放和产品开发的指导方针和策略是销售物流的重要组成部分,主要包括确定销售渠道、营销产品价格等。

3. 销售计划的编制

确定销量和销售收入两个指标编制销售计划,以满足市场需求,确保产销平衡。

4. 组织管理订货合同

组织管理订货合同,包括合同签订的组织、合同实施中的问题及合同的执行控制。

5. 产品销售组织

产品销售组织包括品牌和包装设计、产品展示、产品推销、市场需求反馈。

6. 组织对用户的服务工作

组织对用户的服务工作包括安装、使用和维修指导,实施"三包"的售前、售后、备件供应等,并获得用户的使用信息反馈。

7. 进行成本分析

通过分析销售物流成本,增加销售的经济效益和销售工作管理水平。通常认为,销售物流成本主要包括运输成本、仓储成本、库存管理成本,入库、配送成本,包装成本、管理费用成本及客户订单处理成本。物流成本一般超过生产企业销售收入的13.6%,因此成本分析逐渐受到决策层的重视。在一些经济学家看来,可以通过改善销售物流节约成本,并将企业销售物流管理形容为成本经济的最后防线和经济领域的"黑大陆"。如果销售物流活动不协调,会引起成本过高。

(三) 销售物流信息系统的组成

1. 接受订货系统

接收订货的操作是所有交易流程的开始，为了准确和迅速地运送商品，必须准确快速地处理订货流程。

2. 订货系统

订货系统和指挥系统、库存管理系统具有相互作用，库存系统不仅要避免库存短缺，而且要在库存超额或合理库存的基础上，及时调整订货系统。

3. 收货系统

按照系统接收的信息，对收到的货物进行检查，并按照订货需求进行核实、确认，然后安排货物入库并指定储位。

4. 库存管理系统

正确把握商品现有的库存，制订完善的采购计划、接受货物交付计划、收货计划和发货计划。库存管理系统是信息系统的核心。

5. 发货系统

通过快速交货，将货物交到客户手中。发货系统是一种通过与接收货物系统、库存管理系统信息共享，向工作人员发出订单拣选指令或根据不同的配送要求进行分类的系统。

6. 配送系统

该系统根据货物的配送方向，制订了车辆和配送路线的系统规划方案。

二、销售物流的管理模式

销售物流根据不同的管理模式，分为大量化、计划化、商物分离化、差别化和标准化等类型。

(一) 大量化

大量化是通过增加配送量使物流运输合理化，一般通过增加货物准备时间来实现。这样做能掌握配送货物量，提高配送的装载效率。现在，以延长货物准备时间来增加货运量的做法，已被广泛采用。

(二) 计划化

计划化通过控制客户的订货需求量来使发货稳定，这是设计运输和配送方案的基础。在运输、配送和交付活动中根据运输计划、运输时间等确定合理的装载配送路线。

(三) 商物分离化

将商流与物流分离出来，通过代理运输可以压缩运输成本、固定费用开支、提高运输效率。此外，商流与物流的分离还涉及物流设施和设备，即通过与贸易对象的合作，减少了物流节点。例如，原先的移动路线为车间—生产企业仓库—分销商仓库—客户，现在通过系统的合并仓库，产品移动路线为工厂—配送中心—区域客户。这种做法在企业中很普遍。在电器市场中，经常会有家电生产厂家直接向国内消费者发送货物，并负责到家安装。

这种商业分离将批发和零售活动从物流中释放，集中在销售活动上，实现物流的高效性，使企业的资源从物流活动中解放出来，有更多空余放到自身核心业务上。

（四）差别化

根据货物销售目标的大小和物流的转换速度，采用差异化策略，对仓储和配送采用差异化管理。周转率大的产品分散储存，周转率小的集中储存。另一种是根据销售对象确定物流方法。

对于需求量大的销售对象，可以每日送货；对于销售量小的销售对象，集中在一定时间统一配送，提高配送的灵活性。

（五）标准化

规定销售订单的最少订货数量，提高库存管理的效率和有效性。例如，生产化妆品公司的零售商可以确定最低批发数量和批发种类，以减少收集和分配的任务，并提高订单处理和库存的效率。

三、销售物流的管理内容

为了保证公司销售物流的成功，实现物流成本最少的客户需求目标，**企业需要合理组织销售物流，包括产成品包装、仓储、销售渠道、产品的转运和信息处理。**

（一）产成品包装

包装作业可以是销售物流的起点，具有保护功能、存储功能、运输功能、销售功能和使用功能，是创造价值的重要环节。因此，在包装材料和包装形式上，除了考虑外部保护和销售外，还可以从存储方便、运输过程、材料成本和标准包装过程来分析，包装标准化及相关的包装回收等问题都要考虑。

（二）产成品的储存

保持产品库存水平在合理范围，满足客户的需求。顾客对产品的可得性非常敏感，产品缺货不仅满足不了客户需求，还会提高企业与销售服务相关的物流成本。尤其是在企业推出新产品或促销阶段，或在用户对产品时效性要求高而企业不能立即提供的时候。产品的可得性是衡量企业销售物流系统服务水平的重要标准。

为了避免缺货，一方面，公司应该从自身做起，提高本身的库存能力，达到库中有货；另一方面，要进行系统化调查，根据客户需求进行库存管理。在生产线中，当客户需要成百上千的零部件时，库存控制的供应阶段非常烦琐。在这种情况下，公司库存管理有助于稳定客源、维系与客户间的长期合作。随着通信技术的发展，公司可以为客户提供自动化库存控制管理，包括订单处理、库存控制等，帮助客户实现"零存放"。

（三）销售渠道的选择

销售渠道结构有三种：①生产者—消费者，销售渠道最短；②生产者—批发商—零售商—消费者，渠道最长；③生产者—零售商或批发商—消费者，销售渠道介于以上两者之间。

影响产品销售渠道选择的因素有产品因素、政治因素、业务因素、生产要素和市场因素。生产企业对影响销售渠道选择的因素进行分析后，结合企业特色和顾客需求，比较各种销售渠道销售费用、服务质量，找到最佳的销售渠道。

销售渠道的选择及产品的种类，如钢材、木材等产品，应该选择第一个渠道结构和第三个渠道结构；而作为日常销售渠道和五金或其他商品，则最佳的选择应该是第二、三渠道。选择正确的销售渠道，使企业能够快速、及时地将产品发送到用户手中，扩大产品销售，加快资金流动，降低配送成本。

（四）产成品的装运

不论选择何种销售渠道，也不论是消费者直接取货，还是生产者或供应者直接发货给客户，公司生产成品的目的是通过指定运输地点来到达客户选择的地点。选择运输方式需要考虑产品类型、运输距离和地理条件等。

由生产商交付时，应该考虑运输成本，这直接影响到物流成本。运输在原则上要达到"运输成本+存储成本"最小，不仅可以提高设备运输的利用率，还可以缓解交通拥堵，甚至达到绿色物流减少环境污染的作用。

（五）信息处理

在物流领域中，信息是供应链管理的载体，它包含在供应链内的每一个环节中，也存在于环节和环节之间的连接中。只有制造和物流共同把这些环节紧密联系，才能实现效率高、准确度高的目标。销售是供应链物流一个重要的环节，对其信息进行收集、控制、传递是非常重要的。想要完善各种信息，必须完善物流信息网络系统的销售深度和广度，加强合作，建立信息渠道、通信渠道和良好的物流伙伴关系；建立客户订单管理系统及时处理客户订单。

第五节 逆向物流

随着经济的繁荣和科技的进步，人民可支配收入不断增加引起大量消费。每一个环节中都会出现大量需要回流的物流，即物品由最终用户返回到企业。这些回流物品虽然丧失了经济价值，但使用价值依然存在，将其进行合理处理仍可以恢复其经济价值。此外，由于自然资源的枯竭和环境的恶化，循环经济理论和实践的兴起，世界上各大国相继制定了可持续发展战略。由于竞争加剧等原因，物流背后隐藏的逆向物流逐渐受到重视。20世纪90年代初，一些发达国家开始系统化、科学化地进行逆向物流的研究。

一、逆向物流概述

（一）逆向物流的定义

1981年，有两个学者对逆向物流进行了研究，他们在书上说"单行道上走错了方向，因为绝大多数产品流向一个方向"，"单行道"指的是正向物流。这种描述突出说明了逆向物流的流向和潜在价值。

美国物流管理协会（CLM）在1992年的一份研究报告中指出：**逆向物流是一种包含了产品返回、物流替代、物品再利用、废弃物处理和再处理、维修与再制造等流程的物流活动。** CLM将逆向物流定义为：计划、实施和控制原材料、半成品库存、制成品和相关信息，高效且低成本地从消费终点（包括终端用户和供应链上的所有客户）到起点的过程。

（二）逆向物流与正向物流的关系

传统物流实质上是指正向物流（或称顺向物流、常规物流），它以满足顾客需求为目的，包括从制订生产计划到购买原料，再到半成品库存、制成品等的整个从原始产出点到消费点的流动过程。**逆向物流是对原料、在制品、成品和相关信息，从消费点到原始产出点的流动和储存进行规划、执行与管制的过程**，同样离不开正向物流的那些活动，包括运输、保管、配送、包装、装卸、流通加工及物流信息处理等。在正向物流中损坏或已消费的物品，会进入逆向物流的渠道进行处理。逆向物流中的物品经过拆解再制造等加工过程，会再次进入正向物流渠道配送。因此，正向物流和逆向物流一个相互联系的整体，两者既有相同之处又有不同之处。

1. 逆向物流与正向物流的共同点

（1）两者都属于物流服务范畴。逆向物流与正向物流属于物流范畴，它们皆是产品的转移活动。在货物流通中，涉及运输、仓储、配送、包装、装卸、流通加工和物流信息处理等方面。

（2）两者都有相同的基本目标。正向物流的主要目标是通过对生产过程进行有效的库存管理和控制、选择合适的运输方式和路线，节约成本，创造新的收入来源和加强服务水平。同样，逆向物流也是为了对产品进行回收再利用，降低产品成本和资源损失。

（3）两者共享配送渠道。提供逆向物流配送服务的逆向物流配送中心也可以作为正向物流的配送中心。在对产品进行配送的同时，可以采用统一渠道对退货产品进行回收。

2. 逆向物流的特点

1997年，弗莱施曼在他的著作中提到，逆向物流不是对称的。逆向物流作为供应链的基础，其目标对象的活动流程与问题处理等都与正向物流有很大的不同。逆向物流与正向物流的不同特征如表10.3所示。

表10.3　逆向物流与正向物流的不同特征

正向物流	逆向物流
预测相对比较直接	预测难度很大
一点到多点的运输	多点到一点的运输
产品质量一致	产品质量不一致
产品包装一致	产品包装容易受损
目的地和路线清楚	目的地和路线不清楚
标准化渠道	特殊的渠道
处置方式明确	处置方式不明确
定价策略相对一致	定价需依赖很多因素
速度的重要性	速度通常不作为首先考虑的因素
财务系统监控正向配送的成本	较难获得逆向物流成本
存货管理的连续性	存货管理的不连续性
产品生命周期的可控性	产品生命周期比较烦琐
供应链各方可以直接谈判	要考虑额外因素，使得谈判烦琐化
熟知的营销方式	一些因素使得营销烦琐化
易于追踪产品信息	不易追踪产品流动的过程

(1) 流动的方向相反。逆向物流中的退货和报废产品回收等，一般是沿着消费者—中间商—生产厂商—原材料或者零部件供应商的方向流动的。因此，逆向物流与正向物流的商品流动方向正好相反。逆向物流更趋向于反应性的行为，其中的实物流动和信息流动基本上是由供应链下端的成员或者最终消费者引起的。从流动对象上来说，正向物流为逆向物流提供了必要的条件。

(2) 逆向物流的不确定性。逆向物流的不确定性主要表现为其源头的分散和不确定。首先，当物品因老化被废弃，它会分布得特别分散，可以设想出物品是来自社会的各个位置的，来源充满着不确定性；其次，逆向物流发生的时间和数量不确定，这就使准确预测逆向物流变得非常困难。因为难以预测，所以制订计划时就无法考虑得具体和确定。上述的这些不确定因素，又进一步使物流的各种输送途径充斥各种可能。

(3) 逆向物流的烦琐性。逆向物流的烦琐性表现以下三个方面：①逆向物流需要一个积累的程序；②烦琐的方式；③物品价值恢复得缓慢。首先，逆向物流的物品批量小、品种多，只有不断地汇集，才能形成较大的回流量；其次，通过收集、整理、检验、回收再利用过程产生新的价值是一个烦琐的过程；最后，垃圾回收不能立即产生应用价值，必须要经过分类、检查、加工和重组、链接，这一系列回收过程所需的时间较长，其经济价值不能立即实现，有些甚至只能作为原材料回收进入生产再循环使用。

(4) 逆向物流价值的增减变化比较复杂。在逆向物流的各个层次，逆向物流的价值增减呈现出非单调性。退货或者召回产品，伴随着多次运输、仓储和各种其他作业。它的程序越多，所花费的处理成本也高，这些成本与回收价值相互清除，从而价值也慢慢地开始递减。物品通过翻新、改造、再生循环等逆向物流活动后重获价值，甚至价值开始递增。

(三) 逆向物流的分类

根据目前企业经营实践中的逆向物流情形，从整个物流系统及从逆向物流的形成原因来看，**逆向物流主要分为以下七类**。

(1) **投诉退回**。此类逆向物流的形成原因一般是产品在运输、装卸、搬运或者仓储过程中发生损坏或者生产过程中的质量问题等，是在产品出售短期内发生的。例如，产品质量与承诺不符、不符合顾客的要求、在质量保证期内的换货等。在大多数情况下，公司非常重视客户服务，会对客户返回的产品验收并确认最终处理，处理方法包括退货、置换等。

(2) **终端返回**。终端返回是指被长期使用的产品在使用完毕后，消费者将这些物品以一定的残余价值出售，从而形成终端返还物流。通过收集、再利用、掩埋或焚烧等步骤处理这些废物的产品。终端返回主要受经济原因的限制，并考虑到法律的规定。从经济效益的角度来看，这些回收再利用有一定的价值，通过适当的处理，能使回收价值最大化，如轮胎、地毯等的修复。从法律的角度来看，国家重大法规的出台，规定了企业对零部件、电器的回收责任和义务。

(3) **商业退回**。商业退回是指供应链中的下游成员，如批发方、零售方和终端客户等，由于库存、产品过期（含季节性产品过季）的缘故，将未使用过的商品退回上一节点而产生的逆向物流，包括时装、化妆品、食品或其他生产生活资料。这些商品通过快速地回收和正确地处理，可以直接再销售、再使用或进入再生产过程，从而进行商品价值的回收利用。

(4) **维修退货**。有缺陷的产品或在销售出去后损坏的产品，在售后服务承诺的条件下，返还厂家,如有缺陷的家电、零部件和手机。这通常是在产品生命周期中期,由制造商进行维修处理,然后通过原来的销售渠道返回给用户。

(5) **生产报废物及副产物的回收利用**。由于经济原因和环保法规的限制,企业生产过程中出现的废品一般应该在生产企业内部进行逆向物流。通过再循环、再生产,使生产过程中出现的废次品和副产品重新进入生产制造环节,循环再利用。药品行业、钢铁业、汽车制造业中在生产过程产生废弃物,通过企业内部的逆向物流,可以节约原料、降低生产成本、减少环境污染。

(6) **包装物回收**。在20世纪80年代,许多国家制定回收包装材料生产商和使用者的法律责任。对托盘、箱包、容器等进行回收,经过检查、清洗、修理等再次使用,可以降低制造成本。

(7) **产品召回**。产品召回是企业主动或者由政府监督部门通知企业将自己的产品进行回收。其原因是企业自身的行为,如产品设计、生产、包装、销售、储运过程中造成了产品质量缺陷。一般还伴随着该企业对消费者的补偿行为。当这类产品的数量较多,造成的损害较大时,公司在市场监督部门的监督下,开始集中回收缺陷产品。

二、逆向物流的管理策略

(一) 逆向物流的活动组成

上述各类物流的处理方法是不同的。综合各种逆向物流处理方式,主要可以概括为以下处理活动。

(1) 产品返回。产品返回就是根据生产商自己的决定或者应顾客的要求,顾客将所持有的产品或者包装物,通过有偿或者无偿的方式返回给销售商、制造商或者其他第三方机构。这类活动包括各种退货、召回产品、回收包装物、企业依照法律规定而回收报废品等。

(2) 检验或者处理决策。通过对产品回收的功能进行测量和分析,并根据产品的结构和性能特点,确定可行的处理决策;然后进行成本效益分析,制订一项符合法律和经济技术要求的方案。

(3) 直接再销售。有些产品可能是那些没有售出的,或者是一些顾客在购买后没有使用而直接退回的,可直接再次进行销售。

(4) 重新整修和再制造。对产品进行重新整修翻新和再制造越来越引人重视。对于缺乏新功能,但仍可用并且可以实现功能恢复的设备,可以重新制造并再次使用。一般而言,设备功能再生的制造成本低于制造新品的成本。企业通过对设备进行返修,可以在最大程度上降低设备成本。在航空、铁路等资产密集型的行业中,正在广泛地使用这种方法。

(5) 维修。产品不能按照设计要求工作,企业需要回收和维护。如果设备不能按照规定的流程工作,企业就需要对其回收并进行维修。返回的物品有两种类型,保修的和非保修的。非保修需要客户自行支付维修费用,所以,对企业来说,真正的问题在于保修期物品的回收。

(6) 分拆后零部件或者原材料的再利用、再加工。根据产品的结构特点和性能,将产品分为多个部分,以供生产使用,或者为了更好地进行报废处理。为了保证拆卸和使用的价值,它必须是可拆卸但不损坏的方式。因此,在产品设计阶段,有必要考虑废品回收、拆卸方便、产品设计和回收等方面的问题。再利用的目的是对达到使用寿命的设备进行分解，得到最终的零件。其中一些零件处于良好的状态而不需要再制造，可以将这些部件全部放在仓库的部分维修中。

（7）报废处理。对于那些没有使用价值的材料，出于保护环境的原因，需要对其进行焚烧或地下掩埋处理。

（8）捐赠。一些美国企业对于像"无缺陷产品"的退货，以及一些具有瑕疵的产品，为了保持产品的品牌形象，不愿意其产品出现在二手市场，同时也为了树立良好的企业社会形象，而将这些产品捐赠给慈善机构。这就是逆向物流的捐赠处理方式。

（二）逆向物流的管理

1. 分层次实施逆向物流目标

企业实施逆向物流活动计划，首先应该注重产品生命周期的资源缩减计划，即设计环境友好型产品，尽量减少原材料的消耗和废物的排放；其次是重复使用，尽可能多地使产品重复使用同一部件。

2. 压缩逆向物流处置时间

大多数回收的产品并没有完全老化，就需要尽快处理。因此，必须经过快速分类，选择正确的处理方式并尽快行动。回收的零部件处理速度越快，给企业带来的利益就越多。在确定产品处置时，要谨慎地确定决策机制，减少各个环节的处理时间。大多数企业的重心放在如何管理好正向物流上，用于逆向物流的资源有限，企业可以建立逆向物流信息系统、集中式回收中心等来缩短逆向物流处置周期。

3. 从供应链的范围构建企业逆向物流系统

逆向物流不等于回收废物，它涉及原材料供应、生产、销售、售后服务的每一个环节，而不是一个孤立的过程。企业要实施逆向物流，还必须与供应链中的其他企业合作。另外，企业采取宽松的退货策略，将会承担下游客户的风险。为了实现风险共担、利益共享，企业必须与供应链中的企业共享信息，建立战略合作伙伴关系。通过对退货物品的跟踪，与上、下游企业更好地合作。也就是说，必须从供应链的范围来构建企业的逆向物流系统。

4. 利用第三方逆向物流企业

逆向物流也需要经过运输、加工、库存、配送等环节，这可能会与企业的正向物流环节相冲突。大多数企业重视的是正向物流部分，对逆向物流的投入很少，当两者产生矛盾时，常常会放弃逆向物流。其实，企业在缺乏从事逆向物流的专业知识、技术或经验时，可以将逆向物流外包给从事逆向物流的第三方物流供应商。这些第三方物流供应商是管理逆向物流和开展关键增值服务方面的专家，如翻新、改制、整修。此外，还能提供针对退货物流的储存服务，根据客户的需要对退货产品进行修整、处置或退回制造商。

三、逆向物流技术

实施逆向物流战略的关键在于减少逆向物流系统所要处理的信息量，即不让不属于该物流的产品进入该系统，对属于该系统的产品信息则要尽快处理。以下是成功实施逆向物流战略的三个关键技术点。

(一) 控制逆向物流渠道的开启点

为了吸引客户,增加企业市场份额,往往需要出台更宽松的消费政策,而消费者则会利用这一政策,将不符合退货条件的产品退回。必须加强逆向物流的根源控制和管理,制订一个系统的工作流程和标准。

(二) 建立逆向物流的信息系统

利用信息技术及完善的信息系统,对逆向物流进行全过程信息跟踪和管理,能显著缩短逆向物流处理时间。利用 POS、EDI 技术和 RFID 技术自动采集回流物品的信息、对其归类,追溯回流过程。通过对物品回流原因及最后处置情况进行编码,并统计回流品的回流率、再生利用率、库存周转率等,进行实时跟踪和评估回流产品。

(三) 建立集中式的回收处理中心

集中式回收处理中心作为处理回流物品的第一个节点,具有强大的分类、处理、库存调节功能。按照供应商和制造商的要求,将回收物品分类,根据产品的不同性质确定不同的处置方案。将回收物品分为能再次出售的、能再加工后出售的、无法再利用的,并给出不同的处置方案。通过统一有效的处理过程,能加快处理速度,实现回流品的最大价值。此外,回收中心能够有效减少库存成本,对于多余的季节性库存,进行重新调配和销售,并与厂商的生产计划结合,有效地降低整个供应链的成本。

四、逆向物流运作模式

(一) 逆向物流的自营方式

这种方式是指企业独立建立和运作的整个的逆向物流体系。**一些公司拥有自己的直销网络,也拥有自身的逆向物流体系。公司不仅要了解自身产品的生产、销售和售后服务,同时也要掌握本企业的逆向物流情况**。逆向物流的自营方式如图 10.8 所示。

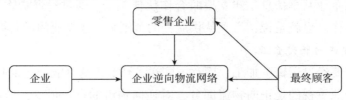

图 10.8 逆向物流的自营方式

企业采用自营方式进行逆向物流管理,有利于实现对正向物流和逆向物流的整合,从而充分发挥物流体系的整体性功能。对企业充分利用企业资源,提高系统效率和效益,打造企业竞争力,完善企业对顾客的服务能力等方面都有着重要的意义。特别是那些拥有独立销售网络的企业,更有这方面的优势。

(二) 逆向物流的联营方式

逆向物流的联营方式是指生产相同、相似或者相关产品的企业以合资、合作等形式建立共同的逆向物流体系(包括回收网络和处理企业),为各合作方甚至包括非合作企业提供逆向物流服务。逆向物流的联营方式如图 10.9 所示。

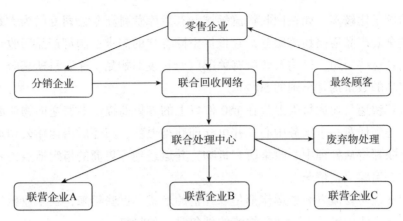

图 10.9 逆向物流的联营方式

适合这种方式的主要是生产或消费之后的废旧物品,如消费后的家用电器、电子产品、家具等,以及在生产过程中报废的设备、金属、塑料、橡胶、纸张和玻璃制品等。对零件进行再利用,其中一些去除后可作为工业原料,经过加工,进入流水线生产。因此,公司生产的废物可以被认为是一个零部件和重要原材料的来源。当前有很多国家在加强产品回收方面已立法。

上述废旧物品的回收和有用资源的提取加工,不仅需要先进的技术,还需要大量的资金,独个企业通常难以承担,一般选择与生产相同或相似产品的企业合资建立一个联合物流系统的可能性较高,影响力较大的公司,可以推动多家企业共同合作。在日本,电视机生产厂家索尼联合三菱、日立、三洋电器、夏普、富士通等 15 家公司成立了绿色循环工厂,共同建立了低成本、高性能的家电再循环系统,是企业逆向物流联营方式的一个典型。

(三) 逆向物流的外包方式

逆向物流的外包方式是企业通过协议形式将其回流产品的回收及处理的部分或者全部业务,交由专门从事逆向物流服务的企业负责实施的方式。通过外包的方式可以减少人力资源和物流设施的投资,降低物流管理的成本,并使公司更专注于其核心业务。逆向物流的外包方式如图 10.10 所示。

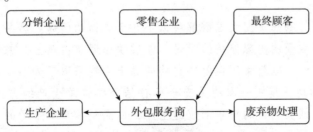

图 10.10 逆向物流的外包方式

通常大部分企业会选择逆向物流外包方式,无论是产品退货、维修,还是报废之后废旧物品的回收,都可以采用部分或全部外包的方式。那些经济实力比较弱的中小企业可能更趋向于通过将逆向物流业务外包,来降低企业经营成本;而实力较强的大企业,通过将逆向物流外包,更专注于自身核心业务,是增强核心竞争力的重要手段。

这方面的例子比较多,如在回收物流领域,芬兰库萨科斯基公司专门为大量使用电子设备的客户提供全套产品逆向物流服务,它根据不同客户的需求,制订产品回收计划并签订回收协议,定期到这些公司、机构及政府有关部门回收废旧物品。库萨科斯基公司加工处理的家电和电子产品的数量约是全国的50%。

此外,联邦快递公司为每天退货在150件以上的零售商提供专属逆向物流服务。消费者可以把货物归还到任意一个服务中心,并可立即获得退款,归还后由运输公司运输到联邦快递处理中心。联邦将从处理中心收集所有货物,并运送到零售商的指定地点,零售商可以随时在联邦网站上追踪退货情况。

上述案例在逆向物流方面的运作都是以外包的形式。近些年来,在企业核心竞争战略的实施和政府环保立法的推动下,逆向物流的外包是一种趋势。

案例1

联想集团的采购预测及快速调整机制

联想集团采取的是一体化的运作体系,它把采购、生产、分销及物流整合成一个统一的系统,从战略层、执行层在整个集团有统一的策略、统一的协调。联想集团有300多家的供应商,客户渠道有5 000多家。联想集团的物料分为国际性采购的物料和国内采购的物料。国际性的物料基本上是通过中国香港地区,然后分别转到惠阳、上海和北京;国内的物料则直接发到各个工厂后,由各个工厂制作成成品,最后发到代理商和最终的用户手中。联想集团在运作模式上,目前还不是完全按订单生产的企业,这与它面对的客户群有关。联想集团目前主要的客户有60%~70%来自个人和中小型企业。

信息技术行业有以下几个特点:第一是价格的波动非常大,影响因素也非常复杂,较难准确地预测;第二是部件更新换代非常快且频繁,按照联想集团的统计,基本上每两天就有一个机型发生大的或者是小的改动,只有把握住这个变化,才能既满足客户的订单,又不会有很多的库存;第三是满足客户差异化的需求日益强烈,既要保证标准化,又要很好地满足客户差异化的需求。

在这样的情况下,联想集团主要需解决以下几个方面的问题:第一,怎样保证准确地预测;第二,怎样保证在预测出现偏差的时候,能够快速调整;第三,怎样满足客户差异化的需求和客户定制的需求。联想集团在解决这些问题上主要采取了如下措施。

(1) 联想集团的运作模式采取的是安全库存结合按订单生产的方式,它有基本的成品安全库存,更多的是根据用户的订单来快速生产,以满足客户和市场的需求。

(2) 联想集团加强采购预测。预测要基于历史数据,联想集团从市场和代理商当中积累了大量的历史数据,通过对销售的历史数据分析发现,产品的销量跟很多实践因子相关,譬如市场自然的增长、季节的因素、联想集团做的一些优惠活动、新产品的推出等。针对每一个因子都确定算法,建立数学模型。通过这种预测模式,加上代理商和区域市场对客户的预测,同时得出联想集团在短期和长期及产品的整个市场多维度的预测。多维度包括了不同的区域、不同的时期、不同渠道等很多因素。

（3）快速调整计划。预测偏差的调整涉及两个方面：一是采购计划怎样快速调整；二是生产计划怎样快速调整。

首先，采购计划的调整除了需要根据预测调整之外，还要根据这种采购的提前量、安全库存的策略、采购批量，以及联想集团在国内多个工厂、多个库存地的实时计划，从而确定采购计划应该怎样进行调整和改变。当销售发生调整或者供应商的状况发生变化的时候，联想集团可以做到在几个小时之内，把几十种产品、几千种物料、面对几百家供应商的计划调整完毕，这样就加快了对市场反应的变化和应对的能力。

其次，生产计划方面的调整。联想集团通过电子商务和主要的代理伙伴、代理商和分销商进行合作，基本上每年会有2 000多份订单进入联想集团，联想集团也是通过这种生产计划系统来快速完成生产计划的制订工作，并且可以很快地根据这种生产计划提供给供应商比较准确的送料计划，来达到与供应商的协同。

最后，通过销售的预测及采购计划和销售计划的调整，联想集团一方面可以实现内部快速地针对市场供应的变化进行调整；另一方面通过需求协同，使客户更快地得到整个分销渠道的库存和协调状况。通过供应商的系统，能够更好地与供应商实现交货计划、采购订单和预测等方面信息的协同，从而保证从客户端一直到联想集团内部的系统与供应商端实现整体的信息协同和同步。在客户定制方面，客户可以根据自己的选择，自动进行配置，系统可以自动提供报价，这样客户就可以在网上选择产品，并且可以得到实时的价格及供货的时间。

案例讨论：

联想集团是如何进行采购预测及快速调整的？给你什么启示？

分析思路

案例2

空仪公司物流流程存在的问题

上海空仪工程有限公司（以下简称空仪公司）是专业生产复印机部件的公司。空仪公司主要生产日本美达复印机的4大类产品，即分页器、自动送稿器、复印机的自动纸柜和双面复印配件设备。空仪公司根据美达总部下达的订单生产产品，美达公司要求在接到订单后的4周交货。

经过多年的发展，空仪公司已形成了相当规模的本地化零部件配套生产，有40多家零部件生产分供方和供应商，这些供应商和分供方均分布在上海及其周边地区。制造产品所需的原材料有85%是从日本总部指定的日本公司进口，如板材和塑料。核心的零部件也是海外采购，零部件海外采购的金额占总采购金额的1/3。产品全部出口，由日本美达公司负责销售，空仪公司负责发送到指定的国家。空仪公司委托上海沪航公司负责进出口贸易，包括原材料、零部件的进口和成品的出口。

随着我国加入WTO，国内外同类生产企业之间的竞争日趋激烈，尤其许多国外著名生产企业在加强产品技术开发和推进全面质量管理的同时，纷纷把寻求成本优势和价格优势的目光转向生产制造过程中的物流领域。而空仪在生产物流领域方面与优秀企业的差距非常明显。

空仪通过与美达其他 OEM（Original Equipment Manufacturer）厂商比较发现，虽然空仪在亚洲地区的竞争力较强（主要是低劳动力成本缘故），但是，由于内部生产管理尤其是物流管理的不善，导致这种竞争优势下降。空仪生产物流与优秀企业的比较如表10.4所示。

表10.4 空仪生产物流与优秀企业的比较

企业	项目	数据	企业	项目	数据	企业	项目	数据
空仪	生产周期	4周	空仪	库存量	100%	空仪	总物流成本	28%
优秀企业		3周	优秀企业		65%	优秀企业		10%

表10.4的数据主要体现了以下方面存在的问题。

1. 采购流程的问题

空仪采购分为国外采购和国内采购。进口的零部件的采购采购部门委托日本美达上海事务所进行，进口原材料由YY有限责任公司外经办负责采购和保管。国外采购部分的流程较规范和明确，但订货周期的稳定性、可靠性未能得到保证。

而国内采购部分，流程目前尚未稳定下来，交货周期不可靠，所购产品质量不稳定。对供应商和分供方的管理与协调，目前围绕订单的执行而进行，对40多家供应商和分供方缺乏系统、规范、量化的管理。通过供应商管理以期获得集中采购、即时送货、降低采购处理费用、减少储存场地占用等机会未被探索。供应商管理的一个薄弱环节是缺乏从价格制定、供应商选择、供应商认证、供应商培训、供应商绩效评估到供应商的开发管理的过程。各种库存经常超标，使流动资金被大量占用，无法迅速周转，给企业带来了巨大的财务负担。由于空仪的采购活动的特殊性，空仪的库存问题非常严重。同时低效率的物流活动又使运输、仓储、装卸搬运、包装等环节产生了许多不必要的浪费。在这两方面的共同作用下，产品成本自然大幅度上升。不仅如此，库存时而过多、时而短缺，制约了物流的正常流动，物流不畅又形成了进一步的库存滞留。

空仪公司的采购中，有85%的原材料和1/3的零部件从海外采购，但受海外采购的较长间期（通常为两个月）的影响，目前是用多库存来保证生产的需求，难以形成拉式供应链。但是，对国内部分的15%的原材料和2/3零部件的采购却受到国外采购活动的影响，同时由于国内分供方生产周期长，质量不稳定，库存超储积压的现象较严重，占用公司很大部分的周转资金。

2. 库存管理流程的问题

在库存管理过程中的主要问题有以下几个方面。

（1）空仪公司的仓库实际上分3个部分：原材料仓库、半成品仓库、成品仓库。3个仓库的管理实际上分属3个部门，而销售科主要功能实际上外包给分公司进行管理，销售科只是起联络、协调与分公司之间关系的作用。3个部门很难形成统一的管理。

（2）物流从原材料到产成品的过程设计不合理，中间环节过多，人员过度膨胀。例如，原材料到车间首先需要工厂计划员做出计划，然后到相应的仓库计划员核对有无库存，由工厂负责人签字领用。而半成品到总装配车间必须先通过半成品仓库周转，实际上大多数半成品可以从12条流水线直接到总装配线。仓库的成品中转部就有27人之多，而除了搬运组19

人外，其他 8 人的功能完全可以由其他部门兼任。造成这种问题的原因是流程设置不尽合理。

（3）仓库的空间格局设计不合理，造成货品的存放比较凌乱，空间的利用率不高，在仓库内部布局、功能划分和堆放方式等方面有待优化，这样可以提高仓储设施利用效率。

3. 运输流程中存在的问题

目前为空仪公司提供运输服务的有 12 家运输公司，空仪公司自己也有运输组和运输车辆。这 12 家运输公司有的是国内分公司供方合作伙伴，有的是空仪公司的合作企业。虽然空仪公司没有在运输中投入大量的运输车辆设备，但是对运输公司的管理却占用大量的人力资源。运输组在空仪公司也不是独立的组织，而是受采购部门和销售部门的领导，生产部门虽然没有专门运输组，但是由于半成品入库需要运输，所以，也需要专门的运输负责人员。由于缺乏统一的管理，运输过程中浪费现象非常普遍。例如，虽然在为空仪公司提供运输服务，由于是不同的运输公司，经常出现一家运输公司空车去海关处运回原材料，而另外一家公司装产成品运输车辆空车回来的情况。

4. 生产运营物流信息存在的问题

与日本美达公司总部的联系通过香港和上海的办事处两个环节，订单的下达要延迟两天才能收到。如利用互联网技术与日本总部进行订单和库存信息交换和共享，可缩短生产周期，提高市场的反应速度。

由于各部门之间信息不共享，信息的交换和部门间的衔接存在问题，经常出现生产计划的调整和生产能力的不均衡。空仪公司有严格的质量体系标准，产品质量有很好的保证。但在柔性生产和工人一技多能方面需要开展一些工作，使生产能力计划、生产流程、工人技能等方面可适应小批量、多品种生产的要求。

案例讨论：

1. 空仪公司的物流流程中存在的问题主要有哪些？
2. 针对空仪公司存在的问题，你认为如何改善其物流运作？

第十一章

国际物流管理

本章教学目标

1. 了解国际物流的概念，掌握国际物流的特点。
2. 掌握国际物流的主要业务。
3. 掌握国际物流的组成和国际物流系统。
4. 了解保税区、保税仓库和保税物流中心。

近来在国际经济交流合作中，随着商品、物资的跨国界流动形成了国际物流。国际物流在现代物流体系中占有重要地位。高效的国际物流可以增强企业的商品在国际市场上的竞争力，扩大出口量，促进国民经济的发展。

第一节 国际物流概述

一、国际物流的概念

国际物流是相对于国内的物流来说的，国际物流是指跨越不同国家或地区之间的物流活动。国际物流是国际贸易中的重要组成部分，国际物流使各国之间的贸易最终得以实现。

在世界范围内，随着国际分工日益精细化和专业化，任何国家都需要进行国际合作和交流。通过国际物流为外国客户提供及时服务，可以提高其产品在国际市场上的竞争力，扩大对外贸易。同时将本国所需要的设备、物资等商品及时、高效、便宜地进口到国内，满足人民生活、生产建设、科学技术与国民经济发展的需要。广义的国际物流包括国际贸易物流和非贸易国际物流。其中国际贸易物流是指进出口货物在国际范围内流动，即在不同国家之间根据贸易需要发展物流。具体来说，就是为了克服生产地与消费地的空间距离和时间障碍，对商品进行时间和空间转移的活动，即卖方交付货物和单证、收取货款，买方支付货款、接受单证和收取货物的过程。非贸易国际物流是指各种展品、行李物品、办公用品、援外物资等非贸易货物在国际间的流动。由于国际贸易物流是国际物流的主要部分，所以本书所讲的国际物流是指国际贸易物流。

二、国际物流的特点

（一）各国物流环境存在差异

不同国家的经济和科技发展水平不同会严重阻碍国际物流的发展，甚至有些地区技术水平较低，无法适应国际物流系统；不同国家的物流标准不同，也造成国家间"接轨"的困难，因而使国际物流系统难以建立；此外法律、人文、习俗、语言、科技、设施的差异，无疑会大大增加国际物流的难度。

（二）国际物流在于系统范围的广度

物流系统功能要素是非常多的，国际物流在这复杂系统上增加了不同国家的要素，这使涉及的内外因素更多，所需的时间更长，难度更大。由于种种原因，一旦国际物流实现了现代化的技术集成，其效果就会很显著。例如，开通一座大陆桥，国际物流的速度将会翻倍，大大提高效率。

（三）国际化信息系统的支持

国际化信息系统是国际物流尤其是国际联运非常重要的支持手段。部分地区物流信息、区域信息的水平越高，世界整体的信息系统平衡就越难实现。掌握港口、机场、车站的现状，建立国际物流信息系统，特别是应用电子数据交换，对物流国际化将产生重大影响。

（四）国际物流的标准化要求较高

为了促进成员与物流标准之间的协调，需要建立一个统一的物流标准，如果没有统一的标准，服务水平将很难得到提高。如统一采用 1 m×1.2 m 托盘、包含若干规格条形码技术等的单元，降低了物流成本，降低了转运难度。

三、国际物流的作用

（一）国际物流是国际贸易的重要组成部分

随着经济的全球化，国际贸易活动日趋频繁。越来越多的大型企业经营和交易活动的范围已不再仅仅局限于其所在国界内，它们要么将自己生产的产品销往国外，要么需要从国外进口质高价廉的原材料。当一个国家的企业将其产品出口到另一国家，或企业作为进口商，从其他国家进口各种生产所需的原材料、零部件时，就需要货物通过国际物流从卖方转移到买方，最终实现国际贸易。

（二）国际物流实现了资源跨国界的有效配置

国际物流实现了世界资源在全球范围的流通和使用。它扩大了国际贸易，提高了跨国公司的竞争能力和成本优势，加强与世界各国的联系，可使企业尽早、尽快地打入国际市场。对于需求方或消费者而言，可以在本国内就享受和消费来自国外的优质产品。所以说，国际物流实现了资源跨国界的有效配置。离开了国际物流，国际贸易活动与国际间的物资交流将寸步难行。

（三）国际物流提高了经济运行的效率

现代物流技术的发展，极大地提高了物流的效率，提高了资金的周转率，降低了库存的束缚，加速了国际物流的循环，提升了企业竞争力。因此，良好的物流管理是提高微观经济效益的"第三利润源"。微观经济效益的提高，必然带来宏观经济效益的增加。

（四）国际物流方便了国际经济合作

国际物流的发展为国际贸易的顺利实现提供了基础，实现国家间的物资交流。尽管国际物流有很多的好处，但国际物流运作必须符合国际贸易的要求。国际组织还制定了各种合理化的规定，政府也可以为国际物流的顺利传递制定相应政策。因此，合理的国际物流发展将有助于保持新的国际经济秩序的健康发展。

四、国际物流的发展趋势

（一）国际物流的发展历程

国际物流是实施全球资源配置和提供国际贸易的关键要素，是国际贸易的必要条件。公司在世界范围内的生产，必然会导致国际分工，各国之间在合作和国际货物交换中，形成了国际物流。无论是跨国公司的全球资源配置，还是各个国家间的贸易，都必须经过运输、仓储和流通加工等物流环节，才能到达目的地，进入生产或销售市场。此外，国际物流的提单、航空运单、铁路运单、国际仓单等环节为交货提供了担保，保证了卖方的交货收款和买方的付款收货交易顺利进行。国际贸易和国际物流是实现世界经济合作与发展的重要手段。国际物流是在国际货物生产和发展的基础上发展起来的，一直是国际贸易的重要因素。国际物流的发展过程大致可以分为三个阶段。

1. 20世纪50年代至80年代的集装箱运输发展时代

20世纪50年代的世界贸易发展是国际物流发展的准备阶段。随着国际贸易的增长，20世纪60年代开始形成国家间的大规模物流。1968年，日本、澳大利亚及欧洲的一些国家开展集装箱运输是国际物流发展的重要标志。20世纪70年代中后期，国际物流的质量和速度要求得到进一步的提高。在这同一个时间点，物流设施和物流技术得到了极大的发展。随着国际物流业的发展大趋势加强，一些国家还建立了本国的物流标准化体系。

2. 20世纪80年代至90年代初期的国际物流全面起步和发展阶段

1980年前后是一个国际物流发展的黄金点，在这一风口国际货物多式联运、自动化搬运、装卸技术集中突飞猛进。在20世纪80年代后期，中国在集装箱运输和港口建设方面逐步同世界先进水平接轨。这一阶段，国际物流在物流量基本稳定的状况下有了精细物流，物流的机械化、自动化水平得到进一步发展。同一时间点，众多以前未想到和忽视的新技术、新方法被应用来处理小批量、高频率、多品种的物流，从而拓展了物流服务空间。伴随着国际物流服务范围的不断拓展，计算机信息系统逐步应用于国际物流的组织和管理过程中，并且出现了电子数据交换（EDI）系统。利用信息技术，使物流向更低成本、更高服务、更大量化、更精细化的方向发展，国际物流开始进入物流信息时代。

3. 20世纪90年代初至今的国际物流标准化阶段

国际物流迅速发展，并逐步走向标准化、信息化物流时代。这一阶段，在国际贸易、国际投资和跨国公司全球战略实施的推动下，原材料、能源和产品在全球范围内频繁流动。国际物流无论是从内容上，还是从数量上都以前所未有的速度向前发展。物流基础设施和物流、技术和后勤服务、货物运输和国际运输包装，大大加快了国际物流的进程。人们已经形成共识：物流是无国界的，只有广泛的国际合作物流，世界经济才能更加繁荣。相关的国际物流标准、物流保险、物流法规及技术协定等已具雏形，并在实践中得到不断的完善和发展。信息技术的发展为国际物流标准化和国际物流管理提供了强大的技术支撑，高科技的服务手段和高科技的信息技术成为物流企业获取市场的竞争优势。条形码技术、网络技术及全球卫星定位系统（GPS）在物流领域得到了大范围的应用。

（二）国际物流的发展趋势

随着经济全球化、科学技术的发展，特别是现代信息技术和通信技术的进步，跨国公司呈现本地生产和全球销售的趋势，当前国际物流发展出现以下趋势。

1. 第三方物流的快速发展逐渐占据国际物流的主导地位

第三方物流服务提供商为外部客户管理、控制提供物流服务，这些服务不会涉及客户企业的经营业务。但第三方作为供应链的合作伙伴、战略联盟，随着物流服务的不断加强，提高了整个供应链的竞争优势。

国际第三方物流企业大多从传统的"订单"开始，如航空货运、远洋货运、货运代理和企业内部的物流部门等。随着传统企业在国际环境中的发展，客户会有种种不同的要求。根据客户的不同需求，在传统业务服务的基础上增加服务内容，提高服务质量，为客户提供各具特色的物流服务，扩展物流服务的业务链，进而向第三方物流服务提供商转化。当前全球第三方物流市场仍具有很大的进步潜力。在这种情况下，第三方为客户提供了物流服务，获得了充分的客户基础，从而主导了国际第三方物流服务。

2. 绿色物流成为国际物流追求的目标

物流在促进经济发展的同时，也给自然环境带来许多不利的影响，如污染、噪声及交通、生产和废物的不当处置造成的环境污染等。所以，自然环境在21世纪对物流提出了新的要求，即绿色物流。绿色物流需要两个方面的工作：一是在确定物流系统和物流活动相关规划与决策中尽量采用对环境污染小的方案，如使用新能源汽车，采用排污量小的货车车型，短距离配送，夜间运货以减少交通拥堵、节省燃油和减少尾气排放等；二是重新建立一个完善循环的物流系统，专门用于各种废弃材料的处理。

3. 物流产业由单一的业态向业态多元化发展

随着互联网技术、电子商务和全球化的快速发展，区域物流和企业物流在外延之下，呈现出相互融合的发展趋势。这一系列的变化促进物流产业经营类型与业态向多样化和细分化方向发展。通过对全球排名前20位的专业物流公司的数据进行分析，我们可以将物流业的经营类型和业态分为三类：①由交通运输、邮电业发展起来的物流企业；②由零售业、批发商发展起来的物流企业；③由大型制造企业物流部门发展起来的物流企业。

4. 增值服务不断增加

对于现代物流企业来说，传统的货物运送、仓储或者寄存等业务形式已无法满足客户的需求和适应企业竞争的需要，所以一方面要增加新的业务内容，扩大业务范围；另一方面也要不断地创新，为客户提供优质的增值性服务，提高自身的竞争能力。

物流增值服务（Value Added Services，VAS）起源于竞争激烈的信函和包裹快递业务，现在扩散到了整个物流行业，几乎所有的物流公司都处于一个整体的系统中，为客户提供增值服务。他们提供的服务包括从采购到生产、储存、包装、配给、返修和回收的全过程。比如传统的船运物流公司，现在不仅负责货物运输，还为整个运输提供商业发票、保险和管理的全程服务，即一个完整的供应链物流管理服务，客户可以在第一时间追踪货物方位和花费的实际成本。

物流企业不仅范围得到了延伸，而且和最初只为货物运输和仓储等基本服务相比，挖掘了更多的利润来源。在国际物流业竞争日趋激烈的情况下，给客户提供更多、更灵活的高效增值服务无疑是提高企业竞争力的一个重要手段。

第二节 国际物流的主要业务

随着物流全球化的形成，企业物流国际化运作已成为必然。但其业务活动较为广泛，且远比国内物流复杂，主要有如下几个方面。

一、进出口业务

一个典型和较完整的进出口物流流程如图 11.1 所示。在实际业务中，有可能只涉及其中的一部分。

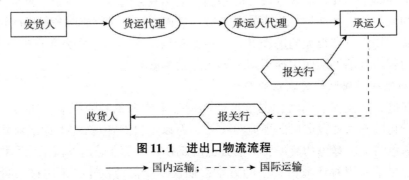

图 11.1　进出口物流流程

──→ 国内运输； - - - → 国际运输

进出口业务涉及的参与方有以下几方面。

（一）发货人（Shipper）

进出口业务的发货者可以是供应商也可以是制造商或经销商，有时是货运公司或货运代理。

（二）货运代理（Forwarder）

货运代理角色的出现，使得整个货运行业越来越专业化。目前大多数的进出口货物是通过货运代理运输的，因此了解货运代理的业务，将对企业控制国际货运成本和时间提供帮助。现今，许多货运代理企业正逐渐演变成第三方物流公司。

20 世纪 90 年代以后，随着国际贸易和货运体系的不断完善，银行信用证、海关和商业保险体系逐渐认可货运代理运单，货运代理的地位逐渐提高。

（三）承运人代理（Shipping Agent）

承运人代理主要是替承运人（如海运公司、航空公司）在港口安排接泊、装卸、补给等业务，有时也代理承运人签发运单。承运人代理在海运运输领域相对常见，在空中运输环节就较少。

（四）承运人（Carrier）

承运人是实施运输的主体，在国际贸易运输中主要指船运公司或航空公司。尽管有一些承运人也会直接面对货主，但在大部分情况下，货主不直接跟其打交道了。

（五）报关行（Customs Broker）

报关行是专门代办进出境报关业务的企业。虽然每个国家对货物进出口政策的控制各不相同，但几乎每一个国家的海关进出口货物都有一系列的等级要求。一些货主有自己的海关人员，所以不需要报关行的工作人员。很多货运代理也有报关的资格，同时也不用单独的报关行介入。货主提供的货运代理或者报关行的报关服务所需要的必要单据（主要包括进口报关单、提单、商业发票、原产地证书、进口许可证或进口配额证书、品质证书和卫生检验证书等）在海关进行申报。有时海关也提供代为商检等服务工作，海关生成关税单后，由货主缴纳关税（有时还有由海关代收的其他税收）并自行提货或由服务机构代提送货。关税一般用征税国货币支付。许多国家为吸引海外投资和促进本国进出口贸易的发展还采取了多种报关方式如电子报关、提前报关实货放行、内陆站点报关等，以缩短货物的在途时间，缓解进出口口岸的交通拥挤情况。

（六）收货人（Consignee）

运单上所指的收货人情况较为复杂。一般来说收货人应是货物的进口人。由于进口管制，运单上的收货人往往不是真实收货人，而通知人可能才是真实接收者。在复杂的货物案件中，提单的主人和子清单的收件人的重要性是不同的。提单的收件人往往是真正的受益人，接收方通常以票据承兑人为主。

进出口业务是通过各种业务单证的流转来完成的。业务单证是上述各关系人业务交接、责任划分、风险承担及费用结算的凭证和法律依据。因此，在进出口业务过程中，单证起着重要作用。进出口业务中基本单证有进出口合同（Import & Export Contract）、运单（海运的B/L, Bill of Lading, 或空运的 Air Waybill）、商业区发票（Commercial Invoice）、信用证（Letter of Credit）、保险单（Insurance Policy）、装箱单（Packing List），还有报关单、商检证书、原产地证书等单据。

二、国际运输

国际运输是指跨越一国边界的货物或服务的出口或进口。一般最常用的国际运输方式是海洋运输，此外还有航空运输和铁路运输。

由于国际运输中货物需要跨越国境，且多为远洋运输，货物在途时间往往较长并且很难更改目的地，极大地限制了企业物流运作的弹性。企业在进行跨国经营时必须具有较强的市场预测能力，才能保证将正确数量的正确货物在正确的时间内配送到目标市场，否则就会导致有些市场断货,而有些市场则库存过剩。企业一旦将一定数量的商品运到目标市场,再进行不同市场之间的调货就会造成大量的额外开支,并造成供需时间不一致,长此以往必然削弱企业的竞争能力。

随着现代通信手段的进步和专业物流企业服务水平的提高,现在已经有一些物流企业通过采用全球卫星定位系统(GPS)实现货主对货物的全程监控,并可以对在途货物进行重新调度,使货主根据市场需求情况重新进行库存定位,随时修改货物目的地,避免地区性调货带来的额外成本并使企业的配送活动成效得到提高。

三、国际仓储管理

国际物流货物仓储同国际物流货物运输一样,都是对外贸易和国际物流中必不可少的环节。不论是发达国家,还是发展中国家,仓库在各国的国民经济中,在国家间的生产、分配、交换、消费过程中,或者说在一国范围和世界范围的商品生产和商品流通过程中,都有着重要的地位和作用。国际物流货物仓库不仅要存储进出口货物,还要对出口货物进行加工、挑选、整理、包装、组装和发运等。仓库还应该依据库存商品数量的变化、库存时间的长短和周转的快慢等资料,及时向有关单位提供信息,发现问题并协助解决,借此起到促生产、保收购、保出口、保外贸企业改善经营管理的能动作用。**在国际物流中仓储业务主要有以下作用。**

(一)调整商品在生产和消费之间的时间错位

由于许多商品在生产和消费之间都存在着时间间隔与地域差异,为了更好地促进国际商品的流通,必须设置仓库将商品储存其中,使其发挥时间效应。

(二)保证进入国际市场商品的质量

商品在从生产领域进入流通领域的过程中,通过仓储环节,在仓库检验即将进入市场的商品,可以防止质量不合格的商品进入市场。通过仓储来保证商品的质量主要依靠两个关键环节:一是商品入库保管期间的质量检查;二是商品出库前的检验。对于前者,待入库商品应满足仓储要求,在仓库保管期间,商品处于相对静止状态使其不发生物理、化学变化,保证储存商品的质量。对于后者,需保证出口商品符合国家出口标准和国际贸易合同对出口商品质量的约定,维护外贸企业的国际商业信誉。

(三)延伸生产特性的加工业务

随着仓储业的发展,仓储本身已不仅具有储存货物的功能,而且越来越多地承担着具有生产特性的加工业务,例如,分拣、挑选、整理、加工、简单的装配、包装、加标签、备货等活动,使仓储过程与生产过程有机地结合在一起,从而增加了商品的价值。随着物流业的发展,仓储业在货物储存过程中,为物流活动提供更多的服务项目,在商品进入市场后缩短后续环节的作业过程和时间、加快商品的销售等方面将发挥更大的作用。

(四)调节国际市场上商品的价格

国际商品的仓储业务可以克服国与国之间巨大的供求矛盾,并通过储存调节供求关系,进而调整由于供求矛盾而造成的价格差异。

（五）调节内外运输工具载运能力的不平衡

在各种运输工具中，由于运载能力差别很大，容易出现极其不平衡的状态，外贸货物无论是出口或进口仓储皆可以减少压船、压港现象，弥补内陆运输工具运载量的不足，同时在船舶运输与内陆运输之间起缓冲调节作用，保证国际货物运输顺利畅通。

（六）减少国际物流中的货损货差

在货物进出口过程中，无论是港口还是机场的库场在接收承运、保管时，需要检查货物及其包装，并根据货物性质、包装进行配载、成组装盘（板），有的货物还需在库场灌包、捆绑。进口货物入库后需进行分票、点数、分拨。一旦发生因海关、检验、检疫手续的延误，或因气象原因延误装船、交付、输运等，货物将暂存在库场。在货物装卸过程中，若发现货物标志不清、混装等情况则需入库整理，这时库场又可提供暂时堆存、分票、包装等方面的业务。

总之，国际仓储业务是国际物流业务中不可缺少的重要环节之一。随着国际贸易的发展，加强仓储管理是缩短商品流通时间、节约流通费用的重要手段。随着综合物流管理的进程，仓储业开展集装箱的拆、装作业，集装箱货运站兼营国际贸易货物仓储业务的现象越来越普遍。如今，仓储业在开展物流管理、拓展延伸服务业务等方面发挥着国际物流运输网络的节点作用。

四、包装与物料搬运

保护性包装在跨国经营中所起的作用比在国内更为重要，这是由于货物在途时间长，搬运次数多，要经历更恶劣的天气变化等。通常跨国经营的产品包装会大幅度地增加物流成本，其中一部分是由于特殊的包装要求，此外还有标签和包装标志方面的原因。由于目的国不同，标签要求也不相同。各国对产品标签有许多不同的规定，总的来说，**标签规定的目的在于：（1）使货主遵守现行产品标准；（2）对添加剂的使用加以限制和控制；（3）禁止使用误导性信息；（4）建立对产品的标准说明。**

物料搬运系统在全球各地都不相同，澳大利亚、新西兰、新加坡等地的物料搬运系统属于世界上最先进的系统，均已实现了机械化或自动化。然而，在不少发展中国家，大多数物料搬运系统仍然是人工的，产品在仓库和工厂中的搬运效率很低，并且对有些货物可能根本就无法进行处理。

五、信息作业

国际物流中的信息作业主要涉及物流过程中的各种单据传输的电子化、在途货物的跟踪定位及市场信息的跨国传递。主要信息通信手段包括电子数据交换 EDI、全球定位系统 GPS 等。许多发达国家已经具备了复杂的物流信息系统，然而许多第三世界国家仍处在纸和笔的年代，上述先进系统在这些国家根本就无法利用，这不仅阻碍了企业物流国际化运作中的信息传递，也使这些国家在国际物流网络中长期处于附属地位。

第三节 国际物流系统

一、国际物流系统概念

商品的包装、储存、运输、检验、流通加工和其前后的整理、再包装及国际配送等子系统构成了国际物流系统。

物流系统的主要组成部分是运输和储存子系统。**国际物流通过商品的储存和运输满足国际贸易活动和跨国公司经营的要求,实现其自身的时间和空间效益。**

二、国际物流系统的组成

(一) 国际货物运输子系统

运输的作用是将商品的使用价值进行空间移动,而物流系统克服商品生产地和需求地的空间距离,依靠运输作业创造了商品的空间效益。国际物流系统的核心是国际货物运输,商品通过国际货物运输作业,由卖方转移给买方。国际货物运输的特点是路线长、环节多、涉及面广、手续繁杂、风险性大、时间性强等。在国际贸易商品价格中占有很大比重的是运输费用。运输方式的选择、运输单据的处理及投保等是国际运输的主要内容。外贸运输分为国内运输段和国际运输段两段。

(二) 仓储子系统

商品在其流通过程中,因为商品储存和保管的原因,会处于一种或长或短的相对停滞状态,这是完全必要的一种停滞。因为商品流通的过程是由分散到集中、再由集中到分散的过程。国际贸易和跨国经营也不例外,商品从生产厂或供应部门被集中运送到装运港口,有时也需要临时存放一段时间,再装运出口,是一个集和散的过程。它的进出场地主要是各国的保税区和保税仓库,涉及各国保税制度和保税仓库建设等方面。从物流角度理解,应该尽量减少储存时间、储存数量和资金周转,实现高效率运转。

(三) 商品检验子系统

因为国际贸易和跨国经营投资大、风险高、周期长,所以商品检验是国际物流系统中重要的子系统。交货品质、数量和包装条件是否符合合同规定一般通过商品检验来确认。如果发现问题,可分清责任,并且向有关方面索赔。商品检验条款一般在买卖合同中存在,主要包括检验时间与地点、检验组织机构与检验证明、检验标准与检验方法等。

(四) 商品包装子系统

包装标志有利于识别货物和计数,主要包括运输标志和指示性、警告性标志两种。运输标志习惯称为唛头,通常由收货人及发货人名称的代用简字或代号和简单图形、目的港(地)的名称、件号三部分构成。合同号码、信用证号码或进口许可证号码等也有可能被列入其中。保障货物和操作人员的安全是指示性、警告性标志的主要目的。

根据美国杜邦公司的调查,63%消费者根据包装来购买商品。实证分析说明,国际市场和消费者是通过商品来认识企业的。商品的商标和包装是一个企业的"面孔",反映了一个企业的科技文化综合水平。因此，在考虑出口商品包装时，应把包装、装卸、搬运、储存、运输有机地联系起来，实现"包、储、运一体化"。

（五）出口商品外贸加工子系统

进出口商品的流通加工具体内容包括：①服务性流通加工，具体有袋装、定量小包装、贴标签、配装、挑选、混装、刷唛等；②生产性外延流通加工，包括剪断、平整、套裁、打孔、折弯、拉拔、组装、改装、服装的检验和熨烫等。

（六）进出口商品装卸与搬运子系统

对于商品运输来讲，进出口商品的装卸搬运作业是短距离的商品移动，是仓库作业和运输作业的纽带和桥梁，实现了物流的空间效益。进出口商品的装卸搬运作业对于国际物流加速发展十分重要，而且节省装卸搬运费用也是物流成本控制的重要环节。

（七）国际物流信息子系统

采集、处理和传递国际物流和商流的信息情报是国际物流信息子系统的主要功能。如果信息系统功能不完善，国际贸易和跨国经营将会变得很难进行。国际物流信息的主要内容包括进出口单证的作业过程、支付方式信息、客户资料信息、市场行情信息和供求信息等。

国际物流信息系统的特点是：信息量大，交换频繁；传递量大、时间性强；环节多、点多、线长，因此，建立先进的国际物流信息系统迫在眉睫。EDI 的发展是国际贸易一个重要趋势，我国应该加强推广 EDI 在国际物流中应用，促进国际贸易和跨国经营的快速发展。

配送系统、装卸搬运系统及流通加工系统等应该和上述系统有机联系起来，统筹规划，全面考虑，建立适合我国的国际物流系统。

三、经济全球化下国际物流系统的运作

（1）全球化采购。全球化采购的优势主要体现在：①跨国公司生产基地的全球化分布，生产企业与专业第三方物流公司的同步全球化，多式联运的发展和国际航线的形成是全球化采购发展的主要推动力；②可以扩大商品比价范围，提高采购效率，降低采购成本；③实现采购过程的程序化和公开化，生产企业从为库存而采购到为订单而采购，采购管理向外部资源管理转变。

（2）全球化生产。企业在全球化范围内组织生产所具有的优势主要体现在：①可以更好地接近目标市场，满足当地消费者的需求；②获取资源优势，降低生产成本；③避开东道国的贸易壁垒限制，更顺利地进入国际市场；④降低物流费用，提升产品的国际竞争力；⑤获取先进的技术和管理经验；⑥获得东道国的优惠政策等。

（3）全球化配送。企业在全球经济合理的区域内，根据客户要求对物品进行拣选、加工、包装、分割、组配等作业，并按时送到指定地点。在国际消费需求多种多样的今天，在国际市场需求不确定性的情况下，为了降低经营风险，订货规模小批量化成了国际用户的常态，且对商品供应的及时性、准确性要求越来越高。进行全球化配送，建立国际配送中心，能更接近目标顾客、接近国际市场，并及时将市场的需求及时反馈到生产企业。国际配送中心减少了流通过程的中间环节，提高了企业对客户需求的快速反应能力。因此，配送的全球化扩大了企业产品的销售空间，扩大了企业的生产销售规模，实现企业利益最大化。

四、国际物流系统网络

(一) 国际物流系统网络的含义

多个收发货物和信息的"节点"和它们之间的"连线"所构成的物流抽象网络被称为国际物流系统网络。 其中节点也称结点,是指港口、车站、码头、保税仓库、物流中心、配送中心等;连线是指各种运输线路,包括海上、陆地、航空和地下管网等。

节点、连线本身的特性与二者的合力配置决定了物流网络的质量,但节点不可随便设置,关键是合理选择国际物流节点位置及各层级仓库与中间批发点(零售点)的位置、规模和数量,从而确定国际物流的合理布局和合理化作业。

国际物流系统的物流费用低、物流服务水平高是国际贸易和经营的竞争要求。为此,要构建合适的国际物流系统网络。

(二) 建立和完善国际物流系统网络原则

首先,要紧密围绕商品交易计划及一个国家宏观国际贸易总体规划来设置建库数目、地点及规模;其次,要明确各级仓库的供应范围、分层关系及供应或收购数量,衔接好各层次仓库,诸如生产厂家仓库与各中间商仓库、港(站、机场)区仓库及出口装运能力的配合和协调,保证国内外有畅通的物流,避免某一层仓库储存过多、过长的不均衡状态;再者,应为国际物流网点的规划留有余地,准备好将来的扩建。

(三) 国际物流网络系统合理化建议

(1) 国内外物流网点要合理选择和布局,扩大国际贸易的范围、规模,实现费用低、服务好、信誉高、效益高的物流总体目标。

(2) 物流运输方式、运输工具和运输设施要先进,进出口货物的流转要快,要充分利用海运、多式联运、集装箱运输和大陆桥运输,增加物流总量,扩大进出口贸易量和贸易额。

(3) 减少进出口在途积压,以节省时间,让商品和资金的周转更快。

(4) 优化运输路线,减少相向、多方向运输。

(5) 优化包装,增加装载量,减少货物损耗。

(6) 优化港口装卸作业,扩大港口,增加设施,吸引更多买卖双方入港。

(7) 优化海运配载,让空仓或船货不匹配的现象减少。

(8) 综合考虑国内物流运输,在出口时,要尽量采用就地就近采购、就地加工、就地包装、就地检验、直接出口的物流策略。

第四节 保税物流

一、保税物流的发展

自我国第一个保税仓(海关监管场所)在1981年批准建立,到如今的保税港区、综合保税区等,我国的保税物流体系逐渐完善。保税物流体系是指以开展保税物流业务的海关特殊监管区为承载主体而形成的一系列保税物流节点的集合。我国保税物流的主体框架是保税港区、保税仓和出口监管仓、出口加工区、保税物流中心（A型、B型）、综合保税区和自由贸易试验区等不同层次的保税物流节点中两个以上数量的集合，并包括其辅助性部分，如物流园区、口岸、交通设施等。从本质上说，保税区是以发展外向型经济为目标的经济功能区，由于其核心业务开展的需要，一般会受限于区位的选择，并且因区位的不同而拥有不同的名称。

"三个层次、多种模式"是我国保税物流体系的特征，第一个层次是区港联动下的保税物流园区；第二个层次是公共型保税物流中心，即A型、B型保税物流中心，分别满足专业国际物流公司和跨国企业的需求；第三个层次则是保税区和出口监管仓。保税物流体系的主体由海关特殊监管区构成，这些特殊监管区由于层次不同而相应的具有不同政策功能。

二、保税区和保税仓库

保税制度指海关对进口货物暂不征税，但保留征税权的一种制度。其目的是发展转口贸易，增加各项费用收入，方便贸易商。其具体做法是：外国货物进口后，不先征收进口税，而暂时存放在海关指定的地点，如该批货物进入国内市场销售，则补交进口税；如复出口，则不必交纳进口税。

保税区（Bonded Area）指在境内的港口或邻近港口、国际机场等地区建立的在区内进行加工、贸易、仓储和展览的，由海关监管的特殊区域。保税区的功能定位为"保税仓储、出口加工、转口贸易"三大功能。保税区具有进出口加工、国际贸易、保税仓储商品展示等功能，享有"免证、免税、保税"政策，实行"境内关外"运作方式，是中国对外开放程度最高、运作机制最便捷、政策最优惠的经济区域之一。

保税仓库（Bonded Warehouse）指经海关批准，在海关监管下专供存放未办理关税手续而入境或过境货物的场所。储存于保税仓库内经批准的进口货物可在仓库内进行改装、分级、混合和再加工等作业，这些货物如再出口则免缴关税，如进入国内市场则要缴关税。各国对保税仓库货物的堆存期限均有明确规定。设立保税仓库除为贸易商提供便利外，还可促进转口贸易。

三、区港联动

区港联动，是指整合保税区的政策优势和港区的区位优势，在保税区和港区之间开辟直接通道，将物流仓储的服务环节，移到口岸环节，拓展港区功能，实现口岸增值，推动转口贸易及物流业务发展。

区港联动是实现保税区经济和港口经济共同发展的客观要求，是一种联系紧密的区域经济安排。就其内涵而言，可以概括为"政策叠加、优势互补、资源整合、功能集成"，体现了保税区与港区在区域、资产、信息、业务等方面的联动发展。

（一）政策叠加

保税物流园区除继续享受保税区在免征关税和进口环节税及海关特殊监管等方面的政策及港区原有的政策外，在税收政策上，还叠加了出口加工区的政策，即实现国内货物的进区退税，从而改变了保税区现行的"离境退税"方式，降低了企业的运营成本。政策叠加的结果是对货物的流动来说,"一线放得更开,二线管得严密",使区内真正实现货物的自由流动。

(二) 优势互补

将保税区在税收、海关监管等方面的政策优势与港区在航运、停泊、装卸等方面的区位优势相结合,实现航、港、区一体化运作,实现集装箱综合处理与货物分拨、分销、配送等业务的联动,既是优势互补,也是优势组合。

(三) 资源整合

通过保税区和港区在形态、资源上的整合、集成,促进货物在境内外快速集拼、快速流动、快速集运,带动信息流、资金流和商品流的集聚和辐射。港和区的资源在保税物流园区的项目形成了优化组合。

(四) 功能集成

实施区港联动的保税物流园区将集成四大功能。①国际中转。对国际、国内货物在园区内进行分拆、集拼后,转运至境内外其他目的港。国际中转很好地结合了港口的地缘优势和园区的政策优势,充分发挥了园区"两头在外"的功能。②国际配送。对进口货物进行分拣、分配或进行简单的临港增值加工后再向国内外配送。国际配送为保税物流园区发展增值服务创造了一个重要平台。③国际采购。对采购的国际货物和进口货物进行综合处理和简单的临港增值加工后,向国内外销售。④国际转口贸易。进口货物在园区内存储后不经加工即转手出口到其他目的国或地区。

四、保税物流中心

(一) 保税物流中心的分类

保税物流中心是指封闭的且具备口岸功能海关监管区域,分 A 型和 B 型两种。保税物流中心以整合保税仓库和出口监管仓库功能为基础,打破两仓的隔离状态,弥补两仓功能单一的缺陷,是对"两仓"功能的优化整合和提升,适应现代物流的发展要求。

A 型保税物流中心(Bonded Logistics Center of A Type)**是经海关批准,由中国境内企业法人经营、专门从事保税仓储物流业务的海关监管场所**。A 型保税物流中心按照服务范围分为公用型 A 型物流中心和自用型 A 型物流中心。

B 型保税物流中心(Bonded Logistics Center of B Type)**是经海关批准,由中国境内一家企业法人经营,多家企业进入并从事保税仓储物流业务的海关集中监管场所**。

(二) A、B 型保税物流中心的区别

1. 构成区别

A 型保税物流中心是指由一家法人企业设立并经营的保税物流服务的海关监管场所;B 型保税物流中心是指由多家保税物流企业在空间上集中布局保税物流的海关监管场所。

2. 企业资格条件

A 型保税物流中心因主要针对大型物流企业和大型生产型的跨国公司,因而对申请设立的资格要求较高,要求企业注册资本量不低于 3 000 万元人民币;B 型保税物流中心经海关

批准设立后，对企业的入驻资格要求较低，注册资本只须达到 5 万元人民币。

3. 审批与验收

A 型保税物流中心由直属海关同省级国税、外汇管理等部门验收；B 型保税物流中心由海关总署、国家税务总局和外汇管理局等部门或委托被授权的机构组成联合验收小组进行验收。

（三）保税物流中心的意义

（1）建设保税物流中心，有利于更好地推动实施港区联动战略，在保税区与港口的合作中，依托港口的运输功能和保税区的保税仓储、加工贸易、国际中转贸易功能，发展现代物流业务。保税区和港口的优势能够得到很好的互补，实现沿海港口的拓展延伸，并为港区一体化的实现创造条件。

（2）建设保税物流中心，有利于物流资源的整合及优化配置。一方面可以与城市物流基地互相配合，进一步完善城市物流网络体系，增强对城市周边地区的辐射作用；另一方面可以促使城市的工商企业，从烦琐的纯服务性事务中解脱出来，专心致力于改进专业技术与提高管理水平，推进经济体制与经济增长方式的根本性转变。

（3）建设保税物流中心，有利于基础设施的进一步发展和完善。公路、铁路、港口、航空等基础设施是现代物流业发展的重要条件，而物流业的发展又将推动这些基础设施的建设和功能的发挥，从而进一步完善城市交通网络建设，提高城市基础设施水平和综合服务功能，有利于城市的可持续发展。

（4）建设保税物流中心，将会很好地改善区域投资环境，为招商引资搭建新的平台，吸引更多的外来资金和项目落户，提高外向型经济的发展和对外开放程度，进一步提升经济国际化水平。同时，完善的基础环境建设将大大促进区域经济合作，提高整体竞争能力。

案例 1

出口易：海外自建仓储进行物流配送

索尼集团公司在全球拥有 75 家工厂和 200 多个销售网点。据国际物流专家估计，仅在电子产品方面，索尼集团公司每年的全球集装箱货运量已经超过 16 万标准箱，是世界上规模比较大的发货人之一。为了充分发挥跨国经营的杠杆作用，扩大其在国际市场上的竞争力，该集团公司每年都会与承运人及其代理展开全球性商谈，以便进一步改善物流供应链，提高索尼集团公司的经济效益。

一、每年一度的全球物流洽谈

索尼集团公司每年都会举行一次与承运人的全球物流洽谈会，通过认真谈判将计划中的集装箱货运量配送给选中的承运服务提供人。在一年中，如果索尼提供的箱量低于许诺，索尼向承运人赔款，如果箱量超过许诺，索尼不要求承运人提供回扣。在合同中，索尼只要求承运人提供半年至一年的运价成本。索尼集团公司这样做的目的是加强与承运人的合作和联系，建立质量上乘、价位低廉的物流链服务网络。

负责与承运人展开全球性物流谈判的一般是索尼物流采购公司总经理。他的任务非常艰巨复杂,但是可以用两句话概括:落实成交条件,节约物流成本。在全球性谈判中究竟要选用哪一家承运人,这不仅要看承运人开出的运价,更要看承运人实质性的东西,即全面评估有关承运人过去三年中的经营业绩、信誉程度、交货速度、船舶规范和性能,还有一些对公司命运至关重要的因素,如客户服务、售后服务、经营管理作风、经营风险意识、公司高级职员的素质等。这体现了索尼运营物流的务实态度。

二、务实的经营理念与立足长远的物流理念

索尼的经营理念是"竭尽全力,接近客户,要想客户之所想、急客户之所急。凡是客户想到的,索尼争取先想到;凡是客户还没有想到的,索尼必须抢先想到"。这种理念也渗透到公司的物流活动中。几年前,索尼曾经遇到这么一件事情,欧洲市场客户急需当地市场已经断档多时的索尼牌超高速凸轮缓冲器,但这种用于电视接收设备的产品当时只在日本本土生产,在欧洲和世界各地的索尼公司均不生产,且这种产品以往都是通过集装箱海运发往世界各地的。索尼集团公司最高执行官当即决定,急事特办,采用运价比海运高出十几倍的空运物流,将凸轮缓冲器运到欧洲国际市场和其他急需这种产品的市场。如果索尼集团当时不这样做,欧洲和其他地区的零售商货架上一直找不到索尼产品,消费者必然会另外寻找途径,索尼就会逐渐失去市场,等于将市场主动让给对手。索尼公司虽然在缓冲器产品的物流上多赔了一些运费,但是,用局部的牺牲赢得了全局的胜利,保持和扩大了市场信誉和占有率。与经营理念相对应,索尼的物流理念是,必须从战略高度去审视和经营物流,每时每刻都不能忽视物流,满足客户及市场的需要是物流的灵魂。

索尼物流涉及采购、生产和销售等项目,一般是在不同地区与承运人商谈不同的物流项目,如索尼公司在北美和亚洲的物流谈判就不包括采购项目,在欧洲的物流谈判就包括采购项目,这是因为索尼是跨国经营集团,要做的是全球性的物流,需要的是全球性物流供应链管理。

三、独特务实的远洋运输业务处理方式

随着国际分工的细化,索尼公司不可能将某一个特定消费市场所需要的所有产品全部生产出来。当然,倘若分布在世界各地的索尼子公司能够将工厂所在地四周和附近市场所需要的产品全部生产出来,将本地的这些市场全部包下来,那是最理想的。但是,由于产品成本的问题,在实际操作上是不可能的。为了既将市场包下来,又保证产品成本不上扬,务实的索尼集团公司鼓励各地区索尼子公司互相协作,尽量从别的地区寻找本地区缺乏而又必需的零部件产品。

索尼在处理远洋运输业务中,往往是与集装箱运输公司直接洽谈运输合同而不是与货运代理谈,但是,在具体业务中索尼也乐意与货运代理打交道。与其他日本实业公司不同的是,索尼与日本的商船三井、日本邮船、川崎船务等实力雄厚的航运集团结成联盟。因此,索尼集团公司在业务上始终保持独立自主。但是,索尼非常重视电子信息管理技术(Electronic Information Management Technology,EICT),使用比较先进的通用电子信息服务(General Electric Information Service,GEIS)软件,与日本和世界各地的国际集装箱运输公司建立密切的电子数据交换联系(Electronic Data Interchange Links,EDIL)。

为了进一步降低物流成本,索尼集团公司常常根据实际需要办理集装箱货物的多国拼箱。例如,索尼公司将半箱货物的集装箱从某产地发往新加坡,在那里将另外一种产品补充

装入箱子，变成满箱货物的集装箱，然后继续运输，直至到达北美或者欧洲某目的港。这种物流方法的最大好处是避免了等候时间，因为集装箱运输时间本身就是用金钱买来的，降低成本的同时也大幅度减少通关时间，现在索尼集团已经把新加坡和中国台湾作为索尼产品拼箱的集装箱枢纽港。其他方法还有满箱货物的"工厂直接装箱"，或者在一个国家内的几家索尼子公司的产品进行拼箱。索尼集团目前将这些物流服务委托给香港东方海外集运公司和马士基海陆船务公司。索尼集团公司在对美国的跨太平洋出口贸易航线上，常常将产品集中到北美内地某一个配送中心站，或者将货物运送到洛杉矶附近混合中心进行中转或者拼箱，充分发挥索尼集团在北美的亚特兰大、纽约和洛杉矶等地区拥有的仓储能力。索尼集团还利用欧洲荷兰作为其拼箱中心。凡是准备运往东欧地区的货物先从其他各国进口和集中到荷兰这个拼箱中心，然后发送到东欧各地的配送站。

四、全球各地物流分支机构联合服务

分布在世界各地，特别是一些主要国家的物流分支机构已经成为索尼物流管理网络中的重要环节。目前，这种环节的重要作用已经越来越显著。

过去索尼分布于各个国家物流分支机构的主要功能是为在同一个国家的索尼公司提供服务，经过改革调整，将这些物流分支机构的服务联合起来，发挥全球性索尼物流网络功能。虽然机构还是原有的物流机构，但是功能更多、服务范围更广泛，索尼公司的物流成本降低，经济效益得到极大提高。例如，新加坡或者马来西亚有一家索尼物流分支公司将来自当地的零部件拼装箱，运到位于日本的另一家索尼物流分支公司。后者收到集装箱货后，立即拆箱，将货物迅速配送到分布于日本各地的索尼工厂车间。近年来索尼物流分支机构中全球业务做得最大的是索尼物流新加坡公司，该公司主要经营东南亚各国到越南和中国的物流服务。

五、组织"牛奶传送式"服务

索尼集团公用在世界各地组织"牛奶传送式"服务，进一步改善索尼公司在全球，特别是在亚洲地区的索尼产品运输质量。"牛奶传送式"服务是一种日本人特有的快递服务，高效、快捷、库存量合理，又深得人心，特别受到要求数量不多、产品规格特别的客户的欢迎，有很好的口碑效应。这种服务非常灵活，客户可以通过电话、传真和电子邮件申请服务，甚至可以租用"牛奶传送式"服务车辆进行自我服务。

索尼集团公司向系统内的各家索尼物流公司提出了三大要求。

(1) 竭尽全力缩短从产品出厂到客户手中的过程和时间，特别是要缩短跨国转运、多式联运和不同类型运输方式之间的货物逗留时间，必须做到"零逗留时间、零距离、零附加费用、零风险"物流服务。

(2) 大力加强索尼集团公司和物流链服务供应方之间的合作关系，并始终保持电子数字信息交换联系的畅通。

(3) 在东欧地区和中国建立索尼物流的基础设施。因为索尼认为，"如果物流服务质量低劣，任何严重问题都可能产生"。

案例讨论：

1. 查资料说明索尼公司是如何开展国际物流业务的。
2. 通过此案例，你对国际物流业务有什么样的认识？

分析思路

案例 2

跨境电商的海外仓模式

通过国际快递方式向美国邮寄一台 5 kg 重价值 100 美元的微波炉，物流费大概是 300 元人民币。在跨国 B2C 贸易中，物流费用高达销售额的 20%。碰上圣诞节等国外订单旺季，还有可能因为船运等普通运输方式"爆仓"，而要包飞机让货物飞一回。

出口易抓住跨国贸易的关键环节物流，采用海外自建仓储的方式进行物流配送，大大降低跨国贸易物流费用。出口易在两年多的时间内，积累了 1 000 多名卖家，并获得凯鹏华盈注资 400 万美元。

一、海外建仓库批量配送

出口易创始人肖友泉原是 eBay 上的卖家。在跨国物流中，采用 UPS、DHL 等国际快递，速度快，销往美国只需 3~5 天，但是价格高昂；采用中国邮政、香港邮政等国际小包，价格便宜，但是旺季配送长 10~20 天。为解决跨国 B2C 贸易的物流难题，2005 年肖友泉和朋友一起在英国、美国和澳洲分别建立仓库。自建仓库的效果不错，很快肖友泉便成为 eBay 中国十大卖家之一。

2008 年年底，在时任 eBay 全球副总裁许良杰的建议下，肖友泉开始转型成为跨国电子商务全程物流解决方案提供商，创建出口易，采取海外自建仓储加物流配送的方式运营，成为 eBay 首推的全球物流合作伙伴。2012 年，成立德国仓，增加供应链金融增值服务；2013 年，出口易全面扩张，成立美国新泽西仓、中国香港仓库；2016 年，出口易进行市场扩张，成为 Amazon、Wish、Alibaba、JD、Shopee 等平台官方推荐的物流服务战略合作伙伴。

肖友泉的逻辑很简单，整合国内外中国卖家的产品资源，以较低的物流成本集中发货至出口易在欧美当地自建的仓库，从而实现在海外当地发货销售。

这需要卖家提前将货物运送至出口易的仓库，然后采取船运、空运等合适的方式运输至海外。当货物到达海外目的地后，卖家店铺即可显示为当地发货，并在收到订单后即时配送。因为用的是批量运输方式，物流收费能够大大降低。

在这过程中，卖家唯一需要做出的改变是要综合考虑商品价格波动及市场行情，提前备货，这有可能占用一定的资金。但是海外当地销售发货的好处也是显而易见的，提高了买家的消费体验，卖家店铺的销售量也随之得到提升。来自 eBay 的独立调查显示，发货地点显示为英国当地发货，售价为 14.99 英镑的产品，日浏览量达 177 人次，日销售额为 3 447 元人民币；发货地点显示为中国，售价是 9 英镑的产品，日浏览量是 60 人次，日销售额仅为 685 元人民币，可见当地发货的单品销售额足足提高 5 倍。

二、以产品为核心整合资源

在美国旧金山和曼彻斯特、英国朴次茅斯、澳洲悉尼等海外城市建立自主仓库，出口易的仓储配送能力覆盖欧美澳等主要市场；配送商品的体积和重量没有限制，大至家具小至耳环配饰均是出口易力所能及的产品。

从整个物流配送环节来看，出口易更像是一个物流整合者。没有自己的物流运输设备，拖车、拼箱等环节交给货代公司，出口报关交给代理公司，海外当地配送交给当地的物流配送公司。

"我们对中国制造最核心的产品掌控，延伸出做生意的机会。"肖友泉表示。

整合物流后，出口易还整合了全球电子商务平台eBay、外贸交易支付门户paypal、海外营销整体解决方案服务提供商四海商舟等，形成了从找订单到支付及线下服务的畅顺流程。这时候的出口易看起来更像一个电子商务整合者。

资源整合的另一个好处是，没有大肆广告的轰炸，出口易也能轻松积累客户。每一个合作伙伴的官方网站上显眼的位置，都有出口易的广告，提高知名度的同时也增加了卖家的信任感。出口易甚至成为eBay和paypal推荐的物流合作伙伴，40%的eBay中国大卖家采用出口易服务。

目前，每个订单的处理费用和海外仓储保管费构成了出口易的主要收入来源。在已经积累1 000多名卖家资源的基础上，出口易开始将服务对象拓展到珠三角的中小型制造业。制造商只需要生产适销对路的产品，放到出口易的仓库，余下的物流配送等工作，都可以交由出口易来完成。

案例讨论：
1. 海外仓模式的具体运作是怎样的？
2. 海外仓模式给跨境电商带来了怎样的改变？

第十二章

物流服务管理

> **本章教学目标**
> 1. 了解物流服务的概念，掌握物流服务的内容。
> 2. 掌握物流服务关键绩效指标的确定。

任何一家企业，无论制造业还是服务业，本质上都是为市场客户提供实物与服务的混合体，客户服务能在很大程度上体现企业为用户提供服务的能力和水平。所以从现代经济管理的角度看，客户服务对以市场为导向的企业来讲是非常重要的。

第一节 物流服务概述

一、物流服务的概念

（一）顾客服务的发展

在生产观念占主导的时代，企业假设消费者喜好购买便利且价格低廉的产品，因而管理者致力于追求高效率和广泛的分销体系，以节约成本。到了产品观念占主导的时代，人们认为消费者在进行购买决策时，首先考虑的是品质、性能，管理者因此转而注重改进产品质量，提高性能。促销时代来临后，人们又认为促销才是引发消费者积极购买的关键，故而好的广告在许多人眼里成为企业制胜的法宝。到了营销时代，人们认为判定企业能否达到经营目标的关键在于它是否能够满足目标市场的需要，是否能够比竞争者更有效率、更合乎效能地提供目标市场所需的产品或服务。此时，在管理者眼里，获得产品的实物形态本身并不是顾客购买产品或服务的目的，最重要的是获得产品或服务所代表的某种属性，满足消费者的精神、物质生活的某种需要才是其经营之本，它比仅仅提供某种热销的产品或服务更为重要。

为顾客提供优质服务对于现代企业是非常重要的，因为这样有利于在顾客心目中树立良好的形象，有利于创造需求和保持顾客忠诚。但对"什么是顾客服务"及"顾客服务要干什么"则很难准确解释清楚。有人认为顾客服务就是"轻轻松松做生意"，还有人认为顾客服务就是"留意顾客的需求"。从定性的角度上，这种概括是有一定道理的。但对于每天都要同大量顾客打交道的企业来说，这种定性概括或描述很难在实践中体现或操作。结合客户服务实践和理论研究来说，服务是发生在卖方、买方和第三方之间的活动。这些服务吸引顾客购买产品或能产生增值价值。其价值的增值活动有可能存在于短期中，如某项具体的交易；也有可能发生在长期的协议关系中，在交易过程中各方都会有所收益，并且其收益的绝大部分是以节约成本的方法使供应链获得价值增值，而客户服务的价值增值通常是由各方共享的。

（二）物流服务的含义

从物流这个角度来看，客户服务来自所有的物流活动或者供应链过程，能够帮助企业吸引新的客户及留住现有客户，还会影响企业的物流总成本、所占市场份额和企业的盈利能力。因而**物流管理中的客户服务可以表述为"为保障客户能以一定速度和可靠程度得到所订购产品而开展的一系列活动"**。

综上所述，企业可以通过减少成本费用，让供应链获得增值利益，我们一般把这个过程称为企业物流服务。企业的物流服务可以作为衡量物流系统能够使企业的商品或服务具有时间和空间效用的标准。物流服务是指物流企业或企业的物流部门从处理客户订货开始，直至商品送至客户手中，为满足客户需求，有效地完成商品供应、减轻客户物流作业负荷所进行的全部活动。总体来说，企业必须明白顾客对于企业的重要性，将这种顾客服务理念贯彻公司上下，学会把顾客服务当成一种企业管理活动来对待。

二、物流对象分析

在激烈竞争的今天，满足客户需要是保持企业良好发展、获取长期竞争力的关键。由于不同企业所经营的产品类别不同，乃至处于产品生命周期的不同阶段的同一产品对物流服务的要求也大相径庭。因此，要提供满足客户需要的服务，首先要对物流对象的特性有充分的认识。

（一）物流对象分类

对于物流企业来说，工业品和消费品是企业两种主要的物流对象。就工业品来说，它运输量比较大，运送的规格品种也多种多样，市场分销渠道较少。就消费品来说，它又被称为生活日用品，一般把它分成选购产品、便利品和特殊产品。对于便利品来说，要想更多地销售出去，就要让它变得容易获得，因为这种生活必需品，不同品种之间的差异很小。所以企业有必要确定专门的营销策略，比如说多渠道供货，拓展销售网络，避免失销，保证产品的现货供应。家用电器是典型的选购产品，消费者通常要经过较长时间的比较、挑选，营销渠道相对少,保证现货供应与保证售后服务同样重要。特殊产品并不多见,通常产品的专业化特征比较明显,具有较为忠诚的客户群体,这些消费者愿意花费较长的时间、较多的金钱等候中意的产品,因而物流服务的压力相对较小。

(二)物流服务的生命周期

物流服务的生命周期是指从构思设计、开发上市到被市场淘汰为止所经历的全部时间。对于物流服务来说,通常把它**分为开发期、市场进入期、成长期、成熟期和衰退期五个阶段**。物流服务生命周期如图 12.1 所示。

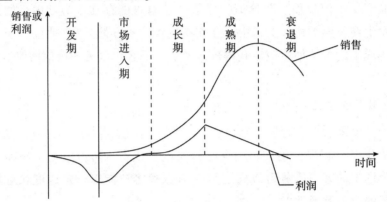

图 12.1 物流服务生命周期

随着物流服务不断发展,不同的生命周期导致物流对象所处市场环境不同,市场也会根据服务的需求变化,呈现出不同的特征。

当企业内部对新产品的研究还处于开发阶段的时候,企业的物流服务充满了不确定性,所以企业分管物流的部门需积极参与新产品的设计工作。从企业长远角度来思考如何设计新的物流服务,比如说服务的包装要满足成组运输的一般要求,原材料要便于企业管理等,从而完善物流服务设计,避免企业运营成本过高。

在产品刚刚进入市场的时候,由于企业对市场需求没有历史资料,无法精确把握市场需求。所以企业要保证充足的现货供应,不能发生缺货现象,但是也不能导致过多的库存,增加成本。企业在这个阶段,要逐步建立完善企业的柔性管理系统,及时补货、缩短订货周期是这一阶段的主要目标。

在成长期的阶段,物流服务逐步得到市场的认可。在新市场开发和新分销渠道的刺激下,企业物流网络的复杂性显著提升,这个阶段企业要着力于维持收益和成本之间的平衡,并且要大力支持市场的发展。

在成熟期的阶段,企业间的竞争变得越发激烈,企业为了应对竞争要研制新的市场策略,提高物流服务能力,保持企业的吸引力,巩固企业的市场份额。此时,企业首先应该进一步加强管理及提高服务能力,降低成本,体现企业的价格优势;其次要让客户服务成为企业经营的重点,留住老客户的同时,吸引新客户,进一步开发市场。

在衰退期的阶段,由于物流服务不能满足市场需求从而最终退出市场。企业在这种时期要及时确认这种落后的服务，并且要再次评定企业所提供的物流服务。随着物流服务的逐渐消失，企业应该充分关注库存风险，减低企业经营的成本。

以上只是从一个侧面探讨在物流服务各生命周期物流服务的不同特性可能对物流服务的不同要求。具体到企业时，还要综合考虑特定物流服务在企业物流管理系统中的地位，以及相关配套物流管理或互补物流管理的整体战略，以确定合适的服务目标和物流管理方法。

（三）物流服务的其他特性

物流服务其他方面的特性也同样会对物流服务有不同的要求，比如说替代性较强的物流服务缺货成本低，安全库存要求比较低；价值高的物流服务一般要求安全的运输方式，但由于库存持有成本较高，库存的周转速度也要求较高；对于仓储运输各环节来说，高风险的物流服务有其特有的要求，所以要重点强调物流管理与服务中的安全性。

物流对象的市场环境具有很大的差异性，物流需求特性的不同会导致物流服务要求的不同。企业需要提前了解不同物流需求的差异性，掌握物流服务的具体要求，从而确定合理的物流服务政策。

三、物流服务的特征和意义

（一）物流服务的基本特征

企业物流服务具有结构性、差异性、增值性和网络性四个主要特点。

（1）结构性。在企业提供的物流服务中，可以根据物流服务明显看出结构性特征。首先在物流服务中，多种物流资源和多种物流功能要素是其主要构成部分，这就表明了结构性要求；其次企业生产经营发展导致物流需求呈现多元化、综合化趋势，与之相适应的物流服务也就会体现结构性变化。企业要想逐步提高其物流服务水平，就要让结构性特征融入到物流服务的过程当中。

（2）差异性。在不同企业的物流服务中，物流系统提供的服务是不同的，对于同一个物流系统来说，它也不会一直提供同样的服务。在顾客参与到物流服务的过程中，由于顾客不同，对服务的评价和认识也不同，随之产生差异性。物流需求的个性化和独特化发展需要更柔性化的物流服务。

（3）增值性。在物流服务中，有时间和空间两种效用，提供增值利益的方法较多，而供应链通过节省成本费用来增值就表现出了增值性。物流服务作为价值创造活动的成果是服务的增值性体现。同时，也反映出在企业生产经营过程中产品和服务价值的增值作用。

（4）网络性。要想物流服务发展良好，经营者和消费者必须相互协作和共同努力。随着现代网络理念和网络技术的快速发展，物流资源和物流功能要素的组合，物流服务的网络性不断得到提高。企业物流服务组织和物流服务需求的网络化是物流服务网络化的体现。

（二）物流服务的重要意义

随着物流服务的不断发展，以顾客满意为第一目标逐步成为现代物流管理的实质。在物流经营中确立物流服务目标，通过物流服务实现差别化经营管理对企业发展具有重要意义。

（1）物流服务在企业差别化战略中占据了重要地位。随着市场不断细分，市场需求出现多样化、分散化的特征，企业要想在激烈的市场竞争中生存下去，就必须满足市场的不同需求。物流服务上的差异已经成为差别化经营战略中的主要内容之一。

（2）物流服务一直影响着企业的经营绩效，同时构造物流系统的前提条件也是物流服务水准。在物流成为重要的经营战略之后，市场机制和价格机制在经营战略影响下的变化导致了物流服务的变化。在物流市场机制和价格机制的变动下，物流服务供求关系既决定了物流服务的价值，又决定了一定服务水准下的物流成本。所以，物流服务直接影响企业经营绩效。

（3）物流服务的优劣直接影响了企业经营成本的高低。企业经营竞争的重要影响因素不仅包括零部件、人力成本、原材料等，同时也包括物流服务方式。企业有了合理的物流服务方式，才能提高货物的流通效率，降低企业经营投入，降低成本。

（4）有效的供应链经营系统离不开物流服务。在现代社会经济全球化、网络化的大环境下，单个企业间的竞争在现代企业的竞争中变得无足轻重，现代企业的竞争是供应链与供应链之间的竞争。因此，现代企业需要通过物流服务建立有效供应链经营系统，获取竞争优势。

第二节　物流服务内容

一、物流服务的基本内容

物流服务要在争取新客户的同时吸引原有客户继续购买本公司的产品或服务，此外，还要提高投资的回报率。通常认为，通过营销管理、改善产品性能、改变定价才能争取新的客户。但要注意的是，在一些领域，特别是高技术领域，创造需求也受物流服务的影响。物流服务不仅是创造二次消费的最佳手段，也影响着消费需求。经验研究表明，物流服务内容大体可分为基本服务、增值服务、附加服务三类。基本物流服务主要包括告知客户的书面服务、提供书面的物流服务章程、建立物流服务的组织保证、确保物流服务系统的灵活性、建立物流服务的支持技术。而增值服务包含提供缺货情况信息服务、提供订单信息服务、确定合理的订货周期、提供快运服务、提供转运服务、确保物流服务系统的准确性、提供便利的订货方式和渠道、提供合适的替代产品等。附加值物流服务则主要是为客户提供安装、品质保证、维修、零部件供应服务等。

（一）基本物流服务

基本物流服务与企业物流战略有关，主要是为增值物流服务和附加物流服务奠定基础。**企业制定的各种物流规章、政策，根据客户需要所建立的物流服务体制等是基本物流服务的主要内容**，为提供好的物流服务打下了良好的基础。

（1）企业的书面物流服务章程。这一方面反映了顾客需要并界定了服务水平，另一方面还确定了物流服务监督机制。

(2) 告知客户的书面服务章程。如果以物流服务为基础,开发新市场,提高市场占有率,那么必须使客户和企业的物流服务政策挂钩,让客户了解企业的物流服务政策。书面的章程不仅能够让客户知情,也能够在出现服务质量问题时,方便客户及时与有关部门沟通。

(3) 组织结构。组织结构的设置要有利于与客户沟通,有利于协调企业内部管理,提高服务质量,及时处理遇到的问题。因此,组织结构不能懒散,要职责分明、分清界线,适当的奖惩措施也是必要的。

(4) 对突发事件要快速反应。要对出现的自然灾害、政府禁令、社会动荡及经营合作伙伴的突然变化等突发事件具有快速反应的能力。

(5) 技术服务是指为客户制订培训计划,改进库存管理,完善订单处理。

(二) 物流增值服务

物流增值服务是指那些直接对送货过程造成影响并导致物流成本减少和价值增加的因素或活动,其中商品销售、企业的产成品分拨管理等都和它有紧密的联系。物流增值服务通常可以有效地提高物流服务水平,同时使成本维持在较低水平,是与物流服务关系最为密切的一部分。物流增值服务的主要内容是确立存货水平、提供订货信息、制订科学的订货周期、提供产品更换等服务活动。

(1) 了解缺货情况。缺货情况或缺货率是衡量产品现货供应比率的重要指标。如果没有货物,要努力为客户寻找替代产品或者在补进货物后再送货。由于缺货成本一般较高,所以要对这一因素进行详细统计,找出问题,并且随之找到有效的解决方案。

(2) 提供订单信息。物流系统需要以较快的速度向客户提供有关库存水平、订单情况、运输、交货的准确信息;如出现缺货,还要告知有关补交货(Back Order)的安排。补交货的数量和订货周期也是衡量物流灵活性的重要指标,在一定程度上可以抵消缺货造成的不良影响。从某种角度说,补交货的能力与缺货水平之间存在效益背反规律。因此,对补交货情况的考察要和缺货情况联系起来。

(3) 缩短交货周期。客户从发出订单到收到货物所耗费的时间称为交货周期,一般指订单传递、分拣货物、包装、运输等多个环节所耗时间。通常,客户只会关注交货周期,对某一具体环节需要耗费的时间并不在意。因此,充分利用现代科技,特别是利用现代网络技术、通信技术、条码技术等尽力缩短交货周期是当前物流管理的主流。

(4) 提供快运服务。快运服务也是企业为缩短交货周期所作的努力。因为快运服务通常费用较高,企业要根据经营产品的特点、客户的承受能力决定是否采用快运服务,以及如何采取快运服务。

(5) 提高物流系统的准确性。如果交付的货物、交付的数量、制作的单证出现错误,会给客户和企业带来一定的成本上涨。从根本上讲,提高准确率就是节约成本、提高效率。

(6) 提供便利的订货方式和渠道。企业落后的通信手段、复杂的订货手续都可能使客户望而却步。将传统商务手段与电子商务相结合,有助于方便客户购买产品或服务。

（7）提供产品替代服务。许多企业生产的同一种类产品会有不同的规格、不同的包装，如果产品之间可替代性较强，那么可以在降低库存的同时维持较高的物流服务水平。

（三）物流附加服务

物流附加服务通常是指物流交易的后续服务，是为保证产品使用所涉及的一系列附加服务措施，**主要包括产品安装、维修、产品跟踪、客户投诉的处理等**，越来越多的企业认同这些附加服务内容的重要性。

（1）提供产品安装、品质保证、维修、零部件供应等附加服务。对某些产品，如空调等家用电器，是否有安装、维修服务及服务的质量都是影响消费者购买决策的重要因素，加强这部分投入将显著提高物流服务水平。

（2）对产品进行跟踪调查。某些特殊行业需要跟踪出售的产品，防止其出现社会危害。目前企业对供应链管理中的可视性要求越来越高，产品跟踪的适用范围逐步扩大。

（3）为客户提供索赔、投诉和产品回收等附加服务。大众媒体的高度发展对索赔、投诉的处理不当，可能对企业形象造成恶劣影响。产品回收涉及物流管理中的一个新领域——回收物流，产品回收可能是企业正常物流管理活动的组成部分，也可能由突发事件造成。如果是后者，那么回收产品的能力将直接反映企业的应变能力。

（4）为客户提供临时性替代产品服务。为满足客户的需要，对尚未交付的货物或正处于维修阶段的货物提供临时性替代产品，可以保证客户的正常使用，树立企业"以客户为中心"的良好形象。

二、超值物流服务

从现代物流的增值服务到物流服务过程中的环境协调及高质量、高效率的满意服务等，都是超值物流服务所包含的内容。其中，**完美订货服务是物流超值服务的突出表现**。

完美订货服务是物流质量的外延。在现代技术支持下，完美订货服务是可能实现的。不少企业正利用这种物流服务来改善与重要顾客的关系。企业致力提高物流服务水平，改变与顾客关系的性质，提供更大的物流价值给顾客，并给双方带来更多的利益。履行完美订货需要在管理上和执行上做出努力，并需要强大的信息支持。

完美订货一般是基本服务之外的活动，以发展供应商和首选顾客之间密切的工作关系为目标，只有在建立各种协议的基础上才能履行完美订货的承诺。完美订货的承诺通常需要得到有关企业间共享信息的支持，以便保持对各种物流需求的深刻了解，一般不会贸然向供应商提出完美订货的要求。

（一）企业订单服务过程

对于企业来说，商品的订货周期是与订单息息相关的。不同的角度对于订货周期有不同的认识，首先从卖方的角度来看，订货周期是从收到客户的订货单开始，到货物到达收货地点所耗费的时间；从买方的角度来看，订货周期是指从发出订货单到最后收到货物所耗费的时间。

通过企业订货周期所经过的阶段，可以将**订单服务分为订单传递服务、订单处理服务、订单分拣和集合服务三个组成部分。**

1. **订单传递服务**

客户发出订货单到企业收到订单这段时间内发生的一系列工作被称为订单传递服务。当客户发出订货单，就应该立即进入企业订单服务流程。否则，就会影响客户对企业物流服务的评价。为此，许多企业不断改进订单传递方法，将订单直接传送。

2. **订单处理服务**

通常把从接受订货到发运交货，包括受理客户收到货物后处理单据的全过程称为订单处理服务。企业只有在处理订单的时候做到准确、迅速、服务周到，才能让客户满意，从而促成连续订货。订单处理的基本原则有以下几条。

（1）要与客户之间建立信任。诚信是企业经营的基础。每次在受理订单后要想到，如果没有完成好，客户会有怎样的行为。要明确订单处理工作也是开展客户经营的一部分，要把信任感和认同感融入客户与企业的交流当中。

（2）尽可能地缩减订货周期。从发出订单到收到货物所耗费的时间称为订货周期，订单传递的时间、订单处理的时间、运输时间都包含在订单处理当中，决定了订货周期。缩短订货周期会减少客户的时间成本，也会让客户所获得的让渡价值得到提升，这是保证客户满意的重要条件。

（3）发展紧急订货的服务。对于顾客来说，紧急订货往往十分重要。因此，发展急需服务是有利于与客户建立良好关系的。

（4）避免缺货的现象。只有保持充足的库存才能连续订货。对于客户的整个生产安排来说，工业原料和各种零件一旦缺货，就会影响整个生产安排。此外，缺货现象也会让客户转向其他供货来源。

（5）不能忽略小客户。小客户的订货虽少，但也有可能发展为大批买卖。只有客户与企业建立了稳定且相互信任的供销关系，才能为以后继续订购打下良好的基础，企业的声誉也会借助小客户传播而树立起来。

（6）力求装配完整。尽最大努力做到装配完整，或者采用利于顾客自行进行装配的方式，方便顾客即拿便用。

（7）及时为客户提供订单进程信息。物流部门要确保顾客及时了解货物配运情况，方便顾客预计货物到达时间，以更好地进行下一步的销售。

（8）要注意控制和解决订单作业中的"波峰"现象。所谓订单作业中的"波峰"现象，就是企业在同一时间收到了大量不同顾客发来的订单，因无法及时处理，导致顾客订货周期被延长，客户服务水平下降。解决"波峰"现象的关键是控制客户发出订单的日期，减少订单处理工作中的"波峰"和"波谷"现象。

3. **订单分拣和集合服务**

订单分拣和集合职能包括从仓库接到货品的出库通知单，到该货品装上开往外地的货车这段时间内进行的所有活动，通常由计算机系统来控制完成订单的分拣。

当拣选完订单上的货物后，就要精确核对集合的产品以保证分拣的准确性。一般要填制包装清单，将其放入每件将要发出的货物中。包装清单上标明分拣和拼装在一起的产品名称和数量，并由经办人员签名。收货人在收到货物时，根据订货清单和包装清单核对其所收到的货物。

三、系统化物流服务

（一）物流服务系统程序

对外物流服务设计的内容有与客户商谈、拜访客户、与客户签约、及时处理客户投诉、与客户建立感情关系、量化客户对企业服务的满意度、提高客户参与度等。

对内物流支持的内容有培训员工、激励员工、考核员工、设立处罚机制、改善监督公司政策、探究员工对公司的意见看法、量化员工绩效、合理化管理。

（二）物流服务系统内容

物流服务系统内容包括以下十三条内容：①了解客户，就是收集客户信息资料，力求最大限度地了解客户；②研究客户，就是把收集到的信息资料，按等级和市场进行分类；③客户关系，就是研究如何促进双方关系；④服务计划，就是按实际需求规定物流服务规则；⑤客户投诉，就是拟订合理申诉渠道，及时合理应对投诉；⑥客户联络，就是利用信件等方式去进行客户提醒；⑦员工第一，就是对员工进行意见调查，以了解内部客户的满意程度；⑧竞争分析，就是分析竞争对手，学习其确保提高客户满意度的方法，做到为我所用；⑨要重视开拓新客户；⑩共存计划，就是使交易双方实现共同进步的计划，实现客户与员工及企业三赢的方式；⑪品质计划，就是服务品质管理措施；⑫发展计划，就是培训员工，使员工了解并掌握自己的职责和工作范围；⑬改善计划，就是通过一定的方法渠道，使员工得到客户的真实反馈，然后进行改善变革。

（三）物流服务系统程序化

物流服务作业是一个可以设计、执行、评估、改善的系统，其中既有策略性方法，也有程序化的概念。一般物流企业会在设计后，在执行活动里不断进行自我评估并进行修改与完善。

四、网络化物流服务

（一）客户网络化物流服务

现代物流是全球化的物流，世界各地都存在企业的客户，为了更好地向客户提供服务，企业要对客户信息资料进行全面的网络化、系统化管理。在设计服务体系的过程中，需要高度重视建立客户信息档案及建立客户资料库，让客户资源在全球范围内实现全面网络化。

(二)信息网络化物流服务

现代物流服务是一种高效快捷的服务,通过使用大量配套的信息技术来保证服务的实施。这些物流信息技术,如电脑辅助订货系统、商品分类管理、配送服务管理系统、持续补货系统、预测与计划系统等,都需要通过计算机、网络来支持。物流信息网络化,可以促进企业内部的资源共享。

(三)地域网络化物流服务

现代物流是全球性物流,现代物流企业的服务将扩展到世界各地,构成服务网。企业要重视服务地域的网络化,以此来完善自身物流服务网络化问题。

(四)工具网络化物流服务

现代物流也是社会物流,有对应的作业设备,如汽车、轮船、搬运设备等。企业物流服务要实现作业工具网络化,可以通过作业控制、计划、协调监督的方式,从宏观的角度进行调控,使各种设施都正常顺利地运转。

第三节 物流服务水平评价

一、物流服务关键绩效指标的确定

向客户提供物流服务是现代物流的基础业务,同样也是主要业务。物流服务水平是行业市场发展的关键,也是提高企业经济效益的重要推动力。值得重视的是,基于现阶段物流业市场的激烈竞争,企业不可能仅依靠价格方面的优势来参与竞争,优质服务才是决胜关键。建立物流服务系统的前提是具备优质的物流服务水平,不同的物流服务水平标志着不同的物流方式,物流服务水平的提高是企业顺利进行物流活动的先导与基础。

服务质量的关键绩效指标(Key Performance Indicators,KPI)可以用来描述一个企业的物流服务水平。不同的顾客,其需求的物流服务不同,相应地,企业的物流服务内容、服务方式和水平也会有所不同,确定顾客服务指标与确定标准水平的方式也会随之变化。表12.1是一个物流企业给顾客确定的物流服务关键绩效指标和服务水平要求。

表12.1 物流服务关键绩效指标及服务水平要求

物流服务关键绩效指标名称	服务水平
订单准时完成率	98%以上达到一般要求
公路运输准点率	95%以上达到一般要求
铁路运输准点率	90%以上达到一般要求
运输货损货差率	0.1%以下达到一般要求
仓储货损货差率	0.1%以下达到一般要求

物流硬性服务标准是客户服务关键指标,同时也在友好服务和人文关怀等软指标上最大限度地体现了其服务理念。物流服务的末端操作人员与顾客及进阶顾客(企业顾客的顾客)维持友好、持续的工作关系,通过保持得体的仪容仪表与提供亲切友善的服务来增强顾客亲

近度，提升顾客关系，最终增进双方的理解，加深合作关系。

当然，以上的关键绩效指标体系是比较简明易见的，事实上需要具备一个完整的 KPI 指标体系才能称得上是完善的物流运作系统。因为只有在与不同顾客进行接触时，才能针对顾客的特性选择各类指标，并确定所需要的服务水平。表 12.2 和表 12.3 是两个物流企业的 KPI 体系示例。其中，表 12.2 是一个从事国际物流服务业务的管理型物流企业，它主要基于企业承接的商业订单来开展配套的物流服务，每一个客户和每一笔订单要求的物流服务水平都有可能不同。该物流企业需要针对不同的客户要求和不同的货物特点，选择其中相应的指标并制订相应的服务水平，作为对该客户和该笔业务的服务水平保证。

表 12.2 管理型物流企业关键绩效指标体系示例

指标要素层	基本指标层	服务水平
总体作业质量评价指标	订单履行延迟率	
	货物损耗率	
	客户对物流过程的抱怨率	
	物流过程差错率	
订单处理系统质量	订单平均处理时间	
	未及时收到和处理客户订单的比例	
	客户对订单处理的抱怨率	
客户服务系统质量	客户对退货系统的抱怨率	
	客户对订单追踪查询方面的抱怨率	
	客户对报表分析系统的抱怨率	
	客户对财务结算系统的抱怨率	
国际物流作业质量	国际运输货损率	
	国际运输延迟率	
	清关延迟率	
	信息提供延迟和差错率	
国内运输作业质量	国内运输货损率	
	国内运输延迟率	
仓储和配送作业质量	库存和配送货损率	
	货物配送延迟率	
	信息提供延迟率	
	信息提供差错率	

表 12.3 为一个区域性物流公司的 KPI，该企业的主要业务是物流配送。其顾客和经营水平都相对稳固，一旦某位顾客的 KPI 和服务水平得到确定，稳定性便会体现出来。

表12.3　区域性物流企业关键绩效指标体系示例

服务内容	服务质量指标	指标说明
订单处理	订单需求满足率	顾客的物流需求（包括一些额外的物流需求，如不常见路线的配送、临时配送、增值服务要求等）能够及时满足比率
配送服务	货物及时配送率	指企业接到订单后，按照顾客的需求在规定的时间内将货物安全准确地送达目的地的订单比率
配送服务	货物完好送达率	按照客户的要求在规定的时间内将货物无损坏地送达客户的订单比率
配送服务	运输信息及时跟踪率	每一个订单的货物运输出库后，应及时向顾客反馈配送情况的比率
库存管理	库存完好率	某一时间里仓库内货物完好保存的比率
库存管理	库存周报表准确率	某段时间里，库存报告准确数除以总的库存报告数得到的比率
库存管理	发货准确率	仓管人员根据订单准确发货的百分数
客户服务	客户投诉率	某段时间里，企业收到的顾客投诉数占总的服务数的比率
客户服务	客户投诉处理时间	通常为2小时，不过要是出现反复投诉的顾客，则应加大其权重

物流企业需要建立 KPI 指标体系确定考核基准，以此来评定企业客户服务水平，以便及时有效地管理企业物流运营。特别的，通过与行业标杆公司及行业竞争公司进行指标体系对比参照，可以及时发现企业的不足并及时进行改善，实现客户服务水平的进一步提升。

二、物流服务水平的分析与管理

（一）物流服务水平的调查分析

把握顾客对于企业自身物流服务系统的相关评价是建立客户服务质量标准和提高服务水平的第一要素，如弄清顾客到底需要何种服务、哪些服务对他们来说最为重要等问题。对客户进行物流服务水平调查可以采用表12.4的格式。

表12.4　物流服务水平的调查

调查项目	很好 (90~100)	较好 (75~89)	一般 (55~74)	较差 (40~54)	很差 (0~40)	调查项目
总体物流管理水平高						总体物流管理水平差
订单处理速度快						订单处理速度慢

续表

调查项目	很好 (90~100)	较好 (75~89)	一般 (55~74)	较差 (40~54)	很差 (0~40)	调查项目
临时订单和紧急发货服务好						临时订单和紧急发货服务差
货损货差少						货损货差多
库存管理服务好						库存控制水平差
物流信息提供及时准确						物流信息提供不及时不准确
能提供足够的物流信息服务						不能提供足够的物流信息服务
员工服务态度好						员工服务态度差

根据物流服务调查的相关资料，分析客户对企业自身服务的满意程度，并与竞争对手的情况进行比较。另外，还要征询客户需要什么样的当前没有提供的服务，确定哪些方面的服务对客户来说最为重要，对某些更好的服务内容是否愿意支付更多的费用等。综合多种情况来重新定位自身提供的服务水平及服务内容。

（二）控制物流服务水平和物流成本

物流服务水平与物流成本有着重要的关系。一般来讲，追求的物流服务水平越高，物流成本也就会随之增高；如果降低客户服务水平，物流成本就有可能减少。企业可对本公司物流服务质量和成本水平进行系统性、全面性的了解掌握，还可同其他商业对手和同行业其余公司进行相应的比较分析。物流服务质量与物流成本如图12.2所示。

图 12.2　物流服务质量与物流成本

在与竞争对手的比较过程中，如果企业处于第一区域，这便是最坏形势。因为物流服务质量水平低于竞争企业，但物流成本又高于竞争企业。处于此形势时，企业必须及时改善物流运作服务模式，不断提升服务质量，使物流成本得到降低。

若是在与同行业竞争企业的比较中位于第二区域，这表示和其他企业相比，客户对自身服务质量水平是相对满意的，但是物流运营的成本相对较高。在这种情况下，企业要维持公司物流服务的稳定发展，并努力降低物流成本，以此实现物流系统的发展提升。

如果企业处于第三区域，则表明与竞争对手相比，企业的物流服务质量水平较低，物流成本水平也相对较低,这表示自身服务质量定位偏低。公司在保持一定物流成本时,要努力提升物流服务水平,完善物流服务。

若是同其他竞争公司相比,自身位于第四区域的话,即是最好也是最为理想的情况,这说明该公司物流成本低于竞争方的同时,还具备不低的物流服务质量水平,甚至高过竞争方,这表明该公司的物流管理服务质量较高,较为理想地控制了物流成本。

将自身的物流服务水平和物流成本水平与竞争对手进行比较,可以有效地对自身的物流经营现状进行定位,寻求自身物流运营的改善方向。

(三) 物流服务水平的提升

企业要基于一定的物流成本水平来提升客户服务水平,企业能够运用的方式有以下几种。

1. 明确清晰具体的物流服务流程标准

在实施物流服务活动时,企业的目标要清晰明确,用量化的标准规定物流流程,从而控制评估定量基准。例如,客户拨通电话后在三声响铃内一定要接通,库存损耗率低于2%,配送准时率达到98%等。这些对每个物流员工的具体工作内容都具有真正的指导作用,能够防止目标模糊不清而被忽视。

2. 根据客户的差异来提供相应的服务标准

不同顾客各自所需的服务方式及服务类型等都有所不同,那么,企业的服务质量水平也会随其变化。对待不同顾客,企业需要制订相应的、差异化的服务水平。企业在设定服务质量标准时,针对顾客本身的重要性和所具备的价值进行区分。特别地,当公司物流服务资源不理想时,需要以顾客需求为基础,以顾客对企业销售的贡献为基准,将顾客分为不同的层次,以此来明确不同的服务质量标准与服务内容。

3. 定期进行公司物流服务质量的评估和调整

公司要定期对顾客进行系统性的满意度反馈调查,切实了解顾客需求意见及建议,并定期检查物流运营过程中的索赔、误差率、损耗率等指标。依据市场形势和竞争对手情况,经过一段时间之后,对物流服务的内容及标准进行评估和改进。

▶ 案例1

UPS 推行特色化物流服务

一、基本情况

美国联合包裹服务公司(UPS)始建于1907年,是一家百年老字号。在经过近一个世纪的运作之后,由一家拥有技术的货车运输公司,演变成拥有货车的技术型公司。每天有1 200万件包裹和文件的运送量,它每天还需租用300多架包机。公司在美国国内和世界各地建立了18个空运中转中心,每天开出1 600个航班,使用机场610个。目前UPS的34万名工作人员,分布在全球2 400多个分送中心,他们每天驾驶着13万辆运送车,昼夜不停地为200多个国家和地区的客户提供门到门的收件、送件服务,UPS每日上门取件的固定客户已逾130万家。目前UPS的固定资产达126亿美元,在全球快递业中可谓独占鳌头。UPS

的成功来自 UPS 在数字时代来临时紧紧抓住了发展电子商务这一良机,实现了由传统物流企业向电子物流企业的跨越。

二、UPS 物流服务的特色

UPS 之所以取得巨大的经营成功,与其富有特色的物流服务是密切相关的。主要可概括为以下几个方面。

(一) 货物传递快捷

UPS 规定:国际快件三个工作日内送达目的地;国内快件保证在翌日上午八时半以前送达。为了测试 UPS 的快递究竟快不快,UPS 总裁曾于星期三在北京向自己美国的办公地址寄一个包裹,星期五当他回到亚特兰大公司总部上班时,包裹已出现在他的办公桌上。而在美国国内接到客户电话后,UPS 可在 1 小时内上门取件,并当场用微型电脑办理好托运手续。90 年代,UPS 又在 180 多个国家开设了 24 小时服务的"下一航班送达"业务。UPS 坚持"快速、可靠"的服务准则,获得了"物有所值的最佳服务"的声誉。

(二) 报关代理和信息服务

UPS 从 80 年代末期起投资数亿美元建立起全球网络和技术基础设施,为客户提供报关代理服务。UPS 建立的"报关代理自动化系统",使其承运的国际包裹的所有资料都进入这个系统,这样,通关手续在货物到达海关之前即已办完。UPS 的电脑化通关为企业节省了时间,提高了效益。UPS 有 6 个清关代理中心,每天办理 2 万个包裹的通关手续。

(三) 货物即时追踪服务

UPS 的即时追踪系统是目前全球快递业中最大、最先进的信息追踪系统。所有交付货物都能获得一个追踪条码,货物走到哪里,这个系统就跟到哪里。这个追踪系统已经进入全球互联网络,每天有 1.4 万人次通过网络查寻包裹的行踪。非电脑网络客户可以用电话询问"客户服务中心",路易斯维尔的服务中心昼夜服务,200 多名职员每天用 11 种语言回答世界各地大约 2 万次的客户电话询问。

(四) 先进的包裹管理服务

位于亚特兰大的"信息数据中心"可汇总世界各地的包裹档案资料。包裹送达时,物流员工借助一个类似笔记本的"传递信息读取装置",摄取客户的签字,再通过邮车上的转换器,将签名直接输送到"信息数据中心",投递实现了无纸化操作。送达后,有关资料将在数据中心保存 18 个月。这项工作使包裹的管理工作更加科学化,也提高了 UPS 服务的可靠性。

(五) 包装检验与设计服务

UPS 设在芝加哥的"服务中心"数据库中的,抗震的、抗挤压的、防泄漏的等包装案例应有尽有。服务中心还曾设计水晶隔热层的包装方式,为糖果、巧克力的运输提供恒温保护;用坚韧编织袋包装,为 16 万台转换器提供经得起双程磨损的材料。这类服务为企业节省了材料费和运输费,被誉为"超值服务"。

三、UPS 的电子商务

当 UPS 实现了电子商务后,商业界人士评价,当经济的原动力已从实物的传递转向大规模信息电子化传递时,真正的赢家将是 UPS 这样二者兼具的公司。

(一) 实施电子商务的背景

自 20 世纪初在西雅图百货商店之间穿梭运送福特 T 形车和摩托车以来,UPS 几乎成为美国经济中一只无形的手。这家以深棕色为标志色的公司，一直严格遵循着自己成功的业务模式，并受到称赞。

UPS 的罢工事件曾使其竞争对手在 15 天内获取了共 3.5 亿美元的收入。事后，UPS 感觉到，必须尽快修复公司与广大司机及客户之间的关系，同时，他们更深刻地认识到，公司日趋成熟的"棕色经营"虽然实现了在每个工作日投递 1 300 万个邮包的创举，但却还不足以在正迈向全球化、知识化的物流业市场中竞争，必须摆脱企业墨守成规的经营模式，向电子物流业发展，才能迎接世界商务的新浪潮。

(二) 电子商务的实施

1. 对电子供应链与传统供应链进行区别

UPS 认为，传统供应链与电子供应链的区别是：电子供应链改变了传统供应链的运行方向。因为在传统供应链中，供应商是将货物沿着供应链向最终用户的方向"推动"，这样的系统需要在仓库里储存货物，这种做法并不合算，但电子供应链主张的只是及时生产顾客所需的产品，而不需在仓储上耗费巨资。

2. 建设电子商务信息技术系统

早在 80 年代，UPS 就决定创立一个强有力的信息技术系统。在最近 10 年中，该公司在技术方面投入 110 亿美元，配置主机、PC 机、手提电脑、无线调制解调器、蜂窝通信系统等，并网罗了 4 000 名程序工程师及技术人员。这种投入，不仅使 UPS 实现了与 90% 的美国公司和 96% 的美国居民之间的电子联系。同时，也实现了对每件货物运输即时状况的掌握。为了让客户普遍接受 UPS 电子商务，UPS 鼓励客户将 UPS 的包裹数据库工具软件添加在自己的网站上，刺激客户需求以使他们能长期使用 UPS 的服务，但这还仅仅是 UPS 信息服务的开始，他们要通过帮助企业应用通信网络提供产品目录、供求信息、追踪货物运输，为企业后勤提供咨询服务降低运输成本。为此，UPS 在 1995 年成立 UPS 后勤公司，开始向其他公司出售信息化后勤服务。随着各个公司对科学的物流体系需求的增长，公司收入及年增长率迅速增长。公司员工普遍认为随着供应链日益复杂，越来越多的公司开始把后勤运输业务向能够同时提供信息和运输支持的专业物流公司外包，这一市场将从 2000 年的 560 亿美元增长到 2005 年的 1 400 亿美元，而能够满足这一要求的公司，全世界也只有包括 UPS 和联邦快递在内的几家而已。

(三) 电子商务的功用

第一，在电子商务及新的在线购物系统中，顾客可从供应链的每个成员中"拉出"他们所需的东西，从而获得更加快速而可靠的服务，而供应商也可减少成本。为了有效地实施拉动战略，企业必须与供应链中的所有成员建立电子联系。UPS 一直在争取使自己成为每个客户供应链中不可缺少的环节。在这个过程中，UPS 成长为一家信息公司。目前，UPS 可向顾客和供应商提供瞬间电子接入服务，以便查阅有关包裹运输和传递过程的信息。1998 年圣诞节前夕，有 100 万顾客访问 UPS 网站，查看所托货物的运送状况。节日期间，在线购物总量的 55% 是由 UPS 送达的。

第二，UPS 能够对每日运送的 1 300 万个邮包进行电子跟踪。例如一个出差在外的销售员在某地等待某些样品的送达，他在 UPS 网络系统中输入 UPS 运单跟踪号码，即可知道货物在哪里。当需要将货物送达另一个目的地时，可再次通过网络及附近的蜂窝式塔台，找出货物的位置，并指引到最近的投递点。

第三，UPS 的司机是公司大型电子跟踪系统中的关键人物。他们携带了一块电子操作板，称作 DIAD（运送信息获取装置），可同时捕捉和发送运货信息。一旦用户在 DIAD 上签收了包裹，信息将会在网络中传播。寄件人可以登录 UPS 网站了解货物情况。同时，司机行驶路线的塞车情况，或用户需即时提货等信息也可发放给 DIAD。

第四，除利用网络对货件运送与监控外，利用其网络，公司还可以开拓新的综合商务渠道，既做中间商，又当担保人。UPS 通过送货件、做担保及运货后向收件人收款，成为商务社会链中一个重要链接点。

（四）电子商务实施取得的效果

1999 年，UPS 在电子商务领域内所取得的业绩继续受到全球的广泛认可。《广告时代的商务营销》杂志将 UPS 的网站列为世界五大企业商务网站之一。目前，该网站已采用多种语言提供服务。UPS 在庆祝提出安全而可跟踪的电子送达服务项目——UPS Document Exchange 一周年之际，又推出了一系列服务强化软件，并与惠普、Oracle 和 Worldtalk 等著名电子商务公司建立了联盟。2000 年，UPS 连续第二年被《财富》杂志评选为在邮政、包裹运送及货运领域内"全球最受推崇"的公司。

（五）UPS 电子商务的实例：福特委托 UPS 运送汽车（电子物流）

美国福特汽车公司宣布，它将把其汽车产品的运送服务交给联合包裹公司（UPS）麾下的 UPS 全球物流集团，这是福特公司近年来一笔不小的合同。两大公司建立的这种合作业务关系要求 UPS 全球物流集团全权负责管理福特公司生产的福特牌和林肯牌小轿车在美国、加拿大、墨西哥三国的运送业务。UPS 全球物流集团作为第三方物流公司并不只是进行汽车产品的物质流动，而是代表福特公司进行系统性的管理，正如 UPS 全球物流集团首席执行官认为的，他们所要做的是设计福特的运送网络，推广新的管理实践，消除瓶颈，减少耽搁时间，并提供信息技术系统服务，以提高产品最终运送到消费者过程的监控能力，并且他们将这种服务视作从规模化运送系统服务向为单一车辆的展出和个性化服务转变。

两家公司表示，它们希望双方通过建立这种合作联盟关系将汽车产品从生产厂到最终消费者的时间减少 40%，比目前的 14~15 天减少若干天。福特公司还希望这种转变能实现实质性的成本节约，即使不完全实现其期望目标。

福特的目标不仅仅是节省成本支出。福特公司负责原料、计划与物流的副总裁认为，他们将速度视为重要的竞争优势，并决定采取进一步措施，希望走在时间的前面，通过追求速度和精确服务，来满足消费者的需求。

长期以来，时间的浪费和难以实现精确的服务，给福特造成很大的损耗。福特公司在这场转变服务的过程中实现库存减少和资金利用的有效改善。

合作双方提供以网络为基础的信息服务系统，使福特公司及其经销商能够对单一产品从生产到最后运送的整个过程进行跟踪，最后，让消费者也能使用这种跟踪服务。对福特用户在网上采购汽车产品时，会惊喜地发现他们也能够利用网络这个工具来跟踪他们所购产品。

案例讨论：

1. UPS 有哪些特色物流服务？
2. UPS 实施怎么样的电子商务策略，有什么优势，得到了什么样的效果？

分析思路

案例 2

TNT 惠普物流服务案例

从 1999 年开始，TNT 物流公司成为惠普的第三方物流管理商，负责管理零部件仓库和世界各地供应商货品的进口运输。随着惠普减少直接开支，允许低成本服务商接管原来由惠普自己的员工管理的一些事务，TNT 的势力逐步增长。

现在 TNT 做的所有工作，过去都是惠普自己做的。与使用惠普自己的员工相比，与 TNT 合作的开支要节省 40%，而且 TNT 更多使用临时工和兼职人员，这样可以根据订单的多少自如伸缩。TNT 管理着惠普的 11 座仓库，除了管理上千万美元的库存，还从惠普员工手中接过了运输管理业务。

在 TNT 管理运输之前，惠普产品的国际空运通常耗时 17 天，国内空运需要 7~8 天，供应商为了赶上配送时间，通常要加班。如今，TNT 保证在美国境内的运送时间是 1~4 天，国外的运送时间是 4 天，99% 的产品运送能按时送达。如果中间出了岔子，惠普将和 TNT 一起解决，保证零部件按时送达。

TNT 和惠普之间签订了一个颇具激励性的合同，TNT 必须在不提价的前提下，达到一系列指标。当 TNT 成功地把成本减少 12% 时，其中的 4% 作为奖励给予 TNT 的员工。成本得以缩减，很大程度上得益于 TNT 在 200 多名员工中进行的交叉培训。

物流服务的生产不再是为企业本身服务，而是为需方提供专门服务。采用专业化的物流服务可以让企业获取竞争优势，如今，越来越多的生产和流通类企业通过物流业务外包方式外购物流，以提高自己的核心竞争力。

分析思路

案例讨论：

惠普物流外包带来了哪些益处？

第十三章 物流质量管理

> **本章教学目标**
> 1. 掌握物流质量管理的概念。
> 2. 掌握物流质量管理的方法。
> 3. 掌握物流质量管理的基本内容。
> 4. 掌握物流全面质量管理的概念与内容。

物流质量作为一个整体概念。其一，在进行物流活动时，各类所需的资源和操作技术是可以实现控制的，易于确定工作标准与质量规格；其二，物流是一种服务工作，会依据客户的不同要求提供对应的服务，客户依据自身的期望来评价企业的物流服务质量。所以，**物流质量实质上是企业以物流变化规律所确定的工作量化标准与根据物流经营需要而评估的物流服务客户期望满足程度的有机结合。**

第一节 物流质量管理概述

一、物流质量管理的概念

物流质量管理是指科学运用先进的质量管理方法，以质量为中心对物流全过程进行系统管理，包括保证和提高物流产品质量和工作质量而进行的计划、组织、控制等各项工作。质量保证是为了维护用户利益，使用户满意，并取得用户信息的一系列有组织有计划的活动，质量保证是企业质量管理的核心。质量控制是保证某一项工作、过程和服务的质量所采取的作业技术标准和有关活动。

物流质量管理是物流服务系统运作的体现，指满足客户的基本需要，明确物流服务的标准，运用经济办法实施计划、组织、协调、控制的活动过程。企业物流质量管理既要确保实现生产方的要求，将商品完整地配送至顾客手中，又要满足客户的要求，按照客户要求将所需的产品交至其手中。

二、物流质量管理的内容

物流质量不只包括服务对象的质量，还包括物流工作、产品、工程、服务水平的质量，它是一种具体的多元质量观，主要包括以下内容。

（一）保证和提升产品质量

物流的对象是一定质量、规格的客观实体，它具有性质等级、尺寸大小等要求。物体在其生产作业中会形成质量，物流活动的工作就是要确保这些在运送中质量不被损坏，做到物流服务的质量保证。所以企业对顾客的质量保证不仅要依靠生产流程，也要依靠物流流通。现代物流活动已经不像传统物流那样只是单纯地运输产品，还要通过其他先进方式来更好地保护产品质量，甚至是提升产品质量。可以说，物流活动就是产品质量的"形成过程"。

（二）提升物流服务质量

物流活动具有服务的本质特性，也就意味着物流活动的目标是提高公司的物流服务质量。不同顾客所需要的服务质量有所差异，这就要求企业深入了解顾客需求，如产品质量的保护、运送规定、交付产品期限、何种配送方法、物流费用（客户索赔或投诉）等相关内容。

（三）提升物流工作质量

物流工作质量指的是物流各环节、各工种、各岗位的具体工作质量。物流工作质量与物流服务质量，二者相似但也有明显区别。一般来说，物流工作质量是物流服务质量的基础，因为服务质量依靠工作质量，只有将工作质量搞好，物流服务质量才能顺利进行。同样地，提高自身服务质量，完善其物流运作系统，也会对工作质量起推动作用。

由于物流系统的信息量过于繁杂，物流工作质量也具有不同的侧重点。以仓库工作质量为例，可以归纳为商品损坏、变质、挥发等影响商品质量因素的控制及管理；商品丢失、错发、破损等影响商品数量因素的控制及管理；商品维护、保养、商品出库、入库及验收、商品入库出库计划管理、计划完成的控制、商品标签、标识、货位、账目管理、库存量的控制、质量成本的管理及控制、库房工作制度、温湿度控制、作业活动标准化等。

（四）提升物流工程质量

工程质量和工作质量一样重要，都会影响物流质量。在进行物流作业时，我们把影响货物质量的环节称作"工程"，其中包括人的影响、设备影响、活动影响、管理系统影响和环境影响等。因此，要提升物流质量就要实现物流工程质量的提升，只有提高工程质量，企业物流质量才会得到更进一步的发展。

三、物流质量管理的方法

（一）目标管理

目标管理（Management by Objective，MBO）**是由企业的管理者和员工参与工作目标的**

制订，在工作中实行"自我控制"并努力完成工作目标的一种管理制度。目标管理有助于提高员工积极性与上进心，增强集体荣誉感和团队精神，有利于企业树立质量服务目标。目标管理还有助于公司经营战略发展，促进科学合理化管理，它还是公司创新的"活力素"，能够有效提高公司的整体工作效率与企业经营水平。目标管理重视服务活动的结果，便于确保当前的工作技术和科学管理水平，从而进一步实现企业的经营目标和营业标准。

目标管理的步骤有以下几步。

（1）制订企业的整体质量目标。一般企业会确定某段时间或某个周期内的目标，为之而努力，大部分企业的周期是一年左右。通过合理安排及认真工作达到其质量目标，当然目标是要可实现的、具体的。

（2）制订质量分级目标。要想企业每一位员工都参与实现质量目标的活动，需要调动大家的工作积极性。公司的目标也是员工的目标，无论是员工、部门，还是单位，这不只是个人或集体的要求，也需要每位成员的奉献与努力。企业在确保能够实现经济效益的同时，还需要确定质量责任制。为了方便考核与评估，企业在明确各个分级目标时，应着重把握重点，做到多元化与个性化。

（3）实施企业质量总目标。要根据企业自身特点，结合质量管理发展现状，运用科学合理的管理方式和相对应的工作设备，确保能够保质保量地实现企业质量总目标。

（4）评估企业质量总目标。目标同绩效一样，需要先进行评估，然后找出不足，进而进行相应的改善和调整。公司可以通过按时考核、奖惩等方式对质量总目标进行评价，实现对自身情况的全面系统分析，避免在下一个目标中出现相同错误。

（二）PDCA 循环

1. 工作内容

PDCA 就是指计划、执行、检查、总结这四个环节的循环系统，被称为戴明循环。PDCA 是当下大多数公司普遍使用的进行质量管理与控制的重要管理方式之一。四个环节的工作内容如下。

（1）P（Plan）环节：以顾客需求为出发点，以社会、经济效益为目标，制订技术经济指标，研制、设计质量指标、确定相应的措施和方法，这是计划环节。

（2）D（Do）环节：以定好的目标为发展方向，运用准备妥当的工作方式，切实全面地执行工作。这是执行环节。

（3）C（Check）环节：及时检查工作内容，进行相应反馈，及时发现存在的问题后，不断进行调整和改进。这是检查环节。

（4）A（Action）环节：在检查的基础上，肯定成功的经验，发现自身优势并加以巩固和发展；同样的，对于缺点和不足，善于吸取教训，避免再犯；而对于尚未解决的问题，可以在下个循环中再进行努力，总结出最适合自身的工作管理系统。这是总结环节。

2. 具体步骤

若将四个环节具体化，可以得出以下八个步骤。

（1）全面分析问题，最大限度地将问题数据化与具体化。

（2）找出影响质量问题的各类影响因素。

（3）抓中心、找重点，找出最主要的影响因素。

（4）结合实际，针对最主要原因，拟订解决计划与方案。

（5）严格按设定好的解决方案实施。

（6）立足质量目标，进行方案结果的检查评价，与预计效果进行比较分析。

（7）根据检查的结果进行全面总结。

（8）找出尚未解决的问题所在，在进行下一轮PDCA循环时解决。

3. 三大特点

PDCA循环有以下三个特点。

（1）大环套小环，各环节相辅相成。PDCA是一种先进且适应性很强的公司管理方式。各个部门有自己的PDCA循环，小到作业层，大到管理层，甚至整个企业，都有自己的PDCA循环，彼此之间相辅相成，相互影响。

（2）螺旋式上升。PDCA循环意味着每循环一次便会升一个台阶。因为每一次新的循环都会解决新的质量问题，循环系统是有规律且不断上升发展的。

（3）总结环节对于PDCA循环是不可或缺的。企业要使自身服务质量水平得到提高，那么总结环节是十分重要的，它可以使工作实现质的飞跃，善于总结更利于创新。故PDCA循环的发展需要总结环节的推动力。

企业可以遵循PDCA循环的四环节、八步骤，来进行相应的质量管理工作安排，还要运用科学技术和设备及管理手段等对质量资料进行整理和分析，对面临的质量问题做出准确判断，进而实现企业质量管理总目标。

（三）QC小组活动

质量管理（Quality Control，QC）小组是指企业的员工围绕企业的质量方针和目标，运用质量管理的理论和方法，以改进质量、改进管理、提高经济效益和人员素质为目的，自觉组织起来的以开展质量管理活动为主的小组，简称QC小组。它是企业开展质量管理的基础，可以改善和增强相关人员素质，提高企业管理水平，为提高企业经济效益与降低成本开辟途径。

开展QC小组活动是质量管理的一种必要措施和手段，只有加强管理才能使QC小组的活动取得满意的成效。通常应从以下6个方面实施管理。

1. 组建QC小组

组建原则：立足实际情况，可以进行自我选择合作或企业安排，又或者是在本单位、跨单位建成小组等合作方式。

QC小组类型：主要有现场型、攻关型、管理型和服务型QC小组。

QC小组工作：结合QC小组的本质特点，制订对应的工作任务。例如提高员工参与度，明确质量管理理念，掌握质量管理的方式，制定相关的执行标准，确保质量为大、质量第一；以服务为主，树立顾客至上理念；对质量管理过程进行优化，对质量管理技术进行改进，对质量管理系统进行科学合理的规划；并有序地组织相关攻克小组，对面临的难题进行全面攻克，有针对性地提出解决方案；对当前近况进行系统分析，尽最大可能将资源进行最优配置，减少污染浪费，提高公司经营成果；最后总结经验，保持并发展好的方面，改善坏的方面。

2. 注册登记QC小组

为了实现对QC小组的掌握和管理，QC小组需要进行登记注册，以便对小组的工作情况和结果有适当了解，还可以为其提供正确的工作方向，使小组的工作活动可以顺利进行下去。另外，注册登记QC小组不仅可以提高成员的工作积极性与集体归属感，还有利于下一步工作的开展和落实。

3. 开展QC小组活动

QC小组应以科学的PDCA循环工作为理论依据，按程序开展活动，其注意事项如下：要制订活动计划；正确选择课题；选择生动灵活、有魅力的方式；贯彻工作的实效性、实际性、创新性；提高小组成员的参与度，提高他们的工作积极性，实现分工明细化与准确化，加大合作力度，提高工作效率；正确对待所存在的问题，最大限度利用各个成员的能力，依靠集体的力量发现问题关键之处，及时确定解决方案；选择实际可行的处理方式，不可脱离实际，好高骛远；在进行每一个工作环节时，应该认真谨慎做好相关工作记录，这不仅能有效掌握工作近况，还能与最终成果进行对比。

4. 发表QC小组活动成果

QC小组工作任务结束后，要进行成果申报，填写申报表，表格经过受理之后，会成立成果评审会，评审会负责对QC小组工作活动的最终成果进行评价验证。成果评审会会根据以下因素进行评审：工作是否依计划落实，有无做好工作记录；工作方式是否合理科学；工作活动是否具有灵活性、创新性；工作成果是否在计划预算之内；活动成果是否达到要求；对工作过程中出现的各类问题，是否及时解决并总结经验；对工作优良之处有无加以巩固等。

经成果评审会完成对工作的鉴定和分析后，公司会开展一系列的成果发布会。这不仅可以增强组织的管理科学性，还能提高小组成员的工作积极性与集体荣誉感，更能使下一步工作得到正确开展，促进企业文化建设，提高企业经济效益。

5. 评价QC小组的工作结果

第一，要先成立一个评价小组，确定对应的、合理的评价标准与评价方式，务必确保评价的公正性与透明性。因为只有公平合理的评价才是对QC小组工作成果的肯定，才能促进QC小组的有效发展，提高小组成员的工作积极性。

对QC小组工作结果的评价有以下两个内容：评价小组活动过程、评价小组活动成果。评价小组活动时要注重评价小组工作流程的特性，比如合理性、过程性等，而评价小组活动成果的重点在于是否具有统一且合理的评价标准，最重要的是一定要确保评价的公平公正性。

6. 评选及奖励优秀QC小组

企业要进行经常性的评选活动，对在物流工作的质量管理和服务管理环节中有突出成绩的优秀QC小组进行鼓励与奖赏。这不仅是对小组成员工作的认可与肯定，还可以激发小组成员的工作积极性与责任感；同时也对QC小组下一次的工作任务有着不小的激励作用，有利于增进集体归属感，促进小组的健康发展。

四、物流质量管理的基础工作

企业要开展物流质量管理工作，必须先做好一系列基础性工作。包括**完善物流质量管理**

体系文件、标准化工作、计量工作、质量信息工作等。

(一) 物流质量管理体系文件

企业应参照 ISO9004-2《质量管理体系业绩改进指南》,根据企业本身、员工及企业基础设备等特点,编制科学合理的物流质量管理体系文件。现代企业物流质量管理体系文件应包括以下内容。

1. 物流质量管理手册

物流质量管理手册是一份规范的纲领性文件,它解释了企业的物流质量方针还有企业质量管理体系,其中包括管理者的工作权限、职责和相互关系;物流质量管理工作流程;企业质量方针和目标;关于物流质量管理手册的使用、更改和控制要以 ISO10013《质量手册编制指南》为标准进行编写。

2. 物流质量管理规范和质量计划

企业物流质量管理规范是质量手册的支持性文件,它是为进行某项物流服务活动所规定的程序文件。例如,进行物流活动的目的、内容和范围;活动的主体与执行者;活动时间、地点;使用的基础设备;由谁负责物流活动的最后成果等。质量计划可以按照企业规定的标准来进行编写,也可以和质量手册的内容顺序相同。质量计划是针对特定的产品、项目和合同,规定专门质量措施、资源和活动顺序的文件。现代企业需按 ISO10015《质量计划指南》为标准,进行质量计划的编制。

3. 物流服务规范

物流服务规范作为一类解释物流服务内容和物流服务质量要求的操作性文件,对现代企业物流服务工作进行了标准化规范。物流服务规范主要有职员工作条件、职位任务和要求、物流服务流程、物流服务等内容,是用来衡量现代企业物流服务质量水平的标准之一,也是企业工作的最低要求。

4. 物流质量记录

质量记录是一个见证性文件,是指为已完成的质量活动或达到的结果提供客观依据,即建立在观察、测量、试验或其他手段所得到的事实基础上,证明信息真实的文件。

(二) 标准化工作

物流标准化工作立足系统,按照标准要求,将整个物流系统进行统一;要求确定物流系统基础设备各个环节的技术标准;确定工作流程,如生产包装、装卸、运输等环节的工作标准;提升物流系统的配合性、融合性,全面优化系统结构,实现物流工作流程的标准统一。

(三) 计量工作

全面质量管理理论提到计量工作的重要性,企业要重视物流质量管理的计量,成立相应的系统评估体系,将进行物流工作时的出错率降至最低。企业不仅要对顾客的服务满意度进行计量,还要对顾客的服务期望水平进行计量。顾客评估服务质量的基础是顾客对服务质量的期望。企业要想正确掌握顾客对其物流服务的评价,就必须进行顾客期望的计量。只是有一点要注意,进行顾客期望调查计量,会增加物流服务工作量。

计量工作是一种技术基础性工作,是保证测量值准确有效的重要工作。企业的计量工作是质量管理的重要工作之一,需要贯彻落实技术标准,保证测量结果准确并且一致。

(四) 建立有效的物流质量信息管理系统

建立一个有效的服务质量信息管理系统对于企业来说是十分必要的，它会将企业经营所需要的信息加以集成综合，便于企业管理者正确地做出决策，还能提高员工的工作效率，提升企业物流服务质量水平。

质量信息指可以反映物流服务质量的基本数据、原始记录及客户投诉等信息。质量管理中不可缺少的就是质量信息，后者是前者的重要依据，因为质量信息带来的价值十分巨大，掌握质量信息有助于优化物流质量管理，提高各物流工作服务质量。通过对质量信息进行分析，以及改善工作质量，企业可以对自身经营情况进行更深入的了解，进而作出高效科学的决策。

企业在开展经营活动时，因为某些内部或者外部原因，不可避免地会出现自身物流质量的波动变化。想要提高企业物流服务管理质量，那就必须实时掌握物流质量信息，掌握其当前现状、活动流程及发展趋势，分析其存在问题并加以改善，将物流质量管理的基础任务做好。通常，企业会建立一定的评价指标体系与一套标准规范的工作流程，及时对企业物流质量管理信息进行收集和整理分析，力求实现服务质量最优化，减少工作误差，提高自身质量管理水平。

(五) 质量责任制

对于企业来说，提高物流服务质量与工作效率是发展的必经之路，更是在当今激烈的竞争市场中立足的根本。服务质量是一个企业物流服务管理水平的评价标准，是企业展示给客户的最直接表现形式。因此，企业必须重视质量管理，把提高服务质量作为一项首要工作，建立相应评价系统，对工作效率与服务质量进行考核，提高客户满意度，提高企业物流服务管理质量水平。

公司中每个员工的工作都会在一定程度上对产品的质量有着或好或坏的直接影响或间接影响。每个个体究竟应该做些什么？应该怎样去做？应该承担什么责任？又应该享有什么权利？这些都必须通过建立责任制进行明确规定。因此，建立质量责任制，是组织共同劳动、保证生产正常进行和确保产品质量的基本条件。只有通过建立质量责任制，才能够把质量管理任务落实到每一个工作环节中去，才能够全面提高企业物流服务质量，进而提高客户满意程度，使企业获得更多经营效益。

(六) 质量教育工作

企业物流活动是为生产经营服务的服务性活动。要推动企业物流质量管理水平的提高，质量管理培训必不可少。质量教育工作是立足于物流可持续性发展的重要措施，质量管理要从质量教育工作开始。质量教育工作是保持员工进行生产或提供服务时具有活力的重要因素，部门员工与各工作环节的技术水平决定着物流服务的质量。只有将质量教育工作作为提高服务质量的第一步，全面提高员工的职业素养与服务水平，才能系统地开展物流质量管理，建设企业服务文化，提高企业的经营水平。

第二节 物流全面质量管理

一、全面质量管理概述

(一) 全面质量管理的产生和发展

全面质量管理的起源可以追溯到第二次世界大战结束以后。当时由美国贝尔实验室发起了一个关于质量管理的活动,称为"全面质量保证计划",认为质量管理贯穿了整个生产过程。这个活动向人们阐明了建立质量标准的重要性及必要性。1961年,美国通用公司质量经理菲根堡姆在其著作《全面质量管理》中阐述了全面质量管理的理念,标志着全面质量管理体系的问世。他在书中说明,只注重重点部门的工作活动是不科学的,要合理规划所有部门的质量活动,只有这样才能降低生产成本,生产出高质量产品,更好地适应市场和消费者的需求。菲根堡姆的理念极具创新性,许多国家的企业纷纷借鉴他的思想,并加以改进,特别是在日本,得到了更进一步的落实。

全面质量管理是一种科学管理方法,是一种全面的方式,它不仅仅适用于生产产品的工作流程,还在产品上进行延伸,深入到各个环节领域中。它实现了"四全、一科学",就是指全企业、全成员、全过程、全指标,注重员工参与度,以科学数理统计方法进行活动,提高顾客满意度,实现企业经济收益,提升企业文化建设。

所以,全面质量管理不只是一般的产品质量管理,它还把质量管理的覆盖面拓宽到产品特点、经济特点、环境特点及企业管理标准上;不单涉及产成品的功能,还涉及全寿命周期的性能。

(二) 全面质量管理概念

从改革开放至今,我国大力推行全面质量管理发展战略,将全面管理做到真正的全员参与,实现全性能、全流程的质量管理。从20世纪80年代到今天,全面质量管理已经有了质的飞跃,从早期的TQC(Total Quality Control)向TQM(Total Quality Management)转型,它被赋予了更为深远的含义,已经成为一种科学的、系统的经营管理方法和理念。

全面质量管理是为了能够最经济、充分地考虑到顾客要求的条件下,进行市场研究、设计、制造和售后服务,把企业各部门的研制质量、维持质量和提高质量的活动构成一个有效体系。 全面质量管理要求的不只是企业员工,通常还包括企业管理层。它要求企业所有人员共同合作,将技术与经营理念、工作方式和思想教育进行系统结合,做到可以在工作全过程中体现质量管理系统,将现有资源进行最大化的利用和配置,在满足顾客需求的同时,提高顾客满意度。实际上,全面质量管理的本质就是不断提高员工的工作素养与工作积极性,激励员工做好本职工作,从而实现工作效率的提高,在产品或服务质量方面实现质的飞跃。

对于企业而言,建立全面质量管理体系具有较多的优势。第一,可以增强员工士气和工作责任感,有利于提高产品质量水平,使得产品更好、更快地进入竞争市场;第二,有利于加快产品的生产进程,减少生产成本,在生产前期就做到"快、好、准",同时降低工作误差,甚至预防工作事故的发生。因为全面质量管理的特性就是将传统处理方式进行转型,将事后总结转变为全过程控制。贯彻系统性理念，对质量工作进行科学系统的调整；比起结果，应该更加重视过程，重视所运用的工作方式，从而使企业经营具有针对性，提高质量管理的全员参与度。结合系统全面的技术手段和先进设备，实现生产过程优化升级，务必确保提高产品质量，提升顾客服务质量水平。

二、物流全面质量管理的内容

物流全面质量管理的内容有：**全过程物流质量管理、全员物流质量管理及全性能物流质量管理**。

（一）全过程物流质量管理

从供应链的系统观点出发，产品（服务也是产品）的生命周期是指从原料、半成品和成品的生产、供应、销售，直至到达最终消费者的整个过程。供应链管理就是通过协调这个过程中的物流、信息流、资金流，以满足顾客的需要。供应链管理涵盖了整个物流过程，它强调和依赖战略性举措，指出要运用系统的方法，不断实现各个环节的调整合作，进而提升质量管理目标。同时，供应链管理指出，不仅仅只是进行企业间的资源集中与分享，而是要将供应链上存在的各个企业看作一个整体。

在实际操作中，供应链的业务流程是正向和逆向的流程组合。正向流程是指从供应方向消费者提供服务活动的供应链过程；逆向流程是指从消费者向供应商进行市场需求反馈的供应链过程。从供应方开始，到制造方、销售方，最后到消费者，都是供应链上的主体。供应链不是单向流动的，它是双向的，如图13.1所示。各个环节都有各自的工作任务，虽然任务不同但是可以相互合作、相互影响、相互协调。每个环节必不可少，它们一起形成了一条完整的供应链。

图13.1 供应链的管理流程

物流全面质量管理所针对的物流过程是指供应链物流的全过程。这个过程中的所有产品、服务都会被纳入一个统一的质量管理体系。无论是供应商、制造商，还是分销商、零售商，只要是供应链上的节点企业，都要以顾客的利益为中心，它们追求的目标和信息是一致的。所以，现代市场竞争不是个别企业之间的竞争，而是供应链与供应链之间的竞争。

（二）全员物流质量管理

企业在进行经营活动时，不可避免地会直接或间接地对产品生产或者物流服务质量产生一定影响，**所以物流质量管理要求企业各部门与员工必须提高工作素养和工作积极性**。工作人员必须树立"物流质量人人有责"的理念,全面调动工作积极性,提高工作素养;企业要制定相关规范和标准,提高质量管理的全员参与度,这样才能将质量管理落实到工作中,从而提高生产效率,提升顾客满意度。开展质量管理工作,要做到下列几点。

(1) 进行质量管理培训教育。提高员工质量服务水平,将"质量第一"置于首位。全面提升员工的技术水平、管理理念及自身工作素质,激励员工参与质量管理相关工作活动,提高建设参与度,科学系统地从根本上开展全面质量管理工作。

(2) 制定质量管理规范标准。明确员工的工作任务、工作标准,使质量责任制得到切实开展,让员工严格按照标准进行工作,实现工作的系统化、全面化与规范化。特别是企业领导成员必须重视并参与质量管理,要确保产品质量的安全性,提高质量管理和决策工作的正确性。公司领导层要树立榜样形象,做好引导作用,提高自身素养,积极学习质量管理知识,并将质量管理思想贯彻于实际工作中的方方面面。只有领导层做好示范作用,企业员工才能更好地投入到质量管理建设中。有了公司领导层的强力支持,全面质量管理工作的开展与建设就不是件难事。

(3) 激发员工的创新性与活力。企业可以开展各类参与性较强的质量管理建设活动,如组建质量管理小组、举行质量管理的交流会议等,使员工的创新能力得到充分发挥,群策群力,实现人力资源利用最大化。这不仅有利于公司质量管理水平的提升,还有利于加快企业文化建设。

(三) 全性能物流质量管理

因为物流质量会受到多种因素影响,企业要想进行物流质量管理,就必须对这些因素进行分析比较,掌握其发展规律,以便更好地落实物流质量管理工作。

1. 安全性质量管理

(1) 产品强制性认证。质量认证是国际上通行的关于产品、过程和服务的评价方式,是随着现代工业发展逐渐形成的一种外部质量保证的手段。围绕一些健康、安全、绿色产品,进行立法或颁布强制性认证制度,维护社会稳定发展。2001年12月7日,我国公布了新的强制性产品认证制度,简称3C认证,它以"四个统一"为工作标准,这四个标准分别是:标志统一化、标准程序统一化、目录统一化与收费水平统一化。企业必须严格遵守,不生产或者销售没有国家认证标志的不良产品。

(2) 环境标志产品认证。生产力的发展为人类创造了丰富的物质生活,同时环境问题也日益严峻并有逐步恶化的趋势,严重威胁着人类的健康与社会可持续发展。所以,各个社会组织需要对自身环境形象进行相应改善,将保护环境作为工作前提之一,来谋求长远生存和发展。现代企业不能仅仅追求短期经济效益,也要追求企业的长期战略发展目标,同时也需要关注环境保护与生态建设,遏制生态环境的恶化。环境标志产品认证是所有企业必须进行的工作之一,物流企业更是如此。

(3) 食品安全质量管理控制体系。食品质量问题和食品安全问题一直是民众所关心的重大问题,同时也是食品制造业应该置于首位的工作。食品生产企业会受到来自政府的严格监督和管理,现在最为常见的就是对食品企业的质量和安全管理体系进行认证。这种认证严格明确了标准和工作规范,要求企业将客户的人身安全问题放在第一位,同时对食品的生产、储藏、运输、销售全过程进行标准化管理及监督。

2. 质量经济性管理

产品质量之中蕴藏了提高经济效益的巨大潜力,"向质量要效益"也反映了质量与效益之间的内在联系。质量效益来自消费者对产品的认同及其后续消费支付。质量管理专家朱兰指出,"在残破品里发生的成本等于一座金矿,可以对它进行有利的开发"。**质量损失是指在产品的整个生命周期过程中,由于发生产品质量问题所导致的供应链上各个主体甚至是社会所付出的全部损失成本之和。**

(1) 生产者损失。生产者损失分为无形损失与有形损失两种。因为质量不过关而产生的生产者损失不一定都在出厂之前发生。也可能在出厂之后发生,通常称为"剩余质量",剩余质量使生产者花费过多费用而带来不必要的损失,过度追求产品质量,导致产品质量远远超过用户的实际需求。

(2) 消费者损失。消费者损失,是指产品在使用过程中,因为产品自身质量问题而造成的消费者损失。常见的有产品质量问题、交货期限延长、产品因故障停产、维修问题等。按照我国有关法律规定,面对消费者损失问题,企业必须对消费者进行合理赔偿。

(3) 资源损失。资源损失大多是指产品的缺陷对社会造成污染或因公害引起的损失,以及对环境的污染和破坏、对资源的浪费等所导致的损失。因为不容易发现和确定这种损失的受害方,所以生产方往往会忽略这一损失。就像是排放大量废气的机动车,实际上对环境伤害很大,但是如何确定受害人,如何赔偿,没有人能给出一个特定答案,所以很难去追究生产方的责任。

3. 质量成本及控制

质量成本就是指为使产品质量保持在规定质量水平上所需的相关费用,同时也包括生产流程中为实现质量目标的成本,或者没有达到质量目标而需要耗费的有形和无形的成本。质量成本是企业生产总成本的组成部分之一。

质量成本包括与预防、鉴定、维修和修复次品相关的成本及因浪费生产时间和销售次品而导致的机会成本。传统的质量成本被纳入了间接成本的范畴中,只用来对产成品进行检验,并没有被称为"质量成本"。为了满足顾客的需要和期望及有效维护企业自身利益,企业必须有计划、高效地利用可获得的技术、人力和物质资源。在平衡风险、费用与利益这三者的关系前提下,全面掌握质量管理工作。

质量成本控制立足企业目标,通过科学规范的手段将质量成本控制在确切标准之中。控制过程分为核算、制订控制决策和执行控制决策三步。

▶ 案例1

爱默公司的质量跟踪报告

一、基本情况及实施背景

爱默公司是一家小的带锯生产商,属于瑞典的伊莱克斯公司。其质量控制部门觉得在采购员和计划员准备的物料报告中,不合格的数量太多,让人感觉供应商和自己公司看起来都比实际情况更糟,决定进行实实在在的改进。

二、质量跟踪报告的具体实施

爱默公司采用质量跟踪与报告的具体实施步骤如下。

(一) 精简机构,规范采购部的管理

爱默公司在缩减和重组之前,采购部负责订购零部件,管理大量采购中所涉及的供应商关系,控制存货并处理与供应商有关的问题。所有购入的部件都由质量控制部门检验。当工程或质量部门签发物料缺陷报告时,采购部门会得到有关质量问题的通知。采购部门并不参与分析或者决定物料缺陷报告是否可信,除了通知对方的相关部门外,几乎没有任何接触。

由于工厂内各个部门都在进行裁员,所以必须重新考虑怎样履行职能及由谁来完成。在缩减人员的过程中,采购部门减少了两名员工,只剩下一个物料经理和两名采购员及计划员。在一段很长时间里,采购部门一直在减少采购规模和控制质量中发挥积极的作用,现在,缩减规模就正好顺应了这种要求。

(二) 设计技术审查小组,实施质量管理

公司经理设立了一个技术审查小组,来处理公司内关键的战略性和技术性决策。这个小组每个星期碰头,由公司经理、销售经理、工程和质量经理及物料部门的三名员工组成。在管理上,采购部门通过实行零部件资格认证,减少了供应商的数量。在六个月中,采购规模从216家供应商减少到了110家。因为通过对比零部件供应商以前的产品缺陷率,采购部门可以从大量供应商中,为一些产品找到有资格的供应商。

(三) 制定零部件规格认证制度

零部件规格认证制度使采购部门在公司的质量保证过程中发挥了积极作用,因为一种部件通过认证后,由于供应商在运送前履行相同的检验程序,所以进厂时就不必再检验。通过认证的部件直接被送到生产线。在这里,一旦发现产品缺陷,就会被输入联机终端。要检查供应商的产品缺陷情况,只需从主机上抽选合适的信息,然后准备月度供应商评价报告。这样的操作会在一定程度上减少人力、物力,使爱默公司的检验员从五名减少到只有一名主管和一名兼职检验员。

(四) 对质量问题进行内外讨论

过去,因为工程部门并不事先和采购部门讨论质量缺陷,供应商也没有机会发表评价或者建议补救措施,所以当工程或质量控制部门签发缺陷产品报告时,采购部门才知道出现质量问题。现在,涉及产品质量时,质量控制部门会会同工程部门,一起讨论内外部的必要信息,然后再决定是否签发产品缺陷报告或者寻找其他解决办法。

(五) 出具产品缺陷报告

工程部门负责做出月度的供应商评价报告,这份报告包括如下信息。

(1) 质量分析——每月全部货物中缺陷产品所占的比率。

(2) 供应商产品缺陷报告列表——产品缺陷报告的数目及供应商提供的产品的缺陷。

(3) 有效供应商列表——采购方确定的供应商数量。

(4) 提前期索引(按天数)。

(5) 月度生产概要。

(6) 全部生产存货。

月度供应商分析报告送给技术审查小组的所有成员,也是每月周会上的既定议程。由于

进厂检验已经取消，并且实行了零部件资格认证制度，所以月度供应商分析报告中"供应商产品缺陷报告列表"这个部分就尤其重要。列表中的信息是爱默公司质量保证计划的关键，它显示了每月中每个供应商的产品质量状况，这个数据不断地被输入联机终端，并且在月末以报告的形式从主机下载。

质检管理人员及采购部门的其他成员最了解每个供应商和它们的情况，月度报告准确反映每个供应商的绩效表现。同时，也要确保这些信息能为其他部门的成员提供帮助，并且，在这套质量追踪与报告系统中，需要得出一些结论，看现在的运作是否需要做出改变及怎样改变。

案例讨论：
1. 爱默公司如何进行质量管理？
2. 爱默公司的质量跟踪报告系统发挥了哪些作用？

分析思路

案例2

一汽大众从"零"开始构建供应链质量保证体系

一汽大众汽车有限公司（简称一汽大众）高品质汽车得益于该公司从"零"开始的供应链质量保证体系建设，这也成为一汽大众"高品质"的源泉。

一、一汽大众优秀供应商跨越六大台阶

一汽大众供应商有两点共同体会：一是想成为一汽大众供应商非常难；二是一汽大众供应商再成为其他企业供应商就不难了。

如果将一台车从头拆到尾，大大小小的零部件多达一万种以上，这些零部件中仅20%～30%由主机厂完成，另外的这些零件，它们的质量优劣，哪怕是一根螺钉，也将会直接影响整车的质量和安全。

一汽大众供应链质量保证体系首先从供应商的选择开始，专注选择"各行业的引领者"。要成为一汽大众供应商必须具备卓越的能力，最后目标是达到"零缺陷"。一旦跨过了这个台阶，等于拿到了其他整车厂的"免检牌"。

大连亚明汽车部件股份有限公司（简称大连亚明）原来只是一个年产值200多万元的街道小厂，最初只为一汽大众配套生产脚踏板，历经多次技改和两次改制，如今已发展为年产值4亿元的压铸行业领先企业。该公司起步于为一汽大众配套，但逐步形成了自身的核心竞争力，而且有了一汽大众这块"金牌"，更容易进入福特、通用、丰田等配套体系。

一汽大众对供应商实行严格的分级管理制度，从高到低分别为：A级、B级和C级。即使达到了A级供应商也不是终身制，随时可能降到B级甚至降到C级，而一旦降为C级就有可能被淘汰。

大连亚明多年来一直是一汽大众的A级供应商，但2010年因为质量问题，一下子被降到了C级，在一汽大众和大连亚明引起了强烈震动，因为再回到A级谈何容易。要再次从零开始，先达到B级，然后再到B+级，最后才能升到A级。大连亚明公司上下不断转变观念，不断完善生产工艺和质量保证体系，只用一年时间重新回到A级，再次创造了奇迹。

二、主机厂与供应商质量保证体系同步化

一汽大众供应商都要提到一个质量保证的"圣经"——Formel Q。这是德国大众集团制定的"供应商质量能力评定准则",而且标准不断提升,从1991年的第1版开始,如今已发展到第8版。一汽大众每年都严格按照Formel Q的要求对供应商进行培训和评审,确保了外协件的质量,从而保证整车的质量。

质量保证体系首先从零部件设计开始同步化。奥托立夫总部在瑞典,是安全带、气囊全球第一品牌。2002年成立的长春奥托立夫汽车安全系统有限公司(简称奥立托夫公司)作为一汽大众被动安全系统的供应商,最近三年销售收入年均增速超过50%。该公司追求的"零缺陷"目标是从设计可靠性的产品开始的,在产品设计过程中一般要经过五个阶段的质量评审。同时,按照奥托立夫公司全球供应商手册,采购"零缺陷"的零部件。

质量保证体系还要确保生产全过程同步化。一汽大众实行自主完善过程,生产过程中坚持不接受缺陷产品、不传递缺陷产品,并自创了一系列质量管理办法,其中第一项就是"停止并通知",操作者发现产品可疑,有权让生产线停下来。正因如此,公司产品质量不断提升,产品缺陷率逐渐下降。

一汽大众还要求供应商要形成高效有序的"快速响应"机制。海斯坦普是一家来自欧洲的企业,三大业务板块中就有汽车车身制造,主要业务是高强度钢结构件的加工与制造。海斯坦普汽车组件(昆山)有限公司,主要为一汽大众加工门槛板,A柱、B柱,前后保和前悬梁;并在一汽大众的所在地——长春设立了办事处,客服人员在现场24小时跟踪,了解现场出现的问题,并及时反馈,迅速提出改正措施。

无论是在客户端出现的问题,还是内部发生的问题,质保部门都会将其做成"质量警报",然后贴在各个生产线上,对员工进行及时的培训,同时对新员工也是一个很好的教育。在整个质量保证体系里,公司通过每年至少两次的全面质量管理体系审核。海斯坦普汽车组件(昆山)公司的质量长期在整个海斯坦普集团位于第一名。

三、主机厂与供应商打造共赢价值链

一汽大众公司还着重打造与供应商、经销商的共赢价值链,就是通过自身发展带动供应商同步提升,特别注重供应商的管理提升、人才提升和研发能力提升,使之形成一汽大众核心竞争能力的一部分。

供应商在被整车厂拉动的同时,也在拉动整车厂前行,做强供应链也是做强自己。随着一汽大众百万辆规模,走进一汽大众供应商会发现一些共同点:一是本行业最强的企业;二是研发实力雄厚;三是坚持质量至上方针;四是具备快速反应能力。供应商说:"正是在一次次质量攻坚中我们强大起来了,并由此进入了国际市场,这要感谢一汽大众公司。"

2002年成立的天合汽车零部件(上海)有限公司(简称天合)主要从事制动业务,是一汽大众的A级供应商。该公司跟从一汽大众市场定位,在短短的两年之内完成了技术平台的跨越升级,同时,企业管理水平也不断提升。一汽大众用Formel Q来要求他们,他们也用一汽大众的Formel Q标准来要求自己的供应商。同时,天合还有一套自己的质量管理方法,如果客户的标准高就执行客户的标准,如果客户的标准低于天合的标准,就执行天合的标准。

在大连亚明,最受重视的两个部门是研发和模具。大连亚明还专门为研发人才购买住

房，目前，该公司拥有12项专利技术，主要体现在压铸的工艺和压铸所用模具的设计制作方面，而且普遍应用于生产过程当中。公司生产所用的全部模具，部分夹具、检具，都是自己设计并制造的，这已经成为其核心竞争力。该公司一线工人工作服大都是蓝色，只有模具工人穿着白色的工作服，其目的主要是提升模具工人的精密意识和模具制造水平。

凭借雄厚的核心竞争力，大连亚明得到了国内外多家汽车公司的认可，有的是先为国外公司配套，然后才被其在华合资企业选中，被形象地称为"出口转内销"。最近，大连亚明还参与了某著名跨国车企业全球产品的开发，并且这款产品已经批产，月产一万多件，出口墨西哥、加拿大和美国。

案例讨论：
1. 一汽大众构建的供应链质量保证体系有何特色？
2. 一汽大众公司如何与供应商、经销商实现共赢价值链？

第十四章

物流管理创新发展

> **本章教学目标**
>
> 1. 了解第四方物流的基本概念，与第三方物流的区别。
> 2. 了解绿色物流的概念及绿色物流系统。
> 3. 掌握电子商务物流的基本内容与组建方式。
> 4. 掌握互联网+物流的概念、内涵和运作模式。

物流管理经过多年发展，根据现今经济的发展形势，以及人们对环境的日益重视，出现了多种物流的创新模式，如第四方物流、绿色物流、电子商务物流及"互联网+"物流。

第一节 第四方物流

一、第四方物流概念

第四方物流的概念最早由安德森咨询公司提出，拥有其称呼的专用权。学者 John Gattorna 提出：**第四方物流供应商是一个供应链的集成商，它对公司内部和具有互补性的服务供应商所拥有的不同资源、能力和技术进行整合和管理，提供一整套供应链解决方案。** 因此，第四方物流实质上就是一个将自身现有资源、技术进行结合并提供供应链综合解决方案的企业或组织。可以从四个方面把握。

（1）第四方物流是对企业内外物流资源的整合和管理。第四方物流既不是企业物流服务与管理的全部外包，也不是完全由企业自己完成物流服务的内部管理。第四方物流要拥有全面的管理能力和协调能力，需要通过把不同公司的现有资源进行集成整理，全面分析各个公司的特点，从而进行相应的调整，最终提供具有第四方物流特色的服务。物流业务外包一方面有利于企业经营管理，不仅能降低成本，提高服务水平，还能为企业节约时间成本，减少工作的复杂性等；此外，第四方物流有利于公司的物流资源配置，提升管理水平，为客户提供专业化的物流服务，提高顾客满意度。

（2）第四方物流是通过签订协议形成的组织。第四方物流要实现委托客户企业内外物流资源和管理的集成，意味着要进行多个企业的资源整合，其流程是相当复杂且烦琐的；第四方物流要提供全面的供应链解决方案，就需要与主要委托客户企业或服务供应组织签订合资协议或长期合作协议来形成一种稳定的关系。

（3）第四方物流是在第三方物流基础上延伸和发展起来的。在实际运作中，第三方物流虽然增加了组合操作，但是还是把主要精力集中于运输和仓储，缺乏使整个供应链与技术真正一体化连接的策略。企业为了实现建立一体化供应链来提高服务水平、保持效益持续增长的目标，就形成了对第四方物流服务的需求。第三方物流企业长期从事物流供应链管理，已经在各种高附加价值活动的提供和管理方面具备了综合协调管理的经验和相应的管理能力，第四方物流就是在先进的第三方物流的基础上发展起来的。

（4）为顾客提供最佳的增值服务是第四方物流的重中之重。发展第四方物流需要平衡第三方物流的能力、技术、性能和物流过程管理等，通过影响整个供应链来共同获得增值服务。

二、第四方物流的基本功能

第四方物流在实际运作过程中，主要有下列四个功能。

（1）**第四方物流可以为企业提供全面的供应链问题解决措施**。第四方物流不仅具有第三方物流功能，还具备信息管理和服务咨询的能力，可以向顾客提供一系列系统、全面的物流作业服务，使所有相关企业资源在供应链体系中得到合理配置与运用。通过企业在进行物流活动时的各个环节的合作与协调来改善供应链管理，第四方物流可以提供全面的措施来解决供应链上的问题，体现了流程再造、供应链过程协作和设计的要求。

（2）**第四方物流具有强化供应链职能的功能**。第四方物流可以集中调整与改善某一具体的供应链职能，包括作业方案、销售管理、采购计划、顾客反馈等。第四方物流充分应用新技术，进行战略思维、流程再造和卓越的组织变革管理，共同组成最佳方案，对供应链活动和流程进行整合和改善。第四方物流可以依据客户特性来提供相应的管理方案和解决措施，并且能够随时根据行业的发展程度及时进行调整。

（3）**第四方物流具有系统集成功能**。第四方物流服务企业帮助客户实施新的业务方案，包括业务流程优化，客户公司和服务供应商之间的系统集成，以及将业务运作转交给第四方物流的项目运作小组。第四方物流承接多个供应链职能和流程的运作，工作范围远远超越了传统的第三方物流服务与运作管理，有利于实现供应链系统管理的服务过程一体化。

（4）**第四方物流可以为顾客提供增值服务**。第四方物流充分利用一批服务供应商的能力，包括第三方物流企业、信息技术与服务供应商、合同物流供应商、呼叫中心、电信增值服务商等，再加上客户的能力和第四方物流自身的能力，通过对供应链产生推动作用来实现增值服务。所以第四方物流要及时掌握供应链活动流程，在优化自身管理系统的同时，满足顾客需要。

三、第四方物流和第三方物流的区别

（一）从服务范围看

第四方物流和第三方物流相比，服务范围更广，对进行的物流作业有更新、更高的要求，服务内容也更为具体化、个性化。第四方物流最为突出的特点是它可以更快、更好且更为廉价地进行货物运输。因此，第四方物流不只是在操作层面上借助外力，其在决策层面上也会依靠外部力量，将物流服务水平往更高的水准上推进。

不管是运输顾客所需产品的简单服务，还是为企业设定一系列的物流活动与流程系统等复杂的服务，第四方物流公司都能够提供给客户最好的服务工作。换句话说，第四方物流就是物流业的外延与伸展。

（二）从服务职能看

第三方物流侧重于实际的物流运作，在物流实际运作能力、信息技术应用、多客户管理方面具有优势。第四方物流则侧重于在宏观上对企业供应链进行优化管理，在管理理念创新、供应链管理方案设计、组织变革管理指导、供应链信息系统开发、信息技术解决方案等方面具有较大的优势。

（三）从服务目标看

第四方物流面对的是整个社会物流系统的要求，通过电子商务技术将整个物流过程一体化，最大限度地整合社会资源，在一定范围甚至全球范围内进行资源的合理优化配置，选择最优方案。而第三方物流面对的是顾客需求产生的一系列物流信息化服务，通过把现有资源信息进行集成整理，再对供应链进行调整，最终实现顾客需求。

（四）从服务的技术支撑看

发展前景广阔的网络经济成就了第四方物流。第一，互联网提供了一个广阔且国际化的发展大平台，可以实现高速、及时、快捷、安全的信息共享。第二，通过互联网平台，可以减少不必要的成本费用，用最小成本实现资源的高效配置。互联网信息共享平台更有利于减少信息不对称，使中小企业也能够获益。第三，互联网信息平台不受时间、地点限制，能够进一步减少企业成本，从企业自身经济角度出发，发展第三方物流公司或其他物流行业内部信任的物流联盟模式，最终实现物流资源的最优配置与行业集成。

四、第四方物流的运作模式

安德森咨询公司为第四方物流提供了三种运行模式，即协同运作模式、方案集成模式、行业创新模式。

（一）协同运作模式

协同运作模式需要第四方物流和第三方物流进行合作、协作，结合两者优势进行互补，科学合理整合物流系统，实现最大程度优化；与相关方面的专家学者合作，制订供应链战略。第四方物流和第三方物流签订商业合同，选择组建战略联盟的方式进行合作，两者的关系像是大脑和四肢，第四方物流负责思想，制订策略；第三方物流负责执行落实，实现两者的共同目标。

(二) 方案集成模式

方案集成模式将第四方物流当成一个枢纽,集成多个服务供应商的能力,为企业制订合理的供应链管理方案,并加以落实。第四方物流不仅可以依靠自身资源和能力,还能借助第三方物流的力量,将周边的资源、技术、设备等有效集成,更好地为客户进行供应链规划。第三方物流则通过第四方制订的方案进行工作,确保顾客需求得到满足。

(三) 行业创新模式

行业创新模式是方案集成的进一步升级与延伸,这个模式中的第四方物流连接着第三方物流企业和客户,实现企业供应链的优化整合,为同一行业的多个客户提供服务,并提出促进企业间合作的科学供应链方案。第四方物流还将促进第三方物流的优化发展,为供应链下游的客户提供优质服务。不难看出,在此模式里,第四方物流是重中之重,它负责的是整个行业的改善运行工作,因此工作流程十分复杂,但同时它带来的收益也是巨大的。第四方物流可以通过高效运作能力实现供应链集成,从而进一步提高整个行业的经济效益。

第三方物流建立在企业物流业务外包的基础上,第四方物流则是建立在第三方物流基础上的企业物流策划能力外包。第四方物流的快速发展使企业面临更少的物流层面的限制,让企业能够集中精力开展核心业务,进一步提高企业运作效率。

第二节 绿色物流

一、绿色物流概述

(一) 绿色物流的概念和特征

绿色物流是一个以减少资源浪费、降低污染环境、减少资源消耗为目标,借助先进物流技术规划和实施的运输、储存、包装、装卸、流通加工等物流活动。它也是一种快捷有效的针对绿色产品和服务的流动绿色经济管理活动过程,也可称为环保物流。总之,那些不会损害生存地域环境的物流被称作绿色物流。专业物流企业是绿色物流的主要行为主体,相关生产商、销售商、客户等也与其有所关联。

常见的物流活动的目标有实现自身企业的销售盈利、提高企业服务水平、满足客户所需、提高行业占有率等,这些目标都是为了提高自身经济利益。与常见物流活动不太相同,绿色物流除了满足常见目标外,同时还不断追求节能、节源与环境保护这类社会经济性目标。值得一提的是,从企业利益视角出发,节约资源、保护环境与获得经济利益,这三者的目标实际上是相同的,不过对于某些特定的物流公司,这三者是相反的、矛盾的。

绿色物流不单单具有一般物流的特点,还有着多目标性、多层次性、时域性和地域性等特点。

1. 多目标性

多目标性意味着企业在进行物流活动作业时,需要立足实际,坚持走可持续发展之路。大力提高保护生态环境的意识,追求经济效益和生态环境的有机结合,实现经济效益、顾客利益、社会效益与生态环境效益四者的协同发展。另外，绿色物流的各个目标既相互矛盾又相互制约，如果某个目标达成度提高，那么其他目标的达成度就会下降。所以，绿色物流必须解决的问题是如何从可持续发展的角度出发，以生态环境效益为基准，促使其他三个效益得到发展，实现多目标的平衡协调。

2. 多层次性

绿色物流的多层次性包括下列内容。第一，从管理和控制主体出发，绿色物流可划分为宏观层次的社会决策层、中观层次的企业管理层和微观层次的作业管理层。社会决策层通过运用政策来进行绿色观念的宣传；而企业层则是与其他公司进行合作协调，一同完成双方供应链的优化升级，实现对企业绿色物流系统的规划控制，从而创造高效的循环物流系统，实现资源的优化再利用；作业管理层是绿色化物流过程，在包装、运输方面实现环保绿色化，以及实现流通加工绿色化等。

第二，从系统的角度来看，多个单元（或子系统）构成了绿色物流系统，包括绿色包装子系统、绿色存货子系统，以及绿色运输子系统等。也可以根据角度的不同，对子系统进行更为细化的分类，各个子系统有着各自的层次，和不同层次的子系统相辅相成，最终形成一个有机系统整体。这个有机系统能够优化自身结构，促进绿色物流系统的进一步提升，最终实现绿色物流系统的整体目标。

3. 时域性和地域性

时域性就是指绿色物流管理活动贯穿产品生命周期的全过程，包括从原料供应、生产内部物流、成品的包装、运输、分销，直到报废、回收的整个过程。地域性的表现形式有两种：第一种是因为国际化经济，世界各地联系密切，物流活动早已不再受到空间限制，有着跨地域的迅猛涨势；第二种是指绿色物流管理活动不能单单依靠一个或几个企业的力量，它需要供应链上所有企业的积极响应和参与。

（二）绿色物流的产生背景

绿色物流是 20 世纪 90 年代中期以后才被正式提出来的一个较新的名称，所以对于"绿色物流"的叫法，国外学者各有各的看法，"Environmental Logistics"是一种叫法，"Green Logistics"是另一种叫法。在我国，绿色物流就是"Green Logistics"。目前对于绿色物流，尚未有一个统一的概念，而国内外学术界与工业界对绿色物流的范畴描述也不尽相同。因为绿色物流对象和服务范围并不是一致的，所以会有概念性的偏差。不过存在一个整体的、普遍被接受的绿色物流定义，即它是以降低能源的消耗率，减少污染为发展目标，运用物流技术对企业经营进行优化的一个过程。而这一概念的提出与兴起，与世界各国日益重视环境保护，企业不断提升自身责任感，并且希望绿色物流能够显著增加其经济效益的社会背景是密不可分的。

1. 环境背景

随着经济的高速发展，人们对物流活动的需求日益增加。物流活动排放了大量的废弃物和废气，消耗了大量能源，进一步加剧了自然环境的恶化程度。物流的一系列工作对自然环境造成许多不良影响，主要环境破坏问题有以下这些。

（1）运输作业对环境的不良影响。运输活动的完成离不开大量运输工具的使用，交通运输工具可以缩短货物配送时间，加快产品流通进程，但也带来了很多污染。运输作业对环境的不良影响主要有两种：大气污染和噪声污染。大气污染主要指交通工具产生的废气、尾气，如小汽车排放的一氧化碳（CO）、没有燃烧完全的碳氢化合物（HC）及引起人体不适的浮游性尘埃等。另外，运输会产生噪声污染，运输交通工具的噪声来源有：汽车的发动机、汽车或者轮船鸣笛、火车或者飞机启动时产生的声响等。不仅如此，在建设运输基础设施时，施工机器产生的噪声也是非常巨大的，给人们带来诸多不便。在环境经济方面有着巨大贡献的英国科学家大卫·皮尔斯，计算出了运输作业带来的外部成本：在英国，每10亿英镑的运输成本造成的生态环境外部效应总值达到45.9亿~52.9亿英镑。

（2）储存对环境的影响。储存作业对环境的不良影响有两种：第一种存在于商品的仓储中，有些产品需要适当地保养和维护，使其不会变质，但是有些保养维护手段所用到的东西或许会对环境产生污染，比如一些化学药剂等；第二种，对于易燃、易爆的化学危险品，储存必须谨慎小心，万一储存不当发生事故，将会对环境产生重大污染，如发生爆炸或泄漏事故等。

（3）流通加工对环境的影响。不合理的流通加工方式会造成环境污染，主要体现在：加工时会出现一些不能再循环利用的废品，导致废弃物污染；因为消费者分散，加大了资源的损耗；此外配送中心选址不合理，不仅会提高生产成本，还会因为运输路程的增多而带来更多的生态污染。

（4）包装对环境的影响。一方面是包装材料带来的环境污染，如对生态环境污染巨大的塑料包装等，塑料很难被降解，带来一系列污染；另一方面就是过度包装或重复包装，这不仅不利于环境保护，还不利于提升企业生态经济效益。

（5）装卸搬运对环境的影响。装卸过程中造成的环境污染有：装卸搬运设备的使用会造成污染，如排放废气等；装卸运输不当会造成商品的破坏，使资源消耗；有些废弃物也可能对环境造成污染，如废水等。由此可见，物流活动会从多个方面对环境产生巨大影响。

此外，物流活动还占用了大量自然资源。物流对资源的占用主要表现为物流基础建设所需的土地、原材料及物流活动的能源消耗。物流基础设施的建设占用了大量的土地资源，如铁路、公路、客货运站场、港航码头、机场、仓库等。而现代物流系统的运转依靠能源驱动，建立在能源消耗的基础上。近年来，我国物流业对石油的需求急剧增长，从长期来看，燃油消耗会越来越大。即使在欧盟等经济较发达的国家，物流也是能耗增长速度最快的行业。

2. 政府背景

在提倡绿色环保的今天，环保问题不可忽视，生态环境日益恶化的原因之一就是许多企业进行的物流活动没有考虑环境问题。现如今，许多发达国家已经运用法律手段来对物流活动进行限制，以减少环境污染。欧盟、美国及韩国、日本等国家还结合循环经济理念，落实绿色物流，减少物流作业活动对环境带来的不良影响。

美国政府在企业绿色物流管理方面取得了卓越成效，主要通过宏观政策引导，确定了以现代物流发展带动经济发展的战略目标。欧盟国家也很注重这一方面的问题，如出台了关于包装与包装废弃物管理等相关环境保护条例，政府加大与企业联系，努力引导企业向绿色企业转型等。日本政府还实施了物流绿色化举措，在保证安全运输的前提下，提升运输载货量，争取降低配送次数，将共同配送和拒绝过度包装作为物流工作标准等；同时还规定了如何具体实现绿色物流，用精准的数字来要求企业降低物流活动时对环境的污染。由于我国正处于国民经济快速发展期，科学技术比发达国家落后，再加上以前资源的不合理运用，导致了资源的大量浪费和环境污染。我国还有人口问题、住房土地使用问题等，对经济建设和资源、环境造成巨大的压力。面临这样严重的问题，我国政府将可持续发展战略定为我国的基本国策。

3. 企业背景

大力开展绿色物流管理，是产业发展需要。物流是一个商品货物流动过程，从产品的生产到使用，物流和环境相互作用、相互影响。在物流的各个环节里，特别是生产与运输环节，我们制造了所需要的产品，但也带来了污染。图14.1说明了资源转换与污染物产生之间的关系，在生产产品时，资源和能量在消耗，也会产生一定的污染物，导致环境污染。

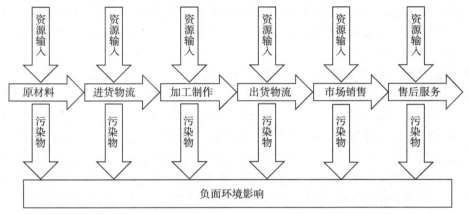

图 14.1 增值物流与环境的负面影响

资源是有限的，工业企业不但要知道资源的宝贵性，更要提高资源的利用率，整个工业行业都必须具备保护环境、节约资源的意识。现如今，我国政府着重发展循环经济，加大了对环境的保护力度，大力提倡资源的再利用，许多工业企业肩负社会责任，在不断提升自身环保意识。实际上，只要实现企业绿色物流管理，减少企业物流活动对环境的污染就不难。企业要进行绿色物流管理，必须始终保持资源循环再利用的理念，并贯彻落实到产品的各个生产环节中。循环利用生产时产生的废弃物，减少排放污染物。大力发展清洁生产模式，运用先进的清洁技术，构建新型环保、清洁的生产体系，做到保护环境、降低污染。

总而言之，传统的企业物流系统不仅忽视了成本最低化与利润最大化问题，还忽视了环境污染问题。而新型的绿色物流系统致力于将物流对环境的不良影响降至最低。在不久的将来，物流管理的绿色化会是企业强有力的竞争优势和武器。

(三) 绿色物流的发展意义

1. 发展绿色物流促进社会效益

绿色物流以减少资源的浪费、实现生态环境保护为目标。发展绿色物流是一种促进社会经济发展、实现文化进步的战略性方式，这主要体现在以下两个方面。

(1) 对生态保护的作用。人类社会的蓬勃发展意味着对资源的利用、环境的开发日益加剧，因此，带来的环境破坏问题也越来越严重。很长一段时间内，人类一边掠夺般地开发自然能源，一边又不断地产生废物与垃圾，并将其丢进大自然。生态问题日益严重，人类的生存也会面临问题。解决物流活动中的环境问题，有利于保护生态环境，绿色物流正是从长远与整体角度出发来协调物流与生态间的关系。

(2) 对可持续发展的价值。可持续发展是指既满足当代人的需要，又不损害后代人需要的发展模式。在进行物流活动时，肯定会有一定程度的能源和物资消耗，对环境产生影响。绿色物流正是一种可持续的发展方式，立足绿色环保理念，在循环经济条件下，实现物流与环境之间的有机结合，实现两者共生，推动物流行业发展至一个新台阶。

2. 发展绿色物流对企业产生效益

发展绿色物流不仅有利于生态环境建设与循环经济的优化发展，还能提高企业的经营成果和经济效益。所以企业要想提高企业经济效益，发展绿色物流不失为一个好方法。

(1) 绿色物流的社会价值。绿色物流始终贯彻减少环境污染、实现生态环境和谐市场这两个意识。绿色物流管理不仅可以加快循环经济的发展步伐，还有利于社会文化与社会经济建设。公司实施物流绿色化管理不仅能带来经济效益，还能树立良好的企业形象，提升企业信誉，将企业责任付诸实践。

绿色物流管理给企业带来的社会价值具体表现在：①企业实施绿色物流管理，不仅带来经济效益，也能树立良好的企业形象，有利于提升企业信誉。企业理论学提出，企业不应单单注重经济效益，更应该将树立企业形象放在重要位置，提升企业信誉，履行社会责任。②实施绿色物流管理的企业可以得到诸如 ISO14000 环境管理体系这类环境标准认可，这些环境标准的认证会让消费者更加趋向那些企业产品，从而提高销售量，带来经济利益。

(2) 绿色物流的经济价值。生态系统与经济系统之间存在固有的平衡联系。在严格的环境标准下，企业会选择环保的物流方式，也在一定程度上迫使自身提高资源利用率，进而减少成本费用，在竞争者中脱颖而出。因此，解决环境问题的结果是利大于弊，虽然此举增加了成本，但环境问题的解决会提高经济效益，带来发展机遇，提高企业竞争力。

实施绿色物流管理为企业创造的经济价值体现在以下几个方面：①绿色物流可以帮助企业树立良好形象，推动企业文化建设。②有利于企业提高资源利用率，节约资源，制订合理科学的运输方式与产品库存方案；在降低物流成本的同时，提高工作效率，使企业获得更多经济效益。③回收、再利用自然资源，发展逆向物流，促进资源、能源的循环再利用，减少公司原材料成本，提高企业服务质量。

二、绿色物流的理论基础

(一) 可持续发展理论

1962 年，美国学者雷切尔·卡尔逊首次提出了可持续发展（Sustainable Development）。1987 年，由挪威首相布伦特兰夫人（Grow H. Brundtland）主持并领导的世界环境与发展委员会（WECD，又称"布伦特兰委员会"）发表了题为《我们共同的未来》的研究报告。这个报告指出，可持续发展是指既满足当代人的需求，又不危及后代人满足其需要的发展。该报告标志着可持续发展这一理念的问世，我们必须发展，但发展是有限制的，这是可持续发展所归纳的。

可持续发展的定义有很多种，根据相关学者的不完全统计，有 70 多种关于可持续发展的定义，这些定义可以被归为下列几种类型。

1. 从生态环境及其保护角度定义

国际生态学联合会（INTECOL）和国际生物科学联合会（IUBS）联合举行的关于可持

续发展问题的专题研讨会定义可持续发展为"保护和加强环境系统的生产和更新能力",即可持续发展是不超越环境系统的再生能力的发展。

美国景观生态学家福尔曼(R. T. T. Forman)认为可持续发展就是找出一种既可以满足人类需求,又能保持生态环境的完整性、和谐性,将环境的持续性最大化的发展方式。

2. 从经济学角度定义

"发展可以确保当代人福利加大的同时,也不会让后代的福利减少",是由英国环境经济学家皮尔斯和沃福德在《世界无末日》一书中提出的。另外,学者爱德华在《经济、自然资源、不足和发展》一书中提出了可持续发展的定义:"在保证自然资源的质量和其所提供服务的前提下,使经济发展的净利益增加到最大限度。"

3. 从技术性角度定义

从技术性角度来定义可持续性发展,世界资源研究所提出,"可持续发展实质就是一项科学技术,它会最大化减少产生的污染和废物"。还有一些学者认为,"可持续发展促使技术朝更高效、更清洁的方向发展,最大程度降低能源资源的损耗率,最大程度实现零污染排放和密闭式工艺方式"。

(二) 生态经济学理论

生态经济学是指研究再生产过程中,经济系统与生态系统之间的物流循环、能量转化和价值增值及其应用的科学。从生态经济学出发,现代企业就是一个由生态系统同经济系统相结合而组成的生态经济系统。从微观角度可以明显看出的是企业的经济效益,而企业环境效益则属于宏观且长远的利益,两者是对立统一的。环境效益为经济效益提供物质基础,而环境效益的经济表现就是经济效益。

现代企业管理的工作内容、工作流程都存在经济性与生态性,因此,必须将经济与生态两者进行有机统一和协调。物流活动是社会再生产活动中的重要部分,它承担着价值转移与价值实现的责任,同时促进资源的循环利用。物流具有经济特性,也具有生态环境特性,物流是生态环境效益和经济效益的连接纽带。

传统的物流管理偏向了经济效益的发展方向,没有发挥好纽带作用,过于重视经济效益,忽视了生态环境效益,从而使企业失去了发展机会,失去了社会价值与效益。如今,现代绿色物流管理作为一种新型物流体系,并没有明显偏向哪一方,而是将两者进行有机结合。绿色物流立足于经济学与生态学,研究探索物流活动中发生的经济行为规律与生态系统间的相互作用,运用专业绿色的工作活动将资源进行最优化处理,减少污染,提高企业整体效益。

(三) 生态伦理学理论

如今环境问题日益严重,生态危机凸显,人类要负担的道德责任也越来越重,生态伦理学也就因此应运而生。生态伦理学是关于人对地球上的动物、植物、微生物、生态系统和自然界的其他事物行为的道德态度和行为规范的研究,是从道德角度研究人与自然关系的交叉学科。生态伦理学将道德对象的范围扩大,不单是人与人、人与社会的关系,还将其扩展至人与生命和自然界中去,它提倡不单是要对人讲道德,对自然也是一样。

生态伦理让人类对自己的行为进行反思,促进其产生责任心和义务感。为了社会的发展,为了人类环境的延续和子孙后代的利益,人类必须担起社会道德、环境道德责任,致力于维持生态平衡。对于自然界来说,这些是人类的权利,也是应尽的义务与责任。

(四) 环境成本理论

成本就是指使用或者消耗某种资源或服务所带来的费用。从环境责任原则出发，企业的生产经营活动对生态环境所造成的损害，需要以污染后的某种支出作为赔付和补偿；另外，按照预防为主原则，企业也应采取积极措施，在污染发生之前或之中主动治理。企业要重视环境成本，在进行生产经营活动时，贯彻预防污染理念，将环境污染降至最低。

虽然人们对环境成本已经有了总体概念，不过对于环境成本的精确定义，似乎还没有一个明确且统一的认知。曾经就改进政府在推动环境管理会计中的作用问题，联合国举行了会议并出台了《环境管理会计——政策与联系》，里面提到了环境成本，认为"破坏环境与环境保护有关的全部成本，包括外部成本和内部成本"。就目前看来，环境成本是规范企业活动行为的根本，以保护环境为出发点，在企业进行经营活动时，限制企业对环境的破坏行为，规范企业的经营行为。目前比较权威的定义是："环境成本是指本着对环境负责的原则，为管理企业活动对环境造成的影响而采取或被要求采取的措施成本，以及因企业执行环境目标和要求所付出的其他成本。"企业环境成本目标的实现，也体现了绿色物流的发展目标，环境成本是一个企业不可忽视的部分。

想要精确定义环境成本不是件容易的事情，不过可以从多个方面来对环境成本进行分析探讨，然后再进行针对性的确认与准确计量。

还有学者从我国目前环境现状及环境发展趋势出发，根据环境成本的特点，提出了关于环境成本的基本框架性假设。我国企业环境成本分类如表14.1所示：

表14.1 我国企业环境成本分类

环境成本的分类	明细
1 直接降低环境负荷的成本	1.1 降低污染物排放成本
	1.2 废弃物回收、再利用及处置成本
	1.3 绿色采购成本
2 间接降低环境负荷的成本	2.1 环境管理成本
	2.2 环境保护的社会活动成本
3 环境负载增加带来的成本	3.1 环境损失成本

(五) 其他理论

此外，绿色物流还获得了其他理论的支持，如循环经济理论、外部成本内在化理论、物流绩效理论等。

(1) 循环经济理论提倡循环利用现有资源。以物质闭环流动、资源循环利用为特征的循环经济，是按照自然生态系统物质循环和能量流动规律构建的经济系统。绿色物流也是如此，遵照循环经济理论，以提升资源利用率为主，进行科学合理的双向物流活动，减少污染。

(2) 外部成本内在化理论是一种将环境效益和经济效益相结合的成本理论。外部成本内在化理论提倡将物流活动造成环境污染而导致产生的治理成本也应计入物流活动的成本内。如今，许多发达国家已使用环境会计管理系统，强调公司在进行物流服务作业时，不能单单只在乎自身经济效益与成本，更要注重环境的保护。

(3) 在当今提倡绿色消费的环境下，环境污染严重的公司将会被时代和消费者抛弃，被市场淘汰。绿色消费深入人心，人人提倡绿色运动，也会根据管理与经营是否符合绿色发展来评估一个企业的发展，并以此来评价它的经营绩效。

三、绿色物流系统

绿色物流是企业的发展方向。它能为企业带来广阔的新市场，只有实行环境战略才能跟上时代的前进步伐。物流公司需要通过保护环境、减少污染的绿色方式来进行企业经营，企业绿色物流活动的实施正在被广泛接受。

社会物流体系中，企业物流是不可忽视的存在。因为在物流行业里，生产公司可以是物流的提供方，第三方物流公司也可以是物流的提供方。企业要落实企业环境战略，就必须实现物流绿色化。企业物流绿色化，可以拉动社会物流共同发展，也会增加企业经营环保成果，建设企业绿色文化，有利于供应链绿色优化配置。物流的直接实现方与活动进行者都是企业，只有企业关注绿色环保问题，绿色物流才能得到稳定发展。否则，没有企业对绿色物流活动的支持，社会的绿色物流系统将难以发展，进而影响环境建设。

在循环经济条件下，发展绿色物流模式不能只关注"采购、制造、分销"的正向物流，逆向物流也不容忽视。逆向物流包括回收废旧物、再循环副产品与绿色包装、再利用资源等。将正向物流与逆向物流进行有机结合，实现循环绿色物流模式，将绿色活动贯彻到物流活动的每个环节，实现原材料绿色采购、产品绿色设计和生产、绿色包装和配送、绿色消费、绿色回收、绿色再生产。下面将对其具体物流作业活动进行总体分析。

企业物流过程对产品有着极大意义，物流分布范围极广，几乎存在于产品生命周期的各个环节中，包括生产需要的原材料、产品的零部件，以及生产时的材料运动，直到最终成品的分销及售后等。**企业的绿色物流可以分为四种类型，一是绿色采购物流，二是绿色生产物流，三是绿色销售物流，四是绿色逆向物流。**前三种我们统称为绿色正向物流。绿色物流的构成体系如图14.2所示。

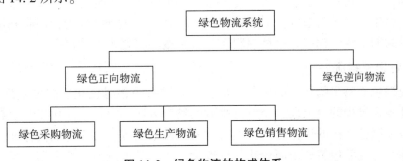

图 14.2　绿色物流的构成体系

（一）绿色采购物流

绿色采购物流是指原材料采购活动的绿色化，还有对绿色供应商的评价选择、采购运输活动的绿色化。绿色采购物流中，供应商提供的绿色原材料十分重要，因为它决定了产成品的环境性及绿色化程度。

企业在选择产品的原材料和零部件时，首先要考虑其安全性还有环保性，确保用户的使用安全及废物的回收利用程度，减少污染浪费，实现绿色环保。所以绿色采购物流的第一步，同样也是首要任务，就是要正确选择绿色原材料，避免使用会对环境产生不良影响的原料。

绿色采购物流的第二步就是对供应商进行绿色性评价对比，从原料特性出发，选出最佳供应商。评价分为组织过程的评价和产品的评价两方面，前者主要是进行管理系统、环境业绩还有环境审核的评价；后者则是对生命周期、商标还有商品标准进行评价。

绿色采购物流第三步就是绿色化采购活动。首先，要抛弃只注重降低采购费用的观念，采购原料的环境质量同样值得重视；在进行包装和运输原料时，要采用绿色环保的包装及运输方式，比如降低运输次数、使用可重复利用的包装、货物一贯式运输、集装箱运输、回程管理、降低公路运输的比例等。

很多成功企业都十分重视对供应方的评估。国外品牌通用电气公司，前期因为忽视了生产环保性，只注重降低原料的采购成本，导致产品中后期出现了问题，不仅增加了处理费用，也阻碍了通用电气公司的发展。不过近年来，该公司做出了一系列改变和调整，不仅开始注重采购原料的绿色性，还提高了供应方的选择标准，将环境评估放在首要位置。这一措施大大减少了公司产生的环境污染问题，降低了公司中后期的处理成本。虽说前期投资较大，不过还是在中后期得到了补偿，提高了产成品的质量，进而增加了经济效益。

（二）绿色生产物流

生产物流是生产的重要部分，如运输物料、存储装卸物料等。就像人身体的血液循环系统和内脏器官，生产物流系统和生产制造之间的关系也是如此，物流系统不仅仅是生产制造流程间的连接纽带，也是生产作业活动顺利进行的保证。生产物流系统具有环节多、生产线长、覆盖面广，以及生产规模大的特性。生产物流活动效率较低，资源浪费较为严重，使物流成本几乎占生产成本的20%~30%。

如青特集团有限公司（简称青特集团），其是一家综合性大型企业集团，集专用车生产、铸造、锻造、机械加工、房地产开发、工程施工、国际贸易等为一体。青特集团将进行机械加工作业产生的铁屑、边角料和其他废品进行回收利用，显著提高了资源利用率。可以再使用的下脚料、边角料尽量投入再制造环节，不能使用的废弃钢材被集中收集后，将其铸造熔炼铁水然后生产其他铸造件。对于报废的元器件，采用分解处理，回收利用有效的零部件。例如大量的旧铝线、铜线，这些材料若直接报废，将是很大的浪费。

（三）绿色销售物流

企业实现绿色原料采购与产品绿色化后，还要进行销售绿色化。想要实现销售绿色化，那么就要战胜销售过程的复杂性，制订好高效的销售方案。第一，优化线路，合理规划分销网络，优先考虑绿色环保的运输方式；第二，对产品的物流包装确定规范标准，不仅要确保产品的安全性，也要使包装尽量简单化、标准化，最好是可以实现再利用，减少浪费。特别地，要重视食品类销售，因为对食品类的要求较高，要最大程度确保其安全性和绿色性。

如中国绿色食品总公司所生产的"天地生"品牌蔬菜，为了发挥专业化分工的优势，缩短流通渠道，保证绿色品质，在北京设立了配送中心，配送中心负责流通加工、分级、包装、贴标签、储藏、保鲜、运输等；同时还进行形象建设，加大宣传力度，与零售商协调关系等，保证企业绿色战略的实施。

（四）绿色逆向物流

逆向物流的目的就是在回收产品时，获取其剩余价值和利润最大化，也就是一个产品从消费者手上回到制造方的过程。绿色环保观念日益深入人心，由于政府对环保的号召，以及行业间的激烈竞争，逆向物流已经是企业物流中不可忽视的重要部分。西尔斯公司负责物流层面的执行总裁曾说过，"逆向物流也许是企业在降低成本中的最后一块处女地了"。国际品牌雅诗兰黛也因为其逆向物流的顺利开展，其商品的销毁率从27%下降到15%。老牌的英国邮政企业依靠逆向物流服务为零售商减少了上百万英镑的费用。很多企业已经意识到逆向物流具有巨大的竞争优势。逆向物流活动是正向物流活动的延伸，因此，企业在发展逆向物流的同时，也必须重视正向物流，要以正向物流为基础，大力发展逆向物流，实现两者的有机结合，进而促进自身物流服务水平的提升。

（五）企业绿色物流系统运行模式

企业的绿色物流过程是系统化的、全面化的，一个高效科学的绿色物流系统可以推动企业物流发展，实现资源的再利用，减少污染，节能减排。那么，如何建立一个高效且科学的绿色物流系统呢？第一步就是要对它进行分析，然后构建总体概念。借鉴上述分析，设计出企业绿色物流系统运行模式，如图14.3所示。

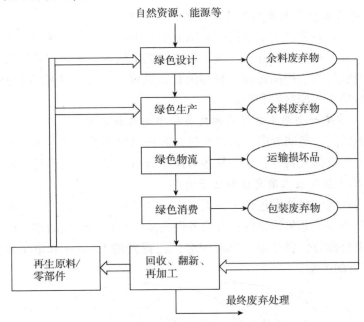

图14.3 企业绿色物流系统运行模式

不难看出，企业绿色物流系统运行模式大致是这样运作的：第一，制造方通过掌握的信息，对供应商进行多方比较，选出最佳绿色供应商，然后由供应商把绿色资源转变成原材料或零部件运输给制造方。第二，企业收到绿色原材料后，进行产品的设计开发、生产与包装等，得到绿色产成品。其中对生产时出现的副产品或者次品，以及边角余料进行回收，加工改善后再利用。产成品会通过公司的绿色销售方式，由企业自营运输配送或者由第三方物流企业进行较为专业化的外包配送。第三，实现资源最大利用，将废品进行回收并修复，提高原料再循环的水平。第四，在原材料或者零部件的检查与组装过程中，如果出现残次品，也要将其放入再制造流程中，实现资源最优化配置，减少污染、浪费。科学结合正向与逆向物流，能够有效实现供应链集成，提高经营水平，降低生产成本。

第三节 电子商务物流

一、电子商务物流概述

有人用"成也配送,败也配送"这句话来解释物流和电子商务的紧密关系。电子商务保证了信息资料的传播,物流是过程的执行者。物流是衡量公司经营水平的重要指标之一,没有物流,那么谈电子商务也没有意义。

(一) 电子商务的概念和特点

结合学者的各类说法与全球各地电子商务的成功案例,可以将**电子商务定义为:企业利用计算机技术或网络技术等现代信息技术进行的各种商务活动,其有三个主要内容,即服务贸易、货物贸易、知识产权贸易**。

1. 电子商务实质是一种采用先进信息技术的买卖方式

交易各方将自身的各类供求信息按照标准的格式要求输入电子商务网络,电子商务网络根据客户的需求,搜寻相关信息并将多种买卖选择提供给客户。客户确定后,就可以安排合同各项事宜,以及收付款、产品运输交易等流程。这样,卖方就能够以较高价格出售商品,买方也能以较低价格买入原材料和商品。

2. 电子商务实质是一个用来进行虚拟交易的市场交换场所

电子商务跨越时间、空间界限,可以及时为客户提供各种优质服务,包括产品需求量与供应量和交易各方的具体资料等,让交易各方便于分析市场,更准确地掌握市场发展方向。

3. 从商务和现代信息技术角度理解电子商务

电子商务里的现代信息技术包含了各类以电子信息技术为基础的通信方式。另外,商务从宏观理解包括契约型或非契约型的所有商务性关系所导致的各类活动。电子商务是商务和现代信息技术的重合部分,就是电子商务中会广泛提到的 Intranet 和电子数据交换(EDI)。图 14.4 表示了三者的关系。

图 14.4 电子商务是"现代信息技术"和"商务"的重合部分

4. 电子商务并不单指将商务进行电子化

电子商务包括很多方面,包括公司前台业务电子化、后台所有工作体系的电子化与信息化,以及改善调整公司的业务经营活动。简而言之,真正意义上的电子商务,是指以公司整体系统信息化为主,利用电子方式对公司的一系列物流流程进行全面、系统的指挥。

狭义的电子商务是指依靠 Internet 进行的商务过程;相反地,广义的电子商务所定义的电子商务是指通过 Internet 和 LAN(局域网)等很多不同类型网络进行的商务过程。不能简单认为电子商务只利用 Internet 进行商业贸易,而需要把通过电子信息网络进行的设计、开发、广告、销售、采购、结算等都放入电子商务内容中。美国专家瑞维卡拉与安德鲁认为,

"电子商务不失为一种适应当代商业的发展形式"。它为了满足企业、销售方和客户所需，不断提高企业经营效率和服务水平，从而减少成本。

传统企业只有对自身内部管理信息系统进行重组优化才能实现企业的转型和开启电子商务之路。管理信息系统（Management Information System，MIS）是公司实现电子商务的出发点，MIS实质就是通过对公司内部所有信息的处理分析，系统地管理物流、信息流、商品流、资金流等，减少相关费用，提高企业经营水平和经济效益。

（二）电子商务的分类

1. 按照交易对象分类

（1）B2C（Business to Customer）电子商务。B2C电子商务是企业与消费者之间的电子商务，就如同联机服务中的产品交易过程，将零售电子化、网络化，通过计算机网络提高顾客直接参与度。如今，Internet上到处都是各类商业活动中心，其不仅提供鲜花、书籍等日常所需，还有计算机、汽车等各类产品及各种各样的服务。

（2）B2B（Business to Business）电子商务。B2B电子商务是指企业与企业之间的电子商务。B2B分为特定公司间的电子商务与非特定公司间的电子商务两个不同种类。非特定公司间的电子商务是指公司会在一个开放的网络平台中寻找最佳交易伙伴，然后进行交易。非特定公司加入该网络是有要求的，需要这些产品的公司才符合要求。也可以说是仅限于某个市场或行业的公司，它不会把交易的持续性作为出发点，这与特定企业间的电子商务是不一样的。特定企业间的电子商务存在于有着持续交易关系或未来要保持交易关系的公司之间，它们有着一致目标，能够实现共同合作，进而提高双方的经济效益，优化公司管理系统。公司还可以利用网络向合作人提供一系列高质量的交易流程。在此领域，B2B已经运行多年，有着充分经验，特别是利用专用网络或增值网络上运行的电子数据交换（Electronic Data Interchange，EDI）。

（3）B2G（Business to Government）电子商务。B2G电子商务就是企业和政府的电子商务，其涉及企业和政府机构间的各类事务活动。在美国，政府组织采购清单、利用Internet向公司发布，公司可以通过网络进行反馈。另外，政府组织征收企业税也可以通过B2G实现。如今此系统被运用得还不多，但在政府组织的推动下，B2G必定会得到迅猛发展。

2. 按照商务活动内容进行分类

按照商务活动内容，电子商务分为间接电子商务和直接电子商务。前者是指现实商品的交易，所以还是要依靠常见的快递运输配送手段进行商品货物的配送；而后者是指虚拟的、无形的商品交易，如网络软件、网络信息服务等。一个公司往往都经营着直接和间接电子商务，它们是公司的"左膀右臂"，能够增加公司的经营成果。间接电子商务对运输配送环节依赖性较强，而直接电子商务可以让交易双方超越空间直接进行交易活动，最大限度开发全球市场的消费潜力。

3. 按照使用网络类型分类

使用的网络类型不同，电子商务的分类也有所不同，通常可以将其分为以下三种类别：EDI（电子数据交换）商务、Internet商务及Intranet商务。

（1）EDI商务。**EDI商务是指将商务或行政事务按照一个公认的标准，形成结构化的事务或文档依据格式，从计算机到计算机的电子传输方法。**简言之，EDI是根据合同规定，将企业商业资料标准化与格式化，利用网络在企业合作方的计算机网络系统之间分析处理企业数据。

企业与企业、企业与批发商、批发商与零售商之间的交易活动大多采用 EDI。和传统的订货、交付方法相比，EDI 节约了成本与时间。使用 EDI 比使用 Internet 更为安全，因为它拥有许多安全防范指标权限，只有信用良好的用户才能使用；EDI 还有严格的登记手续和明确的准入制度，能将大量的交易活动过程全部进行电脑化、数据化。

因为使用 EDI 要租用 EDI 网络专线，这意味着要购买增值网（Value Added Network，VAN）服务，故成本偏高，并且还需有专业的 EDI 运行工作人员，加之需要企业的合作方也使用 EDI，这些因素都会使中小企业难以运作 EDI。

（2）Internet 商务。美国 Internet 协会表示，**Internet 是组织松散、国际合作的互联网络，其通过自主遵守计算的协议和过程，支持主机之间的通信**。Internet 使大量电脑运用一种叫作 TCP/IP 的协议来及时进行信息交换。

Internet 商务是国际现代商业的最新体现之一。它突破了传统商业生产、批发、零售及进、销、存、调的销售模式和运营过程，利用 Internet 在网络上进行销售、购物，做到投入低、成本低、零库存、效率高，免除无效搬运产品，实现能源资源的最大流通和最大节余。顾客可以广泛查看、比较和模拟使用产品，不再受时间、空间限制，争取实现价格最低化，来获取最为满意的产品及服务。

（3）Intranet 商务。**Intranet 是在 Internet 上延伸出的企业内网**。其增加了新的软件系统，**连接局域网与 Internet，进而组建了公司内部的虚拟网格**。Intranet 与 Internet 两者最大的区别是：Intranet 内的敏感或享有产权的信息受到企业防火墙安全网点的保护，它只允许有授权者进入内部 Web 站点。Intranet 将大中型企业分布在各地的分支机构及企业内部，有关部门和各种信息通过网络予以连通，使企业各级管理人员能够通过网络读取自己所需的信息，利用在线网络代替传统纸张完成信息流动和贸易，从而有效地降低交易成本，提高经营效益。

Internet 商务、EDI 商务和 Intranet 商务三者关系如图 14.5 所示。

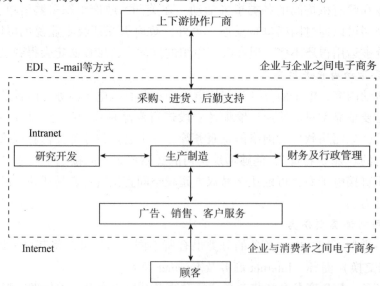

图 14.5　Internet 商务、EDI 商务和 Intranet 商务的关系

二、电子商务物流的作用与特点

(一) 电子商务物流的概述

电子商务物流也叫网上物流,是基于互联网技术,旨在创造性地推动物流行业发展的新商业模式。物流公司利用互联网可以被更多客户知晓并与之进行联系,进而能在全国甚至全球范围内开展企业活动;工厂也可以更快地找到最佳性价比的物流企业。电子商务物流把全球有物流需求的客户,以及可以提供物流服务的物流企业都集中在网络上,组成一个自由的网上物流交易市场,方便交易双方进行贸易活动。

电子商务物流就是在电子商务特定的时间和空间内,将要移动的产品、包装设备、运输工具、仓储设施、工作人员等约束条件集成为具有特定功能的系统整体。电子商务物流是因为电子商务技术与经济需求的发展而诞生的,它是电子商务不可或缺的环节。电子商务物流不同于一般物流,它不仅具有电子化、信息化、自动化等特点,还具有快捷迅速、低价灵活等优点。电子商务物流也被称作 ERP 系统,虽然电脑上显示了物流资料和有关操作指示,但物流也还是要靠人与机器共同进行搬运活动。换句话说,电子商务物流是"鼠标+车轮"。

不管是哪一种模式的电子商务,交易流程都可大致归为下列 6 个环节。电子商务的流程如图 14.6 所示。

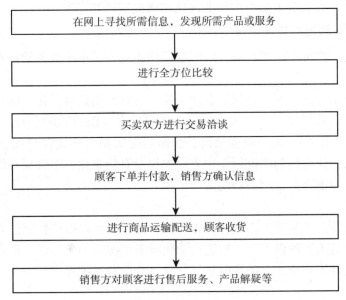

图 14.6 电子商务的流程

(二) 电子商务物流的作用

1. 物流是生产过程的保证

要进行生产,离不开物流活动,所以我们说一个产品的生产过程就是系统的物流作业过程。

(1) 供应物流以采购原材料为出发点,采购好所需材料,才能为生产运行提供保障。

(2) 不管是原材料还是半成品,生产物流一直存在于生产各环节。

(3) 回收物流将生产环节中的剩余材料与尚可利用的材料一一回收。

(4) 废弃物物流就是对生产环节中的废弃物进行处理。

在进行生产时，现代化物流可以提高生产工作效率，减少生产费用和生产周期，甚至实现资源的优化配置。值得一提的是，如果生产过程失去了现代化物流的帮助，生产作业可能会很难进行下去，从而导致电子商务交易失去本身优势。

2. 物流服务于商流

商流的最终结果是将产品所有权从供应者移交到需求者。实际上，在签订合同后，产品实体并没有实现实时转移。顾客在网上购物，进行了交易，这只是出现了产品所有权的交付过程，直到客户实际上得到其所需产品或者服务时，才意味着产品所有权转移的结束，即交易的结束。物流服务于商流，物流服务于产品交易，电子商务离不开物流，二者相辅相成。

3. 物流是实现顾客至上的保障

电子商务满足了消费者对购物便利的需求，顾客只需打开 Internet，搜寻与挑选想要的商品。不过若是顾客选购的产品迟迟收不到，或收到的并不是自己所购买的，顾客可能就不会再选择网上购物。物流是电子商务实现"顾客至上"准则的保障，离开了先进的物流技术，电子商务根本无法给顾客购物带去便捷。

电子商务是网络时代一种新型的交易方式，是传统交易方法的延伸发展。不过，电子商务只有依赖先进的物流技术，才能体现出它的优势和先进性，才能确保交易双方得到满足。因此，要发展电子商务就必须全力推动现代化物流的发展和完善。

（三）电子商务物流的特点

电子商务促进了世界物流的发展，同时也使物流具有了电子商务的特点。

1. 信息化

信息化是电子商务的基石。物流信息化是指实现物流信息电子化，以及物流信息存储的数据化与标准化等。数据库技术（Database）、条码技术（Bar Code）、电子订货系统（Electronic Order System，EOS）、电子数据交换、快速响应机制、有效客户反应机制等先进的技术与理论都将会被广泛应用到物流行业中去。如果没有信息化，不管拥有的设备技术多么先进高端，最后都不可能将其运用到物流活动中。

2. 自动化

自动化的最大特点是实现无人化，节省人力；此外还可以增强物流活力，实现劳动生产率的提高，尽量降低人工的误差等。物流自动化设备很多，如条形码、语音、射频自动识别系统、自动分拣与存取系统、自动导向车、货物自动跟踪系统等。

3. 网络化

物流网络化有两个内容，一个是物流系统的电脑通信网络，通过网络平台与交易各方进行联系。如物流配送中心向供应商发出订货通知，便可借助计算机通信手段，还可借助增值网（Value Added Network，VAN）上特有的 EOS（电子订货系统）、EDI（电子数据交换技术）。另一个是组织的网络化，即企业内网（Intranet）。

4. 智能化

在进行物流活动时，会存在大规模的信息、决策等需要及时进行处理，如控制好仓储问题、如何正确选择运输手段、掌握自动导向车运行、高效使用自动分拣机、配送资源优化等，这些都要依靠智能化与信息化解决。所以说，只有依靠物流智能化，物流总体自动化才能得到更好的实现。现今，全球智能机器人等有关技术已有了较成熟发展，在今后电子商务公司的物流发展过程中，物流智能化将会大放异彩。

5. 柔性化

生产柔性化是为了实现顾客至上原则。要实现生产柔性化，就意味着要时刻关注客户需求变化，进而以此为依据来调整生产环节和服务。在生产环节广泛应用的弹性制造系统、计算机集成制造系统、公司与生产制造资源规划，以及供应链管理的理念、技术等，将生产与流通环节进行集成，根据顾客所需进行生产，确定相应的物流流程，被称为新型柔性化物流模式。物流配送中心也要确定对应的配送方式，灵活开展配送工作，体现顾客对产品需求"品种全、批量小、批次多、周期短"的特性。

另外，在电子商务模式下，物流不只有信息化、自动化、网络化、智能化及柔性化等特点，物流设施、商品包装的标准化、社会化等也是它的特点。

三、电子商务物流的组建方式

（一）电子商务中物流方案的重点考虑因素

要想发展电子商务模式，制订并执行一套科学合理的物流方案是必不可少的。**在制订方案过程中应考虑以下因素。**

1. 消费者的区域分布

在进行商务活动时，可以根据销售资源来设定销售网点，各个销售网点有既定的销售目标和销售范围。例如，可以按照城市分区来安排销售网点，各个区都配备人力及设备，然后交通最为发达的区被用作配送中心，配送货物给销售网点。同样的，销售网点可以向配送中心要求进行补退货，配送中心收到订单后按时将产品送达。电子商务也存在此种作业，不过电子商务的顾客在区域分布上是不集中的，它的物流网络并不像Internet那样拥有广大覆盖面，因此不能及时进行配送。为了实现经济性，提供电子商务服务的企业也要同实体商铺类似，需要定位自身销售范围，一定要确保在人口集中地实现及时物流。还有一种方式，就是在各地售点有针对性地选取不同的物流服务活动。

2. 销售商品的品种

在电子商务刚刚起步时，必须以不同商品的消费特点及流通特点作为出发点，选择最适合利用电子商务来零售的产品。电影、书籍、游戏视频、电脑软件、音乐歌曲等可利用Internt来传达信息的商品，其产品交易、物流过程都能够在网上完成，使用电子商务销售再适合不过。如顾客在网上选购音乐歌曲，进行订购付款，那么收听歌曲的一系列活动便是物流作业的流程，歌曲播放完毕意味着该物流活动顺利完成。顾客若存在更多人性化需求，如想要得到产品的实际物体，如CD、录音带等，最终还是要依靠物流，把实物产品送到客户手中。简而言之，几乎所有商品都适用电子商务的销售手段，不过因为流通本身的规律，要先做好产品定位。不存在一个企业可以销售所有的产品，但可以确认最适合企业自身零售的产品。企业如果要推行电子商务，就要清楚哪些产品不适合采用电子商务方式进行交易。

3. 配送细节

与有形市场相似，物流方案中的配送环节是构成电子商务的关键要素，是进行物流活动时不可或缺的部分。配送细节需要进行合理安排，并确定配送方案。配送细节要注意以下几点：库存的可供性、反应速度、首次报修修复率、送货频率、送货的可靠性、配送文档的质量，同时还要设计配套的投诉程序，提供技术支持和订货状况信息等。

4. 服务提供者

互联网服务提供商 ISP、互联网内容提供商 ICP、传统零售商店、传统批发企业、制造企业等均有条件开展电子商务业务，但不同电子商务服务提供商具有不同的组织商流、物流、信息流、资金流的能力。从物流的角度来看，传统的零售商、批发商的物流能力要优于纯粹的 ISP、ICP，也优于一般的制造商，但从商流、信息流和资金流的角度来看可能正好相反。所以，企业在确定物流方案时，要将电子商务服务提供商进行分类，找出差异，然后放大各自的强项，实现供应链集成，为客户提供高质量物流服务。

5. 物流成本

电子商务的物流费用会比实际店铺的销售物流费用高。电子商务虽有种类多、批量小、周期短、次数多的特点，但是因为无法形成规模经济，物流费用会比较高。当客户到店铺里选购一台电视机，店铺向顾客提供免费配送服务，假设一次的配送成本是 50 元，那店铺会把处于同一条线路上的其他客户选购的产品放在同一送货车里进行一次性配送。比如进行 5 台电视机的配送，每台电视机的配送费用是 10 元。在使用电子商务时，企业无法在短时间内做到只用一台送货车完成多客户的配送，所以会导致配送分散，增加了配送批次，也就加大了配送费用。所以，电子商务服务商必须扩大在特定的销售区域内客户群体的数量，若是没有形成一定的物流规模，物流费用就太高了。

6. 库存控制

对于产品的销售量永远没有办法进行精准预测，所以在库存控制方面，电子商务企业也存在着不少难题。戴尔公司是个特例，它采用直销方式，得到订单后，立马按订单进行生产作业，然后把产品配送到客户手中。不过，直销对于客户而言并无好处，因为顾客不仅要等待，还要花更多的钱，甚至有时要预付。若是企业没有向顾客提供承诺，给予相对应的服务，顾客也不会去选择这个交易方式。另外，直销方式要严格规定生产流程，普通制造公司没有按单生产的条件，所以不是所有企业都可以利用直销手段来解决库存控制的难题。

许多制造商和销售公司根据对历史与实时数据的分析，采用库存控制技术，对客户未来需求进行一定的预测。电子商务企业相比实体店铺，存在难以解决的库存控制问题。在制订电子商务的物流方案时，还应制订好运输配送的方式、设备等。

(二) 组建电子商务物流的几种方式

按我国物流发展形势，中国的电子商务物流体系有下列几种组建方法。

1. 制造商、经销商的电子商务与普通商务活动共同使用一套物流系统

制造商和经销商创造以 Internet 为基础的电子商务销售系统，能够将现有的物流资源进行优化利用，然后进行物流作业活动。从专业分工方面看，制造商的主要任务是研发创造产品，但越来越多的制造商拥有着覆盖范围很广的销售网络，以及覆盖整个销售节点。制造商采用原有物流资源和广阔的物流配送网来进行电子商务，使得电子商务能够减少物流配送的成本。对于一个公司来说，要做的就是制订科学的物流系统，合理规划物流资源。特别是以流通为主的经销商会比以生产为主的制造商更具有物流方面的优势。

2. ISP、ICP 自己建立物流系统或利用社会化物流、配送服务

Internet 服务提供商（Internet Server Provider, ISP）、Internet 内容提供商（Internet Content Provider, ICP）在组织商流、信息流、资金流方面有着绝对的优势。我国企业在与国际物流信息企业合作成立新兴企业时，要掌握以下两种解决物流与配送问题的方法。

（1）组建自身物流公司。对于国内的 ISP、ICP 企业来说，采用这种方式，投资方十分慎重，因为电子商务的信息业务与物流业务是截然不同的两种业务，企业必须对跨行业经营产生的风险进行严格的评估，新组建的物流公司必须按照物流的要求来运作才有可能成功，而且要避免"大而全""小而全"。在电子商务发展的初期，物流配送体系还不完善的情况下，不要把电子商务的物流服务水平定得太高。另外，可以寻求培养、扶持物流服务供应商，让专业物流服务商为电子商务企业提供物流服务。

（2）外包给专业物流公司。把物流外包给第三方专业物流公司是跨国公司管理物流的普遍形式。从企业供应链出发，把非主要业务外包给从事该业务的专业企业。这样的话，整个产品的生产到配送，全是由擅长某一方面或在该方面具有核心竞争力的专业企业合作协同来完成的，此时所形成的供应链具有很强优势。

3. 物流企业建立自己的电子商务系统

不论是区域性的第三方物流公司还是国际性的第三方物流公司，都具有物流网络竞争力，其发展到一定规模后，会把它的工作环节顺着主营业务向供应链的前后端发展。例如 1999 年美国联邦快递公司（FedEx），当时它是全球最大的快递公司，打算与一个专门提供 B2B 和 B2C 解决方案的 Intershop 通信公司进行合作。FedEx 开拓电子商务业务有三个原因：第一，FedEx 已经是世界领先的物流公司；第二，公司已有覆盖面广阔的物流网络，范围直达全球 211 个国家和地区；第三，企业内部已顺利实现信息网络方式，能让客户在世界范围内利用 Internet 浏览服务器掌握选购产品情况。FedEx 认为，将信息网络与物流网络相结合，可以科学合理地为客户提供完整快捷的电子商务服务。若 FedEx 这种大规模第三方物流企业进行电子商务销售，那么它的成功是指日可待的，因为它是世界上最大的物流快递企业，可以将现有的物流和信息网络资源实现最大化利用，实现电子商务系统专业化、标准化，最大程度利用企业资源。

四、电子商务下我国物流业发展的现状及解决方法

（一）电子商务条件下物流业务的主要问题

1. 物流的高成本限制电子商务物流服务发展

物流成本是进行物流服务的约束条件。在我国，高物流费用是存在于各个电子商务公司中的一个难题。虽然物流是电子商务发展的重要部分，但是许多正在发展的公司没有相对独立的送货系统与中心仓库，也没有和大企业一样先进的设备和技术，只能借助自己地区原有的资源，采取一定的措施降低物流综合费用。如亚马逊公司这样的大企业，在初期开展网上书店时已经有了很大成果，可后来因为忽略了物流综合费用，最终导致销售额受到影响。

由于电子商务的 B2C 模式在很大程度上依赖物流技术和管理水平进一步提高，因而许多专家预测，代表着电子商务的未来是 B2B 模式。不过就算公司间存在单笔交易额较大现象，买卖次数少，运用 B2B 模式进行服务比使用 B2C 模式更容易解决问题。然而无论选用

何种物流服务模式，都无法最终解决物流综合费用高的问题。

2. 运输和保管技术有待提高

目前，我国专业化的配送中心不多，加上历史形成的条块分割体制，以及"大而全""小而全""自成体系"等传统观念。大多数电子商务企业虽然在经营产品配送，但没有对运输环境进行充分了解，配送方式不够灵活，总是会出现多次重复搬运现象等。另外，公司的配送部门积极性不高，作业效率低，最后使得运输费用很高。我国资源配置与地区经济发展并不平衡，各地区物流量存在很多不同。在物流量大的地区，道路紧张局面接连出现，这样不仅会增加运输成本、仓储成本和产品破损率，还会使到货时间变长，降低公司物流服务水平，影响公司形象。

3. 物流服务还未起到战略性作用

为所有客户提供服务或产品，是企业要做的。但是，若将有限的物流服务平均分配给所有的客户或产品，那就毫无意义可言。现今，我国大多数企业的物流服务还是没有针对性，缺乏战略性，对客户运用无差别的物流服务。客户一般被划分为关键客户和普通客户。关键顾客是指能够为企业提供大量销售额的那一部分顾客。如果在限制费用情况下，使用一样水准的服务水平服务所有的客户，自然会减少一部分关键顾客的积极性，会有失去这一部分关键客户的风险。

4. 物流服务信息化程度较低

如今，网络技术飞速发展，然而物流配送系统尚未跟上其步伐。许多物流公司未实现网上经营业务，还是使用原有的信息传递技术与控制手段。其信息流主要是以书面为主，致使信息落后且失真，现代化程度低。这些不但会拉低企业物流服务能力，也在很大程度上影响着我国物流业的整体发展水平。物流送货体系与电子商务发展不一致，会减缓电子商务的推广与应用速度，变成电子商务发展的障碍。

5. 缺乏电子商务物流专业人才

如今，我国物流市场严重缺乏专业物流管理技术人才，这是物流行业发展碰到的难以跨越的山丘。由于缺少电子商务人才，物流企业物流管理能力较弱，创新性不足，使得物流市场渐渐失去活力。

（二）电子商务条件下发展物流服务的措施与建议

1. 把现代物流产业作为我国国民经济的重要产业

实际上，国外相当重视现代物流产业，甚至将其作为促进国民经济发展的主要动力。因此，我国要将物流资源进行优化配置，实现物流系统的集成重组，以此来加快物流产业的发展步伐。第一，随着国民经济的不断发展，可利用的物流资源量较大，可尽量提高资源利用率，促进物流业从传统物流向现代化物流转型，从而实现国民经济的增长；第二，立足实际，合理配置物流资源，运用先进的科学技术进行物流行业的重组与优化，振兴现代物流行业，使其更具生命力与创新力；第三，把现代物流产业作为推动国民经济发展的重要产业，也要求政府为物流产业提供经济与政策方面的支持，升级物流基础设备，加大研发力度，促进物流产业成长为新的经济增长点，为其在新兴行业领域立足提供有力保障。

2. 加强运输和保管

由于运输是构成物流服务的关键要素，政府组织应加大对交通基础设施建设的投资，以此来缓解交通拥堵问题；大企业可将公司的运输业务外包给专门从事运输的组织，进行联合运输和托盘化运输，降低企业运输费用，同时也能满足顾客对于快捷到货的需求。

企业引进更为先进的库存管理技术，如资源需求计划（MRP）和准时生产方式（JIT）等，有利于提高服务水平，提升仓储管服务水平，减少库存率及提高公司的投资回报率。大企业还可以把自身传统仓库改造成配送型仓库，方便满足客户需求，提升公司竞争力。另外，物流服务应具有社会属性，物流服务只有在给客户进行服务、给公司创造经济利益、给社会造福时才能被称为真正的公司战略性竞争方式。只有这样，物流服务才会存在蓬勃生命力和竞争力，从而拉动企业的发展，推动社会可持续性发展。

3. 按客户或产品的重要性依次进行有等级的物流服务

物流服务有着成本费用的限制，合理安排物流服务十分重要。ABC 分析法可以帮助企业制订物流服务安排，使用合理的系统方式来确保客户需求得到相对满足。按照所销售的产品进行物流服务的分配，为普通产品与战略产品提供不同的物流服务。对于产品发展前景较好的"明星商品"，应借助水平较高的物流服务来加大商品销售量；而对于普通商品，则只维持当下的物流服务水平，稳定其销售量；对于存在明显缺点的商品，公司不仅要引起重视，更要及时进行分析，给出解决措施，总结经验；最后对于处于衰退期的商品，没有发展前景，公司可以将其放弃，退出市场竞争。

4. 进行物流信息系统的创建

物流信息系统管理包括对物流系统软件、硬件及系统的管理，是应用电脑技术与通信技术来进行的物流活动的集合。信息网络技术是现代物流的基础，如利用信息传递，与顾客、制造商及供应商等进行资源共享，有利于对物流各个流程进行实时跟踪，实现合理控制和有效管理。建立科研团队来进行技术研发工作，实现高效有序的信息管理，建立数据库信息系统，有效处理大量数据；加快物流信息处理速度，确保信息时效性，及时制订工作流程和工作方案；学习国外先进的物流管理技术，结合国情，加大研发适合的服务标准力度。

5. 加大电子商务物流管理理论研究及重视培养人才

有关部门要在科学系统的指导下，立足于系统发展的基本要求，加大对系统化管理技术的研究力度，推动我国物流业蓬勃发展。政府组织要利用相关科研教育单位的专业知识，对企业物流、社会物流的技术、经济、管理等方面进行一系列全面研究。在有关院校进行物流管理相关技能知识的宣传活动，尽可能地培育出具有综合物流管理能力的专业人员，同时积极参与国际物流交流会议。加强与其他国家之间的物流协同合作，以及学习借鉴国外先进的物流管理知识，吸纳具有创新性的物流科学技术，加强合作意识，在电子商务迅速发展的条件下，实现物流管理理念与人才培育的共同发展。

第四节 "互联网+物流"

一、"互联网+物流"概述

2015 年，"互联网+"被写入政府工作报告，并且制订了"互联网+"行动计划，将移动互联网、云计算、大数据、物联网等应用到传统制造业，促进电子商务、工业互联网和互联网金融健康发展，引导互联网企业拓展国际市场。借着"互联网+"的趋势，物流业也开始从中寻找新的突破口。

(一)"互联网+物流"的概念

在当今"互联网+"的大环境下，信息化的时效性使得空间距离相对缩短，因此，需要调整原先的物流运作模式。物流市场格局将加快调整，全面推行信息化，实现智慧物流。劳动密集型是传统物流业的特点，企业更愿意加大对物流硬件设施设备的投入。随着物流活动逐步由制造业驱动的传统合同物流向快递、零担类的物流转变，小批量、多批次的物流作业成为主要趋势，导致市场需求与传统物流运营模式不匹配，服务内容同质化、服务水平低下、恶性竞争等问题频繁出现。"互联网+物流"的出现在很大程度上可以解决这些问题。

现在一般将"互联网+物流"描述成一种新的物流形态，即移动互联网与物流行业融合发展，充分发挥移动互联网在资源配置中的优化和集成作用，以能够实现信息共享、资源共用和流程可视化，重构物流的价值链。"互联网+物流"深入了解消费者的需求，实时调度运输、仓储、配送等中间环节的资源，以提高客户满意度和服务效率。

(二)"互联网+物流"的特征

1. 物流平台互联网化

根据互联网思维来构建物流平台，将物流资源整合和价值链重构。如阿里巴巴的生态模式，从物流平台角度延伸数据、流量、营销等价值，并且带动和帮助中小型企业。再如小米模式，是一个整合上下游企业的物流平台模式，它的盈利点主要是在延伸服务和增值服务上，而不是基础物流服务。

2. 物流运营大数据化

"互联网+物流"通过提供良好的客户体验汇集大量流量，通过整合客户资源，进一步利用大数据进行精准营销；建设平台辅助系统，打造一个为客户企业提供有价值服务的平台，提高客户黏性。

3. 物流信息扁平化

通过"互联网+物流"可以实现物流信息的高效共享，将物流行业的供求信息进行整合，实现物流服务供需双方的交易扁平化，物流运营监控的可视化，以及提高物流供应人才供应的透明度。

4. 物流资源众筹化

互联网时代是依赖资源和信息盈利的时代，具有开放、分享及一加一大于二思维的众筹非常符合互联网经济时代的要求。众筹模式在国外已有许多的研究和发展，在国内市场，将互联网领域的众筹模式应用到物流行业，不管是资本的众筹还是资源的众筹，都会带来很大的发展空间。

二、"互联网+物流"的内涵

(一) 物流资源整合

通过资源整合可以促进对传统物流业的变革。互联网通过对物资的资源整合可以达到两个作用,一方面可以加速打破传统物流组织的自我封闭,创造一个新的社会和经济环境;另一方面也可以加强物流组织同外部的沟通与联系,为封闭组织整合外部资源提供有效的工具。

(二)价值链重构

在互联网与物流业进行深度融合时,必然会对传统物流模式和流程变革重组。因而,价值链的重构对"互联网+物流"从根源上提供驱动力。价值链的重构可以分为表层重构和深度重构。

表层重构主要是在传统互联网的基础上,重构物流信息的聚合和分发方式。如在信息层面上通过物流信息平台、ERP 和手机 App 等对传统物流业重构。而**深度重构则是在移动互联网的基础上,逐一分析物流流程的各个环节,把能省的步骤都省去,利用互联网的特质对物流行业进行重构**。这种深度重构,将颠覆性地改造传统物流行业。

正如价值链深度重构所阐述的,"互联网+物流"可以为省去物流中间环节和节省中间费用等去中介化提供直接的驱动力。第一,在交易活动中供需双方直接通过互联网联系,省去了时间、人力、物力等中间成本;第二,由于物流信息扁平化发展,避免了过多的人力参与,还可以在互联网上记录交易过程,双方可随时审核查看,保证交易的透明度;第三,在去中介化以后,各种交易数据可更加直接和高效地通过互联网反馈给整个行业,利用"互联网+物流"平台的大数据监测行业的发展走向。

三、"互联网+物流"的模式

(一)平台模式

2014 年,互联网的快速发展促使全国物流各大平台陆续产生,如物流园区平台、公路港平台、零担物流专线平台等。传化物流是国内最早采用平台经营模式对行业转型升级提出系统解决方案的企业之一。早在 2003 年,传化物流就建成全国首个公路港——杭州公路港,在全国首创公路港物流服务平台模式。传化物流致力于打造中国智能公路物流网络运营系统,发展物流大数据,形成中国物流大脑;同时应用互联网、云计算等信息技术,供应链、金融等服务手段,贯穿供应链全链条,成为中国物流行业新生态的品牌企业。物流平台经济是以生态为基础的新型商业模式,是商业模式的融合,也是战略思路的协同,具有长远的战略价值。

(二)众包模式

京东众包是"互联网+物流"众包模式的典型代表,是京东到家推出的新模式,该模式是利用用户抢单,来为附近的客户提供送货服务。众包模式可以合理利用社会闲散劳动力,优化社会可利用资源。京东众包作为创新型的社会化物流体系,将原应分配给专职快递员的配送工作,经由互联网平台转包给兼职人员来做,实现资源配置最优化,实现物流成本最小化。传统的物流配送模式成本一般是固定的,且支付给物流人员的费用较高,而众包模式则可以通过对物流配送人员需求预测,适时变动配送人员数量,达到降低物流成本的目的。

(三) 跨界模式

在"互联网+物流"的背景下,物流企业纷纷发展跨界经营模式,顺丰是进行跨界电商最早的快递企业之一。2012 年开始布局,电商食品商场顺丰优选开始上线,并坚持不懈地对电商进行投入。以全球优质安全美食为主的网购商城,覆盖生鲜食品、母婴食品、酒水饮料、营养保健、休闲食品及美食用品等品类。"顺丰优选"依托覆盖全国的快递配送网,从原产地到客户需求地进行全程冷链保鲜,主要服务于中高端客户。

案例1

比亚迪叉车赋能京东绿色物流新未来

作为行业标杆企业,京东物流拥有全球唯一的六大物流网,中小件、冷链、大件、B2B、跨境及众包网络,足迹触及全球,构建起京东的全球智慧供应链生态,并基于可持续发展理念,着力打造绿色仓储物流系统。

1. 赋能绿色物流,双方达成全面合作

在物流搬运领域,京东倡议使用绿色环保、低碳节能的产品,并希望通过生态链上下游合作伙伴的联动,加速物流行业的绿色转型升级。在此背景下,比亚迪凭借零排放、零污染、低能耗的锂电叉车产品及在新能源叉车领域的深厚底蕴和引领地位,成为京东在物流搬运领域的重要合作伙伴,并希望通过密切合作,成为战略级合作伙伴。双方在 2018 年投入数千台比亚迪新能源叉车产品,共同推动京东物流仓储系统的深度绿色化。

此次双方合作的广度和深度都是前所未有的。比亚迪叉车将为京东提供完整的新能源搬运解决方案,合作范畴包括销售、租赁等全方位业务,产品涵盖电动平衡重叉车、托盘搬运车、堆垛车、前移式叉车等全线产品,并提供从售前选型、交车培训到售后维保的全流程、一站式服务。考虑到此次合作是新能源叉车在京东的第一次大规模应用,比亚迪叉车还组织最优秀的技术支持资源为京东客户提供全面的技术、操作等培训。

2. 展现新能源魅力,比亚迪叉车获认同

在比亚迪叉车到来之前,京东物流使用的电动叉车是传统的铅酸电池叉车。该类电动叉车的充电时间 8~10 小时,严重影响了使用的便捷性,也带来了一系列问题:要么占用过长的时间进行充电、要么通过增加备用电池来保证使用的连续性。另外铅酸电池的使用寿命也仅有 2~3 年,而叉车整机的设计寿命长达 10 年,铅酸电池与叉车整机寿命不匹配。

比亚迪叉车的出现解决了这一系列的问题:充电时间缩短至 1 个小时左右,电池的使用寿命则延长至 10 年,与叉车整机寿命完美配比。相比铅酸电池的 1 年质保,比亚迪叉车锂电池提供长达 5 年的质保。

比亚迪叉车的好处不止这些。京东使用的传统铅酸电动叉车,为了保证使用寿命和续航能力,必须定期添加蒸馏水和电解液,另外在充电过程中还会产生酸雾等安全危害。比亚迪叉车锂电池采用全密封设计,完全免维护,且充电过程中零排放、零污染。

除此之外,比亚迪叉车配备的锂电池经过火烧、短路、碰撞等多种苛刻测试认证,且低温适应力强,零下 40℃仍然可以正常放电,寒冷环境下用车不需要额外防护措施。

更为重要的是，比亚迪叉车的使用成本低，可为京东节省大量的运维费用。为了获得可靠、专业的分析数据，京东特别选取了电商产品出入库搬运场景中场地平稳、作业负荷标准的工况，来对比比亚迪2.0T托盘搬运车和另一款同吨位、同规格的托盘搬运车。

经过连续22天对充电量和使用时间进行记录后分析发现，比亚迪托盘搬运车的使用成本仅为对照托盘车的50%左右。比亚迪托盘车不仅使用成本低，配备的电池也无须维护；而对照托盘车的电池需要每月定期维护3次，每次耗时近1小时。

在一年多的试运营过程中，比亚迪叉车凭借可靠、高效的产品力和快速充电、低使用成本等优点，赢得了京东的广泛好评。忙碌穿梭于各种货架之间的比亚迪托盘搬运车，成为京东物流的一道亮丽蓝色风景线。

3. 承载绿色使命，共创仓储物流新未来

如果说三五年前人们对"绿色物流"的理念知之甚少，那么在今天，"绿色物流"已成为全社会共同追求的目标。比亚迪叉车坚持以"用技术创新满足人们对美好生活的向往"为使命，希望通过提供完整、成熟的新能源叉车解决方案，助力绿色物流发展、降低物流成本。这与京东的可持续发展愿景不谋而合。

独木不成林，一花难成春。一个具有包容性、可持续性和韧性的美好生活空间，不是靠一家或几家企业的努力就能够实现的，而需要全社会的共同努力。对于肩负绿色可持续发展使命的京东和比亚迪而言，双方的紧密合作将为新能源叉车市场的强劲发展注入新的磅礴动力，并成为产业链上下游伙伴共建可持续发展生态的典范。

案例讨论：
1. 京东物流是如何实施绿色物流的？
2. 我国企业应如何发展绿色物流？

分析思路

案例2

大规模自建物流的痛点：解析京东物流

以京东为代表的自营电商物流的最大优势就是"自建物流"，同时最大的不确定因素也在这方面。是成是败，在于谁能用一种创新的方式突破目前中国传统物流产业的顽疾，加上自身管理和正确的物流规划来赢得更多的核心竞争力。要维持一定规模的物流运作，需要持续不断的大量投入，管理的细节也非常琐碎。

京东与苏宁、国美、沃尔玛等系统，主要的特点集中在以下几点。

（1）都拥有充足的资金储备，规模较大，同时在线下有非常充足的仓储资源，就这一点来说，京东系统已经走在了物流规划的前面。

（2）由于这几家公司的业务特性，它们在物流服务的前端可以部分控制货物的集中问题，所以在供应链前端有较低的成本。

（3）在物流环节后期的特点就和阿里系物流服务的特点相似，主要体现在配送环节存在难点及物流整体规模较大，导致物流规划有难度。

以京东电商物流为主体进行分析。京东电商物流的发展，在业内饱受争议，但也十分精彩和具有借鉴价值。在阿里致力于扩大自己的物流联盟和完善自己的物流规划时，京东在勤勤恳恳、实打实地投入完善"自建物流"模式。

中国物流现状，也是京东物流的痛点。要分析京东电商物流的发展，就必须提到目前中国物流市场的基本特点。

（1）国内物流企业目前除个别规模较为突出的企业，普遍规模不大，物流服务的技术和标准都不是很完善。实际上中国物流已经走过了几十年的时间，一直都还是停留在学习的阶段，包括市场对物流行业的理解也只是停留在运输、仓储、配送的阶段，所以市场也不完善。

（2）从企业规模上来做一个对比，全国90%的物流企业是在专线物流标准以下，10%为有一定影响力和运作能力的企业，这其中有国企、大型综合物流企业、快递企业。如果从国内物流服务的要求来分析，快递还不到10%，大宗商品物流服务需求接近70%，剩余的为社会物流需求。

（3）目前物流中的优势资源普遍控制在国家手中，如铁路、空运、仓库的土地资源等，也间接导致物流企业无法灵活运作各类资源，另外国家对于物流的成本影响起伏不定，如油价、税收、物流政策等，导致物流企业不敢投入更大的力量去完善自己。

（4）没有投入就没有发展，所以中国基本没有能够提供涵盖全国的物流服务的物流企业，也没有一家将快递、包裹运输、第三方物流外包、特色配送网络等综合运作的综合型物流企业，主要的原因是物流企业连自身核心业务都不愿意去投入，以及物流行业普遍竞争过大、市场不规范，没有能力也没有动力去投资其余的物流服务。

（5）从行业特点和从业人员的特点看，物流被认为是低技术行业，很少有企业在信息系统建设、物流技术发展、物流工具的应用方面有突出表现。国外的多式联运技术、条形码技术、新型仓库存储技术、仓库分拣技术都已经非常成熟，并得到了普遍运用。要想能运用和发展这些技术，就必须重视对从业人员的培养和提升。服务行业其实最成功的产品就是人，只有专业的从业人员才能提供专业的服务。

为什么要先介绍中国的物流特点？京东有超过三万的员工、全国领先的仓储资源、每年巨大的物流投入——以目前京东的规模和运作的特点可以用大型物流企业来形容它，所以从某方面来说中国物流行业成长不快的难点就是京东在物流管理中的难点。

对于京东物流可提出两点建议。

1. 大规模自建

应分配"自建"与合作物流的比率。京东物流的发展特点其实和其自身的成长有很大关系，因为阿里在电商企业中全面领先的地位，让京东在品牌知名度、信息技术、人才优势等方面没有太多的机会竞争。京东的选择就是剑走偏锋，全力发展物流服务，把物流做到极致，以此来作为它的核心竞争力。

物流行业在别人看来是轻资产行业，但实际形成一定规模后，它的资产投入不比生产企业少，所以京东需要规划物流规模，并逐渐分配公司资源，强化自己在电商平台经营中的短板。物流企业的规模效应，必须结合一定的市场条件才能发挥最大的效用。要维持一定规模的物流运作，需要持续不断的大量投入，这将在一定程度上影响公司的资源分配。物流作为服务行业，在管理的细节中也非常琐碎，过于庞大的物流规模管理，将分散公司决策层的精力。

"自建物流"可以借鉴目前市场已有的管理模式,如美的电器和安得物流的关系,安得物流的前身就是美的电器的物流部门。

这种模式的优势在于以下几点:①此种模式不会降低电商对物流的控制力度;②让这个独立的物流企业融入社会物流市场中,开放物流平台,多元化经营,在一定程度上能够降低成本;③京东将能更加关注电商平台的建立,且在许多方面能分散竞争对手和客户的注意力,如上面提到的物流服务价格定位过高等。开放平台,通过整合社会资源,降低成本,对京东绝对百利而无一害。

2. 大干快上,细腻不够

京东快递物流的价格高于"四通一达",仅次于顺丰、邮政。这实在是让人百思不得其解,因为京东已经在物流供应链管理的前端具有优势,但是价格定位却是在中高端,原因如下:①扩大规模、自建物流都是京东要降低物流成本、提高物流效率的目的,物流作为京东电商的一大优势,自然是要把它作为武器使用,如果能打败阿里物流联盟中的企业,对商户而言,也是京东电商对阿里电商的一种超越;②京东物流服务定义为高价,是自己直接定的,中间没有第三者存在,从商户来看会怀疑如此的定位是否合理,而且矛头会直接转移到京东身上。另外,如果成本没有得到控制,意味着京东在把握仓库运作与运输的关系、网络制订的合理性等方面还做得不够好,后面还需要大力完善。

京东在发展物流的道路上,历来都是"土豪"的做法,大投入。京东电商物流由于其巨大的规模效应,加上电商企业有超出其他物流企业的资本支持和本身敢于投入到物流的策略,让这些公司有机会发展"自建物流"模式,同时在一定程度上带来了和其他物流企业对物流资源、专业人才的竞争,这也必将刺激国内的物流企业不断提升竞争力,本身是对中国物流行业的一个巨大推动。但是任何行业都是需要循序渐进才能沉淀其核心竞争力,大投入能够带来飞速的发展,也会遗留很多弱点,这些弱点就是制约以后公司发展的"定时炸弹"。特别是在物流这个行业,大的投入并不一定都能带来成功,虽然对物流的投入能够对这个行业带来活力与发展,但这个方式确实"暴力",希望以后京东在发展方向上能注意这方面,通过人才的培养、物流标准的持续改进等众多方式来沉淀自己的核心竞争力。

案例讨论:

1. 京东大规模自建物流的优势和不足有哪些?
2. 你对京东的物流发展有哪些建议?

参 考 文 献

[1] 黄福华，邓胜前. 现代企业物流管理 [M]. 长沙：湖南人民出版社，2005.
[2] 李传荣. 物流管理概论 [M]. 北京：北京大学出版社，2012.
[3] 王刚，梁军. 物流学 [M]. 北京：人民邮电出版社，2012.
[4] 王转，张庆华，鲍新中. 现代物流学 [M]. 北京：电子工业出版社，2012.
[5] 范学谦，邓迪夫. 现代物流管理概论 [M]. 南京：南京大学出版社，2013.
[6] 吴清一. 物流学 [M]. 北京：中国物资出版社，2006.
[7] 施丽华，刘娜. 现代物流管理 [M]. 北京：清华大学出版社，2014.
[8] 崔介何. 物流学概论 [M]. 北京：北京大学出版社，2012.
[9] 刘学成，杨晓红. 现代物流管理概论 [M]. 成都：西南交通大学出版社，2010.
[10] 蒋长兵. 现代物流学导论 [M]. 北京：中国物资出版社，2009.
[11] 单圣涤. 物流工程学概论 [M]. 长沙：湖南人民出版社，2007.
[12] 胡格列. 物流运筹学 [M]. 北京：人民交通出版社，2007.
[13] 徐勇谋，杨海民，郭湖斌. 国际物流管理 [M]. 北京：化学工业出版社，2005.
[14] 齐二石. 物流工程 [M]. 北京：清华大学出版社，2009.
[15] 鲍尔索克斯，克劳斯，库珀，等. 供应链物流管理 [M]. 4 版. 马士华，张慧玉，等，译. 北京：机械工业出版社，2014.
[16] 墨菲，克内梅耶. 物流学 [M]. 陈荣秋，等，译. 北京：中国人民大学出版社，2015.
[17] 张庆英. 物流案例——分析与实践 [M]. 北京：电子工业出版社，2014.
[18] 彭扬，伍蓓. 物流系统优化与仿真 [M]. 北京：中国物资出版社，2007.
[19] 王燕，蒋笑梅. 配送中心全程规划 [M]. 北京：机械工业出版社，2005.
[20] 李学工. 现代物流方案策划与设计 [M]. 北京：机械工业出版社，2011.
[21] 王勇. 物流管理概论 [M]. 北京：机械工业出版社，2016.
[22] 马士华，林勇. 供应链管理 [M]. 北京：机械工业出版社，2005.
[23] 叶怀珍. 物流工程学 [M]. 北京：机械工业出版社，2008.
[24] 王文信. 仓储管理 [M]. 厦门：厦门大学出版社，2006.
[25] Ronald H. Ballou. 企业物流管理——供应链的规划组织和控制 [M]. 王晓东，胡瑞娟，等，译. 北京：机械工业出版社，2006.
[26] 徐丽群. 运输物流管理 [M]. 北京：机械工业出版社，2007.
[27] 何明珂. 物流系统论 [M]. 北京：中国审计出版社，2002.
[28] 骆温平. 物流与供应链管理 [M]. 北京：机械工业出版社，2002.

[29] 王长琼. 绿色物流 [M]. 北京：化学工业出版社，2004.
[30] Paul Myerson. 精益供应链与物流管理 [M]. 梁峥，郑诚俭，郭颖妍，等，译. 北京：人民邮电出版社，2014.
[31] 哈里森. 物流管理 [M]. 李严峰，李婷，译. 北京：机械工业出版社，2013.
[32] 科伊尔，兰利，诺华克，等. 供应链管理：物流视角 [M]. 宋华，等，译. 北京：电子工业出版社，2016.
[33] 乔普瑞. 供应链管理：战略，规划与运营 [M]. 李丽萍，等，译. 北京：社会科学文献出版社，2003.
[34] 张佺举，张洪. 物流管理 [M]. 北京：北京大学出版社，2014.
[35] Kenneth Lysons, Brian Farrinigton. 采购与供应链管理 [M]. 鞠磊，译. 北京：电子工业出版社，2014.
[36] 章竟，汝宜红. 绿色物流 [M]. 北京：北京交通大学出版社，2014.
[37] 王汉新. 物流信息管理 [M]. 北京：电子工业出版社，2016.
[38] 吴健. 电子商务与现代物流 [M]. 北京：北京大学出版社，2013.
[39] 刘延新. 物流设施与设备 [M]. 北京：高等教育出版社，2003.
[40] 方庆，王转. 现代物流设施与规划 [M]. 北京：机械工业出版社，2011.
[41] 王之泰. 现代物流学 [M]. 北京：中国物资出版社，2004.
[42] 罗松涛. 物流运输管理实务 [M]. 北京：电子工业出版社，2015.
[43] 李文峰，袁兵，张煜. 物流建模与仿真 [M]. 北京：科学出版社，2010.
[44] 傅莉萍，姜斌远. 物流管理信息系统 [M]. 北京：北京大学出版社，2014.
[45] 白世贞，郭建. 商品包装学 [M]. 北京：中国物资出版社，2006.
[46] 罗毅，王清娟. 物流装卸搬运设备与技术 [M]. 北京：北京理工大学出版社，2007.
[47] 真虹，朱云仙. 物流装卸与搬运 [M]. 北京：中国物资出版社，2004.
[48] 李海刚. 电子商务物流与供应链管理 [M]. 北京：北京大学出版社，2014.
[49] Douglas Lambert, James Stock, Lisa Ellram. 物流管理 [M]. 张文杰，叶龙，刘秉镰，译. 北京：电子工业出版社，2006.
[50] 赵玲. 物流客户服务 [M]. 重庆：重庆大学出版社，2009.
[51] 钮建伟. 物流质量管理 [M]. 北京：北京大学出版社，2016.
[52] 张良伟. 国际物流 [M]. 北京：高等教育出版社，2011.
[53] 黎继子. 电子商务物流 [M]. 北京：中国纺织出版社，2016.
[54] 布隆伯格. 逆向物流与闭环供应链流程管理 [M]. 刘彦平，译. 天津：南开大学出版社，2009.
[55] Edward J. Bardi. 运输管理 [M]. 刘南，译. 北京：机械工业出版社，2009.